国家哲学社会科学基金旅游研究项目文库

GUO JIA ZHE XUE SHE HUI KE XUE JI JIN LÜ YOU YAN JIU XIANG MU WEN KU

地方政府行为
对旅游产业结构动态优化的作用机制研究

孙盼盼 ◎ 著

多维度、多视角、多方法地深入揭示
地方政府行为与旅游产业结构动态优化的内在关系

中国旅游出版社

序 | FOREWORD

　　旅游业在我国国民经济中的地位日益重要，旅游正成为寻常百姓的刚需，是我们生活不可或缺的重要元素。《中华人民共和国文化和旅游部 2019 年文化和旅游发展统计公报》显示，2019 年，国内旅游人数达 60.06 亿人次，入出境旅游总人数达 3.0 亿人次，全年实现旅游总收入 6.63 万亿元；旅游业对 GDP 的综合贡献为 10.94 万亿元，占 GDP 总量的 11.05%；旅游直接和间接促进就业 7987 万人，占全国就业总人口的 10.31%。进入 2023 年，旅游消费快速复苏，成为推动经济增长的重要动力。经文化和旅游部数据中心测算，2023 年中秋节、国庆节假期 8 天，国内旅游出游人数预计达 8.26 亿人次，按可比口径同比增长 71.3%，按可比口径较 2019 年增长 4.1%；预计实现国内旅游收入 7534.3 亿元，按可比口径同比增长 129.5%，按可比口径较 2019 年增长 1.5%。

　　推动消费扩容提质是我国扩大内需战略的重要内容。2022 年 12 月，中共中央、国务院印发的《扩大内需战略规划纲要（2022—2035 年）》明确提出，坚定实施扩大内需战略、培育完整内需体系，是加快构建以国内大循环为主体、国内国际双循环相互促进的新发展格局的必然选择，是促进我国长远发展和长治久安的战略决策。在消费领域，随着人均收入的增加，衣服、食品等非耐用消费品支出比重下降，旅游休闲、文化娱乐、医疗保健等服务消费逐步上升。这是国内外经济发展和消费结构变化的普遍现象。2022 年我国经济总量达到 121 万亿元，人均 GDP 达到 85698 元，比上年实际增长 3%。按年平均汇率折算，人均 GDP 达到 12741 美元，连续两年保持在 1.1 万美元以上，居民的消费模式日益向发达国家接近，旅游及其相关的休闲、娱乐等进入爆发式增长阶段。因此，《扩大内需战略规划纲要（2022—2035 年）》明确提出要扩大文化和旅游消费。而要扩大旅游消费，需要从供需两端发力。深化旅游供给侧结构性改革，提高旅游供给质量是旅游市场扩容提质和扩大旅游消费的关键支撑。市场主体当然是旅游供给的主导力量，但政府行为的作用也不容忽视。大量事实表明，政府行为对旅游产业的供给和需求，乃至旅游产业结构有着重要的影响。孙盼盼博士的这本《地方政府行为对旅游产业结构动态优化的作用机制研究》专著，正是从地方政府行为的视角对旅游产业结构动态优化机制进行了深入研究。

孙盼盼博士是我带的博士研究生，攻读博士学位期间，她刻苦好学，注重扎牢理论基础知识，跟踪学术前沿，取得了不错的科研成果。她于 2015 年博士毕业之后，到华侨大学旅游学院工作，继续深耕旅游经济理论与政策研究，于 2016 年成功申请了《地方政府行为对旅游产业结构动态优化的作用机制研究》的国家社科基金青年项目。本书不仅是她的国家社科基金项目的成果，也是她长期对地方政府行为与旅游产业发展之间关系进行深入思考与研究的成果。在本书中，孙盼盼采用了多维度、多视角和多方法对地方政府行为与旅游产业结构动态优化的因果关系进行了全面深入的研究。多维度主要体现在理论、实证和实践等方面探究了地方政府行为对旅游产业结构动态优化的作用机制；多视角体现在从不同的地方政府行为切入，分析了地方政府的旅游政策实效、财政分权、基础设施建设、教育投入、研发投入等行为对旅游产业结构动态优化的作用机制；多方法则体现在综合运用文献分析、数理建模、田野作业、案例分析、比较分析、归纳与演绎分析等多种分析方法。总体上看，本专著有以下几个特点：

一是廓清了相关概念。本书涉及的两个核心概念——地方政府行为与旅游产业结构动态优化，在学术界与实务界都有一些不同的看法，孙盼盼博士在总结前人文献的基础上，对这两个基础概念进行了深入分析，并提出了自己的看法，进行了很好的定义，为该领域的量化研究提供了基础。

二是深化了相关理论。在政治学、经济学、行为学、系统论、管理学等相关理论的基础之上形成"多维理论架构"，在理论层面上探究了地方政府行为对旅游产业结构动态优化的三条路径——强化政策实效、改变要素投入、引导消费需求，有助于从旅游政策实效、财政分权、基础设施建设、教育投入、研发投入等地方政府行为视角实证分析旅游产业结构动态优化机制。

三是构建了基础数据集。以旅游产业结构高级化测算指标为核心，收集了 2000—2019 年中国大陆 31 个省（自治区、直辖市）的 30 个基础指标，总计 18600 项数据；在地方政府旅游产业政策实效测算部分，搜集和整理 2000—2012 年中国地方旅游政策 910 条，涵盖整体政策 159 条、专项政策 209 条、旅游会议指示 542 条；在基础设施建设强度测算部分，涉及 5 项一级指标、15 项二级指标和 28 项基础指标（不含比值形式的更细化的指标），共计 14756 项数据。这些丰富的数据，使本书的量化研究更具有价值。

四是拓宽了研究视野。根据不同的地方政府行为，结合中介效应、交互效应和动静态效应，建立不同的计量模型，发现了旅游政策实效、财政分权、基础设施建设、教育投入和研发投入等地方政府行为对旅游产业结构动态优化的作用机制和路径，在不同程度上拓宽了相关领域的研究范畴。

五是紧跟时代前沿。除了分析地方政府行为与景区、酒店和旅行社三大传统旅游业态的动态优化实践情况，本书还利用理论分析和案例实践分析相结合的方法，综合阐述了乡村旅游、工业旅游、文化旅游、智慧旅游、康养旅游等新兴旅游业态的动态优化实践状况，以及其与相关地方政府行为之间的关系。

总之，本书分析视角较为独特，研究方法前沿，研究数据翔实，研究内容丰富，既有理论上的探讨，也有实证上的量化分析，还有地方政府案例的研究，是近年来在旅游产业研究方面颇具特色、学术价值很高的专著，值得仔细研读。也期待孙盼盼博士继续努力，取得更多、更高质量的学术成果。

中国社会科学院财经战略研究院副院长、中国市场学会会长

二○二三年十月于北京

目录 | CONTENTS

第一篇

理论分析篇

第**1**章

绪论

当前中国经济正处于中高速增长期，旅游产业成为推动国民经济发展的有效动力。然而，中国旅游产业发展速度快、产出规模大，效率和效益却逐渐降低，亟须转变发展方式、优化产业结构、实现提质增效。地方政府如何引导旅游产业结构优化升级，已经成为未来中国旅游产业持续高质量发展的关键，亟待进行系统的研究，以及合理而又充分的理论解释。本章以此选题背景展开，阐述研究地方政府行为对旅游产业结构动态优化的作用机制的理论意义和实践意义，进而提出本研究拟解决的核心问题及一系列相关问题，并针对这些问题拟定研究思路、研究方法、研究结构、研究内容及创新之处，为后续章节做铺垫。

一、研究背景与意义

（一）研究背景

1. 中国旅游产业成为推动国民经济发展的有效动力

众多学者普遍认为，中国已经由经济高速增长期进入经济中高速增长期。特别是，经受新冠疫情的重大冲击之后，国民经济下行压力大，整体上在"波浪式发展、曲折式前进"。在此关键时刻，国家经济增长面临着动力转变、结构转型、提质增效等一系列挑战。2023 年 7 月 24 日，中共中央政治局召开会议，提出更为积极的宏观经济政策，首要聚力目标为扩大内需，促进消费增长。

自"十一五"以来，中国旅游产业发展就取得了显著的成就。据原国家旅游局（2010）的统计资料显示，中国旅游产业不但规模持续扩大，而且结构逐步优化、质量明显提升，功能得到有效释放，适应能力和调控能力逐渐增强。《中华人民共和国文化和旅游部 2019 年文化和旅游发展统计公报》显示，2019 年，国内旅游人数达 60.06 亿人次，出入境旅游总人数达 3.0 亿人次，全年实现旅游总收入 6.63 万亿元；旅游业对 GDP 的综合贡献为 10.94 万亿元，占 GDP 总量的 11.05%；旅游直接和间接促进就业 7987 万人，占全国就业总人口的 10.31%。

历史和现实也表明，在各种自然和社会危机之中，中国旅游业基本能率先实现复苏和增长。从近年发展来看，中国旅游业虽然受到三年疫情的重创，但在 2023 年进入了全面快速复苏通道。据文化和旅游部数据中心测算，2023 年"五一"假期，全国国内旅游出游合计 2.74 亿人次，同比增长 70.83%，按可比口径恢复至 2019 年同期的 119.09%；实现国内旅游收入 1480.56 亿元，同比增长 128.90%，按可比口径恢复至 2019 年同期的 100.66%。

因此，由于一贯的良好发展态势和多领域综合带动效应，旅游业对保增长、扩内需、调结构、促就业的积极作用越来越显著，已经成为带动国民经济发展的动力产业，自然而然地成为政府提升经济增长质量和效益的有力杠杆。2023 年 7 月的中共中央政治局会议，也明确提出支持旅游业发展，促进文旅消费，以扩大内需、提振信心。

2.政府是推动中国旅游产业发展的重要力量

改革开放以来，中国政府持续关注和重视旅游业的发展，旅游业的经济产业地位不断提升。1978 年，旅游业的性质由政治接待工具转变为可以创造外汇收入的经济事业，旅游业的经济产业地位逐渐凸显。之后，国家进一步放开对旅游业的限制，鼓励除了外资之外的各种资本主体投资于旅游业，旅游供给不足问题得以解决，旅游业进入一个大发展时期。1986 年，旅游业作为国家重点支持发展的一项事业，被正式纳入国民经济和社会发展计划，其经济产业地位得到明确。1986—1999 年，旅游业进入稳定发展阶段，作为国民经济增长点的特征逐渐显现和突出。1992 年，中共中央《关于加快发展第三产业的决定》将旅游业列为"第三产业中的重点产业"。1998 年，中央经济工作会议将旅游业与房地产业、信息业同时确定为国民经济新的增长点，旅游产业地位得以进一步提升。21 世纪以来，国内外经济环境的迅速变化促使国家更加重视旅游产业的作用。2006 年，中国旅游业发展"十一五"规划纲要明确提出要把旅游业培育成为国民经济的重要产业。《国务院关于加快发展旅游业的意见》（国发〔2009〕41号）明确提出"旅游业是战略性产业"，要"把旅游业培育成国民经济的战略性支柱产业和人民群众更加满意的现代服务业"，这标志着旅游产业在国民经济中的战略性地位确立。之后，国家为促进旅游业更好发展，又先后出台了《关于进一步加快发展旅游产业促进社会主义文化大发展大繁荣的指导意见》《国民旅游休闲纲要（2013—2020年）》《中华人民共和国旅游法》等政策规章。

如今，中国政府给予旅游产业更多关注和重视。2015年中国政府工作报告将出境旅游人数作为人民生活改善的佐证之一，提出要落实带薪休假制度以大力发展旅游业，提升旅游休闲消费以加快培育消费增长点等。顺应形势，中央政府于2014年和2015年相继出台了《国务院关于促进旅游业改革发展的若干意见》《国务院办公厅关于进一步促进旅游投资和消费的若干意见》，意在引导和解决旅游产业结构问题。2016年1月，国务院旅游工作部际联席会议强调"更好发挥政府作用""着力推进旅游供给侧改革"，提升旅游产品供给质量，促进旅游新业态发展。同年，国务院首次将旅游业发展规划纳入"十三五"国家重点专项规划，印发《"十三五"全国旅游业发展规划》（国办发〔2016〕85号），把旅游业作为幸福产业之首。2018年两会后，文化部和国家旅游局合并组成文化和旅游部，国务院出台了《促进全域旅游发展的指导意见》，旅游产业地位进一步提升。2022年，国务院印发《"十四五"旅游业发展规划》，推动旅游业全面融入经济社会发展全局。

为响应中央号召，地方各级政府也同样高度重视旅游业发展。总体上，地方政府往往秉持"旅游+"的跨界融合发展理念，推进旅游业供给侧结构性改革，激发各类市场主体的活力，引导市场持续开拓融合，形成健全的现代旅游业体系，丰富优质的旅游产品供给，促进地方旅游业质量提升，以充分发挥旅游业在地方产业升级、结构转型、经济发展、精准扶贫、乡村振兴、生态文明建设等方面的作用，从而满足了人民群众对美好生活的向往。

由此可以认为，过去到现在，中国政府和旅游产业发展息息相关，当下至未来，中国政府和旅游产业发展也将密切可期。

3."政府主导"模式下的中国旅游产业亟待转型升级和提质增效

中国经济由计划经济体制向市场经济体制转型的特殊时代背景，决定了中国旅游产业自发展之始便具有了鲜明的特色。1978 年改革开放之后，鉴于全国和全社会经济建设的重任，市场的固有缺陷，以及旅游产业的创汇功能，政府主导旅游产业发育和发展的机制有所显现。1997 年，国家旅游局正式提出"政府主导型"的旅游业发展模式。在政府主导旅游发展模式下，政府行为对旅游产业发展具有积极作用，可以有效解决旅游产业的外部性、公共物品和信息不对称问题，进而促进旅游产业增长和保证旅游产业相关领域的社会公平与稳定。然而，同经济行为人一样，政府具有"有限理性"，在获取和处理信息时也存在一些固有的认知局限，易在执行政府主导旅游发展战略的过程中发生不当行为，从而给旅游产业发展带来重复建设、过度投资、资源浪费、环境破坏、不公平竞争、效益低下等负面影响。

与此同时，中国旅游产业发展也始终困扰于"大而不强"的现实问题，"旅游强国"之路依旧漫长。从数据来看，不可否认的是，21 世纪以来，中国旅游产业发展的绝对水平有所提高，但相对水平依旧令人担忧。笔者以 2000 年为时间节点，对其前后十五年的中国旅游总收入在国民生产总值的占比加以比较。不难发现，前十五年，该占比从 1986 年的 1.04% 上升至 2000 年的 5.05%，增幅为 4.01 个百分点；后十五年，该占比从 2000 年的 5.05% 上升至 2014 年的 5.5%，增幅仅为 0.45 个百分点。这固然与 1994 年国家外汇制度改革和 1997 年城镇居民和农村居民旅游状况调查的完善程度有关①，却也与中国整体发展阶段、旅游产业发展基数、其他产业发展状况等许多因素有关。比如，微观层面的旅游企业普遍存在着"小、散、弱、差"的情况，竞争力不强（黄先开等，2013）。2020—2022 年三年疫情期间，小微旅游企业的运营状况更是不理想。文化和旅游部多次出台文件，支持旅游企业发展。相较于国外，2019 年，世界经济论坛发布全球《旅游竞争力报告》，中国旅游业竞争力排名全球第 13 位，中国的世界旅游强国地位有待提高。

21 世纪以来的中国旅游产业，不再是 20 世纪改革开放之初迫于经济体制转型而转型发展的产业，其外延式的粗放增长阶段已经结束。2014 年 7 月 2

---

① 1994 年中国外汇制度改革之前，国家旅游外汇收入统计主要采用定期报表制度，造成比较严重的漏统后果。改革之后，则弥补了大量"一日游"等漏统数据，所以旅游外汇收入大幅增长。此外，1997 年之后，国家首次开展对城镇居民和农民的国内旅游情况调查，国内旅游收入相应大幅增长。从中可以看出，1997 年之前的旅游统计数据的统计口径是存在差别的，而且国内旅游收入数据的可获得性差。这也正是本研究研究样本的时期仅限于 2000 年之后的主要原因之一。

日，国务院常务会议确定了促进旅游产业改革发展的三大政策措施：以改革开放增强旅游业发展动力、优化旅游发展软硬环境、提升旅游产品品质和内涵。这预示着，中国旅游产业进入了转型升级、提质增效、内涵式增长的关键发展期。中国旅游产业的转型升级，是中国现阶段产业结构亟须调整优化的时势所趋，更是其从单纯的规模增长转变为综合素质提升，破解"大而不强"难题，以实现高质量发展的必经之路。作为推动中国旅游产业发展、产业素质提升的重要力量，地方政府在旅游产业的未来发展中应"做什么"和"怎样做"才能推动旅游产业结构转型升级就显得尤为重要。

4. 厘清政府行为以促进旅游产业结构动态优化亟须深入研究

理论研究表明，遵循比较优势，推动产业结构动态优化，进而促进产业效率提升，是一个产业保持增长活力和动力的关键，而一个"因势利导"型的政府恰恰是产业结构动态优化的最好推动者（林毅夫，2012）。从中国旅游产业发展的实际状况来看，地方政府在旅游产业发展中起着实际主导作用。特别是进入 21 世纪以来，伴随着旅游产业的经济地位在中央和地方层面均得到重视和提升，为促进旅游产业发展以实现旅游产业对地方经济的带动目标，地方政府对旅游产业发展的行为干涉呈现领域扩大、方式多样、力度不断加大的表象，中国地方旅游产业也经历了旅游接待人数和旅游收入一路持续激增的发展景象。从这个层面上看，政府主导旅游发展战略是中国旅游业发展的一种有效的现实选择，地方政府行为对旅游产业的影响也是必然而持久的。地方政府行为的强度如何、规范与否，也均会对地方旅游产业结构造成影响，进而对中国旅游产业的总体发展起着关键作用。

地方政府如何引导旅游产业结构优化升级、提质增效，使旅游业成为新时期中国整体经济转型升级的核心纽带，已经成为"十四五"时期中国旅游产业发展所面临的大且难的问题，亟待系统和深入的研究，以及合理又充分的理论解释。然而，地方政府行为对旅游产业结构的影响仍然处于学术研究领域的边缘，详细且全面的研究文献难得一见。那么，摆在社会科学研究者面前的问题已然显而易见，即在目前已取得一些研究成果的基础上，有效地整合相关理论，将地方政府行为与旅游产业结构动态优化有机联系起来，对现实中的上述表象进行理论解释，为地方政府引导旅游产业结构优化升级提供合理的理论启示和可行的政策建议。

（二）研究意义

1. 理论意义

本研究致力于探究地方政府行为对旅游产业结构动态优化的作用机制。我们逐步完成了以下理论研究过程：第一，细致梳理了旅游产业结构动态优化过程中复杂多样的地方政府行为，科学界定地方政府行为和旅游产业结构动态优化的概念和内涵，在理论层面深入分析得出地方政府行为对旅游产业结构动态优化的三条作用路径；第二，科学测算了旅游产业结构优化程度，厘清其动态演化过程，明晰中国旅游产业结构优化现状、演变趋势和可能的内在动力；第三，构建了分别含有旅游政策实效、地方财政分权、基础设施建设、政府教育投入、政府研发投入等地方政府行为的实证模型，实证检验了地方政府行为对旅游产业结构动态优化作用机制。本研究有效地拓展了政府与市场关系研究的外延，扩充了地方政府行为研究和产业经济研究的理论范畴，为旅游产业结构研究及相关研究提供理论借鉴，具有重要的学术价值和理论意义。

2. 实践意义

依据理论分析和实证检验，本研究还着眼于实践层面，深入分析地方政府行为与具体业态的结构优化。我们将整体分析和个案分析相结合，先后对景区、酒店、旅行社三大传统业态，以及乡村旅游、工业旅游、文化旅游、体育旅游、康养旅游、智慧旅游等旅游新业态的结构优化实践进行了分析，探索地方政府在中央政府的引导下和时代发展的宏观背景下，如何把握机会和应对挑战，有效实现上述业态结构的优化。基于理论、实证和实践分析，本研究总结得出中国旅游产业结构动态优化中的地方政府行为经验，透视发现地方政府在旅游产业结构动态优化中所存在的问题，探寻可操作性的途径和策略，可以助力实现地方政府行为规范化与旅游产业结构动态优化之间的良性互动，为中国旅游产业结构的优化升级明确路径，为中国政府促进旅游产业"供给侧"改革，推动国民经济更好发展，提供了理论指导和实践分析工具。

二、研究问题的提出

本研究要回答的基本问题是：地方政府行为对地方旅游产业结构的动态优

化到底存在何种影响及如何影响？围绕这一基本问题，本研究逐一回答了以下几组问题。

（一）如何对核心问题进行理论建构？

如何对地方政府行为对旅游产业结构动态优化的作用机制进行科学的理论建构，是本研究的首要问题。理论建构的前提是要明晰核心变量的概念及其内涵。地方政府行为及其内涵是什么？旅游产业结构的概念如何界定？旅游产业结构的动态优化具体是指什么？理论建构也必须建立在一定的理论基础之上，对变量关系进行准确合理的逻辑分析。因此，本研究的理论基础涉及哪些？在理论分析层面，地方政府行为对旅游产业结构动态优化的作用机理是怎么样的？

（二）旅游产业结构动态优化中的地方政府行为如何量化？

作为一种行为主体，地方政府的职能范围广泛，当其面对产业边界日益扩张且模糊的旅游产业时，其职能和行为表现更为复杂多样。那么，面对旅游产业结构动态优化过程中的众多地方政府行为，我们在实证分析中，主要需要关注哪些地方政府行为？相对应的衡量指标是单一型还是复合型的？如果选择复合型指标，又要选择何种量化方法？量化后的结果呈现何种状况？

（三）旅游产业结构动态优化的科学测度怎样进行？测度结果怎么样？

中国学术界已经对旅游产业结构的测度分析进行了大量探索，但鉴于研究目的和研究角度的不同，在测度指标的选取和测度方法的选择上存在差别。那么，在既有研究中，常见的测度旅游产业结构优化程度的指标和方法有哪些？存在哪些不足？如何选择相对合理的测度指标和测度方法以实现科学测度中国旅游产业结构优化程度的目标？测度结果怎么样？

（四）地方政府行为与旅游产业结构动态优化的关系是什么？

本研究的先验性的理论假设之一是地方政府行为对旅游产业结构动态优化存在影响。这一理论假设是否成立是整个研究前后逻辑自洽的关键。因此，地方政府的旅游政策、财政分权、基础设施建设、教育投入、研发投入等行为对旅游产业结构动态优化的作用机理尚待验证。那么，地方政府的这些行为是否均对旅游产业结构的动态优化产生了积极影响？哪些行为对旅游产业结构的动态优化没有影响甚至是负面影响？这些行为对地方旅游产业结构动态优化的影响程度如何、传导机理是怎样的？而解答这些问题，我们又需要采取哪种计量方法？

（五）地方政府行为与旅游产业结构动态优化的实践情况如何？

理论研究和实证检验应对照现实，实现理论研究与实践发展相结合。那么，地方政府在旅游产业实践发展中有哪些行为表现？不同的旅游业态，地方政府行为有何不同？景区、酒店、旅行社等传统业态中的地方政府行为有哪些？地方政府在乡村旅游、工业旅游、文化旅游等新兴业态的发展中又有何作为？在地方政府的干涉下，传统旅游业态的数量结构、投入结构和效益结构有何不同？

（六）改善地方政府行为以促进旅游产业结构动态优化的对策有哪些？

根据理论分析、实证分析和实践分析，地方政府的主要行为在旅游产业结构动态优化过程中存在哪些不足？为进一步促进旅游产业结构的动态优化，地方政府应在政策制定、财政分权、基础设施建设、教育投入、研发投入等方面如何改进？针对三大传统业态和新业态的结构优化，地方政府行为又当如何表现？

三、研究思路与方法

（一）研究思路

本研究的基本思路是从文献综述与概念梳理入手，结合中国旅游产业发展的现实背景，发现和界定问题，然后从理论、实证、实践、对策四个视角展开分析，具体技术路线见图 1-1。

一是理论篇：依据政府经济理论、政府行为理论、产业结构理论、系统科学和旅游系统理论，从理论上分析地方政府行为对旅游产业结构动态优化的作用机制。

二是实证篇：根据研究变量之间的理论关系和数据情况，构建动态或静态面板数据模型，实证检验地方政府在旅游政策、财政分权、基础设施建设、教育财政投入、研发投入等方面的行为对旅游产业结构动态优化的作用机制。

三是实践分析篇：从景区、酒店、旅行社三大传统业态和乡村旅游、工业旅游、文化旅游、体育旅游、康养旅游、智慧旅游六大旅游新业态的结构优化实践着手，利用案例调研分析，归纳和总结地方政府在具体业态发展过程中的行为表现，以及各业态的结构优化状况。

四是对策分析篇：综合理论分析、实证分析和实践分析的发现，总结中国旅游产业结构动态优化的成功经验和问题，探寻具有可操作性的政策思路，为改善地方政府行为和促进中国旅游产业结构进一步动态优化提供指导。

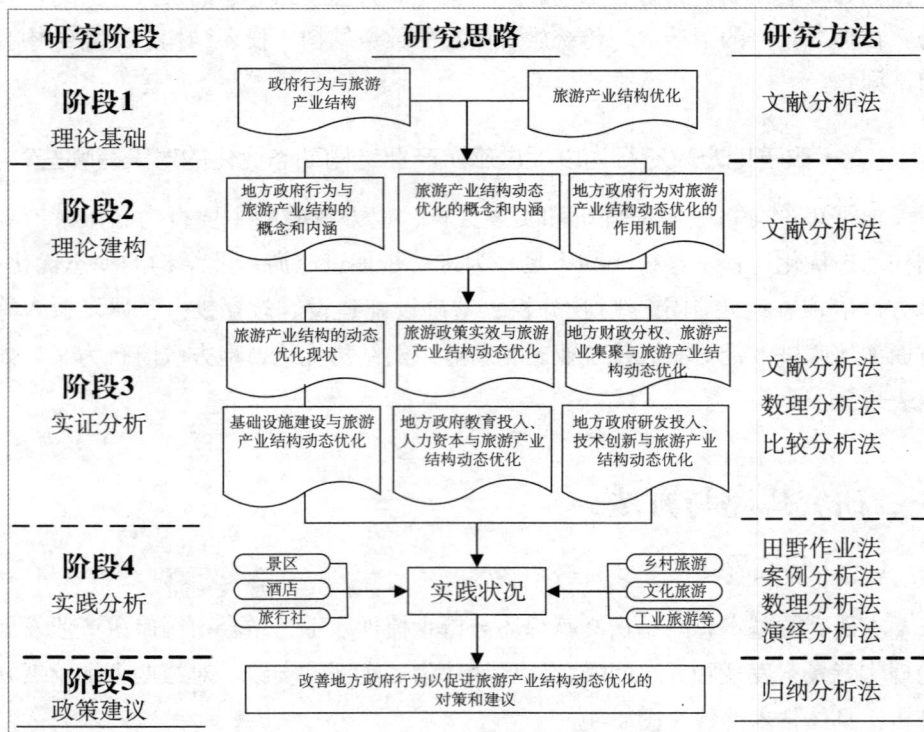

图 1-1　本研究的技术路线流程

（二）研究方法

1. 文献分析法

文献分析法是根据一定的研究目的或课题，通过查阅文献来获得资料，从而全面地、正确地了解和掌握所要研究问题的一种方法。本研究将利用相关文献数据库收集整理有关地方政府行为、旅游产业结构及其动态优化、政府行为与旅游产业发展、旅游目的地旅游产业系统等研究文献，以期相对全面地掌握国内外相关研究成果，准确界定地方政府行为、旅游产业结构、旅游产业结构动态优化的概念和内涵，探寻地方政府行为在旅游产业结构动态优化中的作用空间和作用机制。

2. 数理分析法

本研究中的数理分析方法主要是指现代数理建模方法，是指对相关理论假设进行实证建模的方法。本研究主要运用此方法对地方政府行为与旅游产业结构动态优化之间的关系进行实证检验。本研究还运用了指标归一方法与指数分析方法，即通过建立指标体系和指标归一方法实现地方政府基础设施建设行为量化，利用单一指数方法来测度和评价旅游产业结构动态优化水平。此外，本研究还利用现代统计方法来实现中国旅游业三大传统业态的相关结构状况的定量呈现。

3. 田野作业法

田野调查被公认为是人类学学科的基本方法论，是"直接观察法"的实践与应用，也是研究工作开展之前取得第一手资料的前置步骤。本研究对田野作业法的运用主要体现在课题组成员对旅游新业态的调研分析，通过访谈、观察等方式，获取相对全面且完整的资料。

4. 案例分析法

案例分析法是指结合文献资料对单一对象进行分析，得出事物一般性、普遍性规律的方法。本研究在进行中国旅游产业动态优化实践状况的分析时，在全国范围内分地域、分类型地筛选出一些典型的旅游业态案例，分析发现地方政府在这些典型旅游业态结构动态优化过程中的行为表现，以及其与旅游业结构动态优化的可能性关联，发现其中的共性和差异之处，得出改善地方政府行为和促进旅游产业结构进一步动态优化的一般方法。

5. 比较分析法

本研究综合利用了纵向比较和横向比较的方法，以全面了解我国地方政府行为与旅游产业结构的动态优化过程，进而探索性地发现地方政府行为与旅游产业结构动态优化之间的可能关系。纵向比较主要体现在回顾和总结分析我国学术界在该领域的研究工作，我国地方政府行为和旅游产业结构在时间维度上的演变过程；横向比较则主要将国内外有关此问题的学术研究和实践状况进行比较分析，找出共同之处和不同之处。

6. 归纳与演绎相结合法

归纳与演绎是贯穿本研究写作过程中的两种主要逻辑思维方式。在本研究中，准确提炼和总结旅游产业结构动态优化过程中存在的地方政府行为及其他相关问题，是建立在对多个旅游目的地的多个旅游业态的结构现状调研的基础之上，并通过整合和比较分析与之相关的各种调研资料而得出一般性的问题和改进路径，此为归纳分析。然后，本研究根据归纳总结出的规律来完善地方政府行为和促进旅游产业结构动态优化，进而探索性地提出一系列针对不同地方政府行为和不同旅游业态的对策和建议，从一般推及个别，此为演绎。最后，本研究归纳提出地方政府行为和旅游业结构动态优化的一般性的对策体系。如此循环往复，不断深化认识地方政府行为对旅游产业结构动态优化的作用机制。

四、研究结构与内容

本研究的结构安排主要分为四篇，共计 14 章。其中第一篇为理论分析篇，包含第 1、2、3 章，分别为绪论、文献综述、理论分析；第二篇为实证分析篇，包含第 4、5、6、7、8、9 章，分别为中国区域旅游产业结构动态优化现状分析、地方政府旅游政策实效与旅游产业结构动态优化、地方财政分权与旅游产业结构动态优化、地方政府的基础设施建设与旅游产业结构动态优化、地方政府教育投入与旅游产业结构动态优化、地方政府研发投入与旅游产业结构动态优化；第三篇为实践分析篇，包含第 10 章和第 11 章，分别为对地方政府行为与三大传统旅游业态和旅游新业态结构动态优化实践状况分析；第四篇为对策分析篇，包含第 12、13、14 章，分别从政策实效视角、要素投入视角、消费需求视角提出改善地方政府行为以促进旅游产业结构动态优化的对策和建议。除了第 1 章绪论对本研究将要回答的问题、问题提出背景、研究设计、意义所在等进行阐述之外，本研究余下部分的具体结构安排和研究内容如下：

第 2 章：文献综述。本章主要述评内容包括产业结构变动、政府行为对产业结构变动的影响、旅游产业结构变动、政府行为对旅游产业结构变动的影响等。本章指出既有研究薄弱和有待创新之处是在理论分析层面、实证分析层面和实践分析层面深入探讨地方政府行为对旅游产业结构的影响和作用机制。

第 3 章：理论分析。本章根据研究需要，系统梳理了地方政府行为和旅游产业结构动态优化的概念和内涵，搜寻和整理了地方政府行为促进旅游产业结构动态优化的理论基础，以政府经济理论和政府行为理论为基础，在产业结构理论和旅游产业系统理论的关联界面上，尝试以旅游产业供给和需求为主线，在理论层面上探讨地方政府行为对旅游产业结构动态优化的作用机制，为后续研究打下坚实的基础。

第 4 章：中国区域旅游产业结构动态优化现状分析。本章借鉴旅游产业结构高级化的分析视角，甄选出合适方法对中国旅游产业结构的动态优化程度进行测度。并从时间和空间的维度，对中国旅游产业结构的动态演化状况和地区差异现状进行分析。

第 5 章：地方政府旅游政策实效与旅游产业结构动态优化。本章认为地方政府出台、制定和实施的旅游政策是旅游产业结构优化升级的重要保障。本章借鉴现有理论和方法，收集整理 2001—2012 年已出台的中国大陆 31 个省（自治区、直辖市）旅游政策，科学评估旅游政策实效，实证和检验旅游政策实效与旅游产业结构优化之间的关系，为未来制定旅游政策和产业结构优化升级提供借鉴。

第 6 章：地方财政分权与旅游产业结构动态优化。本章遵循层层递进的思路，测度地方财政分权和旅游产业集聚程度，建立面板数据模型，实证检验和分析地方财政分权对旅游产业结构动态优化的影响，以及旅游产业集聚对地方财政分权与旅游产业结构动态优化之间关系的影响，为实现旅游产业要素的合理空间配置，加快中国旅游产业结构优化升级，提供一定的借鉴与启示。

第 7 章：地方政府的基础设施建设与旅游产业结构动态优化。本章从地方政府基础设施构建的视角，细化旅游产业结构动态优化的前因变量，构建基础设施建设强度的指标体系，结合旅游产业结构高级化数据，建立动静态面板数据模型，深入剖析和实证检验基础设施建设对旅游产业结构的作用机制，为政府"因势利导"建设基础设施，引导旅游产业结构的优化升级提供理论借鉴。

第8章：地方政府教育投入与旅游产业结构动态优化。本章以教育投入为切入点，探究地方政府的教育投入是否对旅游产业结构的升级产生推动作用，并借鉴人力资本理论，以多种旅游人力资本作为中介变量，探究地方政府教育投入对旅游产业结构优化升级的作用机制，为政府更好地利用教育投入提高旅游经济增长质量提供一个可能路径。

第9章：地方政府研发投入与旅游产业结构动态优化。本章在理论阐述了地方政府研发投入、技术创新和产业结构关系的基础之上，综合地方政府研发投入的三个主要流向（工业企业、科研机构、高校）和技术创新前、中、后期三个阶段，建立了面板数据中介效应模型，实证检验和分析了地方政府研发投入及其流向对旅游产业结构优化升级的作用机制，并深入探究了不同阶段的技术创新在该作用机制中的中介效应，为当前中国地方政府利用研发投入和技术创新以促进旅游产业结构转型和旅游产业高质量增长提供了政策启示。

第10章：地方政府行为与三大传统旅游业态结构动态优化实践。本章主要立足于景区、酒店、旅行社三大传统旅游业态，从其数量结构、投入结构和效益结构等方面反映其可能存在的产业结构变化，并结合调研案例，分析每一种业态中地方政府的行为表现及其对此三大业态的产业结构变化所造成的可能影响。

第11章：地方政府行为与旅游新业态结构动态优化实践。与上一章一样，本章由于数据获取难度高，主要通过统计数据和调研资料，来展现中国新兴旅游业态的发展变化，推测由此所带来的中国旅游产业结构变化。同时，结合案例，反映目前中国地方政府在旅游新业态发展中的行为表现及其可能影响。

第12章：政策实效视角下中国旅游产业结构动态优化对策。本章旨在根据旅游政策实效对旅游产业结构动态优化的影响，从重视政策制定，加强旅游政策科学力；建立协同机制，增强旅游政策执行力；强化政策实效，提高旅游政策生产力三大方面，提出促进中国旅游产业结构动态优化的对策和建议。

第13章：要素投入视角下中国旅游产业结构动态优化对策。本章主要根据财政分权、基础设施建设、教育投入和研发投入对旅游产业结构动态优化的影响，提出完善财政分权体制，推进产业良性集聚；加强基础设施建设，改善宏观发展环境；增加政府教育投入，加强人力资本积累；加大政府研发投入，促进技术持续创新等对策，以进一步促进旅游产业结构动态优化。

第 14 章：消费需求视角下中国旅游产业结构动态优化对策。本章将引导消费需求和改革供给侧视为促进旅游产业结构动态优化的一体两面，从重视旅游创新创业、夯实认知基础、优化各类结构、进行全面改革、发展新业态等方面，提出中国旅游产业结构动态优化对策。

五、研究创新

（一）理论创新

在理论层面上，本研究的创新在于全面而深入地探索了地方政府行为对旅游产业结构动态优化的作用机制，并提出了一套完整的理论框架。具体表现在三个方面。

第一，界定核心概念。已有研究虽然在关注到旅游产业结构及其变动、演化、优化、升级等问题的同时，也研究了地方政府行为在旅游业发展中的作用，但鲜少系统地将地方政府行为与旅游产业结构动态优化这一概念联系起来，遑论进行深入的理论分析。本研究明确定义了地方政府行为和旅游产业结构动态优化的概念，为该领域的后续研究明确了研究对象和范围，从而确保研究的准确性、可靠性和可持续性。

第二，构建理论机制。关于地方政府行为对旅游产业结构动态优化的影响，已有研究尚未给出相应的理论机制框架。在文献综述和相关理论的基础之上，本研究提出地方政府行为通过强化政策实效、改变要素投入、引导消费需求三条路径对旅游产业结构动态优化产生影响的理论机制，为研究地方政府行为与旅游产业结构动态优化之间的关系提供了清晰的理论框架和思路，也为该领域的相关实证研究提供了指导和依据。

第三，进行实证分析。即使在探讨政府行为与旅游产业结构之间关系的少数研究中，也鲜少看到定量的实证分析。本研究基于上述理论机制，实证分析了旅游政策实效、地方财政分权、基础设施建设、教育投入、研发投入等地方政府行为因素对旅游产业结构动态优化的作用机制，不仅进一步验证了理论机制的有效性和可行性，也为该领域的量化研究提供了比较全面的实证思路。而且，在实证分析过程中，本研究对基础设施建设和旅游产业结构动态优化的量化方法，为后续研究提供了定量分析基础；在相关机制检验中，融入了产业集聚、人力资本、技术创新的中介效应，也为后续研究提供了一些新的实证分析视角。

（二）实践创新

在实践层面上，对于地方政府旅游政策实效、财政分权、基础设施建设、教育投入、研发投入等主要行为的量化分析，对旅游产业结构动态优化程度的测度和时空分析，对地方政府主要行为和旅游产业结构动态优化之间关系的计量分析，为下一步出台政策提供了良好的理论基础；从景区、酒店和旅行社三大传统业态和乡村旅游、工业旅游、文化旅游、体育旅游、康养旅游、智慧旅游六大新业态着手，结合中国东部、中部、西部和东北部四大地区的典型案例，分析中国旅游产业结构动态优化的实践，与理论研究相辅相成，对于出台具有可操作性的政策措施不无裨益。此外，基于地方政府行为规范化的旅游产业结构优化升级思路、策略和建议是对以往忽略政府之手及其与人力资本、技术创新、产业集聚等各种因素之间关系的旅游经济增长道路的矫正，具有重要的决策参考价值。

（三）方法创新

在研究方法上，运用政治学、经济学、行为学、系统论、管理学等形成的"多维理论架构"，依据"政府行为→作用因素→产业结构"的研究范式，将政府行为、产业结构、旅游系统等理论有机结合，从动静态维度和宏微观维度上综合把握地方政府行为与旅游产业结构动态优化的关系，为我们认识旅游产业结构优化升级规律提供了更为广阔的视野。具体而言，在理论建构部分，以供需规律为主线，分析地方政府通过政策设计、要素供给、市场需求等途径作用于旅游产业结构的理论路径；在实证分析部分，根据地方政府行为的不同，构建以面板数据为基础的动静态模型、中介效应模型、交互效应模型，以精准理清不同的地方政府行为对旅游产业结构动态优化的不同作用机制；在实践分析部分，综合采用统计数据分析法、田野调查法、网络文本分析法、案例分析法等多种方法，以反映中国不同地区的地方政府的行为表现和旅游业态的多样化、动态化发展。

第2章

文献综述

根据产业经济学的科学内涵，中西方学者的观点较为不同，国外学者往往将产业经济学视作产业组织学，主要关注企业与市场结构及二者之间的关系；中国学者除了关注产业组织之外，还关注产业结构、产业关联、产业布局、产业政策、产业规制等内容（孔喜梅，2019）。因此，延伸到其他研究领域，也不难发现国外学者鲜少对旅游产业结构进行直接研究，多直接分析旅游产业的构成，或从产业组织理论的范畴对旅游市场结构（Butler，1980；Cooper 和 Jackson，1989；Provenzano，2014；Carvalho 等，2014）、产业组成结构和需求结构（Goh 和 Carey，2003）、组织结构（Scott 等，2005）、所有制结构（Paek，2011）、业务结构（Higgins，1996）及空间和技术等其他结构（Kharazian，2015）进行研究。鉴于本研究主要关注中国情境下的旅游产业结构问题，也考虑到国内外学者对旅游产业结构的研究视角差异，本章重点梳理国内旅游产业结构研究，辅之以些许国外学者对旅游行业结构（Tourism Industry Structue）的研究，从产业结构变动、政府行为与产业结构变动、旅游产业结构变动、政府行为与旅游产业结构变动等方面进行详细深入地梳理总结。

一、产业结构变动的相关研究

（一）产业结构变动的概念和内涵

在经济学家费歇尔于 1935 年首次提出三次产业结构理论之后，克拉克、霍夫曼和库兹涅茨等学者进一步阐述和完善了产业结构理论（刘涛，2013）。

学界普遍认为，产业结构是指一个国家国民经济系统中不同产业之间的比例关系和相互联系的形式，在更广泛的意义上还包括产业内部企业之间的关系（渠海雷和邓琪，2000）。因为各个产业的运作需要其他相关产业提供相应的中间产品和生产要素，从而支撑整个产业链的可持续发展以及社会的再生产，并且各个产业生产出的产品可能需要经过其他产业被顾客消费或由其他产业直接消费，所以产业之间会形成一定的技术经济联系（王兆峰，2011；宋涛，2002）。

产业结构的变动即为上述比例关系和相互联系的变动。本研究认为已有文献中产业结构的"调整""转型""变迁""演化""趋同""失衡""演进""优化（或转型）升级"等概念均属于产业结构变动的范畴。在诸多研究中，多有学者发现中国的产业结构伴随经济增长出现了"三、二、一"的演进趋势（李政和杨思莹，2016），即产业结构优化升级趋势。产业结构优化升级是产业结构从较低层次、较低附加值产业高占比向高层次、高附加值产业高占比转变，包括产业结构合理化、高级化和深化，伴随着技术革新、资源再配置、产业效益提高（杨青龙等，2020；林春艳和孔凡超，2016）。

（二）产业结构变动的测评方法

关注并科学测评产业结构变动至关重要，有助于发现和深入理解产业结构问题。虽然产业结构变动包含多个概念范畴，但已有文献主要在测评和比较产业结构合理化和高级化程度的基础之上，对产业结构状况及其变动趋势进行分析。产业结构合理化是指产业间的聚合质量，反映了三大产业份额比例合理化状况、要素投入结构和产业结构的耦合程度，一般用泰尔指数和产业结构偏离度系数来衡量（刘哲和刘传明，2021；张跃和刘莉，2021；杨青龙等，2020；干春晖等，2011）。产业结构高级化主要反映产业结构从低端向高端发展的过程，伴随着三大产业从第一产业主导向第二、第三产业主导逐次演进，部门结构逐步从劳动密集型产业向资本、技术密集型产业演进，生产要素逐步从低生产率产业向高生产率产业转移（张跃和刘莉，2021），衡量指标有以克拉克定律为理论基础的非农业产业增加值比重、以霍夫曼定律为理论基础的轻工业与重工业总产值（龚轶等，2015）、第三产业产值与第二产业产值之比（刘哲和刘传明，2021；周国富和陈菡彬，2021；杨青龙等，2020）、产业结构层次系数（姚战琪，2021；方慧和赵胜立，2021；张艳等，2021）、产业结构升级指数（王敏等，2020）、各产业产值比重与其劳动生产率乘积之和（李翔和邓峰，2017；刘强和李泽锦，2021）等。

（三）产业结构变动的影响因素

探索产业结构变动的影响因素是学界研究热点。早在 1958 年，霍夫曼在总结工业部门间结构变动的一般类型的基础之上，工业化过程中各工业部门的成长率差异导致了工业部门间的特定的结构变化，根本原因则在于各工业部门的生产要素数量、资源配置、技术进步、劳动者熟练程度与消费者偏好等因素导致了其成长率的不同。1986 年，钱纳里将促进产业结构变动因素归结为需求、贸易和技术。其中，需求因素的影响主要表现为居民消费结构往往与生产结构息息相关；贸易影响不同产业的资本积累和劳动积累，进而使不同产业具有不同的比较优势；技术则对产品生产工艺、流程及生产率有着显著的直接影响。在国内，不少学者对地区经济水平（宋晨泽和贾敬全，2021）、教育和人力资本（张艳等，2021；徐秋艳和房胜飞，2019；孙海波等，2018）、技术进步和创新（时乐乐和赵军，2018；魏鹏飞，2018）、基础设施（李中，2015；崔玉永，2018）、产业政策（韩永辉等，2017）、金融发展（周登宪等，2018）、环境规制（刘玉凤和高良谋，2020）、城镇化（蓝庆新和陈超凡，2013）等因素对地区产业结构变动的影响进行了深入分析。伴随着社会发展和变革，学界也开始关注数字经济（陈晓东和杨晓霞，2021）、数字普惠金融（葛和平和吴福象，2021）、数字贸易（姚战琪，2020；李保民和朱飒，2020）、数字政府（邓石军等，2022）等数字因素，自由贸易试验区设立（支宇鹏等，2021）、"一带一路"倡议（傅京燕和程芳芳，2021）、文明城市评选（刘哲和刘传明，2021）等社会事件，人口老龄化（赵春燕和宋晓莹，2021；刘成坤和赵昕东，2019；王屿等，2018）和新型基建（马青山等，2021；郭凯明等，2020）等社会发展趋势对产业结构变动的影响。

二、政府行为对产业结构变动的影响研究

关于政府行为对产业结构变动的影响，既有研究主要聚焦在政府行为对产

业结构调整和演变、趋同和失衡、转型或优化升级的影响。

（一）政府行为与产业结构调整和演变

在产业结构调整过程中，政府行为的逻辑起点是尊重市场在资源配置中的基础性地位，进而提高市场效率，并通过科学规划与调节总供求、中间产品供求、国际贸易与投资、科学技术等方面来影响产业结构调整（林育芳，2004）。王锋（2014）认为产业结构调整的过程实质为中央政府和地方政府为了追求自身经济利益而进行的复杂博弈过程，经济、法规、政策、公共服务等方面的政府行为博弈结果将导致产业结构有所调整。从时空维度来看，产业结构的调整过程实质为产业结构变迁和演化的过程。政府可以在需求、技术、投资和贸易等诸多方面来影响产业结构的变迁和演化（周敏倩，2002）。例如，政府可以运用财政政策和货币政策改变需求水平和结构，可以通过向技术革新或者技术产业倾斜的经济发展战略和产业政策来提高技术水平，可以实施增加投资和供给总量的财税政策和产业政策以改善供给结构，进而对产业结构变迁产生影响。上述干预行为或对产业结构变迁和演化产生一定的正向影响，促进产业结构优化升级，但也要警惕政府受限于环境的高度不确定与信息的高度不对称而产生的产业政策与规制认知缺失，避免政府非理性的过度干预给产业结构变迁带来潜在不利影响（高欣佳等，2012；胥爱欢，2012）。

（二）政府行为与产业结构趋同和失衡

产业结构趋同一般是区域产业结构趋同，指在经济发展过程中，原本资源数量与要素禀赋就不尽相同的不同区域的产业结构呈现出某种共同倾向，都形成或大或小的完整的产业体系，产业的区域分布趋于均匀，地区分工和合作程度低（刘思思，2011）。简言之，区域产业结构趋同是指各个地区在主导产业、产业组织规模、技术水平和产品结构等方面存在雷同。产业结构失衡尚不存在统一的概念，但多数学者认为产业结构失衡主要表现为三大产业的比例失调和产业内部失衡，在中国主要表现为第三产业占比较低、第二产业生产能力过剩、高新技术产业发展严重滞后（黄倩倩和张福，2016）。

政府行为是导致产业结构趋同的重要因素之一。在国内，有学者发现中国的产业结构在省级层面或者市级层面上呈现收敛趋同的态势（Young，2000；

王俊杰，2006），其直接原因在于地方政府为追求利益最大化，设置了地区贸易壁垒，引发了内部市场的零碎分割和行政垄断，妨碍了区域之间正常的经贸交流合作（Young，2000；王俊杰，2006；黄友和，2000；刘再起和徐艳飞，2014）。而其背后的根源则是我国的政绩考核机制或官员晋升激励体制，该体制强调 GDP 增长率为代表的绝对绩效指标，导致地方政府官员倾向于采取模仿性经济战略以获得自身利益最大化，从而导致地方保护力度加大，并引发本地企业在原料市场和产品市场上的相互竞争，进而导致地区间的产业同构（刘瑞明，2007；王燕武和王俊海，2009；张莹和王磊，2015）。这种激励机制也导致了地方政府之间的行为模仿，但行为模仿并不一定指向创新，反而可能是"创新乏力"的体现，同时会造成"锁定效益"，并导致治理场域中的"合成谬误"（唐曼和王刚，2021）。在上述逻辑之下，国内日益形成了地方政府主导经济发展模式，在某种程度上加剧了低效率的产业结构趋同（王开发，1997）。地方政府物质资本投资和地方税收易加剧区域产业结构趋同（张海星和靳伟凤，2014）。

政府行为甚至会进一步引发产业结构失衡现象（靳涛和陈栋，2014）。政府往往通过制定和实施产业政策以调整产业结构。一般而言，政府对当地的产业结构现状和优化目标有着清晰的了解和认识，可以根据实际资源禀赋、经济发展程度和国家战略等制定合理的财税政策，以推进产业结构转型升级。然而，产业政策的制定、协调和实施是一项复杂的系统工程，产业的运行和发展也存在较强的不确定性和复杂性，政府不可能在掌握信息、判断环境因素变化等方面获得完全的认知。换言之，政府的选择行为必然受到有限理性的约束（何大安，2006），易产生"易得性法则""从众行为"等非理性行为，制定和实施类似于主导地方发展制造业而不重视第三产业的消极产业政策，导致产业结构失衡（黄倩倩和张福，2016）。靳涛和陈栋（2014）通过实证分析发现，地方政府行为对产业结构协调度兼具直接和间接影响：一方面，地方政府通过其稳健上升的财政支出活动直接干预地方的经济发展，对产业结构协调度产生巨大且显著的影响力；另一方面，地方政府通过对国有经济的影响力间接影响产业结构协调度。他们还进一步指出，地方财政支出、国有经济固定资产投资的增加具有极高的加剧产业结构失衡的倾向。那么，政府财政行为模式的合理化对于缓解产业结构失衡具有积极意义（安苑和王珺，2014）。

（三）政府行为与产业结构转型或优化升级

伴随着环境的确定化和信息的对称化，政府在产业升级过程中也变得愈加理性（高欣佳等，2012），对产业结构转型或优化升级产生一定的促进作用。政府行为在产业结构转型或优化升级过程中具有六大作用：加强基础产业的支撑作用、淘汰落后产业的杠杆作用、促进技术进步的引领作用、扶持战略性支柱产业的推动作用、完善产业组织的调节作用、引入外资外企的优化作用（王国平，2013）。在相关的实证研究中，韩永辉等（2017）发现产业政策的出台与实施显著促进了地区产业结构合理化和高度化，但该作用高度依赖于地方市场化程度（市场力量）且取决于地方政府能力（产业政策力量）的协同互补效应；傅利平和李永辉（2014）发现在官员考核机制中持续增加环境、民生两个方面指标的权重能够有效降低晋升竞争对区域产业结构升级的抑制作用，并最终对区域产业结构升级产生促进作用；张海星和靳伟凤（2014）发现地方政府人力资本投资降低了区域产业结构趋同，对产业结构的优化升级具有正向推动作用。此外，关于政府的环境规制行为与产业结构优化升级的因果关系，赵爽和李萍（2016）发现政府的环境规制行为对产业结构优化升级产生了正向促进作用，但这种正向促进作用存在一定的滞后效应，需要缓慢释放；毛建辉和管超（2019）发现政府的环境规制行为对产业结构升级的影响具有地域性特征，东部地区形成了正向促进作用，中部地区为反向抑制作用，西部地区没有影响。他们进一步的实证研究发现，地方政府官员晋升压力越大、财政收支压力越小、相对财力越大，环境规制倒逼产业结构升级的效力越大；在传导机制方面，研发创新和对外开放对环境规制优化产业结构具有正向传导效应，而对外直接投资的流入和投资需求反而具有逆向功效。

三、旅游产业结构变动的相关研究

（一）旅游产业结构变动的概念和内涵

1. 旅游产业结构及其变动

在国外研究中难以寻觅到清晰的旅游产业结构概念，国外学者多从直接分析旅游产业的构成角度出发，将旅游产业结构分为住宿、购物、饮食、娱乐及其他部门（Cooper 等，1993）。在国内研究中，杨新军等（2005）以文化和旅游部对旅游外汇统计的部门划分为依据，将旅游产业部门划分为住宿、餐饮、长途交通、游览、商品销售、娱乐、市政交通、邮电通信和其他等部门。在此基础之上，有学者将旅游产业结构定义为"旅游产业的行业内结构"（王兆峰，2009），从狭义角度将旅游产业结构视作旅游行业结构，即饭店、交通、景点等行业和部门在旅游经济中的地位、作用和经济技术比例关系（林南枝和陶汉军，1994）。也有学者从广义角度理解旅游产业结构，将旅游产业结构定义为旅游产业内部的各个部门之间及旅游产业与其他相关部门之间的相互影响、相互促进和相互制约的关系（黎美洋，2006；周美芳等，2008），可以分为旅游产业部门结构、地区结构、组织结构、产品结构、所有制结构等（李刚和赵静玮，2006）。因此，不难看出，基于不同的视角，旅游产业结构的定义和范畴均不同。

综而观之，可以认为国内学者分别从系统视角和行业视角对旅游产业结构进行了概念界定（方叶林和章尚正，2016）。前者观点如王大悟和魏小安（1998）所提出的，旅游产业结构是指旅游经济各部门、各地区、各种经济成分及经济活动各个环节的构成与相互联系、相互制约的关系。后者观点如罗明义（2001）、张辉和厉新建（2004）及刘春济等（2014）所认为的，旅游产业结构是指主要为满足旅游者旅游活动需求而提供产品与服务的旅游产业内部各行业之间以及旅游产业与其他产业之间的技术经济联系和比例关系。目前学者基本认同第二种观点，且进一步指出旅游产业结构本身就是一个动态概念，因为随着经济社会的发展，旅游产业所面临的内外部环境发生了深刻变化，旅游产业的内外部资源、技术、劳动力等资源配置，以及旅游产业内部的行业之间、旅游产业与其他产业之间的技术经济联系和比例关系也发生调整和演变（孙盼盼和赖丽君，2021），呈现出结构趋同、失衡、转型升级或优化提升等态势。

2. 旅游产业结构的调整和演变

旅游产业结构的调整和演变直接表现为旅游产业内部以及旅游产业和其他产业之间的技术经济联系、比例关系的调整、变迁和演化，实质则是供需变动所引发的旅游内外部生产要素流动和资源配置的改变。当旅游生产要素向旅游需求弹性较高或旅游生产效率较高的行业流动时，可以促进旅游产业结构的合理化和高级化。在时空维度上，旅游产业结构的调整和演变则表现为旅游产业结构水平的时序差异和地区差异。例如，左冰等（2020）从经济发展的结构主义视角出发，在刻画阳朔旅游产业网络拓扑结构特征及其变动过程时，对广西壮族自治区阳朔县1989—2018年旅游企业类型与数量进行了历时性分析，发现在旅游目的地不同发展阶段，旅游产业内部的主导产业会不断更替演变，从而推动旅游产业转型升级；刘佳等（2021）分析了2000—2018年中国大陆省域旅游产业结构优化水平及其动态演化规律，得出中国旅游产业结构优化水平呈现初始起步、稳步增长、波动提升、迅猛发展的阶段演化特征；王凯等（2022）发现中国省级旅游产业结构高级化水平小幅上升，旅游产业结构合理化水平有所下降；杨秀平等（2023）模拟了2009—2025年黄河流域9省区旅游产业结构优化综合指数，发现各省区旅游产业结构综合水平等级的空间区域差异逐渐增大，呈现"东高—中低—西高"和"北高—中低—南高"的空间分布。值得注意的是，旅游产业结构的时空差异性叠加旅游产业结构的多领域关联性，使得旅游产业结构的有效调整面临较多困难。

3. 旅游产业结构趋同和失衡

在现有研究中，中国旅游产业结构的趋同主要表现为景区、酒店、旅行社等传统行业占比高，新兴行业占比低的行业结构特征；失衡则主要表现为旅游产业结构的区域差异和区域不平衡。由于中国东中西部的经济发展水平、旅游经济发展状况、旅游资源禀赋、区位交通状况等存在着显著的地区差异性，旅游产业结构的区域差异和不平衡成为国内学者关注的焦点。方叶林和章尚正（2016）运用产业结构合理化指数和SSM模型，根据旅游产业结构的演化特征，将2000—2012年东、中、西部三大地带划分为竞争增强结构优化型、竞争减弱结构优化型、竞争相对稳定型、结构相对稳定型四种类型。赵兴军（2018）通过旅行社收入、星级饭店收入、其他旅游企业收入有关数据，研究发现各个省份的旅游产业结构调整步伐不一，旅游产业结构对区域经济的贡献也不一样。甘晓成等（2018）通过从市场结构、地区结构、产业关联度等三个方面量化测量新疆旅游产业结构，分析得出新疆旅游产业结构具有国内、国际旅游市场发展不平衡，部门配置不协调，服务部门发展不平衡和地区发展不平衡等显著特性。

4. 旅游产业结构转型或优化升级

国内关于旅游产业结构优化升级的研究较为成熟且日益丰富，最早可追溯至"七五"时期[①]（田纪鹏，2012），主要关注旅游产业结构转型或优化升级的概念和内涵、影响因素、存在问题和相关对策[②]。关于旅游产业的转型或优化升级的概念和内涵，不同学者的观点有些许差异，但也存在一定的共通之处。常见的观点是，旅游产业结构的转型或优化升级是旅游经济增长的本质要求，是在旅游产业各部门之间以及旅游产业与相关产业之间比例关系与经济趋向合理的基础上，产业结构不断向资源深加工、产出高附加值的方向发展，从而推进旅游产业质量提升与转型升级的过程（刘佳等，2022）。也有观点认为，旅游产业结构的转型升级是在产业的动态发展过程中达到旅游产业之间的协调、产品供求结构的相对均衡，进而实现生产要素在部门之间的优化组合和对全社会资源的优化配置（谢春山，2010）。可以进一步认为，旅游产业结构的优化升级是实现旅游资源要素有效配置的重要途径。随着旅游资源要素在旅游产业各部门之间的配置和再配置，旅游产业结构将日益合理化、高级化（刘佳和韩欢乐，2013）。中国旅游产业转型或优化升级的主要问题在于各种旅游要素未形成体系且彼此之间不能联动协调发展、旅游产业与各领域的复杂关联、显著的区域差异性以及诸多其他因素的复杂影响。

（二）旅游产业结构变动的测算和评估

测算和评估旅游产业结构的变动情况是研究旅游产业结构的重要基础。从整体上看，旅游产业结构变动的测度方法主要分为单一指数法和指标体系法两大类。

1. 单一指数法

单一指数法较为多样化，且有时出现多种方法组合，以测算旅游产业结构变动的不同方面。例如，张佑印等（2012）就曾使用区位熵法、产业集中度指数和产业结构变动指数分别测算了中国不同区域旅游核心产业之间的变化及差异。方叶林等（2016）也曾将产业集中指数、区位熵法和动态偏离—份额法（Dynamic Shift-share Method，DSSM）组合在一起，测算了中国入境旅

[①] 孙尚清主持的国家"七五"社科重点课题《中国旅游经济发展战略研究》（中国旅游研究的第一个国家重点社科规划课题）明确指出："旅游业作为一个大的系统工程，只有结构优化，才能更大地发挥功能，提高其在国民经济中的地位，形成良性循环的发展机制。"

[②] 已有研究也比较关注旅游产业结构转型或优化升级的经济效益、社会效益等，但这不是本部分关注的重点，故不赘述。

游产业结构。已有文献里出现的其他方法主要有：Moore 结构变化指数法（陈太政等，2013）、灰色关联度法（王兆峰，2012；逯宝峰，2013）、偏离 – 份额法（Shift–share Method，SSM）（楚新正等，2005；刘锐，2015）、产出结构法（田纪鹏，2012），以及纳入泰尔指数为替代指标的改善方法（刘春济等，2014）等。

值得指出的是，在众多测度方法中，由美国学者 Dunn、Perloff 和 Muth 等人于 20 世纪 60 年代提出的偏离 – 份额法（SSM）是最为常用的方法（方叶林等，2016）。SSM 以其所在或整个国家的经济发展为参照系，将区域自身经济总量在某一时期的变动分解为三个分量，即份额分量（经济增长的全国分量），结构偏离分量（经济增长的产业结构分量）和竞争力偏离分量（经济增长的竞争分量），以此说明区域经济发展和衰退的原因，评价区域经济结构优劣和自身竞争力的强弱，找出区域具有相对竞争优势的产业部门，确定区域未来经济发展的合理方向和产业结构调整的原则（汪惠萍和章锦河，2007）。在目前旅游产业结构的相关研究中，国内学者先后将 SSM 用于测度和评估了陕西省（杨新军等，2005）、河南省（陈淑兰等，2011）、广东省（葛军和刘家明，2011；孟奕爽等，2022）、上海市（田纪鹏，2012）等地区的旅游产业结构的合理化、效率、竞争力等（何勋和全华，2013）。陆续还有学者综合利用动静态 SSM 测算旅游产业结构合理化（葛军和刘家明，2011），或将 SSM 与泰尔指数（刘春济等，2014；王凯等，2022）、指标体系法等方法相结合（刘佳和杜亚楠，2014），在测算旅游产业结构合理化的同时，测算旅游产业结构的高级化水平。

2. 指标体系法

利用指标体系法测算旅游产业结构，又因为指标选择的差异性而具有一定的多样性。吴承照和马林志（2009）在研究上海市旅游产业健康指数时，以内部生长力指数作为旅游产业结构合理化测度的评价因子，具有一定的创新性，但数据获取具有一定的难度。张广海和冯英梅（2013）从合理化、高度化和效益水平三个方面，采用均方差方法确定评价指标权重，运用加权平均法从时间和空间两个方面对山东省的旅游产业综合结构水平进行测量和分析。李锋等（2013）在研究西安市旅游产业融合与旅游产业结构演化的关系时，以技术结构、需求结构、就业结构、产值结构等指标度量旅游产业结构。刘佳等

（2022）根据旅游产业结构优化理论内涵，构建了涵盖合理化、高级化、生态化的旅游产业结构优化评价指标体系。杨秀平、李秋辰和王睿（2023）从旅游发展潜力、旅游目的地文旅资源、旅游创新能力、区域经济发展、旅游生态环境、旅游基础设施、旅游服务水平七个维度构建了旅游产业结构优化评价指标体系。我们将部分文献中的指标体系构建法梳理于表2-1中。

表2-1　部分文献中的指标体系构建法

作者	测算对象	指标体系构成
张广海等（2013）	山东省的旅游产业综合结构水平	旅游产业结构合理化：旅游年收入增长率、区位熵、旅游企业密度； 旅游产业结构高级化：旅游总收入占第三产业比重、高需求弹性部门收入占比、旅游外汇收入占比； 旅游产业结构效益：旅游产业结构效果指数、旅游产业竞争力指数。
李锋等（2013）	西安市旅游产业内部结构	技术结构：旅游产业增加值与从业人数之比； 需求结构：旅游产业的总收入与服务产业总收入之比； 就业结构：旅游从业人数占总就业人数的比例； 产值结构：旅游产业增加值占第三产业增加值的比重； 规模结构：旅游产业的企业数量增加值与旅游产业增加值之比。
吴承照和马林志（2009）	上海市旅游产业结构合理性（内部生长力指数）	部门结构合理性：产业结构效益、结构生产力系数（旅游产业部门收入构成比重）、产业集中度、技术进步适应性； 产品结构合理性：产品多样性指标； 空间结构合理性：旅客流与旅游资源一致性。
刘佳等（2021）	中国省级旅游产业结构优化	旅游产业结构合理化：部门比例协调度、旅游企事业密度、旅游收入年增长率、旅游收入占第三产业比重； 旅游产业结构高级化：旅游高弹性部门发展能力、旅游产业创新产出能力、旅游产业创新支持能力、旅游产业创汇收入比重； 旅游产业结构高效化：旅游产业全要素生产率、旅游产业投资产出率、旅游企业劳动生产率、旅游人均产值密度比； 旅游产业结构生态化：旅游产业生态效率、旅游产业环保投资额、旅游产业能源消耗量、旅游产业污染排放量。
刘佳等（2022）	中国省级旅游产业结构优化	旅游产业结构合理化：旅游产业与地区经济的耦合协调度； 旅游产业结构高级化：旅游总收入占GDP的比重、入境旅游收入占旅游总收入的比重、旅游产业全要素生产率； 旅游产业结构生态化：旅游产业碳排放量、万元旅游收入能耗、旅游产业生态效率。
杨秀平等（2023）	黄河流域旅游产业结构优化指数	旅游发展潜力：旅游总收入年增长率、旅游总人数年增长率、旅游产业聚集度、旅游劳动生产率、旅游业增长弹性系数； 旅游目的地文旅资源：博物馆数量、公共图书馆数量、艺术表演团体国内演出场次、景区总数量、3A级及以上景区数量； 旅游创新能力：经费投入、专利授权数、技术市场成交额、新产品开发项目数；

作者	测算对象	指标体系构成
杨秀平等（2023）	黄河流域旅游产业结构优化指数	旅游生态环境：森林覆盖率、人均公园绿地面积、工业固体废物产生量、工业二氧化硫排放量、生活垃圾无害化处理率； 旅游基础设施：等级公路密度、人均城市道路面积、旅客年周转量、邮政业务总量、每万人拥有公交车数量、每万人拥有公共厕所数量、每千人医疗机构床位数； 旅游服务水平：旅行社数量、星级饭店数量、餐饮企业数量、零售业企业数量、旅游业从业人员数量。

资料来源：根据文献整理。

（三）旅游产业结构变动的影响因素

影响旅游产业结构变动和演进的因素多种多样，政策体制、需求条件、技术进步和创新、市场竞争、产业融合、管理水平、人力资源、经济发展水平等都可能会影响旅游产业结构的改变（王兆峰，2009；孙盼盼，2018）。旅游产业结构的变动可归结为经济水平因素、消费需求因素、政策因素、技术进步因素和人力资本因素等经济与非经济因素综合作用的结果（刘佳等，2022）。鉴于国内学者在该领域的探索丰富且深入，也有少部分国外学者关注到技术创新对旅游产业结构的影响，我们将代表性的观点梳理如表2-2所示。

表2-2　旅游产业结构变动的影响因素

作者	观点
罗明义（2001）	引起旅游产业结构变动的直接因素主要包括旅游需求拉动，劳动力、资金、技术和自然资源等供给要素推动，经济政策、经济形势、政治环境及自然环境等环境因素的变化，以及创新导入的带动。
戴斌和乔花芳（2005）	旅游产业贡献率、旅游消费和旅游企业固定资产投资的变化是北京市旅游产业结构变迁的成因。
Buhalis和Zoge（2007）	使用波特的行业分析模型确定了互联网通过改变五种力量和每个关键参与者的竞争地位重塑了旅游产业结构。
王兆峰（2011a，011b）	管理水平是旅游活动正常运营的保障，会对旅游业态的转型升级产生影响。科学有效的经营模式是旅游产业发展的动力源泉，营销能力、产品定位、项目规划、创新能力都是管理水平的体现，决定了旅游产品和服务的质量，从而影响顾客的满意度和忠诚度，带动旅游产业结构的演进。旅游产业集群通过技术创新、产业经营和产业发展环境三个方面推动了旅游产业的结构升级优化。
崔建勋（2012）	从创新的角度提出开拓客源市场是旅游产业结构优化升级的原动力，企业创新和政府创新则分别是其内因和外因，三者共同推动了旅游产业结构的升级。

（续表）

作者	观点
王云龙 （2012）	旅游产业结构的影响因素主要有外部压力（政策体制、需求条件和社会生产力等）、要素推动（投资、文化、旅游资源和技术水平等）、竞争引发（相关产业、业态组织）、结构分解（产业融合）、内在动力（管理水平）5个方面。
李锋等 （2013）	旅游产业融合创新程度是旅游产业结构演化过程中的序参量，旅游产业融合创新和旅游产业结构升级之间具有协同效应。
田纪鹏等 （2015）	采用回归方法检验了一系列因素对上海旅游产业结构的影响，发现在一元回归下，都市产业政策、都市发展环境、都市区位条件、都市科技进步和旅游需求总量为正向影响因素；在多元回归下，都市产业政策、都市发展环境、旅游人力资源为正向影响因素，都市科技进步和旅游投资总额为负向影响因素。
刘佳和赵金金 （2013）	旅游产业集聚会带来集聚地及周边地区旅游经济的持续增长、旅游投资的繁荣及产业的扩张，实现与旅游相关产业的关联和协同，从而促进旅游产业结构的调整和优化。由此可知，旅游产业集聚发展是推动旅游产业转型升级的重要切入点。
闫颖和周杰 （2016）	旅游产业结构水平与城市化水平之间存在长期均衡关系。
袁尧清和任佩瑜 （2016）	作为现代服务业的重要构件，旅游业与其他行业的产业融合将推动旅游产业的结构升级与优化，促使旅游产业突破传统发展范式，打破旅游产业发展过程中的"锁定"状态，促成其产业结构从低级形态向高级形态转变。
宋建和王静 （2018）	劳动力、资本和自然资源等生产要素，在不同部门间的供给和使用，会引起产业结构的变动，是影响产业结构升级的重要因素。
Buhalis（2020）	技术创新对旅游产业结构、流程和实践具有颠覆性影响。
刘佳和安珂珂 （2019）	经济发展水平、技术创新分别是推动旅游产业结构合理化和高级化水平提升的第一动能。
左冰等 （2020）	旅游业能否顺利地实现结构优化和升级，取决于政府和相关辅助行业提供公共服务和中间服务的能力。
吕雁琴等 （2019）	在旅游产业结构演化过程中，旅游产业融合创新是序参量；旅游产业结构优化与旅游产业融合创新相互影响，存在较强的协同演化作用。
刘佳等 （2022）	要素禀赋与技术禀赋对区域旅游产业结构优化具有显著影响，其中旅游人力资本、旅游需求、地区经济发展、环境规制强度、信息化水平与技术创新发挥促进作用；旅游需求投资开放型、旅游需求规制环境型、要素禀赋信息开放创新型等组态是实现中国区域旅游产业结构优化的有效路径。
冀雁和夏青 （2023）	数字技术和要素禀赋作为推动旅游经济增长的驱动力量与行动资源，深刻影响着旅游产业结构升级。数字技术对旅游产业结构升级具有推动作用，且存在边际递减趋势；要素禀赋也显著促进旅游产业结构升级，却存在边际递增趋势；数字技术与要素禀赋的协同作用显著为负，在数字技术的冲击下，要素禀赋对旅游产业结构升级产生了消极影响。此外，要素禀赋对旅游产业结构升级存在基于数字技术的单一门槛效应，跨过门槛值后，要素禀赋对旅游产业结构升级的推动作用得以显现。
滕新才和王路一 （2023）	在全国层面上，人口老龄化对于旅游产业结构合理化具有促进作用，对于旅游产业高级化具有抑制作用；人口老龄化对于旅游产业结构的影响作用具有鲜明的区域差异，中部地区最明显，东部地区次之；人口老龄化对于旅游产业结构的影响主要通过需求与劳动力供给的中介效应来实现；人口老龄化对于旅游产业结构升级的影响具有明显的门限特征。

资料来源：根据文献整理。

（四）旅游产业结构转型和优化升级的对策

中国旅游产业结构的转型和优化升级任重而道远，相关对策的设计既要溯源历史，还要与时俱进，契合于当下的高质量发展、乡村振兴、"双碳"目标、扩大内需等一系列发展实际；既要致力于全面广大，还要尽力于个性精微，不局限于统一的发展模式和放之四海而皆准的"标准配置"（张凌云，2000）。比如，在当今"双碳"发展战略下，有学者提出中国旅游产业结构的转型和优化升级需要在优化产业空间布局、促进旅游产品供给侧改革、发展低碳智能技术、引领消费升级、建设国际知名旅游目的地等方面来努力（姜红，2022）。笔者梳理了已有文献里促进旅游产业结构转型和优化升级的相关对策，如表2-3所示。

表2-3 旅游产业结构转型和优化升级的相关对策

作者	对策
王兆峰和杨卫书（2008）	发展旅游产业集群，推动旅游创新，促进旅游产业结构调整与升级优化；营造良好的集群学习氛围与创新环境，促进集群创新；培育集群社会资本，增强企业之间信用，促进集群合作；制定良好的产业政策，引导旅游集群发展。
麻学锋（2010）	旅游产业结构升级的动力主要有生产者驱动型、旅游消费者驱动型和混合驱动型。不同的驱动力导致旅游价值链不同的升级轨迹，其产业结构应遵循升级轨迹进行系统自适应调整。
葛军和刘家明（2011）	强化原有基础好、竞争力强和结构贡献度大的部门的主导地位，稳定并增强其创汇能力；加大扶持原有基础较好或较差、竞争力不强的部门，增强其竞争力。
李锋等（2013）	充分利用当前旅游产业融合发展的有利时机，以市场需求为导向，大力促进旅游产业技术创新步伐，形成具有竞争力的融合产品或新型业态；政府必须放松对旅游产业的管制，完善跨界治理机制，进一步降低产业间壁垒，使产业或行业之间的渗透、交叉、融合成为可能；通过旅游产业融合平台建设，充分整合区域的文化、人才、资金等各项资源，利用良好的产业融合环境、强有力的政策支持、制度保证和积极有效的协调机制，充分发挥区域旅游融合所带来的网络效应和规模效应；政府应加强对旅游产业融合机制的支持，强化以旅游企业为主体的创新体系，让更多民营、外资的力量介入旅游产业当中。
江金波等（2014）	以旅游设施设备的更新换代为基础，以产品的科技信息化推动结构优化为主体，并以新技术扩散下旅游新业态的发展以及区域旅游产业竞合、知识溢出的集群、不同性质旅游区域的分类科技指导为支撑，推动旅游产业转型升级。
刘春济等（2014）	高度重视旅游产业结构合理化，加强旅游产业政策的引导与扶持，提高旅游产业的市场化程度和对内开放性，增强旅游技术要素、资本要素、劳动力要素、信息要素的形成与成熟度及其流动性，提升旅游企业的抗冲击能力，促进区域内旅游产业部门间的协同发展；适度推动旅游产业结构高级化，以顾客需求为导向，提高信息技术的应用程度，加大人力资本的培育，促进旅游企业的组织创新。

（续表）

作者	对策
刘佳和赵金金（2013）	充分利用旅游产业集聚网络，联合开发旅游产品，打造旅游产品体系，发挥其规模经济效应和降低成本效应，逐步推进旅游产品开发的模块化；同时引导旅游产业集聚的管理和营销模式创新，促进旅游产业结构升级优化；加快推进旅游产业结构与旅游产业集聚耦合协同发展。
袁尧清和任佩瑜（2016）	树立旅游产业大融合发展的理念，科学做好产业融合预测与规划；放松旅游产业规制，创新旅游产业政策；完善区域产业集群，建立有利的产业融合平台；加速旅游产业人才培养，构建推动产业融合促进旅游产业结构升级的人才保障体系。
闫颖等（2017）	有效整合旅游资源、优化旅游产品供给结构、完善旅游公共服务供给结构。
周春波（2018）	完善文化与旅游产业的融合体系、优化文化与旅游产业融合中的市场机制、发挥政府对文化与旅游产业的规制作用。
刘佳等（2021）	重视旅游产业结构合理化的基础性促进作用，加快旅游产业结构合理化调整；关注旅游产业结构高级化的基础性驱动作用，推动旅游产业结构高级化转变；发挥旅游产业结构高效化的关键性引领作用，促进旅游产业结构高效化提升；重视旅游产业结构生态化的保障性支持作用，推进旅游产业结构生态化转型。
姜红（2022）	优化产业空间布局、促进旅游产品供给侧改革、发展低碳智能技术、引领消费升级、建设国际知名旅游目的地。
左冰等（2020）	加强政府的公共服务能力，提高金融、咨询、教育、广告等辅助服务业的发展水平。
刘佳等（2022）	加快培育旅游人力资本，释放旅游需求，推进地区经济发展，发挥要素禀赋的内生优势；积极提升对外开放水平，加大政府投资支持力度，加强环境规制强度，增强制度禀赋的辐射优势；加快提升信息化水平，强化技术创新能力，发挥技术禀赋的引领作用。
王凯等（2022）	加大高素质旅游人力资源培育，逐步推进旅游部门从劳动密集型转为知识技术密集型，降低旅游产业结构合理化的变动成本；各省旅游产业结构合理化政策调整切忌盲目效仿，需慎重调配旅游产业部门比例关系并审慎提高合理化水平。
滕新才和王路一（2023）	改善劳动环境，发挥人力资本的促进作用；完善社会保障，刺激老年群体的消费，提高老年群体的消费需求；西部地区应提前通过开放生育、引进劳动力等措施，延缓乃至降低老龄化水平，对即将到来的老龄化形势利导，通过完善产业链、引入科技人才等手段，在老龄化促进旅游产业结构合理化的同时，推动旅游产业结构高级化的实现。
冀雁和夏青（2023）	突出数字技术的驱动作用、要素禀赋在旅游产业中的基础性地位、构建旅游产业的数字技术、传统要素结构优化的"双轮"协同体系、因地制宜推进旅游产业数字化改造。

资料来源：根据文献整理。

四、政府行为对旅游产业结构变动的影响研究

综观世界各国旅游业发展史，政府与旅游产业发展总是如影随形。在中国，地方政府在旅游产业中的行为表现复杂多样、彼此交叉，包含提供公

共物品，营造旅游发展环境，制定和执行法令法规、产业政策、旅游发展规划，宣传旅游地整体形象、整体营销目的地，筹集旅游基本建设资金、增加旅游资金投入、引导投资走向，加强保护消费者权益和地区旅游资源，收集和发布旅游市场信息等（孙盼盼和夏杰长，2017）。这些行为必然对旅游产业结构变动产生影响。然而，已有研究鲜少直接研究政府行为对旅游产业结构变动的影响，多在研究旅游产业结构变动及相关驱动因素的基础之上，在政策建议里提及政府如何作为以促进旅游产业结构改善、转型、优化、升级。

（一）产业政策设计与旅游产业结构变动

科学的旅游产业政策设计能够改善旅游产业的外部环境，更好地引导旅游业发展，改善旅游产业内外部经济关联和结构比例关系，推动旅游产业结构优化升级。政府为实现其发展目标，实施干预性和指导性的旅游产业结构政策和旅游产业组织政策，改变了经济主体的行为规则和资源配置方式，可以影响经济体制与旅游产业结构演进的关联机制，进而促进产业结构的变动和演进（麻学锋，2010）。例如，在阳朔地区，地方政府可以结合产业政策，充分发挥市场机制灵活调节的特点，引导和鼓励旅游企业创新产品与服务，并扩散转移到阳朔境内其他具有旅游发展潜力的地区（左冰等，2020），从而促进旅游产业结构变动。此外，加强旅游产业政策的引导与扶持，可以提高旅游产业的市场化程度和对内开放性，增强旅游技术要素、资本要素、劳动力要素、信息要素的形成与成熟度及其流动性，提升旅游企业的抗冲击能力，促进区域内旅游产业部门间的协同发展，改变旅游产业结构的合理化程度（刘春济等，2014）。但是，由于受"遗传"机制的作用，旅游目的地文化制度、习惯、组织结构等要素通过长期的演化实现了跨"代际"、跨区域、跨行业与跨企业的传播，政府应将这些因素纳入考虑，以制定出符合实际的产业政策，保持旅游发展的稳定性及结构调整的渐进性（王兆峰，2008）。而且，区域旅游产业政策的设计，还需要考虑到当地旅游行业协会、集群内部的非正式交流网络、互联网络等非市场传播渠道的重要作用，推动旅游企业创新扩散，保障旅游结构调整与升级（王兆峰，2008）。

（二）公共服务提供与旅游产业结构变动

政府的公共服务能力是旅游产业茁壮成长的基础。尤其在旅游目的地发展的早期，主导性的旅游产业、政府公共服务和相关辅助性的服务业构成了驱动旅游业成长的复合动力（左冰等，2020），是旅游产业结构实现优化升级的前提条件和基础条件。因此，政府为旅游业所提供的高水平的公共服务供给是各项旅游供给良好运转的核心和保障，也是游客旅游感知和选择的重要影响因素（闫颖等，2017）。地方公共管理服务能力强，金融、投资、文化、咨询、广告、翻译、培训等旅游辅助服务部门发展快速，可以为旅游业态多样化、旅游产品和服务创新提供充足的人力资本和物质资本。政府提高公共服务能力的行为方式主要有依靠政府的有形之手进行自上而下的改革和引资推动转型，也可以依赖市场的无形之手进行自下而上的创新发展（左冰等，2020）。

（三）设施建设与旅游产业结构变动

完备且高质量的基础设施和接待设施，往往可以有效改善和增强旅游产业的供给条件，影响旅游者体验、刺激旅游消费、扩大旅游收入，促进旅游产业快速发展（孙盼盼和夏杰长，2016）。可以认为，旅游目的地的发展和旅游产业的发展都依赖于基础设施和相关接待设施（左冰等，2020）。然而，基础设施的建设往往周期长、投资大，通常需要地方政府主导统筹发展；接待设施的建设和质量提升也需要政府部门的引导和监督（孙盼盼和夏杰长，2016；2017）。例如，在北京市旅游业发展的初期，政府主导型的旅游发展战略对旅游基础设施的建设起到了举足轻重的作用（戴斌和乔花芳，2005）。

政府建设基础设施和接待设施，对旅游产业结构的影响机制是复杂且深入的。在宏观层面上，设施建设必然影响到旅游产业发展的经济社会大环境，导致宏观经济和产业结构发生改变，旅游产业结构也相应地发生变动。在微观层面上，类似于政府环境构建行为对旅游全要素生产率的影响（孙盼盼和夏杰长，2016），设施建设影响旅游产业供需两端，相关效应也逐渐渗入旅游产业系统的内部，以资金流、物质流、知识流、信息流和创新流等形式负载在旅游产业链的各个环节上循环流动，影响旅游产业内部结构变动。东部地区旅游产业发展表明，加大政府对旅游基础设施、信息设施、服务设施等方面的资金支持，可以为扩大旅游市场、提升旅游供给、优化产业结构提供物质基础（刘佳等，2022）。

（四）生态保护与旅游产业结构变动

全球气候危机日益严峻，全球迎来了可持续发展浪潮，各行各业也在努力进行生态化转型。理论和实践均已证明，现代旅游业的发展并不是完全绿色低碳的，高污染、高能耗、高碳排也是现代旅游业的典型特征。因此，推动旅游产业绿色低碳转型，也是旅游可持续发展的重要组成部分，是促进旅游产业结构优化升级的重要力量（刘佳等，2022）。为此，政府制定并完善促进旅游产业生态文明发展的制度、政策和机制，加大旅游产业环保投资力度，实施旅游绿色技术创新基地建设工程，推动绿色公路技术、绿色旅游饭店技术以及厕所处理技术等在旅游中的应用，降低旅游产业的环境影响，可以推进旅游产业结构生态化转型（刘佳等，2021）。此外，政府重视加强生态环境规制强度，通过经济补贴、税收减免等方式对旅游企业给予政策扶持，强化旅游企业主动保护环境与节约资源的绿色友好行为，也可为旅游产业结构优化提供良好的生态环境（刘佳等，2022）。

（五）供给改革与旅游产业结构变动

在广义层面上来看，无论是产业政策设计、公共服务提供，还是设施建设、生态保护，这些政府行为的本质和重点还是改革供给条件和供给内容，以促进旅游产业结构优化升级。因此，地方政府正确认识旅游供给侧改革与旅游产业结构之间的逻辑关系，深入理解旅游供给侧改革的内涵和实质，立足地方旅游业的发展实际，充分利用一切有助于旅游经济发展和经济效益提高的供给因素或供给力量，可以科学合理地推进旅游产业结构优化升级（孙盼盼，2018）。

在旅游供给侧方面，中国政府出台的一系列政策文件，如《文化产业振兴规划（2010—2015）》《关于加快发展旅游业的意见》以及中国"十二五"以来的一系列宏观或旅游发展规划，强调促进旅游产业与文化、体育、农业、工业、林业、商业、水利、地质、海洋、环保、气象等相关产业融合发展，创新和改善供给内容，使得旅游产业生产要素结构、产品结构、技术结构、市场结构、产业组织结构变得更加优化，从而加速了旅游产业结构升级的进程（袁尧清和任佩瑜，2016）。从中不难发现，政府推动旅游供给侧改革与旅游产业结构转型升级的一个内在逻辑是：利用产业融合来促进业态、产品、服务等方面的多样化、个性化、创新化，助力旅游产业结构优化。周春波（2018）也提出，在文化与旅游产业从产业分立到资源、产品、市场多层面融合的演进过程中，政府能够规制旅游产业要素投入结构和产出结构的匹配过程，助推旅游产业结构升级。政府通过产业融合以促进旅游产业转型升级，需要放松产业规制、构建良好的产业融合激励机制和建立企业主体保护机制，制定科学合理的产业政策，为产业融合促进旅游产业结构升级提供宽松的外部条件与激励机制（袁尧清和任佩瑜，2016）。其中，放松产业规制可以缓解或消除旅游产业内区域条块分割、行政垄断与部门分割现象，引导旅游生产要素科学合理配置，使相关生产要素能在旅游产业系统内较好地自由流通，使其他产业企业的价值环节能较好地嵌入旅游产业价值体系；提供融资支持、减免税收、放松技术引进管制等良好的产业扶持政策则可以激励旅游相关企业跨界经营、混合经营，鼓励其建立战略联盟，增强相关产业企业主体进行产业融合的主动性与积极性，吸收与鼓励更多的投资者进入旅游产业体系之中；完善和建立包括知识产权在内的所有权制度，整顿交易市场，可使参与推动产业融合促进旅游产业结构升级的企业主体的合法权益得到充分保障。

五、对国内外研究现状的评价

通过梳理和总结国内外研究文献，不难得出以下结论：

第一，从政府行为与产业结构变动的研究文献来看，此类研究仍然聚焦于政府宏观层面的行为对产业结构变动的影响和作用机制，极少关注政府在某一具体产业中的行为表现，以及这些行为对该产业的结构变动所产生的影响和作用机制。

第二，从旅游产业结构变动的相关研究文献来看，在中国的发展情景下，国内学者虽然已对旅游产业结构测算、变化及其影响因素进行了系统研究，但对影响旅游产业结构变化的政府行为因素考虑不全面，还忽略了政府行为对其他因素的影响，遑论在理论层面、实证分析层面和实践分析层面深入探讨地方政府行为对旅游产业结构的影响和作用机制。此外，通过数理建模分析旅游产业结构变化的影响因素，既有定量研究尚未建立起包含地方政府行为的旅游产业结构动态优化模型。而且，部分文献所利用的样本容量偏小、数据不够新，在一定程度上影响了结果的可靠性。

第三，从政府行为与旅游产业结构变动的研究文献来看，国内外文献仍然局限于在旅游产业结构变动研究的基础之上，定性地探讨政府在旅游产业结构转型、优化、升级中的主要行为表现及可能的影响，直接研究政府行为对旅游产业结构变动的影响的文献比较匮乏，尚未就地方政府行为与旅游产业结构动态优化之间的因果机制进行翔实的理论分析，更未能建立起相应的分析框架，难以将理论分析、实证检验和案例实践研究进行有机融合。

因此，地方政府行为在旅游产业结构动态优化中的作用机制研究非常薄弱，克服上述局限，直接关注和深入研究地方政府行为在旅游产业结构动态优化中的作用机制成为本研究的核心主题和内容。

第3章

理论分析

　　本章旨在进行地方政府行为对旅游产业结构动态优化作用机制的理论建构与分析。根据理论建构需要，本部分逐一系统梳理了地方政府行为和旅游产业结构动态优化的概念和内涵，从近现代政府经济理论、转型时期政府行为理论、产业结构相关理论和旅游产业系统理论等方面，为分析地方政府行为对旅游产业结构动态优化的作用机制夯实理论基础，进而以政府经济理论和政府行为理论为基础，在产业结构理论和旅游产业系统理论的关联界面之上，尝试以旅游产业供给和需求为主线，在理论层面上探讨地方政府行为对旅游产业结构动态优化的作用机制是怎样的，为后续研究打下坚实的基础。

一、基本概念

（一）地方政府行为

　　虽然学术界从中央和地方的行政层级关系（Sills，1968）、管辖范围（薄贵利，1988）、权力性质（杨小云，2002）和经济功能等不同的视角来理解地方政府，但均将地方政府放在中央政府与地方政府的逻辑关系中予以理解。在普遍意义上，地方政府由地方选举产生，是中央政府、省或地区层次以下的民主法制机构，负责向其管辖区域内的人口提供公共服务。地方政府的管辖权限于当地范围（不是区域性或全国性范围）且地方政府可授权获得地方税收权以及地方公共服务供应的自由裁量权（Cole 和 Boyne，1995）。

　　在推进经济体制转轨的过程中，中国逐渐形成了兼顾行政集权和经济分权的特殊分权模式，地方政府也逐渐分离并相对独立于中央政府。地方政府作为中国特色的科层制，"本质上是人民政府和服务于人民的政府"，是"执政党治理国家的要求和意志的执行体系和过程"（马万里和刘雯，2021）。在我国，地方政府主要由省、市、县、乡四级行政机构组成。本研究的地方政府主要是指31个省（自治区、直辖市）的省级政府。

自亚当·斯密提出规范的政府应该恪守"守夜人"角色后，政府行为便成为国内外学者长久关注的研究热点。然而，由于研究视角不同，政府行为的含义和内涵尚未统一界定。行为经济学将政府赋予人格化，认为政府行为是政府为应对社会环境而采取的各种行动。政治学认为政府行为是一种特定的群体行为，形成于政府采取各种手段对社会经济、公共事务、政治活动等进行调节或管理的过程中。政府行为主体有广义和狭义之分，前者包含国家立法机关、司法机关和行政机关，后者则仅仅是指行政机关，即中央人民政府和地方各级人民政府机关。在本研究中，政府行为是指中央政府及其所属各级机关（包括一些依法享有公共管理职能的组织）以其公法人名义实施的、能对其他主体的权利义务产生影响的各种活动的总称（彭姝，2005）。一般认为，政府行为是一个合成变量，体现在政府履行其角色、执行各种职能和职责的过程中，如，常见的政府行为表现有政府投资、政府规划、政府营销、政府决策、政府干预、政府管制等（孙盼盼和夏杰长，2017）。换言之，政府行为是对政府职能的执行，是依据宪法和法律法规进行的管理过程，体现着政府的公权力。政府行为具有公共性、非营利性、普遍性、法律性、强制性、有限性、开放性、动态性、多样性等特征。

世界旅游组织研究发现，在旅游业发展过程中，政府至少应履行立法、规划、协调与投资四个方面的职能。因此，旅游产业结构变动中的政府行为也体现在政府对这些职能的实施和执行上。依据上述政府行为的概念和内涵，本研究将旅游产业中的地方政府行为定义为：省级政府及其各省级行政机关（主要是省级文化和旅游厅）以其公法人名义履行相关角色、执行相应职能和职责且对旅游产业中各主体的权利义务产生影响的各种行为表现的总称。这些行为表现或直接或间接地对旅游产业结构动态优化产生影响。

（二）旅游产业结构动态优化

直观理解，"动态优化"是指在动态或变化的环境中随着时间的推移优化系统、流程或变量集的实践。与优化一组固定参数的静态优化不同，动态优化考虑系统的演变性质，并随着条件的变化调整策略或参数（付俊等，2023）。在工程学、经济学和运筹学等各个领域中，动态优化往往涉及寻找最佳解决方案，以最大化性能、最小化成本或实现特定目标，同时考虑变量和约束条件的动态性质（乔晓楠和何自力，2017）。例如，在工程中，动态优化可能涉及不断调整控制系统的参数，以确保在变化的条件下高效稳定的性能。在经济学中，它可能涉及优化生产和分配策略以适应波动的市场需求（乔晓楠和何自力，2017）。基于以上观点，本研究认为"产业结构动态优化"是指根据条件、需求和目标的变化，不断调整和完善产业内各组成部分的构成和排列的过程。这种优化涉及分析和调整资源、技术、市场趋势和竞争动态等因素，以提高行业的整体效率、竞争力和可持续性。

基于已有研究，我们将旅游产业结构定义为满足旅游者旅游活动需求而提供产品与服务的旅游产业内部各行业之间以及旅游产业与其他产业之间的技术经济联系和比例关系。旅游产业结构动态优化即为这些技术经济联系和比例关系的动态优化，类似于产业结构优化，实质上是根据外部条件、旅游需求和旅游发展目标的变化，对旅游产业内部各部门的比重以及旅游产业内外的经济联系和技术联系进行调整和改善，使各类旅游生产要素在相关企业之间合理流动（干春晖等，2011）以达到重新科学配置的动态过程（陈喜强和邓丽，2019）。囿于旅游统计资料的获取难度高，我们对旅游产业结构动态优化的测量不得不从已有研究中探寻思路。

在已有研究中，产业结构优化主要包括产业结构合理化和产业结构高级化两个过程（薛白，2009），旅游产业结构优化研究也往往着眼于旅游产业结构合理化和旅游产业结构高级化。旅游产业结构合理化是在以经济发展规律和产业内部联系为依据的前提下，保持产业结构的一定比例，使旅游产业在长期的发展过程中保持动态的可持续协调发展（金永生和杜国功，1999；师萍，1999；何勋和全华，2013）。其实质是静态地反映旅游产业要素的投入结构和产出结构之间的耦合质量。在生产活动的整个过程中，旅游产业要素在不同部门之间流动，使各个部门的供给和需求的比例结构达到最终的投入产出平衡。旅游产业结构高级化是产业升级的过程，其内涵是现有的生产要素以及新增的要素和资源，从劳动生产率低的部门向劳动生产率高的部门转移，最终导致高劳动生产率部门的市场份额不断上升，进而提高全行业的劳动生产率（刘春济等，2014）。又多有观点认为，旅游产业结构高级化包含着旅游产业各部门的协调发展的程度、各行业对资源的有效利用程度，以及低劳动生产率部门中的要素和资源向高劳动生产率部门的转移情况（陈太政等，2013），即旅游产业结构高级化的过程应包含了旅游产业结构的合理化，且更能体现出一种动态演变的内在趋势。

综合上述观点以及刘伟等（2008）的观点，本研究认为旅游产业结构动态优化是旅游产业结构从合理化向高级化动态演进的过程，不单单是一种定向的、有规律的份额变化，还应伴随着劳动生产率和"结构效益"的提升，而这一过程是静态性的旅游产业结构合理化水平无法体现的。而且，产业结构高级化对经济的影响强度显著高于产业结构合理化（张蕊等，2019）。所以，在本研究中，我们用旅游产业结构高级化水平测量旅游产业结构的动态优化程度更为贴切。只是囿于数据获取难度，本研究更聚焦于旅游产业内部各行业之间的技术经济联系和比例关系的动态优化。此外，新兴旅游产业部门的动态优化难以测量，本研究在后文中主要关注其高级化的重要表现形式，包括产出结构、技术结构、资产结构、就业结构、经济运行等方面（刘佳和韩欢乐，2013）的高级化。

二、理论基础

（一）近现代政府经济理论

政府经济理论源自西方，与资本主义生产方式的产生和发展密切相关，以政府与市场的关系为核心。该理论大致经历了早期自由放任 [①]、近代政府干预和现代政府与市场动态融合三个历史阶段，是经济学派争论和经济学主流理论更迭得以溯源的基本命题（王成仁，2011）。三个阶段的政府经济理论说明，政府在经济发展中一直起着重要的作用，完全自由的市场从未存在过。近现代政府经济理论更是说明了这一点。

---

① 主要是指重商主义后期的自由放任理念、重农学派的"自然秩序"、亚当·斯密"看不见的手"。

1. 近代政府干预市场理论

20世纪初，经济危机在资本主义世界大爆发，自由放任的资本主义制度的缺陷暴露无遗。约翰·梅纳德·凯恩斯与古典学派 [1] 决裂，利用总量分析问题，得出与古典学派的微观分析不同的理论，提出国家干预市场的理论，并充分体现在其专著《就业、利息与货币通论》中。该理论的要点主要包括非自愿失业、有效需求不足和扩张性财政政策三个方面。非自愿失业，即市场不能自动调节就业，只有在政府的干预下，充分就业方可实现。有效需求不足理论是对古典学派萨伊定律 [2] 的彻底反驳，是政府干预市场的根本原因，认为非自愿失业造成社会整体消费力量不足，阻碍了"资本—商品—资本"的市场经济自然循环，导致生产过剩。扩张性财政政策意味着通过举债为主的财政赤字政策、拉动投资需求的通货膨胀政策以及限制进口、鼓励出口的国际贸易政策来扩张政府支出，把资源引入可以带动投资和就业的经济领域，促使经济恢复活力。换言之，凯恩斯肯定了扩张性财政政策对经济增长的积极作用，这点与斯密 [3] 不同。通过以上严密的逻辑分析，凯恩斯理论将政府干预市场合法化，并使之成为应对资本主义经济危机的一剂良药。然而，凯恩斯主义仅仅是以透支未来资源来实现当期经济增长和居民收入提高，并未根除资本主义制度本身的顽疾。伴随着社会继续发展和经济规模的扩大，资产阶级和无产阶级之间的对立、差距和矛盾必然会愈加显著，新一轮经济危机也必将爆发。

20世纪70年代，在现代资本主义社会出现经济"滞胀"之前，新古典综合派占据了西方经济学的主流。该学派是现代凯恩斯主义的主要支派之一，与凯恩斯主义的相同点在于坚持宏观总需求管理，主张政府采取积极政策进行市场干预，调节市场总需求以实现经济发展。然而，该学派主张补偿性的财政货币政策而非扩张性的财政政策。所谓补偿性的财政货币政策，是指根据经济发展中的繁荣或衰退周期来采取不同的政策组合。当经济发展过热时，可采取紧缩的财政货币政策，减少政府支出、增加税收，或者严格信用、提高利率等，以抑制社会总需求。当经济不景气时，可采取与上相反的财政货币政策。20

---

[1] 凯恩斯使用的古典学派包括从斯密和李嘉图到马歇尔和庇古的全部古典和新古典的作家，其中庇古的著作更为其描述为"整个古典主义传统的博物馆"。在凯恩斯看来，古典经济学家的经济理论是理想的宏观理论和模型，与实际情况不适应，为此，他在古典学派的理论基础上，提出自己的理论。

[2] 萨伊定律可以简单描述为供给创造需求，长期失业现象是不存在的，只是与完全生产均衡的暂时背离。

[3] 斯密极力反对政府举债。

世纪 70 年代，伴随"滞胀"难题出现，新古典综合学派进一步提出"松""紧"配合实施财政政策和货币政策的建议，并强调通过财政和货币政策部门化来促进部门经济增长。此外，在收入政策上保证各种要素所产生的收入与劳动生产力的增长率相适应，在人力政策上则引导劳动市场供需均衡和劳动者与职位相匹配，以保持物价水平稳定和增加就业机会。该学派的政策主张比较适合当时的经济发展实际，有助于经济复苏，在中国也得到较多应用。然而，伴随着经济发展的全球化，一国政府对其内部经济发展的干预政策面临着巨大挑战。

与新古典综合学派对立而生的是产生于 20 世纪五六十年代的新剑桥学派，也是凯恩斯主义的重要分支之一。该学派以收入分配理论为基础，指出资本主义不公平、不合理的收入分配是资本主义社会一系列经济问题的根源，需要借助政府的力量对收入分配制度进行改革，实现收入分配均等化。主要政策措施有加强福利和合理化税收制度、利用财政和货币手段[①]管理投资。该学派理论对缓解阶层矛盾、促进经济增长具有一定的作用，却仍然无法解决资本主义制度层面的问题，需要进行成本极高的体制和制度改革。

2. 现代政府与市场融合理论

20 世纪 70 年代，西方国家"滞胀"现象使凯恩斯主义的需求管理政策饱受货币主义学派、理性预期学派和供给学派的攻击。

货币主义学派由米尔顿·弗里德曼创立，其认为资本主义市场经济可以自我调节，政府干预则会造成通货膨胀和生产力过剩等问题。其理论核心是货币政策的重要性和"自然失业率"，前者主要指货币供应量的变动是物价水平和经济变动的根本原因，货币供应量的增长率与经济增长率应保持一致水平，以避免通货膨胀；后者则是指在没有货币因素干扰的情况下劳动力和商品两大市场自发作用时的均衡失业率，受劳动力市场的自由竞争程度、找工作的成本以及劳动者技能等因素影响。该学派认为政府对市场的干预应尽可能少，职能应仅限于制定市场规则以抑制垄断和外部性、进行适度的社会资助、实行救贫的"负所得税制"三种职能。在政策上则以前后一致、单一规则的货币政策为主，以货币供给量为目标确定一个稳定的货币增长率，让市场参与者形成理性预期和保持对政府行为的信任。

---

① 财政手段强调利用财政支出和赋税调节使得总需求适应收入分配均等化，货币手段则是通过控制信用方式对企业行为加以刺激和抑制以实现经济持续稳定增长。

伴随货币主义理论的发展，理性学派从中分离诞生。该学派的理论基础是理性预期，即市场经济中的各个主体都是理性的，运用各种手段收集和利用与自身利益攸关的信息，形成合理预期和做出明智选择。受个人能力和信息收集成本等因素影响，在所获信息上具有相对优势的主体可能获得更多利益，同时会侵占在信息上处于弱势群体的部分利益，进而导致市场总体得失相当。如此一来，部分主体的理性融合形成整个社会的理性，并形成理性的预期及以后的行为。在此前提下，市场中各种要素主体自然发挥作用，不受外力所改变。因而，政府对市场的干预行为在此前提下是无效甚至是负面的。因此，该学派认为政府应是采取固定规则的政策以促进市场形成稳定预期的诚实政府，而非应采取"相机抉择"的政策来干扰市场的政府。否则，会丧失人们对政府的信任。

20世纪70年代中期，供给学派兴起。该学派代表人物为有拉弗、罗伯茨、吉尔德等，他们反对凯恩斯主义的需求管理理论，认为购买力与生产力是平衡的，不存在需求不足而导致的商品供应过剩，经济政策应以刺激供给市场为主。同样，在劳动力市场，非自愿失业的情况是不存在的，刺激需求只会导致自愿失业，只有刺激供给，方可增加就业。供给学派认为，刺激供给的重中之重是刺激生产要素、激发市场主体的积极性，故政府政策不应均等化，只有使得趋利避害、理性的生产要素所有者有所受益，才能促进产量增长和供给增加。可采取的政策选择有降低税收、削减福利开支和降低国有经济比重等。降低税收，即为减少市场主体的税负，提高其实际工资水平，以刺激市场主体参与生产的积极性。福利开支容易造成市场主体的惰性，无法体现经济效率，减少福利开支则可以减弱市场主体对福利政策的依赖性。降低国有经济比重，促使经济私有化，将社会资产交由市场管理，充分发挥自由市场的优势，可以扩大企业的自由化空间和强化其创新精神。

20世纪末，经济停滞与高失业同时并存，凯恩斯主义重新获得发展契机，并使原有理论得到了修正和补充。新凯恩斯主义兼顾考虑总需求分析和供给分析，重视宏观分析的微观理论基础，承认理性预期和经济人假设。然而，新凯恩斯主义仍不认同市场随时自动出清的假设，即认为工资和价格具有刚性。因此，供求不均衡所带来的工资和价格的恢复将是一个漫长的过程，会给社会经济带来损失。所以，政府干预是必要的。干预政策有货币、财政、工资、价格、就业、内部工人削权、培训、福利、刺激生产、促进投资等。

（二）转型期政府行为理论

"转型期"一词在社会学、经济学、管理学、人类学、地理学等学科中均有存在。从制度经济学的视角来看，转型期即过渡时期，是大规模的制度变迁和体制变革时期，制度系统的结构和性质在整体上发生剧烈改变。在中国，转型期主要是指自改革开放以来由计划经济体制向市场经济体制转变的这一社会过程（李常理，2011）。根据我们的研究背景和目标，转型期应为1978年至今，相应的政府行为逻辑应逐一呈现为：利益结构导向下的地方政府行为（1978—1994）、制度逻辑（分税制改革）导向下的地方政府行为（1995—2012）、迈向有历史维度的政府行为分析（2013至今）（周飞舟，2019）。

1. 转型期的地方政府角色

不同于改革之前，因为市场取向为目标的制度变迁，转型时期中的地方政府角色有所变化。转型时期，经济发展是第一要义，为了调动地方政府和生产者的积极性，改革沿着"简政放权"或"放权让利"的基本思路前行，给予了地方政府和生产者更多的决策权和利益（赵麦茹和王勇，2021）。在这一分权化过程中，地方政府逐渐由以往的中央政府代理人演化为具有独立利益诉求的自主行动者，获得了相对独立的利益和分散性的决策权，成为名副其实的"准市场主体""公司化政府""地方发展型政府"（王国生，1999；马万里和刘雯，2021）。此时的地方政府角色也是双重的，一方面，地方政府独立调控所辖区域内的各层次的经济活动，可以自主安排一定数量的财力、物力和人力资源，是拥有着地方决策权的调控主体；另一方面，地方政府又是服从和执行中央政府指令的被调控客体。

在转型期中，中央政府对地方政府的绩效考核，主要是经济发展绩效。为此，转型时期中的地方政府又是相互竞争激烈的经济主体（唐曼和王刚，2021）。这一角色背后的主要原因之一是地方政府"经济人"的本质角色[①]。在转型时期中，地方政府和企业、个人并无不同，也是一个"经济人"（Dow，1965），其行为逻辑往往遵循成本—收益的分析范式，通过权衡利弊做出对自己有利的选择。在中国，转型时期的地方政府的这一本质更为鲜明。原因在于

---

① 西方经济学的理论研究和发展的出发点是"经济人"假设，这一假设也是现代经济学的理论基石之一，最早来源于亚当·斯密的《国富论》。斯密认为，所有个人和经济主体在社会交易活动中均是自利的，其追求自身利益的动机恰恰是驱动整个社会经济活动的根本动力。

三点：第一，我国地方政府处于上级政府与地方政府、地方政府与辖区公众的双重代理链条中，利益关注点的不同和冲突，使其按照"经济人"的角色来权衡利弊，解决两难选择；第二，转型时期的地方政府，由于缺乏对其职权和责任进行约束的法律法规，其权力空间比较大，可以干预一切法律法规没有禁止的领域，在缺乏有效监督的情况下，地方政府为谋取自身利益，其"经济人"角色不免极大增强；第三，组成地方政府的各个官员均具备市场经济条件下的"经济人"特征，为满足薪水增加、个人权力扩大、职务职级晋升等利益需求，其"经济人"行为特征必会表现显著（李常理，2011）。

2. 转型时期的地方政府经济行为

地方政府经济行为即地方政府履行各种经济职能时的行为表现。西方经济学中的主流标准定义将政府行为界定为政府为了弥补市场在资源配置上的不足而采取的行为，但是这种弥补行为是有限的。因为西方国家的法律体系相对健全，市场机制比较完善，市场是可以充分发挥作用的。然而，发展中国家的市场机制尚不健全，优化资源配置和发展经济必须充分发挥政府的作用，甚至需要政府部分替代市场。在正处于转型时期的中国，这一点表现得尤为显著（马万里和刘雯，2021）。基于此，政府经济行为是一国或地区政府为推动本国或地区经济发展所实施的行为总称，地方政府经济行为则是指地方政府为推动本地区经济发展所采取的行为总称，行为主体是地方政府，行为目的是促进经济发展，在一定制度约束或刺激下产生。以经济学视角来审视，转型期中的地方政府的行为具有一定的经济理性，即地方政府行为是理性的地方政府基于多重约束而采取的一种自主行为（赵麦茹和王勇，2021）。

在转型时期中，地方政府为了促进经济发展，其经济行为表现是复杂而又多样的。可以概括为4个方面：（1）完善市场硬件设施，以培育市场要素，通过管理和调控商品价格以完善市场机制，通过市场投资和市场扩张来弥补市场空缺；（2）通过发展交通、通信、电力等基础设施产业，以及教育和医疗等公共事业，为市场创造良好的外部环境；（3）通过各种措施扶持乡镇企业、个体和私有企业、三资企业等新兴市场主体发展，推动自主创新和增量改革；（4）利用自身的收支关系直接影响地区经济活动及其结构，或通过地区国有经济部门、企业活动来影响地区内消费、投资和储蓄的总量和结构，以调节社会总供求平衡（郭志鹏，2006）。也可以概括为：执行中央政策，促进经济稳定发展；

调控和配置地区资源；控制收入分配和再分配，改善民生；监管和维持市场秩序，营造公正、公平、稳定的市场环境。

转型时期中的发展中国家主要是以经济发展为导向，把经济绩效作为地方政府的考核标准，相应的地方政府经济行为也具有一些不一样的特征，如行为领域更广、更深，竞争愈加激烈，制度创新日益得到重视。然而，受地方经济体制、经济发展水平、地区区位、资源禀赋、政治利益、社会文化传统、官员素质等因素的影响，转型时期的发展中国家的地方政府经济行为也表现出一定的异化，如短期化倾向、本位主义、非规范性、非理性、模仿性的特征，即通常所说的"政府行为失灵"（李军杰，2005；马万里和刘雯，2021）。例如，地方政府过于追求经济绩效，主动充当经济主体，包干财政，盲目投资，导致重复建设、资源浪费，降低资源配置效率；过于追求地方自身利益，则加剧了地方保护主义和本位主义倾向，容易导致"越位"和"错位"的行为，甚至为避免自身利益受损而在经济上与中央政府背道而驰。因此，在转型时期，地方政府的各种行为对地区社会、经济、政治、生态等方面的影响也是双重的，既有积极性的，也有消极性的。

3. 转型期地方政府行为与产业发展

处于转型期的地方政府履行各种经济职能的主要目的在于推动地方经济增长。由于国民经济正是由宏微观各层面的各种各样的产业组成的，政府欲推动经济增长，必须通过各种产业政策、法律规章等规制措施引导产业布局、集群和转移、结构调整等。相应地，从产业规制理论出发，研究和分析转型期地方政府行为与产业发展之间关系，也可为探索地方政府行为对旅游产业结构动态优化的作用机制打下坚实的理论基础。

在产业经济学的理论体系中，产业规制是一种以产业政策制定、颁布和实施为主要手段载体的政府行为，本质上也是政府选择行为的理性和非理性的融合过程（何大安，2006）。理性的产业规制往往对产业发展具有积极作用，因为受益于经济学家和统计部门所提供的理论和数据支持，地方政府往往具有较强的全面收集和掌握当地产业信息资料的能力，可以利用宏观制度调控产业结构、组织、绩效等复杂因素，深刻认知产业结构调整和产业结构升级布局和规划，进而可以形成科学合理的特定时期的地方产业发展方案（何大安，2010）。然而，囿于有限理性的约束，地方政府行为失灵，也会出现非理性的产业规制现象（马万里和刘雯，2021；何大安，2006）。为此，政府的产业规制应注重制定和实施反垄断政策，限制企业合谋、联合垄断、分割市场和默契价格领导等行为，避免垄断性的市场结构对产业技术进步和配置效率带来负面影响；还要注意在保护竞争的同时，不应过多地干预产业行为（王成仁，2011）。

基于产业规制理论，进一步审视产业发展的动力机制，可以推测地方政府往往通过影响资源禀赋、资本积累、人力资源和技术进步等动力因素来促进区域产业发展。黄玖立和李坤望（2006）研究中国20世纪80年代和20世纪90年代的产业布局，发现中国各地产业布局遵循了比较优势理论，如果加强教育投入和提高本地劳动者素质，是可以改变禀赋水平，进而改善本地的产业结构的。一般而言，影响产业发展动力因素的地方政府行为主要表现在规划引导、制度安排、统筹协调、财税支持和公共服务等方面，旨在支持、引导和调控产业发展。例如，区域制度、政府投资、基础设施建设和政府补贴都有助于产业转移，导致地区产业布局和产业结构发生改变（Baldwin 和 Okubo，2006；Holl，2004；Devereux 等，2007；桑瑞聪等，2016）。

转型期地方政府行为对产业发展的影响，还可以根据 Porter（1990）的钻石模型予以解释。钻石理论认为产业的竞争力水平受到生产要素、需求状况、企业策略及其结构或竞争对手、相关产业表现、政府行为和机遇六种因素的影响。其中，生产要素状况、需求条件、相关产业表现、企业策略及其结构或竞争对手是决定要素，而政府行为则是辅助因素，它对产业发展的影响主要通过影响其他五种因素来体现。同理，地方政府行为对区域产业发展的影响也是通过影响区域产业发展的相关因素来体现。然而，Porter 的钻石理论仅仅适用于发达国家。因为在中国、俄罗斯等转型国家，政府在产业发展中的地位远非辅助。本研究认为应根据我国发展现实对钻石模型加以修正，可以将政府定位为主导因素，机遇则为辅助因素，需求条件、生产要素状况、企业战略和相关产业表现是基本要素，政府可以通过财政、税收等政策手段影响模型中的基本要素，进而促进产业发展。政府应根据产业发展的时期，在产业发展所需要的教育和培训、企业技术创新和研发、产业宏观发展规划、地区产业形象、市场公平竞争等方面积极灵活介入，为产业发展创造良好的发展环境。

（三）产业结构相关理论

1. 产业结构演进理论

产业结构演进理论阐述了经济发展水平或平均国民收入水平与产业结构的相互促进的关系。早在 17 世纪，英国经济学家威廉·配第在其《政治算数》中描述了商业、工业、农业的利润依次递减的规律，推断认为国民收入水平的差异与产业结构密切相关，即伴随经济水平的提高，产业中心会从有形的产品生产向无形的服务生产过渡，劳动力在不同产业之间进行转移，劳动生产率不断提高，从而引发产业结构的优化升级。之后，英国经济学家克林·克拉克进一步揭示了国民收入水平与产业结构变动之间的内在联系：随着人均国民收入水平的提高，服务业产值将持续增加并最终超过工业和农业，劳动力也会由第一产业转向第二产业再转向第三产业（Hampton，1998），印证了配第的观点且首次正式提出配第——克拉克定律。在后续研究中，德国经济学家霍夫曼对工业结构的演变规律进行进一步研究，认为消费资料工业净产值与资本资料工业净产值的比值是持续下降的（Wunder，2000）。库兹涅佐茨在 1985 年运用经济统计学的研究方法，分析了 57 个国家的原始统计资料，制作出国民生产总值以及劳动力在各产业的分布结构，进一步解释了国民收入的提高带动了产业重心转移和劳动力在产业中的转移过程，并提出了库兹涅茨法则：在工业化的起步与推进阶段，随着时间推移，第一产业的国民收入和劳动力的比重不断下降，第二产业和第三产业的国民收入的比重不断上升，第二产业会首先取代第一产业成为产业结构中的主体；在工业化的后期，第三产业的收入和劳动力比重几乎在所有国家都呈现上升的趋势，工业在国民经济比重呈现由上升到下降的倒 U 形变化（Sharpley，2002；贾睿轩，2020）。因此，遵循和把握产业结构演进规律，地方政府可以通过规范行为来较好地干预和调节区域产业结构。

2. 不平衡增长和主导部门理论

德国经济学家阿尔伯特·赫希曼 1958 年在《经济发展战略》一书提出不平衡增长理论。该理论是非均衡增长论的理论之一，主张发展中国家应有选择地在某些部门进行投资，通过其外部经济使其他部门逐步得到发展（韦森，2015）。该理论得到了汉斯·辛格、查尔斯·P. 金德尔伯格、罗斯托等人的支持。其中，美国经济学家罗斯托进一步深化了不平衡增长理论的逻辑，并提出主导部门理论。主导部门理论认为，发展中国家若想获得经济快速增长，需要在现代经济的传统生产准备启动、工业起飞、趋于成熟、消费经济、生活品质等各个阶段，甄别出某些不同的、特定的优势主导部门，并将有限的资金和资源投入这些部门，然后利用这些主导产业的发展创造出新的投资和发展机会，进而通过前向关联、后向关联、旁侧关联等连锁效应带动其他产业部门的发展，推动产业结构调整优化（魏志奇，2014）。简言之，发展道路是一条"不均衡的链条"，从主导部门通向其他部门。因此，主导部门的选择显得尤为重要。结合中国发展实践，不平衡增长理论和主导部门理论与中国国情较为适用，且可以解释中国在基础设施建设、研发投入、人才教育、主导或高新产业等方面的"适度超前"政策。这些政策自然也会影响到产业结构的变动和演化。

3. 二元结构理论

1954年，英国经济学家刘易斯在《劳动无限供给条件下的经济发展》一文中首次提出二元经济结构理论（刘易斯，1994）。该理论首先认为，发展中国家不仅存在着传统的自给自足的农业经济体系，也同时存在以制造业为主的城市现代化工业体系；然后刘易斯构建了"两个部门结构发展模型"，并进而揭示二元经济结构逐步削减的内在机理。该内在机理的主要驱动力在于传统的农业部门与现代化的工业部门的生产率不同，即传统的农业部门的生产率较低，且存有大量的边际生产率为零的剩余劳动力，而现代化的工业部门的生产率较高，可以有效地吸收农业部门的剩余劳动力，实现劳动力在农业部门和工业部门之间的转移。内在机理演变的下一个关键环节则是在劳动力转移的动态过程中，现代化工业部门的劳动力边际生产率会逐渐下降，直至与传统的农业部门的劳动生产率相等，从而促使二元经济结构削减。二元经济结构理论不仅适合于解释宏观层面的工农业两部门结构状况及其变动，还可以用于解释不同产业之间或者同一产业内部各类行业之间的劳动力转移及产业结构变动情况。当然，伴随着产业业态的持续复杂多元化，以及生产要素的多样化，产业结构的变动和演进的驱动力不局限于劳动力要素。或许产业结构还会因为土地、资本、数据等要素发生变动。

（四）旅游产业系统理论

系统是客观存在的，其思想源远流长。无论是东方老子的"天人合一"的系统观念，还是古希腊哲学家的默克李特的"宇宙大系统"，抑或亚里士多德的"整体性、组织性、目的性"观点，均蕴含了系统的理念。人类的旅游活动与各种相关的旅游事物和现象形成一个相互联系、相互作用的有机整体，即旅游系统。自20世纪70年代以来，国内外学者把旅游视为一个相互依赖又相互作用的系统，进行了大量理论分析和实证研究，先后提出各种旅游系统模型。

在早期的国外研究中，旅游系统模型主要是指旅游功能系统模型，由供（吸引物、交通、服务、促销和信息）和需（旅游者）两个子系统组成（Gunn，1972；2002）或由旅游目的地（功能互补的吸引物和服务）、市场、旅行和营销4个部分组成（Mill和Morrison，1985），将市场营销中的"推"（指市场借助交通将旅游者推出去）和"拉"（指旅游目的地通过营销环节把旅游者拉进来）两个作用内化在旅游功能系统中，强调了旅游系统的有效运行伴随着人与信息的空间流动。后续研究陆续提出的旅游系统模型包括：由旅游客源地、旅游目的地和旅游通道三大空间要素组成的旅游地理系统模型（Leiper，1990），由旅游者、旅游目的地、旅游内部影响因素、旅游外部影响因素、信息向量、影响信息沟通效率的因素、外部旅游主体、混沌制造者、系统输出九大要素组成的旅游复杂系统模型（Mc Kercher，1999），基于需求、供给、联系和目的、结构、区位之间的相互关系的旅游概念矩阵模型（Mitchell，1987），以及内部环境、运作环境和宏观环境三圈层环境结构模型（Liu，1994）。

20世纪80年代，中国学术领域已经出现"旅游系统"思想的萌芽。郭来喜（1982）提出将客源组织、旅游资源开发、旅游路线设计、旅游点布局和建设规划、旅游人才培养等内容纳入旅游规划的基本内容中，开始有了"旅游规划即旅游系统规划"的思想。之后，保继刚（1986）以北京旅游系统为例，从旅游资源、游客行为、旅游环境容量和游客量预测等方面首次对旅游系统进行了全面而又细致的研究。20世纪90年代以来，旅游系统的思想更为明确。孙多勇和王银生（1990）首次将系统动力学与自组织理论应用于旅游经济系统的发展战略问题研究。陈安泽和卢云亭（1991）认为旅游系统由旅游区和旅游地结构、旅游资源、旅游线路、旅游中心城镇和旅游生态环境五个部分组成，可以划分为供给系统和需求系统。在旅游系统模型构建上，吴必虎（1998）结合系统理论与前人研究，将旅游系统划分为市场系统、目的地系统、出行系统和支持系统四个部分，建立一个新的旅游系统模型。杨新军和刘家明（1998）强调了市场需求对旅游目的地旅游供给的重要性，在Gunn的旅游功能系统模型上增加了宣传促销子系统。王迪云（2005）则将耗散结构与旅游系统相结合，建立了旅游耗散结构系统模型。

相应地，旅游产业本身也是一个巨型的有机系统（马勇和李玺，2004），从旅游客源地到旅游目的地，涉及吃、住、行、游、购、娱等一系列环节，相关的旅游业态和非旅游业态都是旅游产业系统的重要组成部分。因此，旅游产业可以突破产业间的边界或要素领域，在相互交融的过程中形成优势叠加的共生体，是一个包含了旅游产业资源、服务、经济等子系统的大系统（许进龙等，2023）。可以进一步推测，旅游产业系统内部各子系统、各要素之间以及系统与外部环境之间相互关联、相互作用，其作用机理复杂，以非线性关系为主导。旅游产业系统也具有开放性、动态性、自组织性、耗散性等特征，主要结构是供需关系。正是旅游产业系统的构成特点及其复杂多变性推动了旅游产业结构的变动和演进。

三、机制分析

基于上述理论分析和上一章的文献综述，本研究认为影响旅游产业结构动态优化的因素是复杂多样的，这些因素可以是旅游产业的内外部因素，也可以是经济因素和非经济因素，还可以是需求因素和供给因素。那么，地方政府一旦对这些因素进行科学合理的干预，就可能对旅游产业结构动态优化产生积极影响。接下来，本研究主要从政策实效、要素投入和消费需求三个方面来探索地方政府行为如何通过作用于这些因素从而影响旅游产业结构的动态优化（图3-1）。

（一）强化政策实效与旅游产业结构动态优化

改革开放以来，在中国现有的政治激励体制下，囿于资源的有限性，各级地方政府往往选择制定和出台各类政策和法规来干预要素资源配置，以快速实现资本积累和产能增加（韩永辉等，2017）。政府对各产业的政策扶持程度不同，会引导社会资源流向受支持的产业，从而实现产业结构转型升级的政策目标（蔡庆丰和田霖，2019）。尤其是当产业政策遵循了地区潜在比较优势，所扶持的产业将发展更快或更容易培育出显性的比较优势（赵婷和陈钊，2020；

李力行和申广军，2015）。在已有的研究中，部分学者也发现了地方产业政策在产业结构优化方面的积极效果，如聂飞（2020）发现产业政策总体上具有良性去工业化效应，能够有效地促进制造业服务化和抑制制造业空心化，有助于产业结构改进。

为了促进旅游产业发展，国家层面仅仅在1949—2017年就陆续制定和出台了与旅游产业发展密切相关的政策文件379个。各级地方政府在中央政府的引导下所出台的法律法规、规章等更是数量众多。这些政策类似于政府向旅游产业发布的信号指导或计划指令，可以调整旅游产业与其他产业或者旅游产业内部各部门之间的资源配置，最终实现旅游产业结构动态优化的目标。沿着韩永辉等（2017）和相关研究的理论分析，本研究推测旅游政策促进旅游产业结构优化的路径机制主要表现为：

第一，优化资源配置。政府旅游职能部门经过反复研判所出台的一些旅游政策，有利于弥补中国市场机制不完善，克服短期内难以根本改善所产生的信息不完全、信息不对称、负外部性等缺陷，防止盲目投资、重复投资和生产过剩，避免产业结构不合理变动所产生的摩擦，加快资源在旅游产业与其他产业或旅游产业内部各行业之间的优化配置，降低要素重置成本，促进旅游产业结构优化。

第二，完善基础设施。地方旅游政策通常包括基础设施发展计划，例如改善道路、扩大公共交通、完善接待设施等，有助于提升基础设施的质量，增强基础设施的可用性，提高旅游目的地的可进入性，进而有助于吸引更多不同类型的游客，加快旅游企业的优胜劣汰，促进旅游产业结构动态优化。

第三，强化发展激励。地方政府常用财政、税收等政策扶持旅游产业的发展，例如，地方政府可能会采用财政补贴、税收优惠、专项发展基金、政府营销等方式，鼓励发展某种类型的旅游企业、旅游活动、旅游业务等，从而对地区旅游产业结构动态优化产生重要影响。

第四，加强研发创新。当前的中国旅游产业发展实践表明，地区旅游产业的技术创新和升级是无法独立完成的，必须依托地方总体创新能力、其他相关产业的技术革新能力和一些必要的软硬性公共基础设施和措施。而这些依托条件只有在政府部门行之有效的产业政策的调节之下方可实现，才能引导各方力量集中开展新技术研发，促进地区旅游产业结构动态优化。

第五，规范旅游市场。旅游政策通常包括与质量标准、环境保护、安全管理等相关的法规。这些法规通过确定哪些企业可以运营以及它们必须如何运营来优化产业结构。例如，酒店评级标准要求酒店满足特定的安全和卫生标准，在提升酒店服务质量的同时影响酒店行业结构；土地分区利用法规可以限制或鼓励某些类型的旅游相关设施的开发，在保护环境的同时影响可用的住宿类型；旨在促进可持续旅游业的政策可能会导致生态度假村、可持续旅游运营商和其他具有环保意识的企业的出现；地方政府应对自然灾害、流行病或安全威胁等危机的政策或影响各类旅游企业在危机期间的生存或繁荣状况，从而塑造旅游产业结构；旨在保护文化遗产的政策可以促进博物馆、历史遗址和文化活动的增长，从而促进旅游业态的多样化，优化旅游产业结构。

综上所述，旅游政策可以影响旅游目的地旅游产业的生存环境以及企业的类型、竞争力、满足游客不断变化的需求和偏好的能力，对旅游产业结构的动态优化起着举足轻重的作用。

（二）改变要素投入与旅游产业结构动态优化

要素投入主要分为非直接生产要素投入和直接要素投入。前者如财政分权，是一种制度安排，可以视作制度要素，它影响着生产要素的投入和产出，在生产过程中起着重要影响。后者如劳动力、资本、技术等生产要素，这些生产要素投入的变化是旅游产业结构调整的重要因素（杨琴和王兆峰，2009）。地方财政分权情况和地方政府在教育、资本、研发等方面的投入行为必然会导致劳动力、资本、技术等生产要素的变化，进而影响旅游产业结构动态优化。

第一，地方财政分权对旅游产业结构的动态优化具有重要影响。总体上来看，财政分权作为一种制度安排，使得地方政府更加关注本地区旅游产业的特色和优势，可以采取更加有针对性的政策来引导和推动旅游产业结构升级。例如，地方政府可以加大对旅游基础设施建设、旅游产品开发和创新、旅游人才培养等方面的投入，推动旅游产业向着高品质、高附加值、多元化发展的方向迈进。此外，从产业集聚的视角来看，通过财政分权，地方政府在财政支出和税收方面拥有更大的自主权，可以采取财政补贴、税收优惠等政策来吸引旅游企业投资和落户，形成旅游产业集聚效应，进而可能促进旅游产业结构优化升级。当然，地方政府需要规避旅游产业过度集聚所带来的负面影响，以免对旅游产业结构优化形成羁绊。

第二，劳动力数量、素质、结构的显著变化必然会引起旅游产业结构的变动。地方政府扩大教育投入，将为旅游产业结构的动态优化提供有力的支撑条件。首先，地方政府对教育进行投资，可以为旅游产业带来技能更高、知识更丰富的高水平专业旅游人才，满足旅游业中的服务、管理和营销等各种职位的人才需求，不断积累旅游人力资本，为旅游行业整体素质提高、服务质量提升、技术创新和劳动生产率提高创造有利条件。其次，地方政府重视教育投入，有助于激发创造力和促进旅游业态、服务和产品的开发与创新。例如，教育为旅游主体提供创办和管理旅游相关业务所需的知识和技能，促进旅游创新和创业，创造出新的旅游体验、环保住宿、研学旅行、艺术展览或数字旅游解决方案，使产业结构多元化。最后，教育也有助于旅游研究与分析，帮助地方政府和旅游企业就行业发展和营销策略做出明智的决策，引导旅游产业结构动态优化发展。

第三，资本要素会对旅游产业结构产生一定的影响，为产业结构优化升级提供重要的物质保障。资本对旅游产业结构的影响，表现为当资本投放到旅游产业本身以及其他相关支撑产业后，会对旅游产业的经济规模和发展环境造成影响，从而通过直接和间接的途径对旅游产业的结构造成影响。比如政府扩大资本投入会带来基础设施的改善，而基础设施是旅游产业发展系统中的重要环境要素，对旅游产业结构变动有着关键影响。资本还可以投资于住宿、餐馆和娱乐设施等旅游设施的建设和维护，历史文化遗址和景区或景点的保护和修复，以及国家公园、海滩和野生动物栖息地等自然资源保护，提高旅游接待能力和服务质量，重塑旅游产业内部的各个行业，促进旅游产业结构动态优化。除此之外，地方政府在活动和节日推广、旅游促销和营销、安全保障、技术和创新等方面的资本投入，可以促进旅游产品的多样化和相关业务的蓬勃发展，从而优化旅游产业结构。

第四，技术进步与旅游产业结构优化升级互相促进，相互影响。创新带来的科技进步是推动旅游产业结构优化的关键，高新技术已经不断渗透到旅游产品的开发、营销、服务、管理的前端及后端的各个环节。首先，技术进步会带动游客的需求结构产生变化，如旅游 App 的形成，会对旅游的出行方式和产品的选择产生一定的影响；其次，技术进步刺激供给结构产生变化，促进产品更新换代，为旅游活动的进行提供有利的手段和工具，提高产业的生产效率，从而带动旅游产业结构升级。此外，科技的进步也会通过改善交通基础设施、提高通信技术质量、创造独特的游客体验等方面带动旅游产品的优胜劣汰，影响产业结构的优化升级（高维忠，2003；江金波等，2014）。因此，地方政府注重扩大研发投入，可能会对技术进步产生积极影响，进而促进旅游产业结构的优化升级。

（三）引导消费需求与旅游产业结构优化升级

消费需求是产业结构升级的主要动力，需求的变化方向及程度决定着旅游产业发展的方向和水平，以及旅游产业结构的变迁和演进（王兆峰，2011）。随着信息化时代科技水平的不断进步，消费者呈现多元化、多层次的特点，其对产品和服务的多样化、个性化的需求也不断增加。为了满足游客需求，政府通过政策、营销、规划等手段引导旅游市场不断跨界融合，形成了生态旅游、文化旅游、康养旅游、研学旅游等旅游新业态，丰富和创新了一系列旅游产品和服务。旅游供给的多元化可以迎合不同类型的游客，包括那些具有不同兴趣、偏好和预算的游客，扩大了访客基础，为旅游业态的进一步多元化提供了有力的支持，有助于旅游产业结构的动态优化。此外，多元化的旅游供给可以抵御经济衰退或外部冲击，不易受到特定市场波动的影响，也有助于延长旅游季节，避免季节性带来的客流匮乏或爆满拥堵等负面影响，有助于增强旅游产业结构优化的稳定性。但是，值得注意的是，地方政府在引导扩大旅游需求时，切忌引导旅游产业一味追求规模扩张而忽视质量提升，以防旅游产业结构严重失衡（廖涛，2005）。地方政府行为对旅游产业结构动态优化的作用机制如图 3-1 所示。

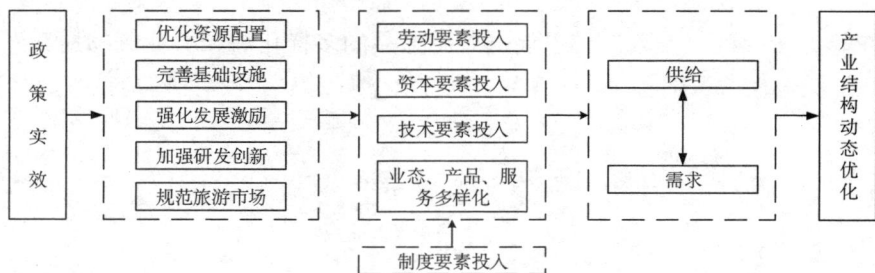

图 3-1　地方政府行为对旅游产业结构动态优化的作用机制

第二篇

实证分析篇

第**4**章

中国区域旅游产业结构动态优化现状分析

　　旅游产业高质量发展是现代旅游业发展的主要目标。结构主义理论已经证实经济结构是经济增长的内生变量（张静一和宋宪萍，2000）。旅游产业结构的变迁和升级是影响旅游产业高质量发展的重要因素，是旅游经济内涵式增长的关键。然而，如第 2 章旅游产业结构变动的相关研究所示，尽管已有研究分析了旅游产业结构的概念和内涵、测算方法、影响因素、转型升级的对策，也从政策建议的角度提出了政府行为对旅游产业结构变动的影响，但依然在地方政府行为对旅游产业结构动态优化的作用机制研究方面存在显著差距。为了弥补研究差距，本章旨在采用科学合理的方法测算中国旅游产业结构动态优化程度，全面呈现省际层面的差异现状，为后续的作用机制研究做铺垫。

一、旅游产业结构动态优化的测度方法和数据

（一）旅游产业结构动态优化的测度方法

　　结合上文对旅游产业结构动态优化的概念界定和内涵阐释，我们采用旅游产业结构高级化水平（tourism structure advancedization，tsa）来衡量旅游产业结构动态优化程度。鉴于旅游产业的相关统计数据严重缺失，考虑数据的可得性和完备性，本章在刘春济等（2014）以及刘伟等（2008）的研究基础上，利用各省（自治区、直辖市）旅游产业各部门比例关系和劳动生产率的乘积测度其旅游产业结构的高级化水平，测算公式如下：

$$tsa_{it} = \sum_{m=1}^{n} \frac{P_{it}^m}{P_{it}} LP_{it}^m \qquad (4.1)$$

其中，tsa_{it} 是第 i 个省（自治区、直辖市）第 t 年的旅游产业结构高级化水平，P_{it} 和 P_{it}^m 分别为第 i 个省（自治区、直辖市）第 t 年旅游产业总收入和第 m 部门的收入，LP_{it}^m 是以 2000 年为基期，经过标准化处理后的第 i 个省（自治区、直辖市）第 t 年第 m 部门的全员劳动生产率，n 为旅游产业部门数量（为 3）。tsa_{it} 的值越大，说明旅游产业结构的高级化水平越高。

研究采用极差变换法对全员劳动生产率 LP_{it}^m 进行标准化。极差变换法是直线型无量纲化方法中阈值法的一种，其优点是消除了正态分布对数据的影响，对数据样本的数量要求限制性较小，转化结果一般无负值。该方法可以有效避免无量纲数据的正负值对计算结果的影响，使转化后的数值有利于进一步数据处理，同时避免了传统的计算方法对数据的正态分布要求，其在中国经济改革研究基金会国民经济研究所的相关研究中已经得到了应用，具有一定的科学性和有效性。旅游产业部门分类汇总如表 4-1 所示。

表4-1　旅游产业部门分类汇总

年份	旅游产业部门分类				
2000年	旅行社	星级酒店	旅游景区	其他旅游企业	旅游车船公司
2001年	旅行社	星级酒店	旅游景区	其他旅游企业	旅游车船公司
2002年	旅行社	星级酒店	旅游区	其他旅游企业	旅游车船公司
2003年	旅行社	星级酒店	旅游区	其他旅游企业	旅游车船公司
2004年	旅行社	星级酒店	旅游区	其他旅游企业	
2005年	旅行社	星级酒店	旅游区	其他旅游企业	
2006年	旅行社	星级酒店	旅游景区	其他旅游企业	
2007年	旅行社	星级酒店	旅游景区	其他旅游企业	
2008年	旅行社	星级酒店	旅游景区	其他旅游企业	
2009年	旅行社	星级酒店	旅游景区	其他旅游企业	
2010年	旅行社	星级酒店	旅游景区		
2011年	旅行社	星级酒店	旅游景区		
2012年	旅行社	星级酒店	旅游景区		
2013年	旅行社	星级酒店	旅游景区		

（续表）

年份	旅游产业部门分类			
2014年	旅行社	星级酒店	旅游景区	
2015年	旅行社	星级酒店	旅游景区	
2016年	旅行社	星级酒店	旅游景区	
2017年	旅行社	星级酒店	旅游景区	
2018年	旅行社	星级酒店	旅游景区	
2019年	旅行社	星级酒店	旅游景区	

（二）相关测度数据来源及处理

在收集数据时，我们发现中国在 2000 年之后才形成较为规范的旅游统计体系，多数旅游经济指标的统计口径也是自 2000 年以来逐步统一。因此，鉴于统计数据的前后统一性和可获得性，为保证研究的可靠性和科学性，本研究选择 2000—2019 年为旅游产业结构实证研究的时间节点，反映中国旅游产业结构的发展情况和变化趋势。

本研究收集了中国大陆 31 个省（自治区、直辖市）的指标数据并进行旅游产业结构动态优化程度的测算。旅游产业的边界需要界定，如果范围过宽，则在计算中存在重叠部分，造成经济效益测算失效，且不具备可操作性，如果范围较窄，则无法涵盖旅游产业在实际的生产过程中涉及的经济效益，不能满足旅游产业结构测度的要求，因此旅游产业部门的选择应当以"服务于旅游产业，且直接面对旅游者服务的行业"为准则进行筛选。考虑到此原则以及数据的可获取性，本研究以《中国旅游统计年鉴·副本》中旅游产业分类为基准（表 4-1），选择星级酒店、旅行社、景区这三个旅游企业为研究样本。对于缺失的数据，则采用单指数平滑法进行补全。

二、中国旅游产业结构动态优化现状分析

（一）整体状况

从总体上看，我国旅游产业结构动态优化程度呈现波动上升的趋势（图 4-1）。在 2000—2002 年、2008—2011 年和 2012—2014 年，中国旅游产业结构动态优化程度出现了些许波动。2000—2002 年，或受到中国在 2001 年

申奥成功事件的影响，中国旅游业在 2001 年得到较大提振，产业结构优化程度水平得以提升，但依然受限于 21 世纪之初行业自身局限，在 2002 年有较大回落，且在之后的 2003—2008 年都保持着平稳上升的态势。2008 年全球发生金融危机，中国政府密集出台一系列积极的调控政策，力保经济增长，使中国旅游业不仅免受重创，还出现新一轮的繁荣，旅游产业结构动态优化水平得以显著提升。全国旅游工作会议所呈现的信息显示，在 2012—2014 年，2008 年金融危机给全球经济的负面影响持续深化，国际形势严峻，经济下行压力增强，中国旅游业在诸多困难挑战中坎坷前进，行业竞争和优胜劣汰程度加剧，产业结构优化水平出现波动。

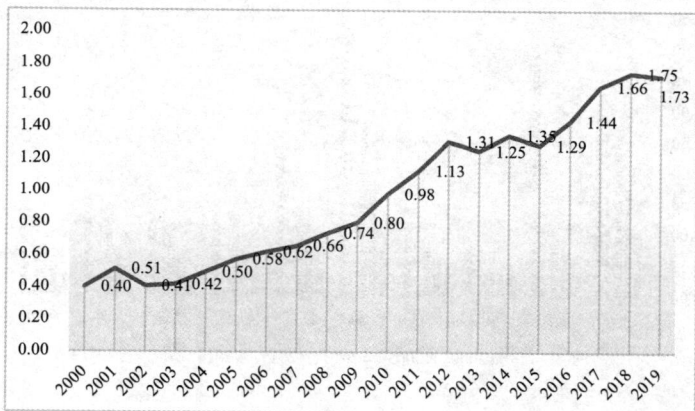

图 4-1　旅游产业结构动态优化的总体表现

（二）区域差异

1. 东部地区

如图 4-2 所示，东部地区各省（直辖市）的旅游产业结构动态优化程度整体较高，且呈现上升趋势。如果根据五年发展计划，计算 2000 年、2005 年、2010 年、2015 年和 2019 年的旅游产业结构动态优化程度的均值①，就可以发现东部地区的旅游产业结构动态优化程度每年都居四大地区首位，分别为

---

① 为避免年份太多导致图的内容显示不清，本部分只根据中国五年发展计划，选择 2000 年、2005 年、2010 年、2015 年和 2019 年五年数据加以呈现。

0.61、0.85、1.42、1.74 和 2.31。北京市和上海市产业结构动态优化水平最为突出，其次为天津市、江苏省、浙江省和广东省。数据显示，北京市和上海市的产业结构动态优化程度变化幅度较为明显，北京市在 2000 年和 2005 年的旅游产业结构动态优化程度位居全国第一，2010 年上海市则超过北京市，成为旅游产业结构动态优化程度最高的地区，且一直保持较高水平。浙江省、广东省和江苏省的旅游产业结构动态优化水平都处于中等水平，增长趋势平稳。河北省、山东省和海南省的旅游产业结构动态优化水平相对较低，但依然高于中西部地区的多个省（自治区、直辖市）。

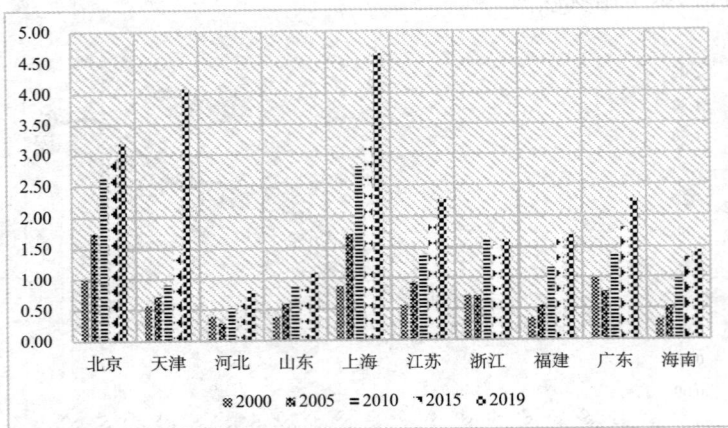

图 4-2　东部地区旅游产业结构动态优化情况

2. 中部地区

如图 4-3 所示，所示中部地区各省的旅游产业结构动态优化程度较低，却总体呈上升趋势。据计算，中部地区 2000 年、2005 年、2010 年、2015 年和 2019 年的旅游产业结构动态优化程度平均值分别为 0.3、0.41、0.74、1.11 和 1.62，基本位于四大地区第二位。数据显示，湖北省、安徽省和内蒙古自治区的旅游产业结构优化程度整体处于较低水平，江西省、山西省、湖南省和湖北省的旅游产业动态优化程度比 2000 年变化幅度较为明显。其中，变化趋势最大的省份为江西省，2005 年江西省的旅游产业动态优化程度为中部地区均值，随后出现大幅度上升，2019 年位居中部地区第一。山西省的旅游产业结构动态优化程度在 2010 年之后出现大幅度上升，2019 年后位居中部地区第二。湖北省、湖南省、安徽省上升趋势也较为明显，且 2010—2015 年均保持在区域均值以上。内蒙古自治区的旅游产业动态优化程度一直处于较低水平，每年均与区域均值相去甚远，且在 2010 年后呈现整体下降的态势。

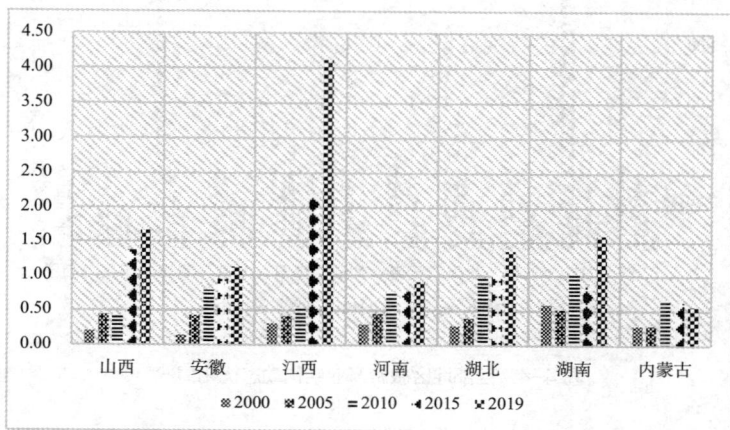

图 4-3　中部地区旅游产业结构动态优化情况

3. 西部地区

西部地区 2000 年、2005 年、2010 年、2015 年和 2019 年旅游产业结构动态优化程度平均值分别为 0.24、0.45、0.78、1.0 和 1.46，整体较低，在 2010 年及以前居四大地区第四，在 2010 年之后逐步上升，至 2015 年和 2019 年居四大地区第三。

从图 4-4 可看出，西部地区各省（自治区、直辖市）旅游产业结构动态优化程度呈整体上升趋势。表现较为突出的是青海省、重庆市和贵州省，2019年的旅游产业结构优化程度均较 2000 年有较大幅度的提升。青海省的旅游产业结构动态优化程度在 2000 年、2005 年和 2010 年均居于地区均值之下，自2015 年则开始显著高于均值，至 2019 年达到 2.68。重庆市的旅游产业结构动态优化水平，一直高于地区均值，呈现稳步提升的发展趋势。贵州省的旅游产业结构动态优化程度在 2000 年、2005 年和 2010 年均与地区均值相近，2015年和 2019 年则逐渐高于均值。陕西省、甘肃省、宁夏回族自治区和西藏自治区的旅游产业动态优化程度始终低于地区均值水平。总体上，西部地区动态优化程度呈上升趋势，但属于全国中下水平。各省（自治区、直辖市）在个别年份存在不同程度的波动，且存在着明显的地域差异。

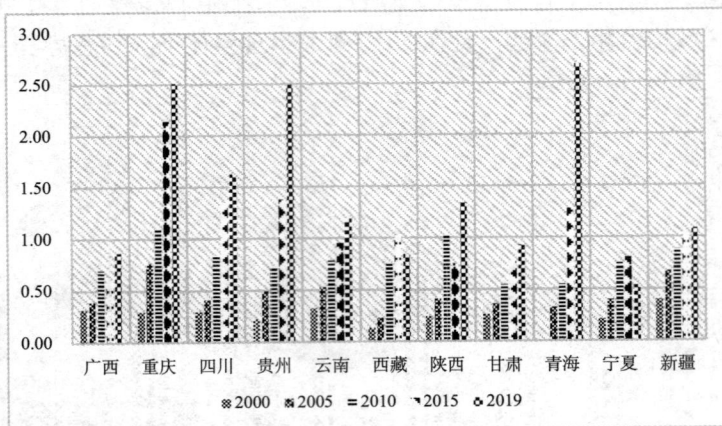

图 4-4　西部地区旅游产业结构动态优化情况

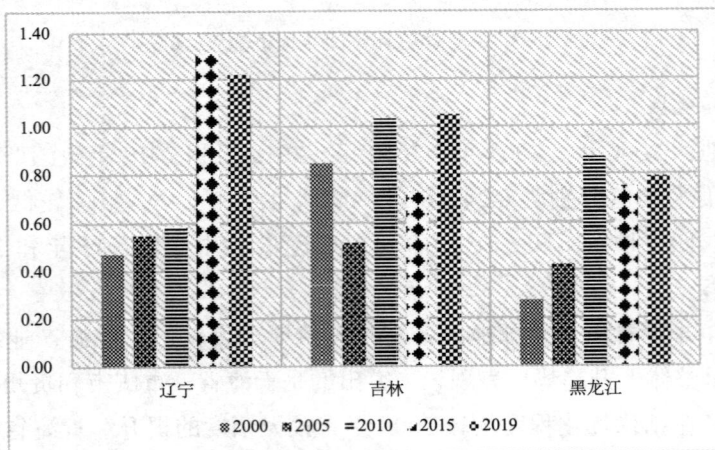

图 4-5　东北地区旅游产业结构动态优化情况

4. 东北地区

东北地区 2000 年、2005 年、2010 年、2015 年和 2019 年的旅游产业结构动态优化均值分别为 0.53、0.50、0.83、0.93 和 1.02，在四大区域中的位次与西部地区恰恰相反。从图 4-5 可以发现，东北三省的旅游产业结构动态优化程度整体一般，基本呈现波动上升的总体趋势。辽宁省的旅游产业结构动态优化水平自 2000 年开始，就持续上升，至 2015 年达到 1.32，在 2019 年却微幅下降至 1.22；吉林省的旅游产业结构动态优化程度则呈现高低交错的演变趋势，从 2000 年的 0.85 波动上升至 2019 年的 1.05；黑龙江省的旅游产业结构动态优化程度自 2000 年呈上升趋势，到 2010 年达到 0.87，却在 2015 年下降至 0.75，之后升至 2019 年的 0.79。

三、研究结论

本章通过构建旅游产业结构高级化模型来测度和分析中国旅游产业结构动态优化现状。研究结果发现：

第一，中国旅游产业结构动态优化程度虽有小幅度的波动，但总体上向优化升级的方向逐渐调整。说明中国旅游产业结构的动态优化正呈现出较好的变迁态势，反映了中国旅游产业模式正逐步由粗放式发展转向集约型发展。

第二，中国旅游产业结构动态优化程度存在显著的区域差异，东部地区最高，中部地区居其次，西部和东北部地区较低。其中，西部地区的旅游产业动态优化程度属于全国中下水平，有一定的波动趋势，可以推测西部旅游产业处于反复调整的状态中；东北地区的旅游产业结构优化水平与西部相近，也呈现波动上升趋势，但波动幅度较大。需要注意的是，旅游产业结构动态优化存在着显著的地区差异，或将限制中国旅游产业结构的整体优化升级。政府要因地制宜地进行政策支持，改善要素投入，刺激旅游需求，以促进旅游产业结构的区域协调和可持续动态优化。

第三，旅游产业结构转变能力依赖于经济发展水平，旅游产业结构的动态优化程度与区域经济发展水平有一定的正相关关系。例如，就省份而言，北京市、上海市、广东省和浙江省的旅游产业动态优化程度处于全国较高水平；就地区而言，东部旅游产业结构动态优化程度为全国最高。因此，可以初步判断，经济发展水平越高，旅游产业结构动态优化程度就越高，因此需要注重经济总体发展水平对旅游产业结构动态优化的积极影响。

第5章
地方政府旅游政策实效
与旅游产业结构动态优化

　　旅游政策对旅游产业结构优化具有重要影响。在特殊的经济体制和发展背景下，我国旅游业遵循"政府主导型"发展战略，政府成为旅游业发展的主要推动力。政府通过制定、出台和实施旅游政策，干预旅游产业的发展，是旅游产业结构优化升级的重要保障。理论和实践经验表明，设计合理的政策可以引导旅游业发展，改善旅游发展环境，改变不合理的旅游结构比例关系，推动旅游产业结构优化升级，拉动旅游经济的发展（王兆峰和杨卫书，2008）。但是"政策失灵"则会导致旅游产业结构失衡，对整个旅游产业产生危害。因此，政府部门在制定旅游政策时，只有充分考虑当地的文化、制度、习惯、组织结构、旅游发展阶段等因素，才能够制定出符合实际的产业政策，保持旅游产业发展的稳定性及结构优化调整的渐进性。

　　旅游政策与旅游产业结构优化理论研究亟须突破。在旅游政策方面，国内外的学者通过不同的分析方法研究旅游政策的演化和量化，主要集中于概念分类、演变进程、政策的制定、实施和评估效用等方面。旅游产业结构研究主要侧重于旅游产业结构变动的概念和内涵、测算和评估、影响因素、经济效应，以及旅游产业结构转型或优化升级的对策。但是，学术界很少直接关注和研究中国旅游政策实效与旅游产业结构优化之间的关系。而且，定量评估旅游政策实效一直是个难题，尚未形成较为科学或者客观的评估体系。因此，科学评估旅游政策实效，测度旅游产业结构的优化程度，并在此基础上实证检验旅游政策实效与旅游产业结构优化之间的关系，成为本章的研究主题。

本章借鉴现有理论和方法，收集整理了 2001—2012 年已出台的中国大陆 31 个省（自治区、直辖市）旅游政策，测算旅游政策实效；同时结合上一章旅游产业结构优化的测算结果，分析旅游政策实效与旅游产业结构动态优化之间的关系，为未来旅游政策制定和产业结构优化升级提供借鉴，具有重要的理论意义和实践意义。

一、相关研究进展

（一）旅游政策的概念

量化旅游政策的前提是清晰界定旅游政策概念并准确理解旅游政策内涵。旅游政策虽有狭义和广义之分，但多数学者会从广义或综合性的视角来理解旅游政策。在早期研究中，国外学者往往将旅游政策定义为"是一套集规章、规则、准则等形式的目标或战略，是为了对旅游目的地的活动和发展直接产生影响而制定的框架"（孙盼盼等，2016）；国内学者则把旅游政策界定为国家或地方为促进旅游发展所制定和实施的有关方针政策、法律法规、规章制度和办法措施的总和（罗明义，2008）。后续研究基本认同该观点，并在旅游政策含义、范畴、形式、意义等方面给出进一步理解。例如，唐晓云（2014）将旅游政策界定为"战略、策略或谋略""行为规范或行动准则""政治行为"三种含义的综合，认为旅游政策文件涵盖了全国人大常委会颁布的旅游相关法律，国务院颁布的旅游相关条例、规定、决定、办法、细则、意见、纲要、通知等，以及国家旅游局及相关部委发布的规定、决定、办法、细则、意见、通知、公告、纲要等。旅游政策文件的多样性也恰恰说明了旅游政策形式的广泛性（李锋和唐晨，2015）。孙盼盼等（2016）进而指出旅游政策的复杂交互性，认为旅游政策既有经济意义上的旅游产业政策，也有环保意义上的旅游生态政策，还与社会、文化、福利、安全等公共政策有所交叉。可见，若要综合性地量化评估旅游政策实效，必须先对旅游政策进行科学合理的分类统计和权重赋值。综合以上的定义，本研究将旅游政策定义为：为促进旅游产业经济的发展，政府部门出台有关方针政策、法规制度、办法措施、会议指示、决策通知的总和。

（二）旅游政策的分类

在研究基本概念的基础上，学者们进一步探讨了旅游政策的分类。由于旅游业是综合性产业，旅游政策内容范畴较广，国内外学者认为，依照不同的标准，可以建 立不同的分类体系，较常见的有以下几种：按照旅游政策的作用空间范围分为全国性政策、地方性政策和局部性政策；按照适用广度分为特殊旅游政策及基本旅游政策；按照旅游政策的分类对象，可分为经济政策、社会政策、政治政策、文化政策、交通政策等。国内比较有代表性的观点整理如表 5-1 所示。

表5-1　旅游政策分类研究

作者	分类依据及政策类型
张凌云 （2000）	依据：政策作用 （1）结构政策：扶助重点产业 （2）组织政策：规模经济及保护竞争 （3）技术政策：支持与推动技术创新或新技术适用 （4）地区技术政策：影响产业在不同地区分布 （5）社会政策：促使产业实现诸如充分就业等社会目标
万先进和 张素芳 （2001）	依据：旅游业当时所处阶段积累的经验、遇到的困难、存在的问题 定位政策、导向政策、市场战略政策、产品导向政策、布局政策、配套政策、投入政策、组织政策、技术政策、保障政策
沈姗姗和苏勒 （2008）	依据：政策内容 （1）基本政策： 结构政策、组织政策、布局政策、技术政策、配套政策 （2）特殊政策： 市场政策、产品政策
李锋和唐晨 （2015）	依据：政策的整体趋向、产业经济学的基本分类和政策功能 （1）激励性政策： 发展政策——定位政策、技术政策、金融财政政策、市场政策、产品政策 结构政策——布局政策、结构政策 （2）保障性政策： 组织政策——资源管理政策、危机应对政策、环境政策 配套政策——法律法规政策、产业协调政策、安全政策

资料来源：根据文献整理。

（三）旅游政策的"力度"

顾名思义，"力度"是指"力量的强度"，政策"力度"即为政策的力量强度。唐晓云（2014）在分析中国旅游政策的历史演进之时，指出政策力度可表示政策的力量强度及影响力的大小。孙盼盼和夏杰长（2017）在探索旅游产业中的地方政府行为量化方法时，提出"政府行为强度"，并测算了政府的旅游政策强度。可见，旅游政策力度与旅游政策强度的提法基本一致。郭为和许珂（2014）在探究旅游政策对旅游就业的影响效应时，对旅游政策进行了量化。虽然作者未明确指出是对旅游政策力度进行测算，但从量化思路来看，文章测算的是旅游政策力度。刘冰洁等（2021）在研究旅游政策对旅游发展的影响时，将旅游政策力度作为核心自变量，也对旅游政策力度进行了量化。

已有研究对旅游政策力度的量化思路和方法分别如下：

唐晓云（2014）量化中国旅游政策力度的基本思路是分类赋值并进行累计。量化步骤主要为：第一，对旅游政策进行分类，主要分为旅游专项政策、与旅游活动密切相关的政策、服务业及其他产业中涉及旅游的政策等三类；第二，根据《中华人民共和国立法法》对各类政策效力高低的规定、政策发布的权力机构及政策类型，将旅游政策力度按照法律、行政法规、国务院行政规范性文件、部门规章、部门行政规范性文件划分为5个等级，分别赋值为5、4、3、2、1；第三，根据上述赋分对不同时期的各个年度内各项政策的得分进行累计，得到各个不同时期的政策力度分值。

郭为和许珂（2014）为了测度旅游政策对旅游就业的影响效应，收集了从1978年以来国家制定的旅游政策并进行了量化。其量化步骤为：首先，将旅游政策分为4类：第一类是讲话，主要是国家和部门重要领导人关于旅游发展的发言；第二类是文件，主要包括国务院和原国家旅游局等重要国家机关制定的关于旅游发展的文件、发布的报告和发出的非行政管理方面的通知；第三类是条例和规定，主要指国务院、原国家旅游局等重要国家机关制定的关于旅游发展的带有行业指导性质的行政管理条例和规定；第四类是法律法规，主要包括涉及旅游发展的法律法规。然后，作者根据4类政策的重要性，以100分为全权，分别赋予10分、30分、50分和80分的权重。最后，鉴于政策的延续性，采用了向后累积的方式来量化政策。

鉴于对地方政府行为的细化分析，孙盼盼和夏杰长（2017）分别独立量化了中国旅游政策力度和旅游法规力度，也均遵循了分类统计的思路，但在分类和计算方式上与其他研究有所区别。量化步骤是：第一，采取宏微观分类法将地方旅游政策分为总体政策、专项政策、旅游会议指示、其他省级政府会议指示、国家或省重要领导人调研指示等类别，地方旅游法规主要分为地方旅游法规和地方旅游规章；第二，根据各类旅游政策和法规的时效性进行统计，时效性较短的旅游产业政策采用时年数量统计方法，时效性较长的旅游法规和规章采用历年数量累计统计方法；第三，借鉴国内外有关市场化指数的测算方法，采取简单算术平均式的指标归一方法，将各类政策和旅游法规数量变换为 0 至 100 的数值。

刘冰洁等（2021）的量化思路与唐晓云（2014）的量化思路比较相似：第一，获取了中央和地方政府发布的旅游政策文件；第二，分别对政策发布主体和政策类型进行打分，政策发布主体的评分按照国家级、省级、市级、区县级发布单位发布的政策力度逐级递减（分别为 4 分、3 分、2 分、1 分），不同政策类型的文书打分按照"《中华人民共和国立法法》规定法律的效力高于行政法规、行政法规效力高于规划型文书、规划型文书效力高于其他规范性文件"的标准逐级递减（分别为 4 分、3 分、2 分、1 分）；第三，利用公式"$EP=\sum EI_i+ET_i$"计算政策力度，EP 为政策力度总分，EI_i 为第 i 条政策的政策主体评分，ET_i 为第 i 条政策的政策类型评分。值得指出的是，在该计算过程中，作者认识到政策力度的滞后性及政策实施后的影响的持续性和时效性，采用政策存量的概念测算旅游业的政策力度，即各省份当年的政策力度为之前年度已发布且生效的政策力度累计值，加上当年新发布的旅游政策，减去当年废止或超过有效期的政策力度。

总结发现，已有研究量化旅游政策力度的基本思路是先分类赋值再加总计算，差异之处表现为政策的分类、赋值、加总计算方式等。

（四）旅游政策的"效度"

本研究提出旅游政策"效度"一词的初衷，只是为了在形式上对应旅游政策"力度"的表达，并将其定义为旅游政策的功效或效用程度。进一步思考，却发觉有必要对这个概念做一些解释，达到"自圆其说"的目的，同时也需要区分一些意思相近的词。

严格来说，"效度"一词属于心理学学科用词，即为有效性（Validity），指测量工具或手段能够准确测出所需测量的事物的程度。换言之，效度是指所测量到的结果反映所要考察内容的程度，测量结果与要考察的内容越吻合，则效度越高；反之，则效度越低。从上述概念来看，本研究认为心理学意义上的"效度"一词在一定程度上蕴含了现实（测量结果）与目标（考察内容）的差距，这种差距的大小表征着测量有效性程度。从"差距"的视角来理解"效度"，让人不难联想到经济学中的"效用"一词。在经济学里，往往把消费者拥有或消费商品或服务对欲望的满足程度称为商品或服务的效用。显然，从概念表达形式上来看，"效用"与"效度"是有区别的。不过，巧妙的是，"效用"一词也蕴含了现实（实际消费）与消费者消费目标（心理期望）之间的差距，该差距的大小表征着商品或服务效用的程度。

对比"效度"和"效用"中的两种差距，再来理解旅游政策"效度"，不难推测旅游政策"效度"的概念里也应该包含着某种差距，这种差距的大小衡量着旅游政策的功效程度或效用程度。在政策评估研究里，学者们经常将该差距理解为政策目标和实际效果之间的偏差。至此，本研究认为将旅游政策"效度"一词理解为旅游政策的功效或效用程度是有一定的合理之处的。按照这个理解，可以发现与旅游政策"效度"相关的研究有旅游政策"效用"（李锋等，2013）、旅游政策"实效"（沈维平，2013；夏杰长和裴文靖，2018）、旅游政策有效性（生延超等，2020；生延超和吴昕阳，2021）、旅游政策绩效（孙盼盼等，2016；谢双玉等，2020）等。虽然这些词汇在严格意义上具有区别，但鉴于研究问题的相近性，本研究暂将这些文献也归类于旅游政策"效度"的范畴，相关的量化方法梳理如下：

第一类，时序数据对比分析。例如，李锋等（2013）基于政策效用评估过程和目标，建构旅游政策效用评估体系，通过分析国民经济与国内旅游的波动及二者内在的因果关系，得出国内旅游的抗周期性特征，后以1997年为界，分析了中国历史上4次旅游产业政策与旅游产业、国民经济之间的关系，进而对旅游产业政策效用进行了一系列评估分析。

第二类，建构实效计算模型。例如，夏杰长和裴文靖（2018）将旅游政策实效定义为旅游政策作用于旅游产业的实际功效，即旅游政策达到政策目标的程度，并将旅游政策力度与旅游产业表现相结合，构建出旅游政策实效评估模型。

第三类，统计分析个体感知。例如，谢双玉等（2020）从农户感知的视角分析旅游扶贫政策绩效，通过对问卷调查数据进行探索性因子分析，评价了贫困户和非贫困户对旅游扶贫政策执行和效果感知的维度，并采用独立样本t检验分析贫困户与非贫困户对旅游扶贫政策绩效感知的差异及形成原因。

第四类，计量回归分析。建构计量模型，并通过回归分析得到旅游政策变量的回归系数，然后根据回归系数的大小、正负及其统计学显著情况来判定旅游政策的效用或有效性。例如，王慧娴和张辉（2015）基于"投射—实施后"对比分析法，类比 Cobb–Douglas 生产函数构建了国内旅游收入与资本、劳动、资源、技术和政策等因素关系的函数，构建了旅游政策评价的投入产出模型，运用回归分析方法计算政策投入的弹性系数，进而对政策实施效果进行评估。再例如，生延超和吴昕阳（2021）及生延超等（2020）主要是通过建立面板数据模型对旅游产业政策有效性进行分析。

由于回归分析本质上是一种因果分析，生延超等人的研究与旅游政策领域的政策"影响"（刘冰洁等，2021）或"效应"（齐天锋，2020；薛福根和何敏红，2013）等研究应属于同一范畴。因为影响或效应是指在有限环境下，一些因素和一些结果构成的一种因果现象。鉴于此类研究也与旅游政策"效度"研究有所交叉，本研究将继续对旅游政策"影响"和"效应"类的量化研究进行梳理。总体来看，目前此类研究呈现出以下两种方法趋势：

一是文本分析与计量模型回归分析相结合。如刘冰洁等（2021）在运用LDA 模型的机器学习方法对旅游政策进行文本分析的基础之上，测算了旅游政策力度，进而建构了以旅游政策力度为核心自变量、旅游产业综合水平为因变量的空间面板模型，从空间计量的角度对旅游政策有效性进行量化分析。同样在政策文本分析基础上，张安民（2018）沿用制度主义的解释范式，探讨了旅游业政策经历了怎样的变迁过程、路径和特点，进而使用多元线性回归分析方法，检验了旅游政策对旅游经济影响的研究。戴璐等（2021）结合文本语义分析与空间计量分析方法，研究了中国红色旅游政策实施对网络关注度的空间溢出效应。

二是自然实验与双重差分等回归方法相结合。自然实验方法是基于自然情景中的相关数据，运用断点回归设计（regression discontinuity design，RDD）进行研究的一种方法。自然实验的研究逻辑，是利用关键变量将原本相似的研究对象加以区分，进而更好地厘清复杂、原生态社会情境中的因果关系。比如，在旅游政策评估领域，海南岛被设立为国际旅游岛（相当于接受了"国际旅游岛"政策扶持），而大陆其他 30 个省份维持现状，此时对原本境况相似但在该项政策接受不同的 31 个省份进行研究，就可以厘清"国际旅游岛"设立政策的实施对旅游及相关现象的确切效果。自然实验方法的创新，突破了社会科学家在现实世界中进行实验研究的局限性，也成为过去 30 年社会研究领域频繁使用的方法。在旅游政策评估领域，国内学者也尝试着将该方法运用于"局改委"体制改革（李光勤等，2018）、文化体制改革（刘瑞明等，2020）、"海南岛离岛免税政策"（左冰和谢梅，2021；曹翔和俞涵，2021；童泽林，2021；王微和王新爱，2020）、签证政策（宋昌耀等，2018；曹翔等，2021）及"国际旅游岛"设立（杨克文等，2019）、"文创园区"评选（谭娜和黄伟，2021）、"景区"评选（刘瑞明等，2018）等方面的政策评估研究中。鉴于该类研究的数量较多，但方法比较相近，即多采用目前已经运用成熟的双重差分（difference in difference，DID）或合成控制（synthetic control method，SCM）或倾向得分匹配 – 双重差分（propensity score matching，PSM–DID）等回归方法。此处主要从作者、评估政策、识别方法、基准模型、变量及其测量等方面对部分文献进行梳理。梳理结果列示于表 5–2。

表5–2 自然实验法在旅游政策评估中的运用

作者（发表时间）	评估政策	识别方法	基准模型、变量及测量
李光勤等（2018）	"局改委"体制改革	双重差分 DID	基准模型：$Y_{it}=a_0+\beta T_{it}\times P_{it}+\gamma X'+year_t+prefecture_i+\varepsilon_i$ 被解释变量：Y_{it}，第 i 个城市第 t 年旅游经济发展水平，用国内旅游收入、国内旅游人数、境外旅游收入、境外旅游人数等表征； 核心解释变量：$T_{it}\times P_{it}$，P 代表进行"局改委"的地区虚拟变量；T 为进行"局改委"的时间虚拟变量，$P\times T=1$，说明从某一年开始某地区进行了"局改委"；若 $P\times T=0$，说明某地区在某一年还没有进行"局改委"； 控制变量：X，包括：旅游资源丰裕度——对A级旅游景区按等级打分加总，地区产业结构——地区第三产业的比重，地区人口密度，高素质群体——地区在校大学生人数占比，交通设施状况——地区等级公路密度，地区经济发展水平——人均GDP，地区（旅游）投资水平——地区固定资产投资占GDP的比重来代理； $prefecture$ 是时间不变的地级市固定效应，$year$ 为地级市的时间固定效应，ε 为其他可能对旅游经济产生影响，β 代表 P 与 T 的交互项系数，代表地区进行"局改委"的政策净效果，如果 $\beta>0$ 且在一定统计水平下显著，说明政策是有效的；反之亦然。

（续表）

作者（发表时间）	评估政策	识别方法	基准模型、变量及测量
刘瑞明等（2020）	文化体制改革	双重差分DID	基准模型：$Tourism_{it}=\beta_0+\beta_1 Culturereform_{it}\times P_{it}+\beta_r X'+\gamma_t+u_i+\varepsilon_i$ 被解释变量：$Tourism_{it}$，表示第i个城市第t年的旅游业发展水平，由人均国内旅游收入、人均国内旅游接待人数、人均国外旅游收入、人均国外旅游接待人数、人均国内外旅游总收入和人均国内外旅游接待总人数来表征； 核心解释变量：$Culreform_{it}$，表示文化体制改革，如果某一城市在2003年或者2006年进行了文化体制改革，则对该城市从该年份开始赋值为1，否则赋值为0； 控制变量：X'，包括经济发展水平——人均GDP，对外开放程度——FDI，人均科教文卫支出，人均消费电力，旅游服务能力——每万人星级酒店数、第三产业人口占比，交通设施——每万人出租车数，高等教育程度——高等教育普及率，自然环境吸引力——绿化率和绿化率的二次项； γ_t代表时间固定效应，μ_i代表地区固定效应，β_1的系数，其代表了文化体制改革对于地区旅游业的净影响。
左冰和谢梅（2021）	海南离岛免税政策	倾向得分匹配-双重差分PSM-DID	基准模型：$Y_{it}=\beta_0+\beta_1 policy_{it}+\beta_2 time_{it}+\beta_3(policy_{it}\times time_{it})+\beta_4 X_{it}+\alpha_i+\gamma_t+V_{it}$ 被解释变量：Y_{it}，表示第i个城市和第t年的旅游需求和消费，用旅游总收入、旅游人数、人均旅游消费等表征； 核心解释变量：$policy$，为政策虚拟变量，如果样本属于实验组（实施离岛免税政策的城市）即取值为1；反之，如果样本属于对照组（未实施离岛免税政策的城市）则取值为0；$time_{it}$为时间虚拟变量，政策实施前取值为0，政策实施后取值为1； 控制变量：X，包括固定资产投资——全社会固定资产投资额，服务业发展水平——第三产业增加值，教育水平——普通高等学校在校学生人数，政府财政支出——一般预算财政支出； α_i和γ_t分别表示个体效应和时间效应，V_{it}是随机扰动项，β_3代表离岛免税政策实施的净效果。
曹翔和俞涵（2021）	海南离岛免税政策	双重差分DID	基准模型：$Y_{it}=\beta_0+\beta_1 DID_{it}+\beta_s Controls_{it}+u_i+v_t+\varepsilon_{it}$ 被解释变量：Y_{it}，为第i个城市第t时期的国际旅游消费吸引力，采用一种新偏离份额分析法计算得出； 核心解释变量：DID_{it}，表达式为$DID_{it}=(H_{it}\times T_{it})$，$H_{it}$表示是否为离境退税政策实施城市，当$i$城市实施了离境退税政策则$H_{it}=1$，否则$H_{it}=0$；$H_{it}$表示政策实施时间虚拟变量，在离境退税政策实施之前$H_{it}=0$，而在离境退税政策实施之后$H_{it}=1$； 控制变量：$Controls_{it}$，包括：生产要素——初级生产要素（风景名胜区可供游览面积）和高级生产要素（即人力资本，用普通高等学校在校学生数测量），相关产业支持——服务业发展水平（第三产业从业人员比重）、交通运输业发达程度（是否开通国际航班、每万人拥有公共汽车辆数）、餐饮与住宿行业发达程度（星级饭店数量），需求条件——社会消费品零售总额； β_s表示第s个控制变量的系数，u_i为城市固定效应，v_t为时间固定效应，ε_{it}为扰动项。

（续表）

作者（发表时间）	评估政策	识别方法	基准模型、变量及测量
宋昌耀等（2018）	过境免签政策	倾向得分匹配-双重差分PSM-DID	基准模型： $inbound_{it}=\beta_0+\beta_1 policy_{it}+\beta_2 time_{it}+\beta_3（policy_{it}\times time_{it}）$ $+\beta_4 X_{it}+\alpha_i+\gamma_t+V_{it}$ 被解释变量：$inbound_{it}$表示i地区t时期入境旅游人次的对数； 核心解释变量：$policy_{it}$是政策虚拟变量，如果样本属于处理组（实施过境免签政策地区）取值为1，相反，如果样本属于对照组（未实施过境免签政策地区）取值为0；$time_{it}$为时间虚拟变量，政策实施前取值为0，政策实施后取值为1； 控制变量：X_{it}，旅游资源禀赋——对各地区旅游资源禀赋的丰度以及品位加权计算并取对数值，生态环境——各地区二氧化硫排放量和工业粉尘排放量的加权对数值，对外联系程度——地区实际利用外商投资额的对数，基础设施——固定资产投资的对数值，经济发展水平——地区生产总值的对数值； α_i和γ_t分别表示个体效应和时间效应，V_{it}为随机干扰项，β_3衡量过境免签政策对入境旅游的净效应。
曹翔等（2021）	过境免签政策	双重差分DID	基准模型：$Y_{it}=\beta_0+\beta_1 DID_{it}+\beta_j\sum control_{ijt}+\eta_i+\gamma_t+\varepsilon_{it}$ 被解释变量：Y_{it}，表示第i城市第t年的入境游客人数； 核心解释变量：DID_{it}为核心解释变量，$DID_{it}=treatment_i\times post_t$，在样本范围内，如果地级市实施了入境旅游免签政策则变量$treatment=1$，否则为0，当t大于等于2001年时变量$post=1$，否则为0； 控制变量：包括经济发展水平——人均GDP，服务业发展水平——第三产业产值占总GDP的比重，对外开放程度——实际利用外商直接投资额FDI，基础设施建设——固定资产投资额； η_i表示城市固定效应，γ_t为时间固定效应，ε_{it}为随机误差项。
杨克文等（2019）	国际旅游岛设立	合成控制（Synthetic Control Method，SCM）	基准模型：$P_{it}^N=a_t+b_t z_i+c_t u_i+r_{it}$ 被解释变量：房价P_{it}^N，使用商品房均价 控制变量：Z_i，包括经济发展水平——人均GDP、人均消费支出和职工平均工资，产业结构——第三产业增加值与GDP的比例，金融效率——贷款和存款的比值，财政支出——财政支出与财政收入的比值； α_t为影响房价的时间固定效应，c_t是一个（$1\times F$）维观测不到的共同因子，u_i表示省份不可观测的固定效应，r_{it}是每个省份观测不到的瞬时冲击。

（续表）

作者（发表时间）	评估政策	识别方法	基准模型、变量及测量
谭娜和黄伟（2021）	文创园区评选	多期双重差分多期DID	基准模型：$Y_{st}=\alpha+\beta Policy_{st}+\gamma X_{st}+A_s+B_t+\varepsilon_{st}$ 被解释变量：Y_{st}代表s地区t年的旅游经济增长情况，用人均国内旅游收入、人均国外旅游收入、人均国内外旅游总收入3个指标来衡量； 核心解释变量：$Policy_{st}$是s地区t年的文化产业集聚政策，为虚拟变量，某地区出台政策后$Policy_{st}$为1，政策出台前$Policy_{st}$为0； 控制变量：X_{st}，经济发展水平——人均国内生产总值，开放程度——人均外商投资企业进出口总额，基础设施建设程度——人均固定资产投资总额、人均电力消费量、电视节目综合人口覆盖率、人均公厕拥有数量等，服务接待能力——第三产业比重和人均餐饮法人企业个数，交通运输能力——人均年末公共交通运营数、人均年末实有出租汽车数和人均旅客周转量，地区的人文与自然环境——人均普通高等学校在校学生数、人均公共图书馆图书总藏量、自然保护区占辖区面积比重以及人均公园绿地面积等； A_s和B_t表示地区和时间固定效应，ε_{st}是随机误差项。系数β度量文化产业集聚政策对地区旅游经济增长的影响程度。
刘瑞明等（2018）	景点评选	双重差分DID	基准模型：$Y_{it}=a_0+\beta_1 scenery_{it}+\alpha X_{it}+\gamma_t+\mu_i+prov_j\times year_t+\varepsilon_{it}$ 被解释变量：Y_{it}，第i个地级市第t年的旅游经济发展水平，用人均国内旅游收入、人均国内旅游接待人数、人均国外旅游收入、人均国外旅游接待人数、人均国内外旅游总收入和人均国内外旅游接待总人数表征； 核心解释变量：$scenery_{it}$，第i个地级市第t年的所拥有国家级风景名胜区的数量； 控制变量：X_{it}，包括经济发展——人均GDP，对外开放程度——人均外商直接投资，基础设施建设——人均实际固定资产投入、人均电力消费量，服务接待能力——每万人星级酒店数、第三产业发展水平，交通发达程度——地级年末实有道路铺装面积、每万人出租车数、人均公共运营汽（电）车数量，自然环境及人文环境对旅客的吸引力——高等教育普及率、绿化率、绿化率平方项等，其他评选活动——"5A级旅游景区""世界遗产在中国""选美中国""中国优秀旅游城市"； β_1度量了国家级风景名胜区对地区旅游经济发展产生的净效应，γ_t代表时间固定效应，μ_i代表地区固定效应，$prov_j\times year_t$代表省份和时间的联合固定效应。

备注：本表格仅对基准模型和变量的测量做了大致梳理，具体的细节及稳健性、机制分析等相关内容所引申出来的模型还请参阅原文。

在国外的研究中，常见的旅游政策效度评估方法有重要性—绩效分析方法（importance-performance analysis，IPA）、一般均衡模型（computable general equilibrium，CGE）和混合指标模型（hybrid MCDM models，HMM）。其中，Evans（1989）等探讨了IPA在旅游政策的长期绩效评估中的应用及其有效性；Meng 等（2013）则利用 CGE 评估了新加坡旅游政策的动态效度；Liu 等（2012）运用 HMM 对旅游政策效度进行了评价。对比来看，IPA 较为简单，难以精确深入地评估旅游政策效度；CGE 则比较适合一个国家或地区不同旅游政策实施效度的比较分析；HMM 可以量化旅游政策的动力机制，检验不同类型的旅游政策之间的相互依赖程度。

整体来看，国内外学者在旅游政策"力度"和"效度"的量化评估上进行了持续不断地探索和分析，所用方法正趋于多元化，且不同方法开始有机融合，评估的政策领域也在不断拓宽，已经形成了较为丰富的研究成果，为中国旅游政策实效评估提供了重要的参考价值。

二、旅游政策实效的量化分析

（一）旅游政策实效量化方法

本研究中的政策实效指的是政策的"实际的功效"，属于上文中政策效度的范畴。本研究认同夏杰长和裴文靖（2018）的旅游政策实效定义，即旅游政策作用于旅游产业的实际功效或旅游政策达到政策目标的程度。孙金年（1991）将政策实效界定为政策价值，并认为政策的价值在实施政策的时空中产生，具有时空效应。周振华（1991）则将产业政策实效定义为产业政策的经济效应，是产业政策实施后取得的实际效果，但其实际值和预测值会出现背离。综合以上定义和政策效度研究，本研究将旅游政策实效定义为旅游政策实施后，经过评估得出旅游政策作用于旅游产业上的实际效用。

综合已有研究中政策力度和效度的研究方法，本研究中的旅游产业政策实效评估思路主要是在唐晓云（2014）与夏杰长和裴文靖（2018）的研究基础上所形成。第一，收集和分类旅游政策。基于本研究的研究范畴和旅游政策概念界定，考虑到数据的可获得性，本研究从地方旅游政策、地方旅游法规和地方旅游规章三个方面，收集、筛选和整理2001—2012年中国大陆31个省（自治区、直辖市）出台的旅游政策、法规以及章程。总体政策、专项政策以及旅游会议是地方旅游政策的主要内容；地方性法规是以本地区旅游业发展状况为基础而出台的综合性旅游法规；地方性章程是政府为了解决产业发展中出现的问题或是指导旅游业态发展所发布的暂行办法或规定、管理办法或规定、实施细则或方案等。政策资料来源主要为《中国旅游年鉴》（2002—2013）和法律之星数据库。在原始数据的处理方面，对于时效性较短的产业政策，采用时年统计法；时效性较长的旅游法规以及规章则采用累积统计法。第二，测算旅游政策力度。各类政策的力度不同，对产业表现的贡献值也存在差异，产业表现又进而影响旅游政策实效。我们依据旅游法规和部门规章（含条例和标准）、专项政策、总体政策、旅游会议指示分别赋值 0.4、0.3、0.2、0.1。第三，构建政策实效评估方法。因为旅游政策实施过程中尚存在各种难以量化的部分（如文化环境），因此可以从产业政策与产业表现之间的关系来探索政策实效的测量办法，对旅游政策实效进行评估。因此，本研究将产业表现与政策力度相结合，构建出以下政策实效评估方法（公式 5.1）：

$$tpe_{it} = \sum_{}^{N} tps_{itn} \times tr_{it} \quad (i=1, 2\cdots\cdots, 31; \ t=2001, 2002, \cdots\cdots 2012) \quad (5.1)$$

其中，tpe_{it} 表示第 i 个省（自治区、直辖市）在第 t 年的旅游政策总实效（tourism policy effects，tpe），tps_{itn} 表示第 i 个省（自治区、直辖市）在 t 年第 n 项旅游政策的力度（tourism policy strength，tps），依据旅游政策类别分别赋值（同上）；tr_{it} 表示第 i 个省（自治区、直辖市）在 t 年的旅游收入（tourism revenue，tr）（单位：百亿元）；N 表示旅游政策的项数。

（二）旅游政策实效量化结果

图 5-1 显示了 2001—2012 年中国大陆 31 个省（自治区、直辖市）旅游政策实效整体情况。如图 5-1 所示，2001—2012 年中国大陆旅游政策实效整体呈逐年上升的趋势，且上升的速度逐年加快。原因可能在于中国旅游政策出台数量逐年增加和政策扶持力度不断增强，也可能与中国旅游经济发展状况相关。为了更直观了解我国旅游政策实效情况。本部分将进一步对东部地区、东北地区、中部地区和西部地区等四大地区的旅游政策实效情况进行更为详细的分析。考虑到图的清晰度和辨识度，此处仅根据 2001 年、2005 年、2010 年和2012 年各地区的各省份的旅游政策实效进行分析。

1. 东部地区

从图 5-2 中可以看出，2001—2012 年，东部地区各省（直辖市）的旅游政策实效水平呈现出逐年上升的整体趋势。北京市、上海市、江苏省和浙江省等经济发达地区政策实效保持在较高水平，且提升速度快，但存在一定差异。例如，2001 年北京市政策实效最高，江苏省、上海市次之；但是到 2012 年，广东省、上海市、江苏省、浙江省均已超过北京市。其中，2012 年广东省政策实效最高，且在 2001—2012 年的增幅最大，其旅游政策实效呈现高速增长态势；与此同时，上海市、江苏省和浙江省的旅游政策实效也呈现高速提升的态势，但速度低于广东省。在其余省份中，2001—2012 年，山东省和福建省的政策实效保持在中等水平，天津市、河北省、海南省的旅游政策实效水平较低，却都呈现稳步提高的趋势。值得指出的是，海南省是东部地区政策实效最低的省份，政策实效没有达到 100。

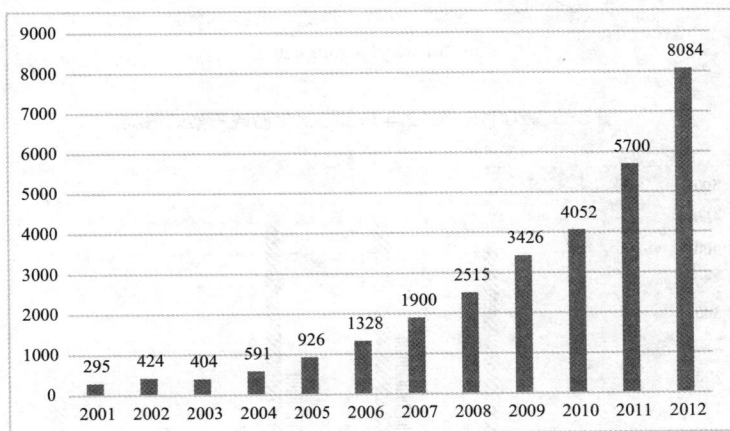

图 5-1 2001—2012 年中国大陆旅游政策实效情况

2. 中部地区

如图 5-3 所示，中部地区各省份的旅游政策实效在 2001 年时相差不大，但是在 2012 年则呈现出明显的高低分化，安徽省、河南省、湖北省远超江西省、湖南省、山西省。

旅游政策实效较高的三省中，湖北省的旅游政策效率最高、河南省次之、再次为安徽省，三省的旅游政策实效在 2001—2012 年呈现快速提高的态势。其中，安徽省表现最为显著，其 2012 年的旅游政策实效突增，为 2011 年的两倍以上，超过了 400，甚至高于东部的一些省份；湖北省则从 2008 年开始，每年都较快增长，并在 2012 年反超河南省；河南省在 2008 年、2009 年、

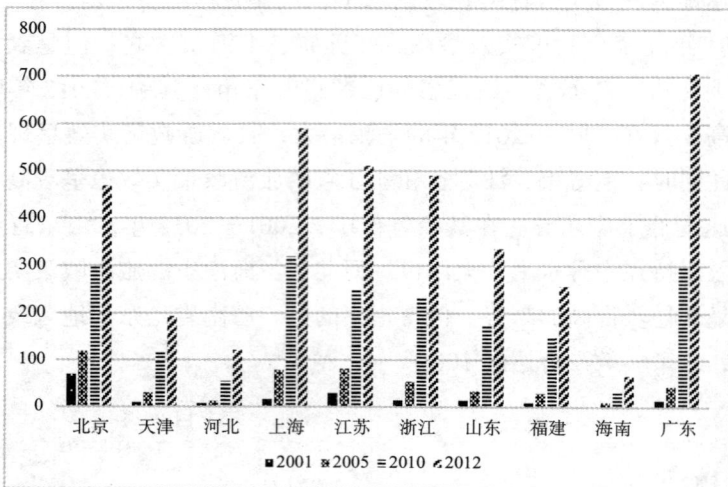

图 5-2　2001—2012 年东部地区旅游政策实效情况

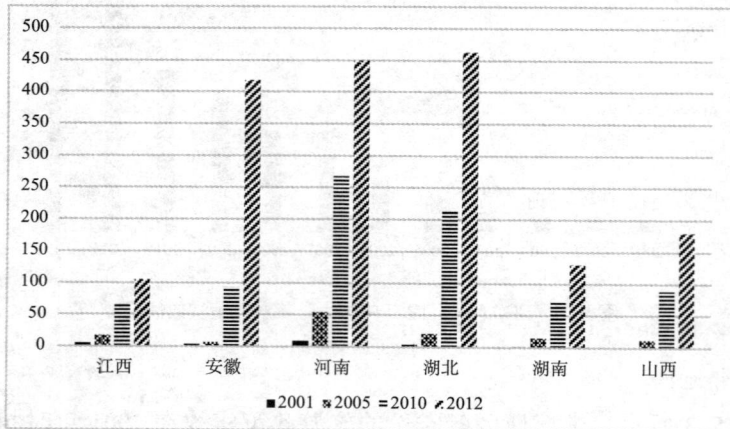

图 5-3　2001—2012 年中部地区旅游政策实效情况

2011 年、2012 年的旅游政策实效有较大提升。中部地区政策实效水平较低的三省中，山西省政策实效最好、湖南省次之、最后为江西省。三个省的旅游政策实效都呈现出稳步缓慢上升趋势。整体上看，中部地区的旅游政策实效均呈上升趋势，但是上升速度存在较大差异，个别省份会跳跃上升，部分省份则为缓慢上升。

3. 西部地区

如图 5-4 所示，除了四川省之外，西部地区的各个省（自治区、直辖市）的旅游政策实效水平较低。其中，四川省的旅游政策实效从 2010 年以来快速提升，其 2012 年的旅游政策远超西部地区其他省（自治区、直辖市），甚至在全国也仅次于广东省和上海市。贵州省、云南省和陕西省的旅游政策实效水平依次递减，处于西部地区的中等水平，在 2011 年之前均呈现相似的增长情况且在 2011 年都有较快增长，但 2012 年贵州省的旅游政策实效增长速度更快，与云南省和陕西省拉开一些距离。内蒙古自治区、广西壮族自治区、重庆市、西藏自治区、甘肃省、青海省、宁夏回族自治区和新疆维吾尔自治区的旅游政策实效水平较低，且增长速度缓慢。其中，西藏自治区的旅游政策实效几乎为零。

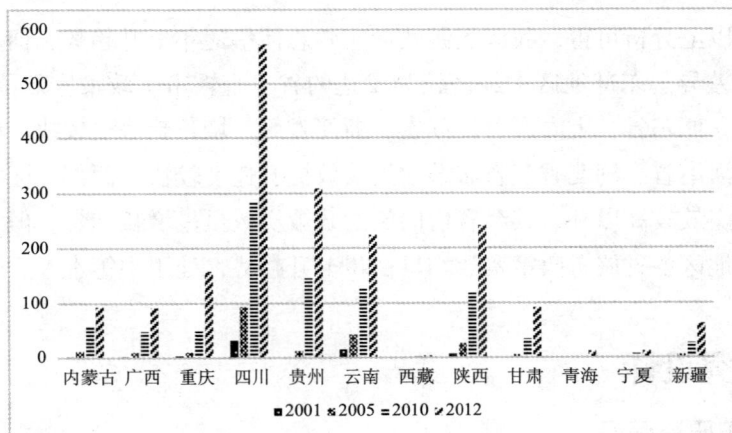

图 5-4　2001—2012 年西部地区旅游政策实效情况

4. 东北地区

如图 5-5 所示，2001—2012 年，东北地区三个省份的旅游政策实效均逐年上升。其中，辽宁省的旅游政策实效水平最高，在 2008 年后远超其他两个省份，且在 2011 年和 2012 年进一步拉大了与吉林省和黑龙江省的差距。吉林省的旅游政策实效水平略高于黑龙江省，但差距不大。吉林省和黑龙江省的旅游政策实效在 2004 年及以前极低，之后逐年平稳上升，但直至 2012 年仍在全国处于中等略微偏下的水平。

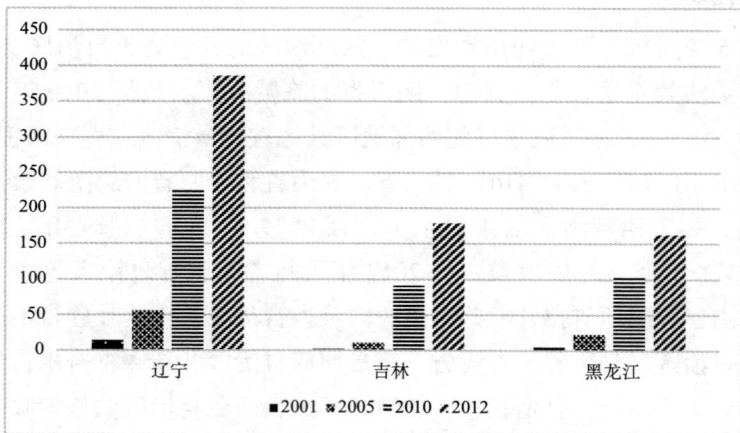

图 5-5　2001—2012 年东北地区旅游政策实效情况

综合以上分析可得，我国旅游政策实效总体呈逐年上升趋势，但是各地区存在较大差异。东部地区中经济较为发达的省（直辖市）政策实效情况较好，如北京市、广东省、上海市、江苏省、浙江省等，增长趋势也较快。中部地区安徽省、河南省、湖北省三省旅游政策实效提升速度较快。西部地区除四川省旅游政策实效较高以外，其余省份的旅游政策实效虽呈增长趋势，但实效水平低。东北地区各省旅游政策实效均呈稳步上升趋势，处于中等水平。

三、研究设计

（一）研究假设

政策能够促进产业资源的优化配置、弥补市场失灵的缺陷，有利于产业结构和经济结构的优化，促进产业实现跨越式发展（刘春济，2015）。因此，政府出台旅游政策，也可以促进旅游资源的优化配置，推动旅游产业结构的优化升级。如第 3 章的机制分析所述，强化旅游政策实效可以通过优化资源配置、完善基础设施、强化发展激励、加强研发创新、规范旅游市场等途径促进旅游产业结构动态优化。提高旅游政策实效的首要前提是旅游政策制定合理和实施得当。若旅游政策制定合理，实施得当，则旅游政策实效高，会促进旅游产业结构动态优化水平的提高；若产业政策制定失误，实施不当，则产业政策实效低，造成旅游产业结构动态优化水平下降，甚至会对旅游产业结构有所损害。但是，由于各地区的经济水平、文化环境、资源分布、基础设施、固定资本、劳动力、技术水平等非政策因子的存在，旅游政策实效与产业结构的动态优化程度也会不可避免地受到影响。另外，各地政府的旅游政策目标和政策内容不同、政策力度不同，地方政府能力效率也不同，因此各地区旅游政策对旅游产业结构优化升级的影响程度也不一样。

基于以上内容，本研究提出以下假设：

H1：旅游政策实效对旅游产业结构优化具有积极影响。

H2：非政策因子对旅游产业结构动态优化可能产生影响。

（二）模型、变量和数据

1. 模型建立

首先，根据研究对象选取合适的模型。旅游政策实效与旅游产业结构动态优化水平均是无法直接测量、难以量化的因素，且在前面两部分的分析中，本研究发现，各地区旅游政策实效与旅游产业结构动态优化程度存在明显的地域差异，具有地区性的"个体效应"。

对于"个体效应"的处理一般有两种模型："固定效应"模型和"随机效应"模型。一般认为，当样本来自较小母体，使用固定效应模型，反之使用随机效应模型更为合适。本研究基于中国大陆31个省（自治区、直辖市）2001—2012年旅游产业政策实效与旅游产业结构动态优化之间的关系，样本来源于较小的母体，适合使用固定效应模型。

为了确保实证分析的科学性和合理性，本研究用豪斯曼检验来进一步确认模型的选取。豪斯曼检验用于检验个体效应与其他解释变量的相关性，是选取固定效应模型还是随机效应模型的依据。固定效应模型无须做个体效应与其他解释变量不相关的原假设。通过分析，豪斯曼统计量的值为21.82，对应概率为0.0013，小于0.05，个体效应与其他解释变量不相关的假设不成立，因此适用于固定效应模型。

为了减少多重共线性，自变量和因变量都选取了对数，建立双对数静态面板固定效应模型，使用STATA12.0软件进行分析。模型如下：

$$lntsa_{it}=a_0+a_1lntpe_{it}+a_2X_{it}+f_i+\varepsilon_{it} \qquad （5.2）$$

如模型所示，旅游产业结构动态优化程度是被解释变量，用旅游产业结构高级化 tsa 表示；旅游产业政策实效 tpe（tourism policy effect，tpe）是核心解释变量；控制变量 X 包括交通基础设施 ti（traffic infrastructure，tri）、旅游劳动力 tlf（tourism labor force，tlf）、科技水平 tel（technology level，tel）和旅游固定资本 ftc（fixed tourism capital，ftc）；其中，α_0 是不随时间改变的影响因素，f_i 是地区固定效应，ε_{it} 是随机误差。

2. 变量选取

之所以选取上述各变量，是因为理论基础和实际经验表明，地方科学技术水平越高，劳动生产率越高（唐清泉和李海威，2011；甘星和刘成昆，2018），这使得劳动生产率高的部门在旅游行业中占据优势，有助于推动旅游产业结构动态优化；交通基础设施是旅游业发展的基础，是旅游者流动的基础，也是产业转移的重要保障，与旅游产业发展相配套的交通基础设施越完善，越能保证旅游产业结构的优化升级（孟铁鑫，2007；张莹和王磊，2015）；夏平华等（2008）指出劳动力作为最重要的生产要素之一，其质量与数量是影响产业结构优化升级的重要因素，也应在旅游产业结构动态优化中起关键作用；地区固定资本投入与旅游产业供需两个方面都具有密切联系，对旅游产业的长期发展至关重要，也对旅游产业结构的动态优化具有重要影响。

3. 数据来源及处理

交通基础设施是指为了经济发展，政府提供运输服务的公共物品，包括运输路线、交通服务系统、运输场和附属设施（赵鹏，2017）。基于我国交通设施构成和数据的可获得性，我们将交通基础设施分为铁路、公路和城市交通，同时用铁路密度网、公路密度网来表示铁路、公路建设水平，用万人所占公共交通数量和人均城市道路面积来表示城市交通水平。其中，铁路网密度和公路网密度分别用铁路里程、公路里程所占省际区域面积比例来测算（Demurger，2014）。数据来源于《中国统计年鉴》（2002—2013）和《中国交通年鉴》（2002—2013）。值得指出的是，交通基础设施由四个指标所构成，每个指标均是不同量纲，为了数据可对比性，我们对每个指标进行了标准化处理，并使用算术平均法将单项指标合成总指标。

在其余变量中，劳动力是指旅游业劳动从业人员数量，数据来源于《中国旅游统计年鉴》（2002—2013）；技术水平指技术市场交易额，数据来源于《中国统计年鉴》（2002—2013）；固定资本由旅游固定资产转化而得（孙盼盼和夏杰长，2014），数据来源于《中国旅游统计年鉴》（2002—2013）。

具体数据的统计描述见表5-3：

表5-3 变量数据统计描述情况（取对数之后）

变量	变量名称	均值	最大值	最小值	标准差
tsa	旅游产业结构动态优化	−0.617	1.178	−3.868	0.648
tpe	旅游产业政策实效	3.232	6.559	−4.854	1.906
tri	交通基础设施	3.370	4.574	1.963	0.552
tlf	劳动力	10.898	13.329	7.644	0.913
tel	科技水平	3.096	7.807	−2.813	1.656
ftc	固定资本	15.776	18.286	10.974	1.248

四、实证结果分析

利用上述方法进行模型回归，回归结果列示于表 5-4。

由表 5-4 的参数估计结果可知：

第一，旅游产业结构动态优化与旅游政策实效呈正相关关系，并且在 1% 的显著水平上通过检验。说明中国旅游政策实效每上升 1%，就会促进旅游产业结构动态优化水平上升 0.266%；若旅游政策实效每下降 1%，则造成旅游产业结构动态优化下降 0.266%。因此，该结果验证了本研究的假设 H1，即旅游政策实效对旅游产业结构的动态优化具有积极影响。其潜在的含义是，中国旅游政策的制定具有一定的科学性，实施方面也具有一定的适当性，因此可以促进中国旅游产业结构的动态优化发展。

第二，旅游产业结构动态优化与交通基础设施呈正相关关系，在 10% 的显著水平上通过检验。即交通基础设施每提高 1%，旅游产业结构动态优化上升 0.177%；交通基础设施每下降 1%，旅游产业结构动态优化水平下降 0.177%。这一方面证实了交通基础设施对旅游产业结构动态优化的重要性，另一方面也预示着良好的基础设施建设水平，可以为旅游产业结构的优化升级提供坚实的保障。

第三，旅游产业结构动态优化与劳动力呈显著的负相关关系，且在1%的显著水平上通过检验。说明劳动力数量每上升1%，旅游产业结构动态优化水平下降0.317%；劳动力数量每下降1%，旅游产业结构动态优化水平则上升0.317%。可能的解释是，中国旅游业虽然是一个综合性产业，涉及多个部门，但目前仍然以酒店、旅游景区和旅行社等传统的劳动力密集型部门居多，阻碍了旅游产业结构的动态优化水平的提高。因此，中国旅游业在未来需进一步提高新业态的比例，优化劳动力配置，以推进旅游产业结构的优化升级。

表5-4　参数估计结果

变量	变量名称	系数	标准误差
tpe	旅游产业政策实效	0.266***	0.027
tri	交通基础设施	0.177*	0.082
tlf	劳动力	−0.317***	0.048
tel	科技水平	−0.021	0.024
ftc	固定资本	0.078	0.059
C	常数	0.105	0.710

注：*、**、***分别表示在10%、5%、1%的显著水平上显著。

第四，旅游产业结构动态优化与科技水平两者之间的关系没有通过显著水平的检验，仍待进一步探究。在关于技术水平与产业结构优化的研究中，龚唯平和赵今朝（2010）指明，技术进步是一个渐进的过程，不能排除某个时期、某个行业技术进步停滞；而且，与发达国家进行比较，我国在某些领域的技术发展也存在进步速度较慢甚至停滞不前的现象。因此，一段时期内的技术进步与旅游产业结构动态优化水平相关性弱甚至没有关系，具有一定合理性。

第五，旅游产业结构动态优化与固定资本呈正相关关系。从系数上看，固定资本每增加1%，旅游产业结构动态优化则增加0.078%；固定资本每减少1%，旅游产业结构动态优化水平下降0.078%。但是，两者之间的关系没有通过显著水平的检测，说明旅游固定资本数量尚未对旅游产业结构动态优化产生影响。进一步推测，这背后的原因或许依旧在于传统部门在旅游产业中的占比高，导致旅游固定资本集中在传统部门，不能有效促进旅游产业结构动态优化。

综上所述，以上结果基本证实了本研究的理论假设：旅游产业政策对旅游产业结构有积极的影响，非政策因子（交通基础设施、劳动力）对旅游产业结构动态优化具有影响。因此，旅游产业结构动态优化的过程也是政策和非政策因素共同推动旅游产业结构优化升级的过程。

五、研究结论

本章采用理论分析和实证分析相结合的方法，结合我国旅游业发展现状，在整理相关研究、阐述核心概念的基础之上，借鉴前人研究方法测度了旅游政策实效；其后建立静态固定效应面板模型分析了旅游政策实效与旅游产业结构动态优化的关系，最终得出以下结论：

第一，我国旅游政策实效总体呈逐年上升的趋势，但是各地区、各省份旅游政策实效的差异较大，表现为经济水平较高的省（自治区、直辖市），其旅游政策实效也较高。具体表现为，东部地区的旅游政策实效最高，其次是中部地区，再次是东北地区，最后是西部地区。此外，同一地区内的旅游政策实效水平也存在不同省（自治区、直辖市）之间存在显著差异，尤以西部地区的内部差异明显，未来要注重旅游政策实效的协同提升。

第二，面板模型估计结果显示，旅游政策实效与旅游产业结构动态优化水平存在显著的正相关关系，且相关程度高。说明旅游政策实效越高，越有助于推动旅游产业结构优化升级。因此，地方政府需要更加注意旅游政策的科学设计和合理实施，以保证旅游政策在资源配置、基础设施建设、技术水平、财税支持和旅游市场规范等方面的积极作用，进而保障旅游政策实效水平的显著提升，以促进旅游产业结构动态优化。

第三，旅游产业结构动态优化也受到一些非政策因素的影响，如交通基础设施、劳动力要素等因素分别对旅游产业结构动态优化具有一定影响。这说明，旅游产业结构的动态优化不仅要注重政策因素的影响，还要重视非政策因素的影响。结合旅游政策实效对旅游产业结构动态优化的作用机制，该研究发现也启示我们要更加注重旅游政策与非政策因素的综合实效，进而更好地促进旅游产业结构优化。然而，本章并没有将旅游政策与上述非政策的交互项纳入计量模型，尚不能找出提升旅游政策与非政策因素综合实效的路径。

第6章
地方财政分权与
旅游产业结构动态优化

改革开放以来，中国地方政府在区域旅游发展中扮演了重要角色。地方政府往往通过制定产业政策、出台法律法规、稳定和引导市场发展、建设基础设施、提供公共产品及服务、塑造旅游目的地形象等行为促进旅游产业集聚（贾强，2011）。而在地方政府上述行为的背后，是20世纪90年代以来中央大力推进的财政体制改革。财政体制改革扩大了地方政府的权限，增强了地方政府在地方经济建设中的积极性。由此产生的"财政分权化"效果也表现在地方政府的财力增强和财政自主程度提高，可以通过征地用地、新建开发区、招商引资、提供生产补贴和税收优惠等方式促进产业集聚和经济增长（王文剑和覃成林，2008）。

当今世界，大多数经济高速发展的地区都是产业集聚现象比较明显的地区。产业集聚有利于生产要素的集中，形成知识溢出效应，能够在一定程度上推动产业发展。旅游产业集聚现象不断形成的过程，也是旅游产业要素改变流动和旅游产业结构不断变迁的过程（魏敏，2021）。旅游产业集聚是旅游产业结构动态优化的重要影响因素之一（刘佳和赵金金，2013）。因此，地方政府财政分权程度也可能通过旅游产业集聚对旅游产业结构的动态优化产生一定的影响。然而，既有研究尚未关注到地方财政分权、旅游产业集聚和旅游产业结构动态优化之间的关系。地方政府财政分权是否可以促进旅游产业结构动态优化，是否可以通过促进旅游产业集聚进而促进旅游产业结构动态优化？这过程中的递进机制是怎样的？既有研究尚未给出答案。

研究地方财政分权、旅游产业集聚和旅游产业结构优化之间的关系，具有重要的理论意义和实践意义。首先，本研究基于相关理论，探究地方财政分权、旅游产业集聚与旅游产业结构动态优化之间的因果机制，丰富了政府行为、旅游产业集聚和旅游产业结构的理论研究；其次，产业集聚作为促进区域经济发展的重要举措，取得了一定的效果。将产业集聚的理论应用于地方财政分权对旅游产业结构动态优化的影响研究中，扩展和延伸了产业集聚理论，也为旅游产业结构优化研究提供了一种新思路；最后，旅游产业集聚已经成为旅游业发展的一种趋势，是旅游产业发展的一种重要形态，对其在地方财政分权与旅游产业结构动态优化的因果关系中的效应进行研究，有助于实现旅游产业要素的合理空间配置，为加快中国旅游产业结构动态优化提供一定的借鉴与启示。

本研究判断地方政府财政分权、旅游产业集聚与旅游产业结构优化之间必然存在着一定关系。在研究结构上，本部分将遵循层层递进的思路，围绕着概念界定、文献综述、理论分析、旅游产业集聚程度测算、地方财政分权对旅游产业集聚的影响、旅游产业集聚对旅游产业结构优化的影响等问题，采用理论分析结合实际数据的整体思路，先后测算我国各省市地方政府财政分权程度、旅游产业集聚程度，进而建立模型，得出地方政府财政分权如何通过旅游产业集聚促进旅游产业结构动态优化。

一、研究进展与研究假设

（一）地方财政分权与旅游产业结构升级

地方财政分权与产业结构升级之间存在着必然的联系。首先，我国分权制度的格局以及特征决定了地方政府可以通过财税政策影响地方的产业发展策略及重点发展方向，进而影响地方产业结构（杨志安和李梦涵，2019）。其次，财政分权能够直接或间接地影响产业内部各种生产要素的流动（吕健，2014），进而通过技术进步效应、人力资本积累效应等途径对产业结构产生直接或间接的传导效应（杨志安和李梦涵，2019）。

但是，地方财政分权对产业结构的影响因分析视角不同而不同。一方面，既有研究认为财政分权可能导致政府盲目竞争、投资偏向和不适当干预（周光亮，2012；褚敏和靳涛，2013），进而导致投资效率不高，从而不利于产业结构的优化升级（张璇等，2018）。另一方面，既有研究肯定财政分权对产业结构优化升级的影响，但收入和支出两个视角下的财政分权的产业结构升级效应具有非对称性，且存在区域差异性（崔志坤和李菁菁；2015；刘建民和胡小梅，2017；江三良和胡安琪，2018；杨志安和李梦涵，2019）。

目前，尚未有学者对地方财政分权与旅游产业结构动态优化之间关系做出研究。基于以上观点，本研究认为地方财政分权是决定地方政府行为决策的主要因素，对旅游产业结构优化的影响显而易见，但该影响因不同研究视角而存在异质性。一是地方纷纷把旅游产业作为拉动经济发展的战略性支柱产业，不断增强财政支持力度，重组各类旅游资源，直接影响旅游产业结构优化；二是地方政府支持其他产业发展，对旅游产业发展可能有"挤出效应"，从而不利于旅游产业结构优化。当然，财政分权对旅游产业结构优化的影响或具有异质性。

（二）地方财政分权与旅游产业集聚

旅游产业集聚的形成与变迁一直是学术研究焦点之一。王兆峰（2009）通过对旅游集聚度的测算，发现旅游产业集聚形成条件为自然资源、文化要素、市场供需条件、行业制度、产业政策以及政府服务。温兴琦（2009）认为旅游产业集聚的发展需要旅游资源、地理位置和交通条件、市场条件、政府扶植、旅游企业和旅游人才等要素支持，并进一步归纳出旅游产业集聚形成的动力机制：旅游企业追求利益最大化、需求拉动、产业链驱动和政策驱动。总而言之，旅游产业集聚的形成需要多方面的支撑条件和要素，其演化机理复杂，离不开政府的干预力量。然而，截至目前，尚未有研究对地方财政分权与旅游产业集聚的相互关系做出分析。对于二者关系的判断，可从已有的地方财政分权对产业集聚影响的研究中得到一些线索。

对于地方财政分权与产业集聚的关系，既有研究尚存在争议。一方面，由于地方财政分权程度的提高，地方政府有权保护地区内产业发展，倾向于通过具有保护性的产业政策来促进地区内产业集聚发展（贾鲜，2019）。另一方面，财政分权或可导致激烈的区域竞争，地方政府具有强烈的地方保护主义倾向和产业发展战略的模仿行为，在一定程度上导致重复建设、产业结构趋同和产业分散布局，不利于产业集聚（Bai 等，2004；白重恩等，2004；Poncet，2005；贾鲜，2019）。目前，既有研究（路江涌和陶志刚，2007；殷德生和唐海燕，

2007；文东伟和冼国明，2014）基本证实了财政分权所导致的地方政府保护不利于制造业或工业集聚。然而，财政分权是否对服务业集聚和旅游业集聚具有影响及影响如何，尚不得知。

基于以上研究发现，本研究认为财政分权与旅游产业集聚之间存有一定的交互作用。一方面，旅游业与各产业有着千丝万缕的关系，其集聚的形成与变迁必然涉及自然资源、文化要素、市场供需、区位交通、产业扶持政策等各种支撑条件和要素。由于政府支持旅游业发展，政府扶持与这些支撑条件和要素息息相关，而财政分权恰恰决定着政府的扶持力量。因此，财政分权会直接影响旅游产业集聚。另一方面，伴随旅游产业集聚程度的提高，旅游产业的进一步发展需要地方政府给予更多的财政政策扶持及法制管理、环境治理等保障，这会倒逼财政分权的变化。因此，旅游产业集聚对财政分权也具有一定影响。在此交互作用下，财政分权增强和旅游产业集聚提升或有助于强化二者对旅游产业结构优化的积极作用，但也或受制于环境容量超载、环境污染等一些负外部效应而使积极作用下降。

（三）旅游产业集聚与旅游产业结构

旅游产业集聚与其结构优化有着天然的密切关系。旅游产业集聚有利于形成市场规模效应、范围经济，竞争效应、品牌效应、产业政策和制度的协调效应，有助于提升旅游目的地品牌形象，促进技术创新的知识溢出效应，为旅游产业创造全新的业态和发展模式，是旅游经济空间发展的必然过程，也是提高旅游生产率和提升区域旅游竞争力的重要动能。因此，通过旅游资源合理配置和旅游产业集聚推进结构优化升级尤为重要。国内外学者通过实证研究发现，旅游产业集聚能够推动旅游产业结构优化。Nordin（2003）指出旅游产业集聚是促进旅游产业发展的重要手段。Jackson（2005）通过实证研究中国西部区域旅游集聚情况，认为区域旅游集聚能够促进旅游产业结构优化。陈绍友（2006）认为产业集聚是提升区域旅游竞争力的客观要求和旅游经济空间发展的必然过程。王兆峰和杨卫书（2008）通过构建旅游产业结构变迁过程的演化模型，认为旅游产业集聚是旅游产业结构优化的重要路径。唐辉亮（2015）认为旅游产业集聚通过创新效应、市场和品牌效应、政策和制度效应推动旅游产业转型升级。基于以上研究，本研究认同旅游产业集聚与旅游产业结构动态优化之间存在着必然联系，而且是正相关关系。

　　尽管地方财政分权与产业结构和产业集聚，以及与旅游产业集聚和旅游产业结构优化的研究均已引起学术界广泛关注，但将地方财政分权、旅游产业集聚、旅游产业结构优化等三者结合在一起的研究数量较少，目前关于三者之间的研究还有许多薄弱之处。对于旅游产业集聚的研究大多集中于旅游业的经济增长和竞争力提升中，关于旅游产业集聚与旅游产业结构优化之间的作用机制以及相关关系主要以理论分析为主，实证分析较少。因此，本部分利用静态面板数据建立回归模型，对地方财政分权、旅游产业结构优化与旅游产业集聚之间的相关性进行实证分析，对丰富地方财政分权、旅游产业集聚和旅游产业结构优化理论研究具有非常重要的意义。本部分的研究发现将为改善地方政府行为、发挥旅游产业集聚的规模和成本优势，以及促进旅游产业结构优化的实践提供一定的理论指导。

二、研究设计

（一）模型构建与估计方法

　　参考现有关于旅游产业结构的文献，本研究设定如下的双对数面板数据回归模型来识别地方财政分权和旅游产业集聚对旅游产业结构的影响：

$$lntsa_{it}=\alpha_0+a_1llnfrd_{it}+a_2lnX_{it}+f_i+\varepsilon_{it} \qquad （6.1）$$

$$lntsa_{it}=\beta_0+\beta_1llnfrd_{it}+\beta_2lnX_{it}+f_i+\varepsilon_{it} \qquad （6.2）$$

$$lntsa_{it}=a_0+a_1llnfrd_{it}+a_2lntc_{it}+a_3llnfrd_{it}\times lntc_{it}+a_4lnX_{it}+f_i+\varepsilon_{it} \qquad （6.3）$$

$$lntsa_{it}=\beta_0+\beta_1llnfrd_{it}+\beta_2lntc_{it}+a_3llnfrd_{it}\times lntc_{it}+\beta_4lnX_{it}+f_i+\varepsilon_{it} \qquad （6.4）$$

　　其中，$lntsa$ 为旅游产业结构优化程度的对数；$llnfrd$ 和 $llnfed$ 分别为地方财政收入分权程度和支出分权程度的一阶级滞后，可以避免当期变量之间的高度相关性，又可以体现出财政分权对旅游产业结构的滞后影响；$lntc$ 为产业集聚；lnX 为控制变量；f_i 是地区固定效应，ε_{it} 是随机误差。本部分首先通过回归模型（6.1）、（6.2）检验地方财政收入分权和地方财政支出分权对旅游产业结构优化程度的平均效应，然后分别加入旅游产业集聚变量及其与地方财政收入分权、支出分权的交互项，建立模型（6.3）和（6.4）以捕捉二者的交互效应。考虑到模型存在的内生性，本部分先通过对各个模型进行内生性检验，再通过豪斯曼检验以确定回归方法。

（二）变量选取与衡量指标

1. 旅游产业结构动态优化

本部分的因变量为旅游产业结构动态优化程度的对数，其具体含义和计算方法在本研究第 4 章已有详述，在此不再赘述。

2. 地方财政分权

财政分权主要指中央政府给予地方政府一定的税收权，同时划分出地方政府支出的责任范围，允许地方政府自主地决定其预算的支出规模和结构，从而使地方政府具有一定的财政自主权（马晓彩，2014）。现有文献中关于地方财政分权的衡量指标较为多样化，主要分为单一指标和复合指标两大类（郑培，2014）。单一指标中，较为常见的指标是地方财政收入（支出）占全国（或中央）财政收入（支出）的比重，该指标由 Oates（1985）提出，后为 Davoodi 和 zou（1998）、周业安和章泉（2008）等多项研究使用，然而该指标的问题在于中央政府总支出相同的情况下，财政分权度就完全取决于一省的支出水平。而一省的财政支出水平又与其人口和经济规模相关。因此，该指标并不能反映出真实的地方财政分权程度。之后，有学者提出采用省级政府在预算收入中保留的平均份额来衡量地方财政分权，但该衡量指标却无法体现出自 20 世纪 80 年代以来中央—地方财政关系所经历的巨大变化，而且采用平均分成率也无法反映省级地方政府行为（林毅夫和刘志强，2000）。因此，林毅夫和刘志强（2000）采用省级政府在本省预算收入中的边际分成率来衡量财政分权度，即利用省级政府在财政收入增加额中所分的比重来衡量财政分权程度。复合指标主要是由多角度多维度的指标构成。Weingast（1995）从财政收支、工业产出、政府政权三个维度构建了衡量财政分权的指标。张晏和龚六堂（2005）将各类转移支付和预算外资金的情况纳入指标体系之中，分别构建了预算内财政收入、预算内财政支出、扣除净转移支付的财政支付及预算内外财政总收支 4 类指标。郑培（2014）从人均预算收入、人均预算支出、人均预算外收入、人均预算外支出方面构建了 4 个指标来反映中国财政分权程度。

综合以上分析以及近期研究（崔志坤和李菁菁，2015；江三良和胡安琪，2018；杨志安和李梦涵，2019），本研究借鉴杨志安和李梦涵（2019）的做法，从财政收入和财政支出两个维度构建指标，以期准确测度地方财政分权程度。财政收入分权（fiscal revenue decentralization，frd）和财政支出分权（fiscal expenditure decentralization，fed）的测算公式如下：

$$frd_{it} = \frac{pfr_{it}}{pfr_{it} + pfr_t} \times \left(1 - \frac{GDP_{it}}{GDP_t}\right) \qquad (6.5)$$

$$fed_{it} = \frac{pfe_{it}}{pfe_{it} + pfe_{it}} \times \left(1 - \frac{GDP_{it}}{GDP_t}\right) \qquad (6.6)$$

上述公式中，frd_{it} 和 fed_{it} 分别指第 t 年第 i 个省份的地方财政收入分权程度和财政支出分权程度，pfr_{it}、pfe_{it}、GDP_{it} 分别指第 t 年第 i 个省份的人均财政收入（percapita fiscal revenue，pfr）、人均财政支出（percapita fiscal expenditure，pfe）、国内生产总值，pfr_t、pfe_t、GDP_t 分别指第 t 年全国人均财政收入、人均财政支出、国内生产总值。$1 - \frac{GDP_{it}}{GDP_t}$ 为经济规模缩减因子，可以消除人口和经济因素的影响。

3. 旅游产业集聚

旅游产业集聚的概念源自产业集聚概念。波特在《国家竞争优势》中提出，产业集聚意指在一国或某一特殊区域下的某一特定领域之内，相关产业的各种环节之间紧密结合的现象。在此基础上，Cluster Consertium（1999）提出旅游产业集聚是指集聚在同一特定地理区域内的并建立一定数量的旅游企业、旅游相关企业和组织，以旅游核心吸引物为基础，为了提高集体的竞争力而建立密切联系和相互合作的现象。之后，庄军和赖华东（2004）、王兆峰（2006）、温兴琦（2009）和贾强（2011）均提出类似观点。温兴琦（2009）进一步指出旅游产业集聚不同于制造业产业集聚的三个突出特征：第一，旅游产业集聚规模受制于当地旅游资源禀赋和规模，但会伴随旅游资源的开发而扩大；第二，旅游产业集聚生态的演化动力主要取决于旅游者的选择和旅游活动；第三，旅游产业集聚的长远发展依赖于集聚的经营管理水平。

旅游产业集聚的常用度量指标有空间基尼系数、区位熵、行业集中度、空间集聚指数等，这些指标各有优劣。本研究选用区位熵指数（location entropy index，lei）作为旅游产业集聚的测量指标。区位熵指数不仅能够全面反映区域产业要素的空间分布情况和区域产业的发展强度，又能直观反映区域产业发展水平空间格局的时空演变特征以及产业集聚程度对于高层次平均水平的差异，被国内外研究广为采纳（马国强，2019）。计算公式为：

$$lei_{it} = \frac{ttr_{it}}{ttr_t} \div \frac{GDP_{it}}{GDP_t} \qquad (6.7)$$

其中 ttr_{it} 和 GDP_{it} 分别为第 i 地区第 t 年旅游总收入（total tourism revenue，ttr）和国内生产总值，ttr_t 和 GDP_t 为第 t 年全国旅游总收入和国内生产总值。lei 值大于 1，表示该省旅游产业集聚趋势明显，值越大说明集聚水平越高。

4.控制变量

根据既有研究，本部分选取交通基础设施（transport infrastructure，tri）、旅游劳动力（tourism labor force，tlf）、科技水平（technological level，tel）、旅游固定资本（fixed tourism capital，ftc）等变量的对数作为控制变量。其中，交通基础设施以每万人拥有的公共交通数、人均城市道路面积、铁路网密度、公路网密度为指标，经指数合成处理来测度各省市的交通基础设施水平；旅游固定资本指标来源于旅游固定资产，即以旅游饭店、旅行社、旅游景点的固定资产原值作为衡量旅游业的资本要素；旅游业劳动力采用饭店、旅行社及旅游景点从业人员总数；科技水平以技术市场交易额为衡量指标。

表6-1　各变量的数据统计描述

变量	变量名称	均值	最大值	最小值	标准差
lntsa	旅游产业结构动态优化	−0.612	1.178	−3.868	0.652
lnfrd	地方财政收入分权	0.409	1.465	0.163	0.263
lnfed	地方财政支出分权	0.660	1.538	0.307	0.259
lntc	旅游产业集聚程度	−0.107	1.240	−1.647	0.453
lntri	交通基础设施	3.434	4.574	1.730	0.578

变量	变量名称	均值	最大值	最小值	标准差
$lntlf$	旅游劳动力	10.90	13.33	7.644	0.920
$lntel$	旅游科技水平	3.299	8.147	−2.813	1.733
$lnftc$	旅游固定资本	15.85	18.41	9.628	1.306

（三）数据来源和处理

本研究的数据来源于 2001—2016 年《中国旅游统计年鉴》《中国统计年鉴》《中国交通年鉴》和中华人民共和国统计局。各变量的数据统计描述列于表 6–1。

三、实证结果分析

（一）地方财政分权对旅游产业结构动态优化的影响

为准确检验二者之间的关系，本部分先通过传统 Hausman 检验方法和 Durbin–Wu–Hausman 检验方法，分别检验同方差和异方差情况下的模型（6.1）和模型（6.2）中变量的内生性状况。结果显示，P 值（0.0620、0.0602、0.0619；0.5038、0.5009、0.5044）均不显著，接受原假设，即所有解释变量均为外生，不存在内生变量。在此前提之下，本部分通过豪斯曼检验方法对面板数据的固定效应（fixed effects，FE）和随机效应（random effects，RE）回归结果进行检验，发现模型（6.1）的 P 值（0.0205）显著，拒绝"存在随机效应"的原假设，应选择固定效应回归方法来估计地方财政收入分权对旅游产业结构动态优化的影响；模型（6.2）的 P 值（0.1122）不显著，接受"存在随机效应"的原假设，应选择随机效应回归方法来估计地方财政支出分权对旅游产业结构动态优化的影响，结果列示于表 6–2。为对比回归结果以加强分析的可靠性，本部分也将模型（6.2）的随机效应极大似然估计（maximum likelihood estimation，MLE）回归结果一同列示。

表 6–2 中（1）列为模型（6.1）的固定效应回归结果，（2）和（3）列分别为模型（6.2）的随机效应广义最小二乘法（generalized least square，GLS）回归、随机效应极大似然估计（maximum likelihood estimation，MLE）结果。结果显示，地方财政收入分权的回归系数为正，但不显著，表明地方财政收入

分权对旅游产业结构的动态优化未能产生影响；地方财政支出分权的 GLS 回归系数和 MLE 回归系数均显著为正，表明地方财政支出分权可以促进旅游产业结构的动态优化，地方财政支出分权越高，旅游产业结构的优化程度就越高。以上结果也说明地方财政收入分权和支出分权对旅游产业结构动态优化具有不同的作用。

表6-2　地方财政分权对旅游产业结构动态优化的影响

变量	（1） FE	（2） RE	（3） MLE
llnfrd 地方财政收入分权	0.172 （0.232）		
llnfed 地方财政支出分权		0.320** （0.132）	0.316** （0.135）
lntri 交通基础设施	0.459*** （0.079）	0.402*** （0.061）	0.406*** （0.062）
lntlf 旅游业劳动力	−0.344*** （0.048）	−0.377*** （0.039）	−0.375*** （0.040）
lntel 技术创新水平	0.053** （0.021）	0.037** （0.017）	0.038** （0.018）
lnftc 固定资本	0.399*** （0.048）	0.420*** （0.037）	0.419*** （0.037）
Constant	−5.018*** （0.570）	−4.875*** （0.405）	−4.875*** （0.410）
Observations	450	450	450
R−squared	0.744	/	/
地区效应	控制	未控制	未控制

注：（1）*、**、***分别表示在10%、5%、1%的显著水平上显著；（2）括号中为标准误。

从控制变量来看，旅游业劳动力的回归系数显著为负，说明旅游业劳动力越多，旅游产业结构的优化程度就越低。目前，中国旅游产业依然属于劳动力密集型产业，其就业门槛低，就业范围广，人员流失率高，旅游业全员劳动生产率较低。中国旅游经济是在旅游从业人员为廉价低质劳动力基础上高速增长，尚未充分发挥劳动力要素的贡献。因此，旅游业劳动力人数对旅游产业结构优化呈现出负向影响。

交通基础设施、技术创新、固定资本的回归系数均显著为正，说明交通基础设施状况越好，技术创新水平越高，固定资本越多，旅游产业结构的优化程度就越高。理论和现实也为此结果提供了证据。首先，现代旅游以现代交通为基础，完善的现代化道路交通基础设施，对解决游客空间转移、提升旅游资源吸引力和促进旅游产业结构优化发挥着重要作用。王兆峰（2009）利用相关系数分析张家界旅游交通设施对旅游产业结构的影响，发现提高旅游交通管理水平能够促进产业结构优化。其次，旅游业科技水平的提高，有利于传统旅游产业的改造，促进旅游产业的融合发展，催生旅游产业新业态，最终推动旅游产业结构的优化。杨琴和王兆峰（2009）通过构建旅游产业结构优化的技术创新模型，证实技术进步能够刺激需求结构和供求结构，使得旅游劳动生产率提高（夏杰长和裴文靖，2018），从而推动旅游产业结构升级优化。最后，旅游业的资金周转速度与积累速度快、获利性高，旅游固定资本的增加有助于扩大再生产，使旅游劳动生产率提高，从而促进旅游产业结构的动态优化发展。郭栩东和武春友（2011）研究证实资本供给的增加会提高劳动力的报酬，进而有助于劳动生产率的提高。

（二）旅游产业集聚与地方财政分权对旅游产业结构动态优化的影响

表6-3报告了旅游产业集聚与地方财政分权互补效应的回归结果。出于稳健性考虑，本部分同时报告了固定效应FE回归、随机效应GLS回归和随机效应MLE三种结果。

（1）~（3）列回归结果显示，地方财政收入分权对旅游产业结构优化程度的回归系数均为正，但在固定效应回归中表现不显著。与此同时，旅游产业集聚对旅游产业结构优化程度的回归系数也表现出类似规律。这主要是由于估计方法不同而造成的。在此，根据豪斯曼检验结果，我们选择随机效应回归结果来解释。结合（2）和（3），由于地方财政收入分权和旅游产业集聚的系数均显著，本研究认为纳入交互项之后，财政收入分权不仅对旅游产业结构动态优化具有直接促进作用，还可以通过促进旅游产业集聚进而促进旅游产业结构动态优化。然而，交互项系数显著为负，这意味着随着旅游产业集聚水平的提高，旅游产业集聚程度会减弱地方财政收入分权对旅游产业结构动态优化的促进作用。对此回归结果的可能性解释是，伴随旅游产业集聚程度的提高，财政收入分权会导致生态环境遭受污染（肖超和肖挺，2019），进而限制旅游产业结构的动态优化。

（4）~（6）列回归结果显示，地方财政支出分权和旅游产业集聚的系数均显著，说明财政支出分权不仅可以直接促进旅游产业结构动态优化，还可以通过促进旅游产业集聚进而推动旅游产业结构动态优化。然而，交互项系数显著为负，这意味着随着旅游产业集聚水平的提高，旅游产业集聚程度会减弱地方财政支出分权对旅游产业结构动态优化的促进作用。对此回归结果的可能性解释与上文原因类似，即旅游产业集聚程度提高的背后，往往是财政分权程度的增强，因而会导致生态环境遭受污染，从而对旅游产业结构动态优化具有一定的限制作用。

表6-3 旅游产业集聚与地方财政分权对旅游产业结构动态优化的回归结果

变量	（1）FE	（2）RE	（3）MLE	（4）FE	（5）RE	（6）MLE
llnfrd 地方财政收入分权	0.758 （0.447）	0.660*** （0.189）	0.669*** （0.169）			
llnfed 地方财政支出分权				0.844** （0.403）	0.634*** （0.143）	0.637*** （0.139）
lntc 旅游产业集聚	0.340 （0.201）	0.357** （0.165）	0.356*** （0.094）	0.644** （0.294）	0.634*** （0.205）	0.623*** （0.128）
c.*llnfrd*#c.*lntc* 交互项1	−0.959*** （0.294）	−0.893*** （0.254）	−0.911*** （0.174）			
c.*llnfed*#c.*lntc* 交互项2				−1.153*** （0.383）	−0.951*** （0.242）	−0.955*** （0.167）
lntri 交通基础设施	0.485*** （0.112）	0.417*** （0.089）	0.434*** （0.061）	0.525*** （0.097）	0.384*** （0.086）	0.396*** （0.060）
lntlf 旅游劳动力	−0.327*** （0.070）	−0.376*** （0.056）	−0.366*** （0.040）	−0.328*** （0.069）	−0.298*** （0.051）	−0.299*** （0.040）

变量	（1）FE	（2）RE	（3）MLE	（4）FE	（5）RE	（6）MLE
lntel 技术创新水平	0.024 （0.036）	0.020 （0.024）	0.020 （0.018）	0.027 （0.032）	0.031 （0.023）	0.031* （0.017）
lnftc 旅游固定资本	0.362*** （0.068）	0.396*** （0.053）	0.389*** （0.038）	0.295*** （0.067）	0.369*** （0.049）	0.365*** （0.037）
Constant	−4.800*** （1.005）	−4.505*** （0.819）	−4.573*** （0.424）	−4.103*** （1.023）	−5.000*** （0.710）	−4.966*** （0.405）
R−squared	0.759	/	/	0.762	/	/
地区效应	YES	/	/	YES	/	/

注：（1）*、**、***分别表示在10%、5%、1%的显著水平上显著；（2）括号中为标准误。

综观（1）~（6）列中各个控制变量的回归系数，除了技术创新之外，其余变量的回归系数及其显著性均与原来一致。技术创新的回归系数依然为正，但不再表现为统计学显著，其直接原因是旅游产业集聚及其和地方财政分权交互项的纳入，可能的根本原因还有待进一步分析。

四、研究结论

本部分利用双对数面板数据模型，阐述财政分权对旅游产业结构优化的影响和作用机制。实证研究发现：财政收入分权对旅游产业结构优化基本没有影响，但财政支出分权对旅游产业结构优化有较大促进作用；在纳入旅游产业集聚及其与财政分权的交互项情况下，财政收入分权、财政支出分权和旅游产业集聚均对旅游产业结构优化具有促进作用。伴随着旅游产业集聚程度不断提高，财政分权对推动旅游产业结构优化的作用将逐渐降低。

以上研究发现提供了两点重要启示：

第一，地方政府要完善财政分权体制，发挥市场经济对旅游产业结构动态优化的积极影响。本章利用双对数面板数据模型，阐述了财政收入（支出）分权对旅游产业结构优化的影响和作用机制。实证研究发现：财政收入分权对旅游产业结构优化基本没有影响，但财政支出分权对旅游产业结构优化有较大促进作用；在纳入旅游产业集聚及其与财政分权的交互项情况下，财政收入分权、财政支出分权和旅游产业集聚均对旅游产业结构优化具有促进作用。不过，要进一步改革地方政府的政绩考核机制，明确地方政府的财政职能，合理划分中央与地方政府的事权和财权，增强信息的公开透明度，注重"有效市场"与"有为政府"有机结合，发挥市场和政府双重作用，引导旅游资源合理配置和旅游产业结构优化升级。

第二，地方政府需引导旅游资源适度集聚，以资源集聚带动旅游产业结构优化升级。旅游资源适度集聚，有助于提高财政资金所建设的相关设施和公共服务的利用效率，从而使财政分权对旅游产业结构动态优化的促进作用更好发挥出来。因此，应遵循"绿水青山就是金山银山"的发展理念，利用财政分权优势促进旅游产业合理集聚，同时持续发挥财政分权对旅游产业结构优化的积极作用，保持旅游目的地经济、社会、生态的和谐统一。伴随着旅游产业集聚程度不断提高，财政分权对推动旅游产业结构优化的作用将逐渐降低。

第7章

地方政府的基础设施建设
与旅游产业结构动态优化

交通、信息、公共服务、环境等方面的基础设施建设是旅游产业发展的基础条件和保障。铁路、公路、机场等交通基础设施便利，有助于提高旅游目的地可达性或可进入性，若与富有特色的旅游产品有机结合，更可以大规模地吸引游客，带动住宿、旅行社、景区等旅游行业的发展。公共服务和环境基础设施建设可以改善旅游目的地的形象，提高游客体验质量，有利于增强游客的重游意愿和口碑效应，也可以提高旅游接待量和旅游收入水平，进而拉动相关业态发展演变。因此，基础设施建设会影响旅游产业各个部门的发展情况、行业占比，甚至彼此协调发展，从而影响旅游产业结构的调整、变迁和动态优化程度。

在中国经济体制下，地方政府是旅游产业结构变迁和优化升级的强有力的推动者，其行为渗透于旅游产业的各个方面。地方政府构建良好的宏观环境，对旅游产业发展所需要的供需条件产生直接或间接的影响，是促进旅游产业快速健康发展的重要前提（孙盼盼和夏杰长，2016）。作为地方政府构建宏观环境的主要行为之一，基础设施建设恰恰是地方政府保证旅游产业生产率提高、结构转型升级的主要途径之一。然而，已有研究鲜少从地方政府的基础设施建设行为出发，探讨旅游产业结构的优化升级问题。

本章利用 2000—2016 年中国大陆 31 个省（自治区、直辖市）的相关数据，从交通基础设施、环境基础设施、公共服务基础设施、信息基础设施和社会性基础设施五个方面确立基础设施建设的指标体系，进而构建动静态面板模型，评估和解释地方政府的基础设施建设行为对旅游产业结构动态优化的作用机制，以深化地方政府行为和旅游产业结构相关理论，为旅游产业结构优化升级提供理论依据和政策建议。

一、相关研究进展

（一）基础设施建设的概念和内涵

"基础设施"，又称基础结构，该词来源于拉丁文 Infra，是"底层结构"的意思。由于社会进步和经济学研究的需要，基础设施被引入经济结构和社会再生产的理论研究中。经济学中的"基础设施"指为满足社会生产某种需求建立的机构、系统、组织、建筑等，是国家开展社会经济活动、促进国民经济稳步可持续发展的保障和支撑。道格拉斯·格林沃尔德在《经济学百科全书》中提出基础设施主要包括交通、电力、通信、教育卫生、政治体制等，是对生产水平和生产效率有直接或间接促进作用的经济项目（王超，1987）。赫希曼对基础设施的概念进行了广义和狭义区分，广义的基础设施建设包括教育、公共卫生、法律、秩序、通信、公共服务等多个方面，狭义的基础设施包括交通、电力、通信等部分。

国内学者钱家骏和毛立本（1981）最早提出了基础设施的概念，认为基础设施是在社会生产过程中向商业生产部门提供服务的部门，也将基础设施分为狭义和广义两类。其中，狭义的基础设施是指有形产出的部门，例如交通运输、排水设施、污水处理设施等部门；广义的基础设施还包括了无形产出的部门，例如教育、医疗等部门。樊纲（1990）将基础工业和经济性基础设施统称为基础部门，主要包括能源、交通等生产部门和通信、排水等经济性基础设施。魏礼群（1993）从性质和范围两个视角为主，对基础设施进行了进一步阐述，认为基础设施是经济活动的载体，其主要目的是保证社会生产以及服务人民生活，同时将能源纳入基础设施包含的部门内。

"基础设施建设"这一概念，最早出现于西方的经济学研究。1943 年，罗丹在关于欧洲的研究中，提出电力、运输、通信等社会分摊资本组成的基础工业，构成了基础设施建设和国民经济的分摊成本。1958 年，赫希曼在基础设施的研究中提出了"不平衡增长理论"，认为在经济发展的过程中，面临资本有限问题的国家，应当先发展收益效率较高的直接生产性产业，暂时放缓或延迟对基础设施的投资和建设。

综上所述，本研究认为，基础设施是为确保社会生产、分配、交换和消费等经济活动有序展开，为改善居民生活、实现资源共享而建立的服务设施，基础设施建设则是指政府在这些服务设施上的建设行为和建设水平。

（二）基础设施建设的相关研究

基础设施建设研究已经比较成熟，且量化研究较为丰富。目前相关研究主要集中于以下几个方面。一是从投融资入手，对基础设施建设进行定性和定量评价分析。例如，高强和李鹏进（2012）分析了城市基础设施的投融资现状；胡宗义等（2014）从资金来源结构和资金投向结构入手，采用数据包络分析（Data Envelopment Analysis, DEA）方法测算了 2012 年中国大陆 31 个省（自治区、直辖市）的城市基础设施的投融资效率。二是基础设施建设的影响研究。例如，基础设施建设对经济增长、技术进步、产业结构、城镇化进程、物流产业的影响（吴福象和沈浩平，2013；李森等，2014；杨孟禹和张可云，2015；李慧玲和徐妍，2016）。针对基础设施建设对产业结构的影响，董辰和孔刘柳（2012）发现 1978—2009 年交通基础设施对产业结构升级具有长期拉动作用；王军礼和徐德举（2012）以北京为例，发现合理布局和建设生活性基础设施有助于产业结构优化升级；刘红娟和唐珊（2014）以广东省为例，采用熵值法、主成分分析法对生产变量和基础设施进行了测量，并利用计量模型进一步发现基础设施的完善与产业结构优化之间具有良性的互动关系。三是评估分析基础设施建设状况。例如，吴涛和李同昇（2011）以城乡空间、社会文化、经济、环境四个方面构建指标，采用熵值法对城乡一体化地区的基础设施建设进行了评价分析。但是，关于基础设施建设的维度，学界缺乏统一的界定。

（三）基础设施建设对旅游产业的影响

基础设施建设是经济发展的重要宏观环境条件，是影响旅游产业发展的主要因素之一（杨敏，2006；余院宏，2017）。其中，交通基础设施属于经济基础设施，不仅服务于生产活动，还服务于居民生活（邓晓雯，2016），是改善旅游供给、实现旅游需求、解决旅游瓶颈的有效手段之一（赵爱婷，2009）。

例如，铁路、公路系统建设的增强，景区内部的交通体系的完善，都有助于提高游客的可进入性和体验质量，从而有助于解决旅游产业发展的一些相关问题（庄小丽和康传德，2006）。环境基础设施和交通基础设施的建设，可以提高城镇化水平，进而带动旅游产业协同发展（钟家雨等，2014）。以互联网为代表的信息基础设施的完善，不仅深刻地改变了旅游者行为，扩展和创新了旅游产业的内容，还提升了旅游产业满足旅游者需求的能力（杨勇，2019）。应该说，增强基础设施建设，是促进旅游产业转型升级、高质量发展的重要举措。

二、基础设施建设的量化分析

（一）基础设施建设水平的衡量

虽然学界对基础设施建设的维度缺乏统一的界定，但是通过对前人研究的梳理，本研究依然认为需要构建基础设施体系，科学测度基础设施建设水平。

1. 指标体系构建原则

基础设施建设体系的涵盖面较广，体系内部与体系外部以及体系内部的各个组成部分彼此相连、错综复杂。因此，构建基础设施建设指标体系需要遵循全面性、科学性、代表性、操作性、系统性的原则，厘清各个要素之间的关系，确保指标体系尽可能全面地反映基础设施建设水平。具体原则如下：

全面性原则。该原则要求根据基础设施的概念内涵和相关理论，逐级确定基础设施建设的指标（含一、二、三级指标），形成可以综合评价各个要素、全面反映基础设施建设水平的指标体系。

科学性原则。该原则要求在遵循全面性原则的基础之上，以经济学、产业经济学等学科的相关理论和前人研究为指导，结合本研究的议题，综合考虑基础设施建设的维度及其内在联系，避免指标的重叠、主观和盲目依从，科学客观地构建基础设施的评价指标体系。

代表性原则。该原则要求根据各个子系统的核心特征以及基础设施建设与旅游发展的关系，选取具有代表性的二级指标，忽略综合性较弱、宏观性不足的次要指标，避免指标体系的冗杂，从而更加清晰明确地反映基础设施的建设水平。

系统性原则。基础设施是一个复杂的系统，包含交通、社会、公共服务、环境、信息等多个方面的内容。因此，在指标构建的过程中需要以系统论的视角全面把握基础设施的建设体系。

操作性原则。该原则要求指标的选取还要考虑数据的可获取性，确保实证研究可行。

2. 指标体系阐述

构建基础设施建设的指标体系，前提是厘清基础设施的分类。代表性的分类方法有：

世界银行（1994）把基础设施划分为经济性基础设施和社会性基础设施。经济性基础设施指为企业和居民公共生活提供服务的永久性的设备设施等，分为公共设施（如电信、排污设施、卫生设施、固体废弃物的收集处理等）、公共工程（包括公路、大坝、排水用的渠道等）、其他交通部门（铁路、公路、水运等）；社会性基础设施则分为科技、文教、医疗保健等方面（王保岳，2008）。

在其他研究中，李泊溪和刘德顺（1995）则将基础设施分为社会性基础设施、经济性基础设施、城市基础设施三类；张军等（2007）将基础设施分为交通、能源、通信、城市基础设施四个方面；林毅夫（2014）将基础设施分为硬性基础设施和软性基础设施两大类；赵丹（2015）将基础设施分为交通、能源、信息、环境、科教文卫和社会保障基础设施六类；余院宏（2017）依据世界银行的基础设施分类，认为公共设施服务、交通基础设施、邮电通信设施、教育设施、医疗卫生设施、环境保护设施六方面是基础设施的主要类别。

综合上述研究，本研究采用基础设施的狭义概念，即在指标选取的过程中，只考虑硬性基础设施对旅游产业结构动态优化的影响，将基础设施建设（infrastructure，inf）分为：交通基础设施（transportation infrastructure，tri）、环境基础设施（environmental infrastructure，eni）、公共服务设施（public service infrastructure，psi）、信息基础设施（information infrastructure，ini）和社会性基础设施（social infrastructure，soi）。具体指标体系如表7–1所示，由5个一级指标、15个二级指标及29个三级指标构成。

表7-1　基础设施建设指标体系

一级分项指标	二级指标	三级指标
交通基础设施	铁路	铁路网密度
	公路	公路网密度
	市内交通	每万人拥有的公共交通数、人均城市道路面积
环境基础设施	绿化水平	人均公园绿地面积
	市容建设	生活垃圾无害化垃圾处理率、污水处理率
	治理能力	环境污染治理投资占GDP比重
公共生活服务设施	基础能源	人均发电量、供水综合生产能力、用水普及率、城市燃气普及率
	生活设施	建成区排水管道密度、建成区供水管道密度、城市天然气管道密度
	公共服务	每万人拥有公共厕所
信息基础设施	互联网	互联网普及率
	邮电水平	人均邮电业务量
	通信水平	每万人拥有的长途光缆线路长度、每万人固定长途电话交换机容量、每万人局用交换机容量、每万人移动电话交换机容量
社会性基础设施	文化事业	每千万人拥有公共图书馆数量、每千万人拥有博物馆数量、每千万人拥有文化馆数量
	卫生事业	每万人卫生机构床位数、每万人医疗卫生机构数
	教育事业	每千万人拥有普通高等学校数，每千万人高中班数

（1）交通基础设施。交通基础设施是促进经济增长的动力之一（张勋等，2018），是满足旅游主体需求、实现旅游项目顺利进行的重要载体，是承接旅游活动的要素之一，也是旅游项目规划开发的重要影响因素（保继刚和楚义芳，1989）。在旅行活动中，交通是实现游客在空间上流动和转移的物质载体，影响着游客的行为决策，决定了旅游目的地的通达性、吸引力、竞争力等，进而造成旅游经济水平的空间差异。因此，作为旅游六要素之一，"行"对旅游业的发展起着促进或抑制作用（Prideaux，2000、2005；Goeldner 和 Ritchie，2006）。本研究按照内部交通（以市内公共交通为主）和外部交通（以省内交通和省域交通进行为主）的逻辑，结合前人研究，将交通基础设施分为铁路、

公路、市内交通三大类，以铁路网密度表征铁路交通的建设水平，以公路网密度表征公路交通的建设水平，以每万人拥有的公共交通数、人均城市道路面积表征市内交通的建设水平（李森等，2014；赵丹，2015；余院宏，2017）。铁路网密度和公路网密度，采用 Demurger（2014）的方法，以铁路里程、公路里程与省际区域国土面积之比进行计算。相关数据主要来源于 2001—2017 年的《中国统计年鉴》和《中国交通年鉴》。

（2）环境基础设施。环境基础设施是综合衡量社会化程度和地区经济发展水平的重要依据（武力超和孙浦阳，2010），对旅游产业结构具有一定影响。随着大众旅游消费的多样化，游客前往旅游目的地的活动内容不再局限于景区游览，而是对整个旅游城市的消费，即旅游活动的内容已经由单一的景区游览转化为购物消费、品尝美食、体验娱乐等兼具。这些活动内容均与所在地的环境基础设施具有一定关联。环境基础设施主要分为绿化水平、市容、治理能力三个方面。其中，人均公园绿地面积可以衡量整个城市的绿化水平和城市休闲空间的建设水平（李森等，2013）。地区街道是否干净整洁，垃圾是否处理及时，以及公共区域的美观程度，可以反映地区的市容。因此，根据蔡龙等（2004）的研究，本研究采用生活垃圾无害化垃圾处理率、污水处理率表征市容建设。环境污染治理投资占 GDP 比重可以体现地区的污染治理力度，并且囊括多个治理对象，具有一定的代表性（孙盼盼和夏杰长，2016）。相关数据主要来源于 2001—2017 年的《中国统计年鉴》和《中国环境年鉴》。

（3）公共服务基础设施。公共服务基础设施的建设水平直接影响到经济系统的运转效率，是各项活动开展的基础（谭俊涛等，2014）。公共服务基础设施主要分为基础能源、生活设施、公共服务。基础能源是旅游项目开展的保障，只有水、电、天然气能源及时供给，才能保证旅游项目和活动的有序、稳定、高效地开展，提高游客旅游体验的满意度。本研究以人均发电量、供水综合生产能力、用水普及率、城市燃气普及率四个指标表征基础能源。而这些能源则需要依托物质载体才能达到有效供给的目的，因此本研究又以建成区排水管道密度、建成区供水管道密度、城市天然气管道密度表征生活设施（蔡龙等，2004）。随着厕所革命的大力推行，公共厕所在目的地形象和评级中逐渐扮演重要角色（孙盼盼和夏杰长，2016），影响着游客体验，因此以每万人拥有公共厕所表征公共服务设施。数据主要来源于 2001—2017 年的《中国城市建设统计年鉴》《中国环境年鉴》和《中国统计年鉴》。

（4）信息基础设施。信息化对经济的促进作用已经得到了证实（Jorgenson 等，2007；Venturini，2009）。信息和通信技术也已经渗透到旅游活动中的各个方面。信息技术的发达，为智慧旅游景区、智慧旅游项目的建设提供了保障，方便了游客的行程规划和项目制定，提高了游客的旅游体验质量（李坤望等，2015）。信息化水平在很大程度上决定着产业的创新能力和发展趋势（孙早和徐远华，2018）。因此，信息技术的发达，也为个性化、定制化旅游项目的建设提供了可能。本研究从互联网、邮电、通信三个方面反映信息基础设施的建设水平。互联网普及率可以较全面地反映互联网的发展水平（赵丹，2015），人均邮电业务量可以从多个方面综合反映邮电水平（李森等，2013），通信水平可采用每万人拥有的长途光缆线路长度、每万人固定长途电话交换机容量、每万人局用交换机容量、每万人移动电话交换机容量来进行表征（张军等，2007）。数据主要来源于2001—2017年的《中国第三产业统计年鉴》和《中国统计年鉴》。

（5）社会性基础设施。社会性基础设施主要包括文化、卫生、教育三个方面。随着研学旅游、"演唱会经济"、医养旅行等旅游产品的活跃，社会性基础设施成为影响旅游产业的发展的潜在因素。国民素质的提高和人民精神文化生活的需要，一些文化类的项目也成为游客消费的主要场所，因此本研究采用每千万人拥有公共图书馆数量、每千万人拥有博物馆数量、每千万人拥有文化馆数量来衡量文化事业的发展（施洁，2012），以每万人卫生机构床位数、每万人医疗卫生机构数来表征卫生事业的发展（李泊溪和刘德顺，1995），教育事业则采用每千万人拥有普通高等学校数、每千万人高中班数来进行衡量（施洁，2012）。数据主要来源于2001—2017年的《中国文化文物统计年鉴》和《中国统计年鉴》。

3. 量化方法选取

指标体系的构建过程包括单项指数计算和总指数计算两个步骤。

单项指标的计算，需要考虑跨年数据的可对比性，以及不同量纲数据的可对比性，将2000年设置为基期年份，进行数据变换。基础设施建设涉及的29个指标均为正向指标，即数值越大，基础设施建设水平越高，因此采用如下公式进行变换处理：

$$inf_{it} = \frac{inf_{it} - min(inf_0)}{max(inf_0) - min(inf_0)}$$ （7.1）

其中，inf_{it} 为 i 省份第 t 年的数据，min 代表最小值，max 代表最大值，inf_0 代表基期年份的数据。单项指数在非基期年份允许最高值大于 100 或最小值小于 0，因为在经济快速发展的过程中，会存在某一地区的某一指标在当年的建设比基期年份有较大的提升。

对于单项指数合成总指数，主要有算数平均法和加权平均法两种方法。由于算数平均法可以解决随着时间推移而权重发生变化所导致的数据不可对比性问题，还可以尽可能地保留原始数据所包含的信息，国内外一些权威的指数测算团队，如测算市场化指数的樊纲团队及测算经济自由度指数的美国传统基金会和加拿大弗雷泽研究等国际权威机构，均采用该方法（孙盼盼和夏杰长，2016）。因此，依据国内外经验，本研究也采用算术平均法测算基础设施建设水平。

（二）基础设施建设水平的量化结果与分析

根据上述基础设施建设的指标体系和量化方法，我们得出中国大陆 31 个省（自治区、直辖市）的基础设施建设总体水平及交通、环境、公共服务、信息和社会性基础设施的建设水平。在本部分，我们计算每年这 31 个省（自治区、直辖市）的上述基础设施建设水平的均值，绘制于图 7-1；计算这 31 个省（自治区、直辖市）的上述基础设施建设水平的 17 年均值，绘制于图 7-2，以反映中国地方政府的基础设施建设情况和区域差异。

1. 全国基础设施建设水平分析

如图 7-1 所示，伴随经济快速发展，我国在基础设施建设上的投资力度不断提高，基础设施建设总体水平在 2000—2016 年呈现逐年稳步上升的趋势。其中，2000—2003 年，全国基础设施建设总体水平提升缓慢，但在 2003 年"非典"之后的 2003—2004 年和 2008—2009 年出现了较大的增幅，并在之后的数年里持续提高。从全国经济发展形势来看，全国基础设施建设总体水平稳定，可能在未来会进一步提高，但增速或有所放缓。基础设施建设总体水平逐年提升的背后是交通、信息、环境、公共服务等方面的基础设施建设水平也均呈现总体上升的态势。值得指出的是，交通基础设施建设水平的增长速度在 2005—2006 年表现迅猛，可能的原因是我国在 2005 年完成青藏铁路全线铺通，这不仅是人类文明史上的一个伟大的奇迹，也为沿线城市的经济发展和社会发展注入了新鲜的血液和强大的动力。

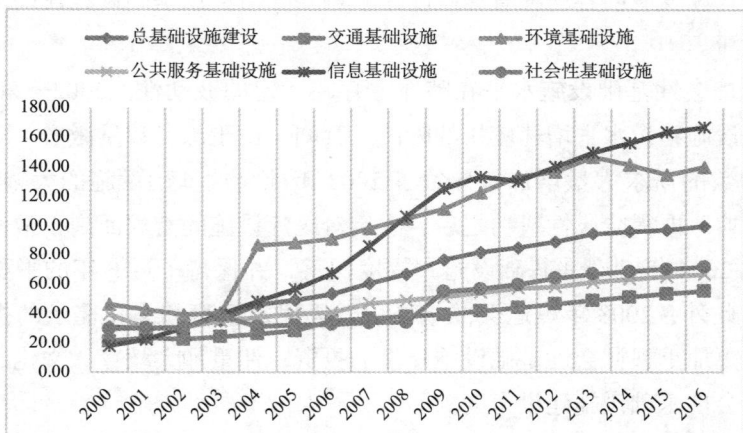

图 7-1　2000—2016 年基础设施建设水平

我国环境基础设施的建设呈现阶段化增长和下降的特点。从数据走势来看，我国环境基础设施的建设在 2000—2002 年或没有受到足够重视，呈现缓慢下降的趋势，在 2002—2003 年稍有回落；2003 年的非典事件暴露了中国环境基础设施的薄弱，也使得政府对环境基础设施建设的投入力度增强，进而促进环境基础设施建设水平在 2003—2004 年呈现出近直线式的快速提升。之后，我国环境基础设施的建设水平一直保持着持续增长的态势，只是增速在 2014 年及以后稍有下降。

我国公共服务基础设施建设水平总体上呈现稳步提高的特点，且预计在未来将依然平稳增长。值得注意的是，2000—2001 年我国公共服务基础设施建设水平有所回落，在 2006—2007 年增长速度则显著提高。主要因为中国在 2001 年申奥成功和入世成功之后，开始意识到前所未有的开放意味着前所未有的挑战，只有通过完善公共服务设施，才能夯实接待国的服务能力，更加凸显我国的大国文明和积极国际接轨的姿态。因此，中央和地方政府均非常重视投入建设和完善公共服务方面的基础设施，使公共服务基础设施建设水平不断提高。

总体上，伴随着社会发展对信息化技术的依赖增强，我国愈加重视信息基础设施建设投入，基础设施的建设水平也呈现逐年提升的趋势。在 2009—2011 年，信息基础设施的建设增速有所放缓，原因或在于这段时期信息产业的发展方式和发展内容面临着深度改革和调整，给信息基础设施建设带来一定挑战和阻滞。

全国社会性基础设施水平在整体上存在一定的波动性。2002—2008 年是社会基础设施建设水平增速较快的阶段。其间，由于患者数量激增，对医疗设备和机构数的需求大量增加，导致了 2003 年社会性基础设施的大幅度上升，而抗"非典"取得阶段性成功之后，人们对医疗设施的需求回到正常的需求水平，因此 2004 年社会性基础设施大幅度回落，并保持了近 5 年的平稳上升发展态势。此外，2008 年奥运会的举办以及人民对教育和文化需求的提高，也使得政府更加重视社会性基础设施建设的投资，注重加大教育、文化、卫生等方面的社会性基础设施建设力度。

2. 基础设施建设水平的区域差异

如图 7-2 所示，北京市的基础设施建设水平（105.92）最高，且远高于其他地区，位居全国前列；贵州省的基础设施建设水平（45.70）最低。从东部、中部、西部、东北部等四个地区来看，各个地区的基础设施的建设水平也存在显著差异。总体上，沿海地区的基础设施建设水平高于内陆地区。

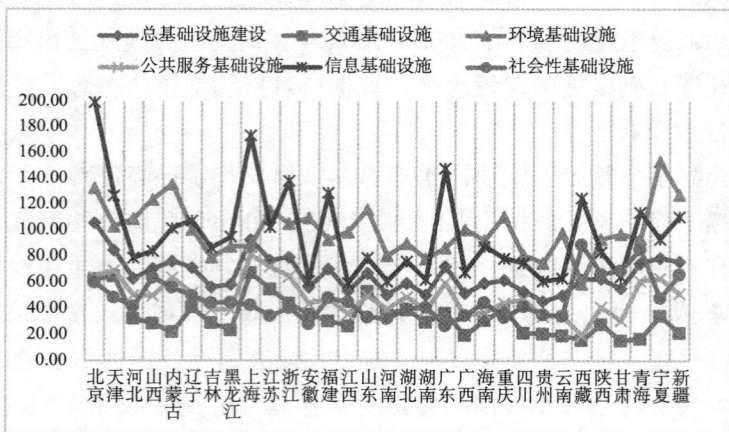

图 7-2　基础设施建设水平的区域差异

从区域层面来看，交通基础设施建设水平以上海市（61.29）最高，其次是天津市和北京市，指数分别为 60.25、58.21，这些城市也是中国基础设施较为发达的地区；西部地区的交通基础设施建设水平较低，西藏自治区、甘肃省、青海省的交通基础设施建设水平指数分别为 15.59、15.48、16.81。

类似于其他基础设施建设的区域差异情况，环境基础设施的区域差异也较为显著：以宁夏回族自治区的环境基础设施建设水平最高，指数高达 153.40；内蒙古自治区和北京市次之，指数分别为 135.60 和 132.70；以西藏自治区的环境基础设施建设水平最低，指数为 59.26。

在公共服务设施建设方面，以上海市的建设水平最高，指数为 80.79；其次为天津市和北京市，指数分别为 69.27 和 64.08；以西藏自治区最低，指数为 19.45。从整体上看，公共服务设施的建设水平的区域内差异较大，基本规律是发达地区的公共服务设施建设水平高，而中西部经济落后地区的公共服务设施建设水平低。

类似于公共服务设施建设，在信息基础设施建设方面，沿海及内陆的经济发达地区的建设水平较以前均有较大幅度的增长，数值超过了 100，如以北京市、上海市、广东省最高，指数分别为 147.93、173.49、199.54；但在内陆一些经济较为落后的省（自治区、直辖市），如以江西省、河南省、贵州省最低，指数分别为 59.40、61.06、61.19。

相较于其他基础设施建设指标的区域差距，社会性基础设施建设水平的区域差异较小。可能的解释是，广东省、河南省作为人口大省，社会性基础设施的人均占有量并不占优势，而地广人稀的西藏自治区和青海省的社会性基础设施的人均占有率相对较高。但是，值得指出的是，无论是文化、医疗还是教育，虽然经济发达地区的人均占有率较低，但是其医疗设备设施、教育师资水平、文化建设能力却远高于西部落后地区。

三、研究设计

（一）研究假设

从普遍规律来看，基础设施的建设和完善可以营造、培育产业发展的宏观环境，会改变原有的产业发展现状和布局，进而影响产业结构优化升级（吴汉洪，2002）。例如，交通发展水平越高，地区通达性越高，区域产业结构优化水平就越高（李中，2015）。旅游产业具有多领域交叉性，需要依托交通、公共生活服务等基础设施开展活动，从而完成必要的生产。因此，基础设施建设是旅游产业发展的基础和保证。基础设施建设在一定程度上会影响到旅游产业结构的改变，基础设施的结构性短缺会使旅游产业发展产生木桶原理，使旅游产业结构不得不局限于现有的基础设施（孟铁鑫，2007）。新结构经济学的观点认为，基础设施作为硬性经济要素禀赋的重要组成部分，会随着经济的发展进行不断的更替，因此，基础设施的调整也会推动旅游业内部结构的变动，进而推动产业结构的变迁和升级。点轴系统理论也认为，交通干线、通信干线等基础设施是轴的重要组成部分，由各个区域的经济增长极（点），连通轴线，从而形成网络，对区域内各种产业发展和布局产生影响。所以，地方政府建设基础设施会影响到旅游产业内部结构的调整（张莹和王磊，2015）。

依据旅游系统理论，旅游产业由供需两个复杂系统构成。基础设施是旅游服务设施的依托载体和旅游活动顺利开展的保障，构成了旅游系统供给部分的主要内容，也有效满足了需求系统中各个旅游主体的多元化需求。其中，交通基础设施是连接旅游客源地和旅游目的地的桥梁通道，有力地支持着旅游供给的完善和游客需求的满足，充当着旅游产业结构变迁和动态优化的枢纽。环境基础设施和公共服务设施是旅游目的地形象的管控要素之一，干净整洁卫生美观的环境基础设施和周到安全便捷的公共服务设施对于满足游客的游览需求具有重要的意义。随着智慧旅游、智慧城市、智慧景区的建立，信息基础设施的完善有助于游客在游览过程中获取旅游信息，进而快速做出科学合理的旅游决策，达到有效匹配供需的目的。社会基础设施是目的地城市建设是否完善的判定标准之一，为满足旅游者需求提供辅助。此外，社会基础设施还有利于旅游目的地开发医疗旅游、养老旅游、研学旅游等旅游产品，自然也可以满足旅游者对此类旅游产品的需求。

基于以上分析，本研究提出以下假设：

H1：基础设施建设会对旅游产业结构的动态优化产生积极影响；

H2：各类基础设施建设水平不同，其对旅游产业结构动态优化的影响也不同。

（二）模型设定与估计方法

本研究采用 2000—2016 年中国大陆 31 个省（自治区、直辖市）的面板数据，先后构建静态面板数据模型和动态面板数据模型，采取地区固定效应，深入分析地方政府的基础设施建设对旅游产业结构动态优化的作用机制。根据模型是否纳入因变量的滞后项，面板数据模型分为静态面板数据模型和动态面板数据模型。

1. 静态面板数据模型

$$lntsa_{it}=a_0+\lambda_1 lninf_{it}+\lambda_2 X_{it}+f_i+\varepsilon_{it} \qquad (7.2)$$

模型中，$i=1$，2，……，31，表示中国大陆 31 个省（自治区、直辖市），$t=2000$，2001，……，2016，表示所考察的各个年份，λ 为待估计参数，f_i 为不随时间变化的个体特征，ε_{it} 为随机扰动项。tsa 为旅游产业高级化。$lninf_{it}$ 因不同的研究问题而分别为基础设施建设水平、交通基础设施指数、环境基础设施指数、公共服务基础设施指数、信息基础设施指数、社会基础设施指数。X 为控制变量。

2. 动态面板数据模型

旅游产业结构的动态优化是一个动态变化过程，当前的产业结构也可能会受到过去的产业结构的影响。由于产业部门的经营活动是一个连续的过程，产业结构对基础设施建设的响应具有时间上的延迟，产业结构变动存在一定的惯性。所以，我们将旅游产业结构动态优化的一阶滞后项纳入计量模型中，作为解释变量之一，从而构建动态面板模型，控制产业结构的变迁和升级的惯性：

$$lntsa_{it}=a_0+\sigma lntsa_{i,t-1}+\lambda_1 lninf_{it}+\lambda_2 X_{it}+f_i+\varepsilon_{it} \qquad (7.3)$$

模型中，$tsa_{i,t-1}$ 表示各省份滞后一期 tsa，其余变量的含义同上。由于动态面板模型在解释变量中纳入被解释变量的滞后项，容易导致模型存在内生性问题，不适合采用传统的估计方法，需要采用广义矩估计（generalized method of moments，GMM）（孙盼盼和夏杰长，2016）。GMM 不以明确随机误差项的准确分布信息为前提，且允许随机扰动项存在异方差和序列相关。此外，即使存在单位根，GMM 估计方法仍然有效，可以通过使用工具变量的方法解决模型中解释变量与被解释变量之间的内生性问题，同时克服个体异质性问题，所以采用 GMM 估计方法估计动态面板模型可以得到更有效的参数估计量。

GMM 又分为差分 GMM 和系统 GMM。其中，差分 GMM 比较容易出现弱工具变量的问题，且无法估计不随时间变化而变化的变量系数值。但是，对于短面板数据，差分 GMM 方法出现弱工具变量的可能性较低。系统 GMM 是将差分 GMM 和水平 GMM 组合起来作为方程系统进行回归，所得估计量不容易受到弱工具变量导致的有限样本偏差问题，能够得出不随时间变化的变量的估计系数，不仅能对过去的产业结构对本期的产业结构的影响进行考察，还能对固定资本存量、人力资本、旅游设施水平对产业结构的互动影响进行有效处理，因此系统 GMM 的估计方法将会比差分 GMM 更有效。系统 GMM 的使用前提是扰动项不存在自相关，且被解释变量的差分滞后项与个体效应 f_i 不相关。系统 GMM 方法在假设满足的前提下会更有效率。综上，本研究将分别采用差分 GMM 和系统 GMM 方法对动态面板模型进行估计，通过检验结果得出较优的估计方法。

（三）变量选取与衡量

1. 因变量：旅游产业结构动态优化

本研究的因变量为旅游产业结构动态优化程度的对数，其具体含义和计算方法在本研究第 4 章已有详述，在此不再赘述。

2. 自变量：基础设施建设

本研究的自变量是指基础设施建设的 5 个方面，即交通基础设施（ tri ）、环境基础设施（ eni ）、公共服务基础设施（ psi ）、信息基础设施（ ini ）、社会性基础设施（ soi ）五个方面的指数。

3. 控制变量

旅游产业结构的主要因素可以大致分为供给和需求两个方面，需求对于旅游产业结构的影响，多表现为游客对于旅游产业的需求内容变化，促使旅游企业进行旅游产品的调整，从而影响到产业结构的变迁和升级，但是这个方面较难以利用统计数据进行衡量，且缺乏统一的标准。而供给引起的旅游产业结构的调整，可以从资本、劳动力等投入要素的角度进行分析。因此本研究从旅游供给角度出发，将固定资本存量、人力资本、旅游接待水平作为本研究的控制变量。各个控制变量的衡量方法如下：

（1）固定资本存量（fixed capital stock，fcs）。固定资本存量是衡量资本投入的重要指标。固定资本存量体现了资本要素在不同行业间的配置，通过要素流向优势产业，带动产业结构的变迁和升级。《中国统计年鉴》给出的是固定资产投资的流量数据，因此需要转化得到固定资本存量。对于固定资本存量的测算研究，张军等（2004）的测算方法受到了普遍认可。为此，本研究采用其测算方法，以 2000 年为基期，按照价格不变，以永续盘存法计算各个省份的固定资本存量：

$$K_{it}=K_{i,t-1}(1-\delta_{it})+I_{it} \tag{7.4}$$

其中，i 表示中国大陆 31 个省（自治区、直辖市、），t 表示第 t 年，δ 为折旧率，按照张军等（2004）的折算方法得到的折旧率 9.6% 进行计算。K_{it} 为 i 地区第 t 年的实际固定资本存量，I_{it} 为当年的固定资本形成总额。对于初始期的年份的资本存量的计算，研究采用基期的固定资本形成总额除以 10%，作为该省份的初始资本存量。

（2）人力资本（human capital，huc）。劳动力决定产业结构调整的方向、效率和效果，是产业结构转型的基础（柯善咨和赵曜，2014），人力资本是劳动力要素投入的重要衡量指标。研究采用平均受教育年限衡量人力资本。在平均受教育年限的计算中，大专以上文化程度按 16 年计算，高中文化程度 12 年，初中文化程度 9 年，小学文化程度 6 年，文盲为 0 年（6 岁及 6 岁以上人口），通过对每十万人口的不同受教育程度人数进行加权平均，得到各个省份的平均受教育年限。

（3）旅游接待水平（tourism reception level，trl）。研究用星级饭店数量和旅行社数量，表示旅游设施水平，从而反映地区的接待能力（李如友和黄常州，2015）。由于涉及星级饭店和旅行社两个部门，因此采用熵值法计量两个指标的权重，计算步骤具体如下：

①构建原始数据的指标矩阵：共有 m 个省（自治区、直辖市），n 个评价指标体系，从而构建指标数据矩阵为：

$$X = \{X_{ij}\}_{m\times n}(0\leq i\leq n,\ 0\leq j\leq m) \tag{7.5}$$

其中，X_{ij} 为 i 省份的第 j 个指标。

②对指标进行标准化处理，由酒店和旅行社两个指标构成的旅游设施水平指标体系，指标均为正向指标，因此只需要对数据进行正向处理：

$$x_{ij} = \frac{x_{ij} - minx_{ij}}{maxx_{ij} - minx_{ij}} \tag{7.6}$$

③计算 i 省份的第 j 个指标的比重 ρ_{ij}：

$$\rho_{ij} = \frac{x_{ij}}{\sum_{i=1}^{m} x_{ij}} \tag{7.7}$$

④计算第 j 个指标的熵值：

$$\delta_j = -k \sum_{i=1}^{m} \rho_{ij} \ln \rho_{ij} \tag{7.8}$$

其中，

⑤计算第 j 个指标的权重：

$$w_{ij} = \frac{\mu_j}{\sum \mu_j} \tag{7.9}$$

其中，$\mu_j = 1 - \delta_j$

⑥计算旅游设施水平：

$$S_i = \sum_{i=1}^{m} (w_{ij} \times x_{ij}) \tag{7.10}$$

根据熵值法，计算得出最终的指数来表征旅游设施的建设水平，并作为控制变量纳入模型中。

（四）变量描述性统计

上述解释变量、被解释变量以及控制变量取过对数之后的描述性统计特征如表 7-2 所示。

表7-2 样本数据描述性统计

变量	含义	平均值	标准差	最小值	最大值	观测次数
lntsa	旅游产业结构动态优化	0.569	0.2875	0.0953	1.6362	527
lntri	交通基础设施	3.465	0.5785	1.7299	4.5823	527
lneni	环境基础设施	4.462	0.6210	1.0986	5.5296	527
lnpsi	公共服务基础设施	3.790	0.4775	1.3635	4.6568	527
lnini	信息基础设施	4.265	0.8928	0.9243	5.9715	527
lnsoi	社会性基础设施	3.718	0.5478	2.2300	5.1390	527
lnfcs	固定资本存量	8.859	1.1571	5.3043	11.3474	527
lnhuc	人力资本	2.106	0.1639	1.2324	2.5099	527
lntrl	旅游设施水平	6.655	0.7804	3.8286	7.9473	527

四、实证结果分析

（一）面板数据平稳性检验

由于面板数据带有个体性和时间性，即面板数据包含个体维度和时间维度两个部分，需要进行平稳性检验。如果面板数据是非平稳，却按照平稳数据进行处理，则会出现谬误或无谓回归（"伪回归"）现象，即统计上的显著，但是经济现象背后没有任何实际上的意义，造成虚假的回归结果。

为了保证研究结果的有效性和可靠性，本研究采用 LLC（Levin，Lin and Chu，LLC）和 IPS（Im，Pesaran and Shin，IPS）结合的方法对各个变量进行平稳性检验。LLC 和 IPS 是面板数据的单位根检验的常用方法。Levin 等（2002）提出 LLC 检验，在方程中引入了高阶差分滞后项，可以保证扰动项为白噪声，且允许存在异方差，但是要求每位个体的自回归系数都相等，因此该假设在实践研究中要求较高。Im 等（2003）提出的面板单位根检验方法 IPS，可以有效克服此缺点，且适用于不同单位根检验。表 7-3 报告了面板数据的单位根检验结果，结果均在 1% 的水平上强烈拒绝面板包含单位根的原假设，即认为各个变量的面板数据为平稳过程。

表7-3　面板数据单位根检验

变量	检验方法	t统计量	P值	结论
lntsa 旅游产业结构动态优化	LLC	−4.6674	0.0000	平稳
	IPS	−5.1871	0.0000	平稳
lntri 交通基础设施	LLC	−9.4720	0.0000	平稳
	IPS	−4.6108	0.0000	平稳
lneni 环境基础设施	LLC	−4.9179	0.0000	平稳
	IPS	−5.1020	0.0000	平稳
lnpsi 公共服务基础设施	LLC	−7.1343	0.0000	平稳
	IPS	−4.2590	0.0000	平稳
lnini 信息基础设施	LLC	−7.9309	0.0000	平稳
	IPS	−5.0988	0.0000	平稳
lnsoi 社会性基础设施	LLC	−11.7955	0.0000	平稳
	IPS	−7.5747	0.0000	平稳
lnfcs 固定资本存量	LLC	−8.5307	0.0000	平稳
	IPS	−2.8110	0.0025	平稳
lnhuc 人力资本	LLC	−6.3959	0.0000	平稳
	IPS	−4.3574	0.0000	平稳
lntrl 旅游设施水平	LLC	−6.2766	0.0000	平稳
	IPS	−2.4160	0.0078	平稳

（二）静态面板数据模型结果分析

本研究的 Hausman 检验结果显示，固定效应模型优于随机效应模型，因此采用地区效应和时间效应双向固定效应模型进行静态面板数据估计。回归结果如表 7-4 所示。研究结果显示，地方政府的交通基础设施建设对产业结构动态优化具有显著的正向影响；环境基础设施、公共服务基础设施、信息基础设施、社会性基础设施等建设对产业结构动态优化的影响则不显著。

考虑到静态面板模型可能存在异方差、截面相关和序列相关的问题，进而导致结果产生偏误。因此，本研究继续采用可行广义最小二乘法（Feasible Generalized Least Squares，FGLS）对静态面板数据模型再次进行估计，该估计方法可以有效消除扰动项的组间异方差、组内自相关、组间同期相关的问题。从表7-5中的回归结果可以看出，估计参数的显著性较固定效应模型相比有所提高，交通基础设施对产业结构动态优化的影响仍然在1%的水平上表现显著；环境基础设施、信息基础设施和社会性基础设施的影响均由不显著变为显著且为正。但是，从长期来看，旅游产业结构是一个动态变迁的过程，既受到当期的因素的影响，也会与过去的时期相关，需要采用动态面板数据模型继续验证。

表7-4　基础设施建设对旅游产业结构动态优化影响的FE估计

变量	（1）lntsa	（2）lntsa	（3）lntsa	（4）lntsa	（5）lntsa
lntri 交通基础设施	0.1070*** （3.11）				
lneni 环境基础设施		−0.0195 （−0.89）			
lnpsi 公共服务基础设施			−0.0122 （−0.43）		
lnini 信息基础设施				−0.0028 （−0.08）	
lnsoi 社会性基础设施					−0.0127 （−0.51）
lnfcs 固定资本存量	−0.1800*** （−3.72）	−0.1180*** （−2.65）	−0.1150** （−2.57）	−0.1160** （−2.49）	−0.1140** （−2.53）
lnhuc 人力资本	0.2450 （1.26）	0.2430 （1.24）	0.2290 （1.17）	0.2230 （1.14）	0.2230 （1.14）
lntrl 旅游设施水平	−0.0948** （−2.03）	−0.0613 （−1.23）	−0.0714 （−1.48）	−0.0761 （−1.61）	−0.0734 （−1.56）
_cons 常数项	1.4850** （2.85）	1.1920** （2.27）	1.2290** （2.35）	1.2430** （2.37）	1.2430** （2.39）
R²	0.730	0.730	0.730	0.720	0.730
F统计量	18.64	23.87	24.50	16.93	25.58

注：括号内数据为估计值的标准差，*、**、***分别表示在10%、5%、1%水平上显著。

表7-5 　基础设施建设对旅游产业结构动态优化影响的FGLS估计

变量	（6） lntsa	（7） lntsa	（8） lntsa	（9） lntsa	（10） lntsa
lntri 交通基础设施	0.1239*** （8.00）				
lneni 环境基础设施		0.0202*** （3.23）			
lnpsi 公共服务基础设施			−0.0154 （−1.21）		
lnini 信息基础设施				0.0595*** （3.63）	
lnsoi 社会性基础设施					0.0417*** （5.37）
lnfcs 固定资本存量	0.1823*** （14.22）	0.2265*** （18.40）	0.2446*** （22.69）	0.2048*** （11.78）	0.2189*** （18.87）
lnhuc 人力资本	0.4429*** （6.10）	0.3964*** （5.65）	0.3662*** （6.86）	0.3904*** （4.54）	0.3793*** （6.48）
lntrl 旅游设施水平	−0.1076*** （−6.99）	−0.1031*** （−5.71）	−0.1030*** （−11.23）	−0.1732*** （−6.67）	−0.1022*** （−8.26）
_cons 常数项	−1.3734*** （−8.58）	−1.2335*** （−8.12）	−1.1480*** （−9.52）	−0.7376*** （−3.81）	−1.1947*** （−8.88）
wald	4227.02	2005.57	3905.52	1405.02	1840.68
Observations	527	527	527	527	527

注：括号内数据为估计值的标准差，*、**、***分别表示在10%、5%、1%水平上显著。

（三）动态面板数据模型结果分析

使用差分 GMM 和系统 GMM 之前，需要先对扰动项的相关性和工具变量的有效性进行检验。因此，根据 Arellano 和 Bover（1995）及 Blundell 和 Bond（1998）的思想，本研究采用 AR（1）和 AR（2）检验序列相关性，采用 Sargan 和 Hansen 检验工具变量的有效性。一般认为，当一阶差分存在自相关（显著），二阶或者更高阶差分不存在自相关时（不显著），则可以认为扰动项不存在自相关。模型（11）到模型（15）的差分 GMM 模型检验结果均通过了一阶序列相关检验、二阶序列相关检验和 Sargan 检验。

从表 7-6 的回归结果可以看出，交通基础设施、环境基础设施、公共生活服务基础设施、信息基础设施、社会性基础设施的建设对旅游产业结构动态优化均具有显著的正向影响作用。在动态面板数据模型的差分 GMM 估计中，研究结果的显著性得到了提高，因此动态面板数据模型更适用于该研究议题。

表7-6 基础设施建设对旅游产业结构动态优化影响的差分GMM估计

变量	（11）lntsa	（12）lntsa	（13）lntsa	（14）lntsa	（15）lntsa
lntsa_{t-1} 旅游产业结构动态优化滞后	0.1191***（5.34）	0.2875***（4.38）	0.3836***（6.08）	0.1193***（3.91）	0.2133***（8.71）
lntri 交通基础设施	0.0579*（1.95）				
lneni 环境基础设施		0.0480***（3.81）			
lnpsi 公共服务基础设施			0.0438**（2.05）		
lnini 信息基础设施				0.0630***（3.59）	
lnsoi 社会性基础设施					0.0755***（5.09）
lnfcs 固定资本存量	0.2442***（10.22）	0.1202***（2.79）	0.0669（1.56）	0.2420***（10.00）	0.1066***（6.01）
lnhuc 人力资本	0.2399***（3.81）	0.3311**（2.39）	0.6019***（3.34）	0.2211***（3.67）	0.3641**（2.52）
lntrl 旅游设施水平	−0.1539***（−4.02）	−0.1986（−1.46）	0.1265***（4.93）	−0.2496***（−8.41）	0.1017***（8.50）
AR（1）	0.0027	0.0009	0.0037	0.0023	0.0015
AR（2）	0.1716	0.7185	0.0701	0.1585	0.8859
Sargan Test	0.9993	1.0000	1.0000	0.9974	0.9972
Wald	13367.90	18514.83	7745.91	8521.55	15268.66

注：括号内数据为估计值的标准差，*、**、***分别表示在10%、5%、1%水平上显著。AR（1）、AR（2）和Hansen检验输出结果为P值。

由于系统 GMM 模型比差分 GMM 模型更有效率，本研究采用系统 GMM 对动态面板模型进行进一步的回归验证。从表 7-7 可以看出，Hansen 检验的 P 值均大于 0.1，无法拒绝所有工具变量均有效的原假设；AR（1）的检验结果在 10% 的显著水平上拒绝原假，AR（2）的检验结果设均大于 0.1，接受原假设，可以认为扰动项的差分存在一阶自相关，但不存在二阶自相关，因此，Hansen 检验、AR（1）和 AR（2）检验都支持系统 GMM 估计。模型（16）到模型（20）的回归结果显示，旅游产业动态优化的滞后项均显著，说明旅游产业结构动态优化有一定的滞后效应和惯性特征。此外，交通、环境、信息、社会性基础设施建设四个变量均通过了 1% 的显著性水平检验，公共服务基础设施建设通过了 5% 的显著性水平检验。说明交通基础设施、环境基础设施、公共服务基础设施、信息基础设施和社会性基础设施等建设均对旅游产业结构动态优化具有正向的影响。

表7-7　基础设施建设对旅游产业结构动态优化影响的系统GMM估计

变量	（16）$lntsa$	（17）$lntsa$	（18）$lntsa$	（19）$lntsa$	（20）$lntsa$
$lntsa_{t-1}$ 旅游产业结构动态优化滞后	0.2048*** （20.85）	0.1523*** （10.26）	0.1998*** （6.12）	0.1882*** （3.88）	0.1855*** （17.17）
$lntri$ 交通基础设施	0.0920** （2.29）				
$lneni$ 环境基础设施		0.1309*** （6.96）			
$lnpsi$ 公共服务基础设施			0.0650** （2.25）		
$lnini$ 信息基础设施				0.4005*** （6.70）	
$lnsoi$ 社会性基础设施					0.0790*** （5.15）
$lnfcs$ 固定资本存量	0.2575*** （14.99）	0.2253*** （8.39）	0.1690*** （7.77）	1.8802*** （6.36）	0.1239*** （4.55）
$lnhuc$ 人力资本	0.1218** （2.07）	0.3295*** （5.48）	0.1911** （2.29）	0.5507*** （3.14）	0.2376*** （3.29）
$lntrl$ 旅游设施水平	−0.0148 （−0.57）	−0.4948*** （−7.24）	−0.1395 （−1.33）	−0.4096*** （−3.15）	0.0497* （1.78）
AR（1）	0.001	0.003	0.001	0.001	0.001
AR（2）	0.113	0.878	0.192	0.943	0.215
Hansen_Jp−value	0.223	0.274	0.805	0.164	0.386
Wald	2176.19	4019.48	64691.51	4888.15	2129.81

注：括号内数据为估计值的标准差，*、**、***分别表示在10%、5%、1%水平条件上显著。AR（1）、AR（2）和Hansen检验输出结果为P值。

具体来看，各类基础设施建设对旅游产业结构动态优化的影响如下：

（1）交通基础设施建设对旅游产业结构动态优化的影响。由于系统 GMM 模型比差分 GMM 模型更有效率，因此研究以系统 GMM 模型的估计结果进行分析。从模型（16）中可以看出交通基础设施对旅游产业结构动态优化具有正向促进作用，当交通基础设施建设水平提高 1%，旅游产业结构动态优化程度增加 0.0920%。在宏观层面上，交通基础设施发达有助于带动当地 GDP，从而吸引资本和人才流入（武力超、孙浦阳，2010）。具体到旅游产业领域，加强基础设施建设可以提供便捷的交通和物流，有助于改善游客的交通体验，降低旅行成本，并缩短旅行时间，吸引更多的客流，扩大旅游市场，促进旅游产业结构多元化，进而促进旅游产业结构动态优化。

（2）环境基础设施建设对旅游产业结构动态优化的影响。模型（17）的回归结果显示，环境基础设施对旅游产业结构动态优化具有正向促进作用。当环境基础设施建设强度增加 1%，旅游产业结构动态优化程度增加 0.1309 个百分点。环境基础设施建设状况良好说明地区的自然生态景观得到了有效的保护和改善，有助于开发生态旅游、户外运动、康养旅游等旅游业态，有助于吸引各类游客，提高旅游业的多样性，促进可持续发展。此外，居民开始重视居住环境的质量，也反映了人民生活水平的提高以及经济的快速增长。经济快速增长意味着企业面临着优胜劣汰，旅游产业不得不面临转型升级，从传统的高劳动力低回报的发展方式，转向高生产率的发展方式。因此，环境基础设施建设水平的提高会带动旅游产业结构动态优化。

（3）公共服务基础设施建设对旅游产业结构动态优化的影响。模型（18）解释了公共服务基础设施对旅游产业结构动态优化的影响。估计结果显示公共基础设施的回归系数为 0.0650，说明公共服务基础设施建设水平每增长 1%，旅游产业结构动态优化程度将增加 0.0650%。从需求角度来看，完善的公共服务基础设施，可以确保游客在旅行中感到安全和舒适，提高旅游体验的质量，吸引各类客流，提高旅游业态的多样化程度。从供给角度来看，完善的公共生活服务体系可以改善城市环境，是高新技术产业设立的参考因素，有助于吸引人才和留住人才（王松涛等，2007），也有助于旅游业人力资本的积累，助推旅游产业结构动态优化。

（4）信息基础设施建设对旅游产业结构动态优化的影响。模型（19）度量了信息基础设施对旅游产业结构动态优化的影响。信息基础设施建设水平的回归系数为 0.4005，即信息基础设施建设每增长 1%，旅游产业结构动态优化程度增加 0.4005%。信息基础设施建设水平较高的地区，企业对信息、大数据的利用效率越高，会增加旅游企业的生产绩效（李坤望等，2015），带动高技术高水平低能耗的旅游企业的发展，从而带动劳动力要素从低生产水平的部门向高生产水平部门的迁移，促进产业结构向高级化的方向发展。此外，高技术产业具有高渗透性的特点（孙早和徐远华，2018），信息基础建设比较完善，可以更好地推进信息技术的扩散，从而引导更多的产业提高创新能力，提升生产效率，加速高技术旅游产业和传统旅游产业的融合，促进旅游产业结构持续动态优化。

（5）社会性基础设施建设对旅游产业结构动态优化的影响。模型（20）中社会性基础设施建设水平的回归系数为 0.079，说明社会性基础设施建设强度每增加 1%，旅游产业结构动态优化程度增加 0.079%。其主要原因在于，文化、教育、医疗等社会性服务设施的发展水平决定了地区的吸引力。大学、学校和研究机构等教育设施，可以吸引学生、学者和教育旅游者前来寻求知识、学习新技能或参与学术活动，从而为目的地提供了一个不同于传统旅游的市场。医疗设施，如医院、医疗中心和温泉疗养地，吸引了寻求医疗保健、健康和医疗旅游的人们，拉动当地的住宿、用餐和娱乐需求。会议中心、演出场馆和体育场馆等地方，这些地方可以举办各种文化、社交和娱乐活动，增加了目的地的旅游吸引力，并提高了游客的停留时间和支出水平。因此，社会性基础设施建设体系越完善，越有助于旅游产业结构的动态优化。

研究以系统 GMM 估计结果为基准，对控制变量进行进一步分析，得出以下结论：

第一，固定资产投资对旅游产业结构动态优化的影响均在 1% 的水平上显著为正，说明固定资产投资的增加利于旅游产业结构的动态优化。为了促进国家的经济增长，应对经济危机对产业经济的冲击，政府出台了一系列扩大固定资本存量的政策措施，对固定资产投资规模的扩增起到了导向作用，促进了我国经济增长率的提升，同时也带动了旅游经济增长，有助于旅游产业结构优化。

第二，人力资本对旅游产业结构动态优化的影响显著为正。说明随着国家对教育的重视和投入，受教育人数不断增加，尤其是受到高等教育的人群比例不断提高，从而促使高水平的专业技术型人才不断增加，促进技术不断革新和进步，对于改良甚至优化旅游产业结构起到关键作用。

第三，旅游设施水平在不同的回归模型中回归结果差异较大，但总体对旅游产业结构动态优化具有负向影响。其原因或在于，中国旅游产业在几十年的发展中，依然以传统的景区、旅行社、酒店等业态为主，大规模的旅游固定资产投入也主要集中在这些领域，新兴的业态发展状况欠佳且占比较少，难免会对旅游产业结构动态优化带来一定的羁绊。

五、研究结论

旅游产业结构转型升级是旅游经济内涵式增长的关键。基础设施建设是旅游产业得以发展的基础条件和保障支撑，是影响旅游产业结构的重要因素。本研究主要得出以下结论。

（一）基础设施建设水平总体呈现稳步趋升

从纵向的时间维度来看，总体上我国的基础设施建设水平呈现稳步上升的趋势。其中，交通基础设施建设水平虽然呈现上升的趋势，但是增速较为缓慢；环境基础设施建设水平呈现阶段性的下降或增长的趋势；公共服务基础设施水平保持平稳增长，信息基础设施建设水平的增长最为显著，呈现大幅度上升趋势，而社会性基础设施建设水平的波动比较大。随着我国经济实力的增长以及对外联系密切程度的提高，政府越发重视基础设施建设对国家长远发展的重要性和政治经济意义。交通基础设施的建设由广泛到集中，2005年青藏铁路的全线铺通，是我国铁路建设历史上具有跨时代意义的里程碑式节点，高速铁路的广泛建设及其在技术推动下的运行速度提升，都是交通基础设施不断进步的写照。城镇化水平的提升，标志着公共服务基础设施建设能力的增强，为人民的便捷生活奠定了坚实的基础。信息基础设施的完善和互联网企业的繁荣发展为国家的经济发展注入了新鲜的血液，也为人们的高效率生活提供了载体。

（二）基础设施建设水平空间差异显著

基础设施建设水平的评价结果显示，我国基础设施的建设水平在空间上存在显著差异，并且呈现出沿海地区高于内陆地区、中部地区高于西部地区的特点。其中，信息基础设施建设水平的空间差异最为显著，然后依次为环境基础设施、公共服务基础设施、社会性基础设施、交通基础设施等建设水平的空间差异。基础设施的建设水平和地区经济发展有密切的关系，经济发展水平较高的区域，有更多的资金投入基础设施建设当中，有助于提高地区接待能力，增强产业发展和经济发展能力，进而更加注重基础设施建设。此外，完善的医疗教育、便利的交通、舒适的城市环境、良好的公共服务设施都是吸引优秀人才的重要因素，所以基础设施建设水平的提高，也能反哺当地的经济发展，为地方的旅游发展注入新鲜的血液和动力。因此，基础设施建设的空间差异和地区经济的差异具有一定的相似性。

（三）基础设施建设有利于旅游产业结构动态优化

建设完善的基础设施可以吸引人才流入和资本聚集，带来产品和技术的革新，使旅游企业焕发新的活力，带动旅游产业结构的动态优化。公共服务、环境、社会性基础设施往往代表着地区的接待能力和地区经济发展水平，是人才要素迁移的重要考量因素，也往往有助于资本的低投入高回报。完善的公共服务基础设施、环境基础设施可以降低企业的投资成本以及后期的运营成本，是企业选址的重要依据，是促进产业发展的动力。交通基础设施在一定程度上会带动当地的经济发展，从而带动旅游投资，促进行业优胜劣汰和改革创新，带动旅游产业结构优化升级。信息基础设施建设水平的提升，有助于旅游企业提高创新能力，紧跟时代变化，对产品做出及时的更新和调整，进而促进效益高的旅游部门的市场份额不断提高，带动生产要素向高效率的旅游部门转移，从而推动旅游产业结构的动态优化。

第**8**章

地方政府教育投入
与旅游产业结构动态优化

在现代社会，教育的重要性不言而喻。教育决定了社会的人才体系，为社会发展提供了有力支撑。近年来，各个国家和地区均把教育视作关系国计民生的头等大事，政府在教育方面的投入不断增加，显著促进了人力资本的积累和提升，成为转变产业发展方式和促进经济发展的有效途径。美、英、法、德、日、韩等旅游强国均很重视政府教育投入对产业结构转型升级的战略作用，力图通过教育加快人力资本的积累和提升，进而提高整体经济的增长质量。

"教育与经济增长"这个话题一直受到学界广泛关注。自 Schultz（1961）提出教育投资可以促进经济增长之后，有关教育投入与经济增长的研究持续不断。宏观层面的多数研究表明，教育投入的经济增长效应是存在的（Barro 和 Lee，1993；Mercan 和 Sezer，2014；Syamsul 等，2019），并且因区域和时期不同而存在差异（Collins 等，1996；Sylwester，2000）。宏观层面关于教育投入与经济增长之间长期稳定的均衡关系的发现，引发了我们对教育投入与旅游产业结构优化升级之间关系的思考。

当前，我国旅游产业正处于由大转强、由规模增长向高质量增长转型的攻坚时期。在此背景下，我国政府提出"人才强旅、科教兴旅"战略，试图借助教育投入推动旅游业人力资本的快速积累和劳动力素质提升，促进旅游产业结构转型升级。然而，在我国旅游教育尚不能完全满足旅游业发展的形势之下，政府教育投入通过提升旅游业人力资本来推动旅游产业结构优化升级，或难以一蹴而就。特别是作为正处于转型发展进程中的发展中国家，我国的经济发展阶段、经济结构、科技水平和管理水平使政府教育投入的溢出条件发生改变，政府教育投入是否对旅游产业结构优化升级产生了积极影响？其作用机制是否遵循"教育投入→人力资本→产业结构优化升级"的规律？如果存在这一规律，目前旅游业人力资本的数量和质量是否都发挥了中介效应？作为旅游业人力资本来源之一的旅游院校人力资本在这一过程中又扮演了何种角色？这些问题亟待回答，既有研究却尚未给出答案。

既有研究不乏对旅游产业结构优化升级及其影响因素的探讨，却鲜少关注地方政府教育投入如何影响旅游产业结构优化升级，更少从人力资本理论视角，来探寻地方政府教育投入如何通过旅游业人力资本促进旅游产业结构优化升级。引入旅游院校人力资本，进一步深入分析该作用机制如何变化的实证研究更是尚未出现。如何发挥政府教育投入对转变产业发展方式的作用，从而找出旅游产业结构优化升级的有效路径，亟待重视和深入研究。据此，本研究以教育投入为切入点，探究地方政府的教育投入是否对旅游产业结构的优化升级产生了推动作用，并借鉴人力资本理论，以旅游业人力资本的数量和质量作为中介变量，以旅游院校人力资本作为调节变量，探究政府教育投入对旅游产业结构优化升级的作用机制及其变化。

本研究属于旅游经济学与政府经济学、教育经济学、人力资本理论的交叉领域，主要的边际贡献有：第一，现有政府经济学和教育经济学文献主要集中在宏观层面，缺乏从微观层面对政府教育投入与产业结构转型关系的直接研究。本研究从产业层面提供了发展中国家旅游产业结构优化升级的直接证据，并基于人力资本理论验证了发展中国家旅游产业结构优化升级的有效路径。第二，在研究视角方面，本研究从人力资本的角度识别了旅游产业结构优化升级的作用机制及其变化，为政府更好地利用教育投入提高旅游经济增长质量提供了可能路径。第三，在研究内容方面，本研究为了厘清地方政府教育投入对旅游产业结构优化升级的作用机制，逐步剖析和检验了地方政府教育投入、旅游业人力资本、旅游院校人力资本、旅游产业结构优化升级等变量彼此之间复杂的关系，拓展和深化了该领域研究的内涵和外延。第四，在研究方法方面，本研究不仅建立了简单中介效应模型，还建立了有调节的中介效应模型，在进行逐一分析的同时加强对比分析，为旅游研究中的作用机制研究提供了较好的分析路径。

一、研究进展与机制分析

（一）地方政府教育投入与旅游产业结构动态优化

根据教育与经济增长的关系，既有研究基本认为教育投入对产业发展具有正向积极的影响，尤其对第三产业发展或其增长具有积极作用（梁来存和刘子兰，2011）。鉴于此，有学者进一步分析了教育投入与产业结构之间的关系。Blaug（1970）发现教育投入具有提高人力资源质量进而推动产业结构升级的功能。Xie等（2018）通过回归分析方法发现教育投入能够支持和引导产业结构升级，产业结构升级对教育投入具有反馈和促进作用。基于中国国情，蔡昉和王美艳（2012）以及陈建军和杨飞（2014）提出中国产业结构优化升级的效果取决于教育投入结构与产业结构的动态匹配状况。至于政府教育投入与产业结构之间的关系，邓创和付蓉（2017）证实了财政性教育经费投入对产业结构优化升级的促进作用，但具有门限特征。

综合上述观点，本研究认同政府教育投入对产业发展和产业结构转型升级的积极作用，并进一步认为政府通过教育投入促进了全社会人力资本水平的整体提高，加速了技术创新和生产要素流动，在旅游产业发展过程中起着不可替代的积极作用，为旅游产业结构优化升级提供了直接或间接动力。

（二）地方政府教育投入与旅游业人力资本

教育投入与人力资本的形成和积累有着密切关系。根据人力资本理论，教育是提高人力资本最基本的途径（王鹏飞等，2020）。通过教育，劳动者可以提升综合素质、挖掘自我潜能、最大效用地利用各种资源，从而提升效率和生产率，满足社会发展的需要（谭永生，2006）。据此逻辑，加强教育投入可以提高人力资本水平，这也被中国学者陆续证实。于凌云（2008）发现教育投入较多的地区，其人力资本水平也往往较高。陈斌开等（2010）发现城乡教育经费投入差异导致农村人力资本水平显著低于城镇人力资本水平。

就我国旅游业发展实际来看，地方政府教育投入对旅游业人力资本的影响比较复杂。旅游业的发展壮大为社会提供了大量就业岗位，旅游业从业人数（旅游业人力资本数量）不断增加。与此同时，伴随地方政府教育投入的增加，受教育人口总量也不断增加。因此，地方政府教育投入与旅游业人力资本数量应具有正相关关系。然而，地方政府教育投入与旅游业人力资本质量的关系具有不确定性。旅游业从业人员主要由旅游专业人才和非旅游专业人才组成。由于旅游业的就业门槛较低，旅游业中的多数从业人员，尤其是一线服务人员，往往未接受过旅游专业教育，并且高等旅游院校人才流失极为严重。这导致旅游业从业人员中旅游专业人才的占比较低，中等及以下学历的非旅游专业人才占比较高。另外，非旅游专业的从业人员在旅游业中的就业状况极其不稳定，年均流失率高达 15% 到 40%[①]，这导致旅游业人力资本质量无法保证。据此，本研究推测，地方政府的教育投入对旅游业人力资本质量的提升可能不具有实质影响。

（三）旅游业人力资本与旅游产业结构动态优化

从宏观经济发展到具体产业结构的优化升级，人力资本在产业结构优化升级中扮演着重要角色。人力资本的提升可以带来大量的技术进步与创新，从而推动产业结构的变革与升级，具体表现为：伴随着人力资本水平的提升，各类生产要素在产业间的流动状况得以改善；伴随着人力资本水平的提升，知识外溢效果增强，从而诱发技术创新（Romer，1990）、人力资本存量增加以及技术的引进、转换与吸收（Acemoglu，2003；Ciccone 和 Papaioannou，2009），推动了产业结构的优化升级。当然，人力资本的存量不足和质量低下，可能会造成创新力不足，进而不利于产业结构转型（张勇等，2012）。

根据前文对我国旅游业就业现状的论述，以及旅游教育对旅游产业发展推动不力的现实，本研究认为，即使旅游专业人才在旅游业从业人数中占比较少，我国教育规模扩增所带来的大量非旅游专业人才也能满足旅游业发展需要，即我国旅游业人力资本的基本存量是有保障的，有助于旅游产业结构优化升级。但是，旅游专业人才的较大缺口和旅游从业人员的高流失率，也导致了我国旅游业人力资本质量不稳定，即现有的旅游人力资本质量未能对旅游产业结构优化升级产生积极影响，甚至带来羁绊。

（四）旅游院校人力资本的调节变量性质及其作用

调节变量指可以系统地改变自变量和因变量之间关系强度和形态的变量

[①] 数据源自 2012 年澳门大学亚太经济与管理研究所举办的 "酒店、旅游及会展业——提升高管人才国际竞争力应对全球挑战论坛"。

（Sharma 等，1981）。严格意义上，调节变量是纯调节变量，与自变量和因变量均不相关，但其却与自变量有显著的交互作用。然而，由于各种社会因素之间有着千丝万缕的复杂关系，有些调节变量可能是准调节变量，既与自变量或因变量相关，又与自变量有显著的交互作用。调节变量和准调节变量均可以作为调节变量，但调节机理有所区别，相应的解释也存在差别。

依据变量的特点以及我国地方政府教育投入与旅游教育规模之间存在必然联系的实践状况，本研究将旅游院校人力资本视作准调节变量（与地方政府教育投入存在相关性和交互作用。该交互作用可能会影响地方政府教育投入对旅游产业结构优化升级的作用机制）。此外，虽然地方政府教育投入对旅游业人力资本数量具有积极影响，但旅游院校人力资本可能对旅游业人力资本没有影响。由于旅游学科设置不合理，旅游院校学生数量大大减少，还使学生对专业的认可度低，导致毕业生行业内就业率偏低，企业人才流失严重，造成旅游院校人才供给与旅游产业发展需求的结构性失衡（王金伟，2018）。因此，在地方政府教育投入通过旅游业人力资本推动旅游产业结构优化升级的过程中，旅游院校人力资本的调节作用可能只体现在后半路径上。本研究拟从多角度考察旅游院校人力资本的调节作用，所选表征指标较多，相关的调节机制之间或存在微妙差别。所以，调节方向和调节路径暂不指定。

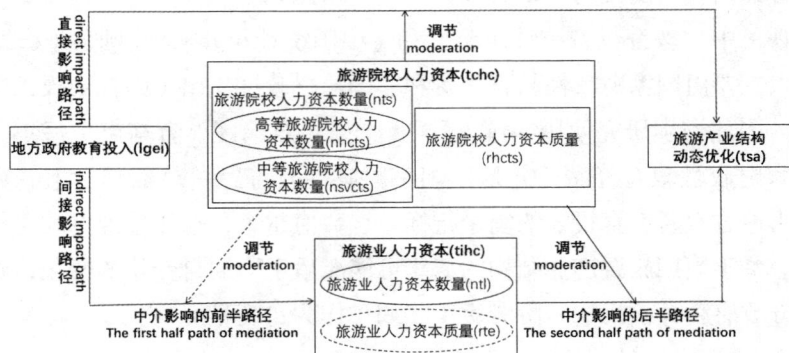

图 8-1　地方政府教育投入对旅游产业结构动态优化作用机制的理论建构
注：实线表示具有实质影响，虚线表示不具有实质影响，下文同。

综合上述理论分析，本研究通过图 8-1 展示了地方政府教育投入通过旅游业人力资本作用于旅游产业结构优化升级的机制，以及旅游院校人力资本对此作用机制的可能调节效应。值得指出的是，鉴于中介变量和调节变量的衡量指标的多样性，以及各衡量指标在直接和间接路径上的复杂调节效应，图8-1未体现这些指标在该作用机制中的具体表现。

二、研究设计

（一）变量选取及衡量指标

1. 因变量

旅游产业结构动态优化是本研究的因变量。其具体含义和测算方法同第4章，在此不再赘述。

2. 核心自变量

地方政府教育投入（local government educational investment，lgei）是核心自变量。教育投入的目的在于培养不同熟练程度的后备劳动力和专门人才，并提高其智力水平，为这一目标付出的人力、物力、财力的货币表现即教育投入（王善迈，1989；靳希斌，1997）。揭辉和王成勇（2019）沿用此观点，提出教育投入即教育投资，指运用到教育活动中的人力、物力、财力投资的总和。借鉴上述观点，本研究认为，地方政府教育投入是地方政府为实现教育目的，向当地教育部门投入的人力、物力和财力的货币总和。

综观《中国教育经费统计年鉴》和《中国统计年鉴》，我国各地方的教育经费投入主要由国家财政性教育经费和非国家财政性支出（即社会投入）两部分组成。因此，本研究使用中国大陆31个省（自治区、直辖市）每年获得的人均国家财政性教育经费（各地区国家财政性教育经费总额与学生总数的比值）作为地方政府教育投入的衡量指标。该数值越大，意味着地方政府教育投入越高。鉴于当期旅游产业结构的变化可能滞后于当期自变量的变化，本研究将取地方政府教育投入的一阶滞后（l.lgei）作为自变量。

3. 中介变量

旅游业人力资本是中介变量。人自身所具备的技能和能力不仅是一种要素禀赋，还可以被看作一种资本。Schultz（1961）在阐述人力资本理论时，提出人力资本指存在于人体之中的具有经济价值的知识、技能和体力（健康状况）等质量因素之和，有别于土地、房屋、货币和设备等有形的物质资本。Becker

（1964）在前人研究基础上，认为人力资本不仅包含知识、才能和技能，还应包括时间、健康和寿命。综合上述研究，我们认为旅游业人力资本是指存在于旅游业从业人员中的具有经济价值的才能、知识、技能、健康、寿命和时间等因素之和。

当前，主流的人力资本测度方法有成本法、收入法和教育存量法 3 种。由于指标数据易得和计算过程简单等特性，教育存量法被学界使用较多（胡鞍钢，2002；赖明勇等，2005；杨建芳等，2006）。教育存量法的理论依据为教育是人力资本形成的最重要元素，教育存量的多少不仅能反映受教育主体的人力资本投入成本，还决定其未来收入水平。但如何测度教育存量，现有研究所选的指标有所差异，有平均受教育年数和总受教育年数，也有成人识字率、入学率、教育健康综合相对数等其他形式的替代指标。然而，受限于数据的可获得性，主流的人力资本测度方法无法较好地应用于旅游人力资本测度。在现有的少数涉及旅游人力资本的测算研究中，刘长生等（2009）采用了受教育年限法，以住宿和餐饮业的就业者受教育程度数据作为替代指标，这或与旅游人力资本实际状况存在一定误差。翁钢民和陈林娜（2014）将旅游业直接从业人员数量做极值化处理后计算出旅游人力资本丰度指数，但该指数只是旅游业从业人员数量的另外一种形态。

综合上述观点和短期内旅游数据匮乏状况无法改变的现实，又希冀可以兼顾旅游业人力资本的数量和质量，本研究将旅游业从业人数（number of tourism labor，ntl）作为旅游业人力资本数量的衡量指标，同时将旅游业职工培训人次占比（ratio of trained employees，rte）作为旅游业人力资本质量的衡量指标。旅游业从业人数越多，表示旅游产业人力资本的数量越多；旅游业职工培训人次占比越高，表示旅游产业人力资本的质量也越高。

4. 调节变量

旅游院校人力资本的数量和质量是本研究的调节变量。根据上文旅游业人力资本的定义，本研究将旅游院校人力资本定义为存在于旅游院校学生中的具有经济价值的才能、知识、技能、健康、寿命和时间等因素之和。旅游院校学生是指高等旅游院校学生和中等职业旅游院校学生[1]。本研究将旅游院

---

① 严格来说，高等院校指旅游高等院校及开设旅游系（专业）的普通高等院校和成人高等院校；中等职业学校指旅游中等专业学校、旅游职业高中及开设旅游专业的其他中等专业学校、职业高中和技校。

校学生数量（number of tourism student，nts）作为旅游院校人力资本数量的衡量指标，将高等旅游院校学生数量在旅游院校学生总数中的占比（ratio of higher colleges' tourism students，rhcts）作为旅游院校人力资本质量的衡量指标。为进一步分析不同层次的旅游院校人力资本数量的调节效应，旅游院校学生数量又进一步细化为高等旅游院校学生数量（number of higher colleges' tourism students，nhcts）和中等职业旅游院校学生数量（number of secondary vocational colleges' tourism student，nsvcts）。

5.控制变量

国内研究者对产业结构的关注度较高，将引发产业结构变动的因素归结为多个方面，如基础设施、固定资本投资、科技创新、产业集群、资源供给、社会需求、产业政策、对外贸易和外商直接投资等（姜泽华和白艳，2006；王兆峰和杨卫书，2008；韩颖和倪树茜，2011；冯芳芳和蒲勇健，2012；梁树广，2014；张翠菊和张宗益，2015）。为避免多重共线性，本研究选取了地方交通基础设施水平（traffic infrastructure，tri）、科技水平（technology level，tel）、旅游固定资本（fixed tourism capital，ftc）、旅游资源禀赋（tourism resource capability，trc）、酒店接待能力（hotel reception capacity，hrc）、旅行社数量（number of travel agency，nta）作为控制变量。其中，交通基础设施水平是复合性指标，包括铁路建设水平、公路建设水平和市内交通状况，分别用铁路网密度、公路网密度[①]和每万人拥有的公共交通数、人均城市道路面积加以表征；地区旅游固定资本用旅游业固定资本数量表征，采用孙盼盼和夏杰长（2014）的方法[②]，由人均旅游固定资产数据转化而得；科技水平从创新产出的角度进行度量，用研究与试验发展人员人均专利授权量表征；地区旅游资源禀赋用对区域旅游吸引力和收入贡献力较大的国家4A级和5A级旅游景区数量表征；酒店接待能力和旅行社数量分别用星级酒店数量加权平均值和旅行社数量的极值处理值表征。

（二）模型设定与估计方法

根据变量和数据情况，本研究通过构建静态面板数据模型，利用地区固定

---

① 铁路网密度和公路网密度，采用 Demurger（2001）的方法，以铁路里程、公路里程与省际区域国土面积之比进行计算。
② 转化步骤：（1）计算基年2000年的固定资本存量，即用当年固定资产原值除以估算的折旧率与旅游经济（旅游总收入）增长率之和；（2）从2001年起，利用永续盘存法计算各年的资本存量。

效应回归方法，达到实证分析目的。该实证检验过程包括两个方面：第一，利用无调节变量的中介效应检验分析地方政府教育投入如何通过旅游业人力资本对旅游产业结构优化升级产生影响；第二，利用有调节变量的中介效应检验分析在旅游院校人力资本的调节下，上述作用机制如何变化。两个方面均包括 3 个步骤和 3 个模型。

1. 无调节的中介效应检验

模型 1：
$$lntsa_{it}=a_0+a_1l.lgei_{it}+a_2X_{it}+f_i+\varepsilon_{it}$$
（8.1）

模型 2：
$$tihc_{it}=\beta_0+\beta_1l.lgei_{it}+\beta_2X_{it}+f_i+\tau_{it}$$
（8.2）

模型 3：
$$lntsa_{it}=\gamma_0+\gamma_1l.lgei_{it}+\gamma_2tihc_{it}+\gamma_3X_{it}+f_i+\varepsilon_{it}$$
（8.3）

半对数模型 1 用于分析地方政府教育投入对旅游产业结构动态优化的总体影响；模型 2 用于考察地方政府教育投入对旅游业人力资本的影响，从而为建立中介效应模型提供支撑；模型 3 用于实证检验和分析地方政府教育投入通过旅游业人力资本对中国旅游产业结构动态优化的作用机制，包含直接路径影响与间接路径影响。

模型 1 至模型 3 中，$lntsa$ 是旅游产业结构动态优化的对数，即因变量；$l.lgei$ 为人均政府教育投入，是核心解释变量；$tihc$ 为旅游业人力资本（tourism industry human capital，tihc），可分别替换为旅游从业人数（ntl）、旅游业职工培训人次占比（rte）以进行不同分析目的的回归分析；X_{it} 为其他控制变量，包括交通基础设施（tri）、科技水平（tel）、旅游固定资本（ftc）、旅游资源禀赋（trc）、酒店接待能力（hrc）、旅行社数量（nta）等；f_i 是地区固定效应，ε_{it}、τ_{it}、ω_{it} 是随机误差；i 表示第 i 个省（自治区、直辖市），t 表示年份；α、β、γ 均为回归系数，当其表现为统计学显著时，说明相应的自变量对因变量具有影响。

根据温忠麟和叶宝娟（2014）提出的中介效应检验流程，当 α_1 表现为统计学显著时，若 β_1 和 γ_2 也均表现为统计学显著，说明中介效应显著；如果 β_1 和 γ_2 至少有一个不显著，则需要对 β_1 和 γ_2 乘积（$\beta_1\times\gamma_2$）的显著性进行 Bootsrap 检验，以进一步确定中介效应是否显著。在中介效应显著的前提下，

如果 γ_1 表现不显著，则此时为完全中介效应，否则为部分中介效应。部分中介效应意味着地方政府教育投入不仅对旅游产业结构具有直接影响（γ_1），还可以通过旅游业人力资本的数量或质量对旅游产业结构优化升级产生间接影响（$\beta_1 \times \gamma_2$）。

2. 有调节的中介效应检验

旅游院校人力资本对上述中介过程的调节主要体现为对直接影响路径、前半中介影响路径、后半中介影响路径的调节。因此，该阶段包括 3 个步骤，依托 3 个模型：

模型 4：
$$lntsa_{it} = \alpha_0 + \alpha_1 l.lgei_{it} + \alpha_2 tchc_{it} + \alpha_3 l.gei_{it} \times tchc_{it} + \alpha_4 X_{it} + f_i + \varepsilon_{it} \qquad (8.4)$$

模型 5：
$$tihc_{it} = \beta_0 + \beta_1 l.lgei_{it} + \beta_2 tchc_{it} + \beta_3 l.gei_{it} \times tchc_{it} + \beta_4 X_{it} + f_i + \tau_{it} \qquad (8.5)$$

模型 6：
$$lntsa_{it} = \gamma_0 + \gamma_1 l.gei_{it} + \gamma_2 tchc_{it} + \gamma_3 l.lgei_{it} \times tchc_{it} + \gamma_4 tihc_{it} + \gamma_5 tchc_{it} + \gamma_6 X_{it} + f_i + \omega_{it} \qquad (8.6)$$

模型 4 用于检验地方政府教育投入对旅游产业结构动态优化的总体影响是否受到旅游院校人力资本的调节；模型 5 用于检验地方政府教育投入对旅游业人力资本的影响是否受到旅游院校人力资本的调节；模型 6 即为有调节的中介效应模型，与模型 5 一起，用于分析旅游院校人力资本对中介过程的调节机制。

模型 5 和模型 6 中，$tchc$ 表示旅游院校人力资本（tourismcollegehumancapital，tchc），可以依据不同分析目的，替代为旅游院校学生人数（nts）、高等旅游院校学生人数（$nhcts$）、中职旅游院校学生人数（$nsvcts$）、高等旅游院校学生占比（$rhtcs$）；$gei \times tchc$ 为地方政府教育投入与旅游院校人力资本的交互项，如果回归系数 α_3 表现为统计学显著，意味着地方政府教育投入对旅游产业结构动态优化的总体影响受到旅游院校人力资本的调节；如果回归系数 γ_3 表现显著，意味着地方政府教育投入对旅游产业结构动态优化的直接影响路径受到调节；如果 β_1 显著且 γ_5 显著，意味着地方政府教育投入对旅游产业结构动态优化的后半中介影响路径受到调节；如果 β_3 显著且 γ_4 显著，意味着地方政府教育投入对旅游产业结构动态优化的前半中介影响路径受到调节；如果 β_3 和 γ_5 均显著，则意味着地方政府教育投入对旅游业产业结构动态优化的中介影响过程的前半路径和后半路径均受到旅游院校人力资本的调节。

（三）数据来源和统计描述

本研究以中国大陆 31 个省（自治区、直辖市）为研究样本，搜集了其从 2000 年至 2015 年的相关数据。数据来源于《中国统计年鉴》《中国教育统计年鉴》《中国旅游统计年鉴》《中国交通年鉴》以及文化和旅游部官方网站统计资料等。具体描述性统计如表 8-1 所示。为排除变量的多重共线性，VIF 值[①]也一同列示于表 8-1。

表8-1　变量含义、描述性统计及VIF值

变量	符号	含义	均值	标准差	最小值	最大值	VIF
因变量	lntsa	旅游产业结构动态优化	−0.614	0.651	−3.868	1.178	/
自变量	l.gei	地方政府教育投入	0.676	0.718	0.0642	5.079	6.06
中介变量	ntl	旅游业人力资本数量	7.876	7.629	0.209	61.44	6.82
	rte	旅游业人力资本质量	1.346	1.072	0.0336	7.656	5.68
调节变量	nts	旅游院校人力资本数量	2.426	2.568	0.018	16.080	6.06
	rhcts	旅游院校人力资本质量	0.577	0.209	0.081	1.000	5.93
	nhcts	高等旅游院校人力资本数量	1.280	1.294	0.009	9.363	8.67
	nsvcts	中职旅游院校人力资本数量	1.182	1.699	0.000	12.670	3.95
控制变量	tri	交通基础设施水平	36.340	20.370	5.640	96.960	9.71
	aftc	人均旅游业固定资本	182.400	125.900	3.619	736.500	7.77
	tel	科技水平	16.940	12.210	1.000	68.000	6.83
	trc	旅游资源禀赋	61.390	42.430	2.000	214.000	4.95
	hrc	酒店接待能力	41.320	42.160	2.000	208.000	9.83
	nta	旅行社数量	0.359	0.252	0.000	1.000	9.14

三、实证结果分析

（一）地方政府教育投入对旅游产业结构动态优化的总体影响

1. 无调节变量下的 OLS 固定效应回归结果

关于政府教育投入对旅游产业结构动态优化的总体影响，本研究首先利用个体固定效应回归方法对模型 1 进行参数估计，相关结果列示为表 8-2 中（1）~（7）。结果显示，无论是否纳入控制变量，地方政府教育投入均对旅游产业结构动态优化存在显著的正向促进作用，证实了上文的理论分析。我国

[①]　本研究采用方差扩大因子（variance inflation factor，VIF）进行变量共线性检验。当 VIF 值大于 10 时，就认为变量之间具有强烈的多重共线性，不能接受。VIF 值小于 10，说明变量之间共线性低，可以接受。

对公共教育投入巨大，自 2012 年中国实现公共教育投资占国内生产总值比重达到 4% 以上的目标以来，教育经费投入的数值逐年不断增加。2018 年，全国教育经费总投入为 46143 亿元，国家财政性教育经费为 36995.77 亿元，占 GDP 比例为 4.11%，这些投入有效地促进了旅游产业结构的动态优化。

表8-2　地方政府教育投入对旅游产业结构动态优化的总体影响（无调节变量OLS回归）

变量	（1）lntsa	（2）lntsa	（3）lntsa	（4）lntsa	（5）lntsa	（6）lntsa	（7）lntsa
l.gei 地方政府教育投入	0.630*** （0.085）	0.380*** （0.089）	0.095 （0.065）	0.165** （0.077）	0.062 （0.064）	0.083 （0.064）	0.087** （0.042）
tri 交通基础设施		0.021*** （0.003）	0.019*** （0.003）	0.015*** （0.003）	0.017*** （0.002）	0.015*** （0.003）	0.017*** （0.002）
aftc 人均旅游固定资本			0.002*** （0.000）	0.002*** （0.000）	0.002*** （0.000）	0.002*** （0.000）	0.002*** （0.000）
tel 技术水平				0.005 （0.004）	0.007* （0.004）	0.007* （0.004）	0.006*** （0.002）
trc 旅游资源禀赋					−0.001 （0.001）	−0.001 （0.001）	−0.001 （0.001）
hrc 酒店接待能力						0.003* （0.001）	0.002** （0.001）
nta 旅行社数量							−0.964*** （0.297）
Constant	−0.998*** （0.057）	−1.693*** （0.099）	−1.727*** （0.092）	−1.747*** （0.089）	−1.739*** （0.084）	−1.818*** （0.109）	−1.523*** （0.112）
Observations	465	465	465	465	465	465	465
R-squared	0.461	0.604	0.688	0.653	0.694	0.699	0.706
个体效应	控制	控制	控制	控制	控制	控制	控制

注：（1）*、**、***分别表示在10%、5%、1%的显著水平上显著；（2）括号内的值为标准误。

控制变量回归系数的估计结果显示，基础设施、旅游业固定资本、技术水平、酒店接待能力对旅游产业结构优化升级的影响也均为正向积极的。这说明，基础设施越发达、固定资本投入越多、技术越发达、接待能力越强的地区，其旅游产业结构也更加优化。这与既有的许多研究结果一致（Krugman，1991；Antonelli，2006）。然而，值得注意的是，旅游资源禀赋的回归系数为正却在统计学上不显著，说明旅游资源禀赋对旅游产业结构优化升级不存在影响。从现实和数据中寻找可能的解释，本研究认为代表旅游资源禀赋的高级别景区建设周期均较长，相关指标变化幅度小，在短时间内不足以推动旅游产业结构动态优化。较之于景区，旅行社的成立和建设对市场的反应较为灵活，短时间的数量变动与旅游产业结构变动具有较密切的关系。但是，旅行社数量的回归系数为负，说明旅行社数量的增加，易导致旅游产业结构部门比例不合理，不利于旅游产业内部资源和要素的合理配置，会对旅游产业结构优化升级造成羁绊。

2. 无调节变量下的工具变量两阶段最小二乘（IV 2SLS）估计结果

内生性问题可能导致本研究计量模型的参数估计结果有偏和不一致。一方面，虽然我们已经控制了一些影响中国地方政府教育投入和旅游产业结构动态优化之间关系的重要变量，但仍可能遗漏了某些其他重要的解释变量；另一方面，中国地方政府教育投入和旅游产业结构动态优化之间可能存在反向因果的关系，也会导致估计结果有偏和不一致。因此，我们在实证分析中国地方政府教育投入对旅游产业结构动态优化的影响时，必须考虑内生性的问题。

控制内生性问题的一个通常做法是寻找一个与政府教育投入一阶滞后相关但独立于中国旅游产业结构动态优化的工具变量（Instrumental variable，IV），并进行相关估计。为此，本研究选取 2000—2015 年中国各地区中、小学生人均教育经费的一阶滞后（l.pjsf, l.ppsf）作为工具变量。选择以上两个工具变量的原因如下：一方面，地方中、小学生人均教育经费代表了地方教育事业的总体投入状况，必然也与地方政府的教育投入密切相关，也将对地方政府的教育投入变化产生影响；另一方面，虽然地方中、小学生的人均教育经费对人才培养质量有影响，进而对社会发展和各行各业发展产生影响，但这个影响是间接且滞后的，对当期前后短时间内的旅游产业结构变迁的影响甚微。因此，本研究的工具变量满足外生性及与内生变量相关的要求，是合理的工具变量。表8-3的外生性和相关性检验也表明，本研究工具变量回归结果是有效和稳健的。

与此同时，本研究给出了地方政府教育投入的工具变量估计第一阶段的回归结果（表8-3）。可以看出，小学生人均教育经费和初中生人均教育经费与同期人均地方政府教育投入呈显著相关，进一步说明了工具变量选取的合理性。

工具变量两阶段最小二乘（IV 2SLS）估计结果进一步表明，一个地方的人均政府教育投入越高，该地方的旅游产业结构的动态优化程度就越高，说明地方政府教育投入确实能够显著促进中国旅游产业结构的动态优化，这与上文中固定效应回归结果一致。其他控制变量对旅游产业结构动态优化的影响也与OLS回归结果基本一致。

3. 有调节变量下的OLS回归结果

根据上文检验结果，我们基本排除了内生性对后续检验结果的影响。为此，我们继续基于个体固定效应回归方法，对纳入调节变量的模型4进行回归，结果列示于表8-4第（1）~（4）列。

表8-3　地方政府教育投入对旅游产业结构动态优化的影响（无调节变量IV 2SLS回归）

变量	IV估计结果	IV第一阶段估计结果
	lntsa	*l.gei*
l.gei 地方政府教育投入	0.117*** （0.037）	
tri 交通基础设施	0.010*** （0.001）	0.002*** （0.000）
aftc 人均旅游固定资本	0.002*** （0.000）	0.000*** （0.000）
tel 技术水平	0.012*** （0.002）	−0.006*** （0.001）
trc 旅游资源禀赋	−0.000 （0.001）	−0.001** （0.000）
hrc 酒店接待能力	0.004*** （0.001）	0.000 （0.000）
nta 旅行社数量	−0.576*** （0.100）	0.003 （0.047）
l.ppsef 中学生人均教育经费		1.095*** （0.075）
l.pjsef 小学生人均教育经费		0.226*** （0.042）
Constant	−1.582*** （0.036）	−0.024*** （0.017）
R−squared	0.7648	0.9595
Observations	465	465
个体效应	控制	控制
外生性检验	12.7941（0.0003）	
	12.9014（0.0003）	
相关性检验	1591.67（0.0000）	

注：（1）*、**、***分别表示在10%、5%、1%的显著水平上显著；（2）括号内的值为标准误。

表8-4 地方政府教育投入对旅游产业结构动态优化的总体影响（有调节变量OLS回归）

变量	（1）lntsa	（2）lntsa	（3）lntsa	（4）lntsa
l.gei 地方政府教育投入	0.137** （0.062）	0.327** （0.135）	0.209*** （0.057）	0.091 （0.060）
nts 旅游院校人力资本数量	0.036** （0.016）			
c. l.gei#c.nts 交互项1	−0.060** （0.023）			
rhcts 旅游院校人力资本质量		0.225* （0.128）		
c. l.gei#c.rhcts 交互项2		−0.294** （0.134）		
nhcts 高等旅游院校人力资本数量			0.077** （0.030）	
c. l.gei#c.nhcts 交互项3			−0.144*** （0.031）	
nsvcts 中职旅游院校人力资本数量				0.017 （0.015）
c. l.gei#c.nsvcts 交互项4				−0.018 （0.036）
tri 交通基础设施	0.017*** （0.002）	0.016*** （0.002）	0.016*** （0.002）	0.017*** （0.002）
aftc 人均旅游固定资本	0.002*** （0.000）	0.002*** （0.000）	0.002*** （0.000）	0.002*** （0.000）
tel 技术水平	0.007** （0.003）	0.007* （0.003）	0.007** （0.003）	0.006* （0.003）
trc 旅游资源禀赋	0.001 （0.001）	−0.001 （0.001）	0.001 （0.001）	−0.000 （0.001）
hrc 酒店接待能力	0.001 （0.002）	0.002 （0.002）	0.001 （0.002）	0.002 （0.002）
nta 旅行社数量	−0.803 （0.475）	−0.908* （0.494）	−0.611 （0.437）	−0.971* （0.491）
Constant	−1.578*** （0.193）	−1.634*** （0.207）	−1.641*** （0.173）	−1.521*** （0.203）
Observations	465	465	465	465
R−squared	0.714	0.710	0.722	0.707
个体效应	控制	控制	控制	控制

注：（1）*、**、***分别表示在10%、5%、1%的显著水平上显著；（2）括号内的值为标准误。

结果显示，旅游院校人力资本数量、旅游院校人力资本质量、高等旅游院校人力资本数量与地方政府教育投入的交互项1、交互项2、交互项3的回归系数均为负，且均表现为统计学显著。这说明伴随旅游院校人力资本数量和高等旅游院校人力资本数量的增加以及旅游院校人力资本质量的提升，地方政府教育投入对旅游产业结构动态优化的促进作用会有所减弱。可能的解释是，（高等）旅游院校人力资本与地方政府教育投入之间存在一种负向交互作用，而这种负相关性导致地方政府教育投入对旅游产业结构动态优化的作用力度发生变化。联系中国旅游专业教育改革实践来看，近些年来教育改革所导致的部分地区旅游院校和旅游专业学生数量不稳定甚至减少，而地方政府教育投入逐年上升，不难推测这种负向关系的存在[①]。此外，中职旅游院校人力资本数量及其与地方政府教育投入的交互项 4 均不显著，说明在地方政府教育投入对旅游产业结构优化升级的总体影响中，中职旅游院校人力资本数量不具有调节效应，这可能与我国中职旅游教育水平较低有关。

（二）地方政府教育投入对旅游业人力资本的影响

采用固定效应回归方法对模型 2 和模型 5 进行估计，结果列示于表 8-5 中第（1）~（6）列。结果显示，无论是否存在旅游院校人力资本的调节，地方政府教育投入对旅游业人力资本数量的回归系数均为正且表现为统计学显著，对旅游业人力资本质量的回归系数为正却在统计学上不显著，表明地方政府教育投入的增加有助于旅游业人力资本数量的增加，却未对旅游业人力资本质量提升产生影响。其原因可能是：一方面，伴随我国地方政府教育投入的增加，受教育人口数量增多，能够满足日益壮大的旅游业对劳动力的需求；另一方面，我国旅游业从业人员以中等及以下学历的非旅游专业人员居多，其就业状况不稳定，旅游业人力资本质量得不到保障，导致地方政府教育投入未能对旅游业人力资本质量产生影响。

纳入调节变量旅游院校人力资本之后，如表 8-5 第（3）~（6）列结果显示，旅游院校人力资本数量、高等旅游院校人力资本数量、中职旅游院校人力资本数量、旅游院校人力资本质量的回归系数均表现为统计学不显著，说明旅游院校人力资本数量和质量对旅游业人力资本数量和质量没有影响。结果还显示，高等旅游院校人力资本数量与地方政府教育投入的交互项 2 的回归系数表现为统计学显著为负，说明随着高等旅游院校人力资本数量的增多，地方政府

---

① 本研究对地方政府教育投入与旅游院校人力资本的相关性进行了回归分析，回归系数确实为负，证实了这种推测。限于篇幅，不在文中体现。如有需要，可以联系作者求证。

教育投入对旅游业人力资本数量的正向促进作用会减弱。这种结果或由我国旅游院校人才的地区性供需矛盾持续高企导致。当地高等旅游院校培养出来的多数专业人才毕业之后，直接选择其他行业就业的比例高达70%，或半途跳槽至其他行业（吴巧红，2004），致使当地旅游行业高学历人力资本流失严重，高等旅游人才供需错位，无法满足旅游业实践需求。高等旅游院校的专业学位研究生毕业后从事旅游行业工作的更是凤毛麟角（谢朝武，2008）。因此，高等旅游院校人力资本未对旅游业专业人力资本积累形成实质性影响，从而使地方政府教育投入对旅游业人力资本的积极影响受到限制。

表8-5　地方政府教育投入对旅游业人力资本的影响

变量	（1）	（2）	（3）	（4）	（5）	（6）
	无调节		有调节			
	ntl	*rte*	*ntl*	*ntl*	*ntl*	*rte*
l.gei 地方政府教育投入	2.444** （1.009）	0.054 （0.269）	2.363** （0.899）	2.978** （1.116）	2.146** （0.868）	0.417 （0.502）
nts 旅游院校人力资本数量			−0.133 （0.287）			
c.l.gei#c.nts 交互项1			−0.500 （0.324）			
nhcts 高等旅游院校学生数量				−0.066 （0.280）		
c.l.gei#c.nhcts 交互项2				−0.931** （0.434）		
nsvcts 中职旅游院校学生数量					−0.216 （0.465）	
c.l.gei1#c.nsvcts 交互项3					−0.321 （0.503）	
rhcts 旅游院校人力资本质量						−0.075 （0.392）
c.l.gei#c.rhcts 交互项4						−0.412 （0.363）
tri 交通基础设施	0.058 （0.034）	0.029** （0.012）	0.071* （0.040）	0.029** （0.011）	0.065* （0.038）	0.064* （0.036）
aftc 人均旅游固定资本	−0.024*** （0.007）	0.004*** （0.001）	−0.022*** （0.006）	0.004*** （0.001）	−0.024*** （0.007）	−0.023*** （0.007）

（续表）

变量	（1）	（2）	（3）	（4）	（5）	（6）
	无调节		有调节			
	ntl	*rte*	*ntl*	*ntl*	*ntl*	*rte*
tel 技术水平	0.029 （0.056）	−0.003 （0.005）	0.037 （0.054）	−0.003 （0.006）	0.038 （0.055）	0.031 （0.055）
trc 旅游资源禀赋	−0.007 （0.013）	−0.006* （0.003）	0.005 （0.009）	−0.006* （0.004）	0.005 （0.009）	−0.004 （0.011）
hrc 酒店接待能力	0.036 （0.032）	−0.001 （0.003）	0.035 （0.033）	−0.001 （0.003）	0.032 （0.033）	0.037 （0.032）
nta 旅行社数量	−8.279 （6.490）	−1.072 （0.942）	−4.537 （4.230）	−0.946 （0.875）	−4.083 （4.277）	−7.255 （5.660）
Constant	9.246** （4.005）	0.209 （0.258）	7.690** （2.878）	0.182 （0.254）	7.521** （2.961）	8.839** （3.611）
Observations	465	465	465	465	465	465
R−squared	0.226	0.410	0.265	0.417	0.257	0.244
个体效应	控制	控制	控制	控制	控制	控制

注：（1）*、**、***分别表示在10%、5%、1%的显著水平上显著；（2）括号内的值为标准误。

（三）地方政府教育投入对旅游产业结构动态优化的中介影响机制

对简单中介效应模型3和有调节的中介效应模型6的估计结果列示于表8-6。第（1）、（2）列的简单中介效应模型估计结果显示：第一，纳入中介变量旅游业人力资本数量之后，地方政府教育投入的系数不再显著，旅游业人力资本数量的回归系数显著为正，说明旅游业人力资本数量的中介效应显著，且为完全中介效应，地方政府教育投入可以通过促进旅游业人力资本数量增加来间接促进旅游产业结构动态优化。第二，纳入中介变量旅游业人力资本质量之后，地方政府教育投入的回归系数依然显著为正，旅游业人力资本质量的回归系数却不显著，进一步利用 Bootstrap 进行检验，结果显示 β_1 和 γ_2 的乘积在 5% 水平上依然不显著，故旅游业人力资本质量的中介效应不显著，意味着地方政府教育投入不能通过提升旅游业人力资本的质量来促进旅游产业结构动态优化。第三，纳入旅游业人力资本之后，地方政府教育投入的回归系数变化不大，说明旅游业人力资本的中介效应较小，尚未能在地方政府教育投入对旅游产业结构动态优化的影响过程中产生较大作用。

第（3）～（6）列的有调节的中介效应模型估计结果显示：第一，所有调节变量（除中职旅游院校人力资本之外）与地方政府教育投入的交互项的回归系数在 1% 水平上显著为负，同时地方政府教育投入的回归系数也表现显著，说明旅游院校人力资本数量、高等旅游院校人力资本数量、旅游院校人力资本质量均对直接影响路径具有调节作用。换言之，旅游院校人力资本数量越多、质量越高，高等旅游院校人力资本数量越多，地方政府教育投入对旅游产业结构动态优化的直接性的积极影响就越小。这与上文所提到的旅游专业人才供需错位所导致的地方政府教育投入与旅游院校人力资本的负向关系有关。第二，调节变量旅游院校人力资本数量纳入之后，地方政府教育投入对旅游业人力资本数量（模型 5 和表 8-5）影响表现为统计学显著，同时旅游人力资本数量与旅游业人力资本数量的交互项 2（模型 6 和表 8-6）也表现为统计学显著，说明旅游院校人力资本数量仅对中介过程的后半路径具有调节效应；高等旅游院校人力资本数量纳入之后，地方政府教育投入及其与高等旅游院校人力资本数量的交互项均对旅游业人力资本数量（模型 5 和表 8-5）影响表现为统计学显著，同时高等旅游院校人力资本数量与旅游业人力资本数量的交互项 2（模型 6 和表 8-6）也表现为统计学显著，说明高等旅游院校人力资本数量对中介过程的前、后路径均具有调节效应；调节变量旅游院校人力资本质量和中职旅游院校人力资本数量纳入之后，不满足上文模型设定部分对有调节的中介效应的任何判定规则，即二者对中介过程不存在调节效应。第三，在旅游院校人力资本数量和高等旅游院校人力资本数量的调节下，地方政府教育投入对旅游产业结构动态优化的影响机制转变为直接和间接影响兼具，再次说明中国旅游院校人力资本仅仅在数量层面可以对地方政府与旅游产业结构动态优化之间的关系有所影响。此外，各调节变量（中职旅游院校人力资本数量除外）纳入之后，地方政府教育投入对旅游产业结构动态优化的促进作用有所增强，但由于旅游院校人力资本对中介效应过程的负向调节，该促进作用力度会逐渐减弱。第四，值得指出的是，调节变量旅游院校人力资本数量和高等旅游院校人力资本数量对旅游产业结构动态优化的影响显著且为正，这意味着旅游院校人力资本数量和高等旅游院校人力资本数量的增加有助于旅游产业结构动态优化。那么，如何寻找一个合适的（高等）旅游院校人力资本数量，给旅游产业结构优化升级带来积极影响的同时，避免地方政府教育投入对旅游产业结构优化升级的促进作用力度减弱，是值得进一步探讨的问题。

表8-6　地方政府教育投入对旅游产业结构动态优化的中介影响机制

变量	（1）	（2）	（3）	（4）	（5）	（6）
	无调节		有调节			
	lntsa	*lntsa*	*lntsa*	*lntsa*	*lntsa*	*lntsa*
l.gei 地方政府教育投入	0.061 （0.043）	0.085** （0.042）	0.124* （0.066）	0.181*** （0.059）	0.071 （0.063）	0.316** （0.137）
ntl 旅游业人力资本数量	0.010** （0.004）		0.011** （0.005）	0.009* （0.005）	0.012* （0.006）	
rte 旅游业人力资本质量		0.032 （0.021）				0.010 （0.064）
nts 旅游院校人力资本数量			0.067*** （0.022）			
c. l.gei#c.nts 交互项1			−0.050** （0.021）			
c.ntl#c.nts 交互项2			−0.003** （0.001）			
nhcts 高等旅游院校人力资本数量				0.113*** （0.033）		
c. l.gei#c.nhcts 交互项3				−0.117*** （0.031）		
c.ntl#c.nhcts 交互项4				−0.005* （0.003）		
nsvcts 中职旅游院校人力资本数量					0.045 （0.039）	
c.l.gei#c.nsvcts 交互项5					−0.013 （0.035）	
c.ntl#c.nsvcts 交互项6					−0.002 （0.003）	
rhcts 旅游院校人力资本质量						0.191 （0.193）
c. l.gei#c.rhcts 交互项7						−0.285** （0.134）
c.rte#c.rhcts 交互项8						0.030 （0.106）
tri 交通基础设施	0.016*** （0.002）	0.016*** （0.003）	0.016*** （0.002）	0.016*** （0.002）	0.016*** （0.002）	0.015*** （0.002）

（续表）

变量	（1）	（2）	（3）	（4）	（5）	（6）
	无调节		有调节			
	lntsa	*lntsa*	*lntsa*	*lntsa*	*lntsa*	*lntsa*
aftc 人均旅游固定资本	0.002*** （0.000）	0.002*** （0.000）	0.002*** （0.000）	0.002*** （0.000）	0.002*** （0.000）	0.002*** （0.000）
tel 技术水平	0.006*** （0.002）	0.006*** （0.002）	0.006* （0.003）	0.006** （0.003）	0.006 （0.003）	0.007* （0.003）
trc 旅游资源禀赋	−0.000 （0.001）	−0.000 （0.001）	0.001 （0.001）	0.001 （0.001）	−0.000 （0.001）	−0.001 （0.001）
hrc 酒店接待能力	0.002* （0.001）	0.002** （0.001）	0.001 （0.002）	0.001 （0.002）	0.002 （0.002）	0.002 （0.002）
nta 旅行社数量	−0.878*** （0.298）	−0.930*** （0.297）	−0.701 （0.455）	−0.510 （0.422）	−0.883* （0.487）	−0.875* （0.488）
Constant	−1.619*** （0.119）	−1.530*** （0.112）	−1.693*** （0.194）	−1.745*** （0.179）	−1.629*** （0.208）	−1.623*** （0.223）
Observations	465	465	465	465	465	465
R-squared	0.710	0.708	0.721	0.728	0.712	0.712
个体效应	控制	控制	控制	控制	控制	控制

注：（1）*、**、***分别表示在10%、5%、1%的显著水平上显著；（2）括号内的值为标准误。

（四）影响机制的稳健性检验

在研究分析了地方政府教育投入对于旅游产业结构动态优化的影响机制之后，本研究主要采用因变量数据标准化和缩尾排除异常值的方法进一步检验影响机制的稳健性。鉴于调节变量纳入前后影响机制没有显著性改变，在此，我们主要针对纳入调节变量之后的影响机制进行稳健性检验。回归结果列示于表8-7。对比表8-6和表8-7，不难发现各变量的回归系数及其显著性未有显著差异。因此，本研究上述一系列实证分析是稳健的。

通过上述分析，本研究将验证后的地方政府教育投入对旅游产业结构动态优化的影响机制及其在调节变量下的变化总结为图8-2。图中虚线表示该路径的影响不存在。此外，由于旅游业人力资本质量的中介效应不显著，且该效应在调节变量纳入前后未有变化，因此该图主要围绕旅游业人力资本数量而绘制。

表8-7 地方政府教育投入对旅游产业结构动态优化的中介影响机制稳健性检验

变量	因变量数据标准化					缩尾1%		
	lntsa	lntsa	lntsa	lntsa	lntsa	lntsa	lntsa	lntsa
l.gei 地方政府教育投入	0.130* (0.070)	0.191*** (0.060)	0.068 (0.067)	0.305** (0.146)	0.165*** (0.061)	0.206*** (0.060)	0.114* (0.060)	0.314** (0.127)
ntl 旅游业人力资本数量	0.012** (0.005)	0.009* (0.005)	0.013* (0.006)		0.011* (0.007)	0.010* (0.006)	0.011* (0.008)	
rte 旅游业人力资本质量				0.183 (0.210)				0.176 (0.189)
nts 旅游院校人力资本数量	0.077*** (0.024)				0.072*** (0.021)			
c.l.gei#c.nts 交互项1	-0.060** (0.023)				-0.047** (0.020)			
c.ntl#c.nts 交互项2	-0.003** (0.001)				-0.004*** (0.001)			
nhcts 高等旅游院校人力资本数量		0.124*** (0.035)				0.117*** (0.032)		
c.l.gei#c.nhcts 交互项3		-0.132*** (0.033)				-0.111*** (0.031)		
c.ntl#c.nhcts 交互项4		-0.005* (0.003)				-0.006** (0.003)		

（续表）

变量	因变量数据标准化				缩尾1%			
	lntsa	*lntsa*	*lntsa*	*lntsa*	*lntsa*	*lntsa*	*lntsa*	*lntsa*
nsvcts 中职旅游院校人力资本数量			0.056 （0.045）				0.057 （0.041）	
c.l.gei#c.nsvcts 交互项5			-0.021 （0.039）				-0.016 （0.036）	
c.ntl#c.nsvcts 交互项6			-0.003 （0.003）				-0.003 （0.003）	
rhcts 旅游院校人力资本质量				-0.273* （0.147）				-0.249* （0.126）
c.l.gei#c.rhcts 交互项7				0.019 （0.069）				0.013 （0.064）
c.rte#c.rhcts 交互项8				0.017 （0.117）				0.026 （0.103）
Constant	-1.602*** （0.210）	-1.661*** （0.196）	-1.529*** （0.226）	-1.512*** （0.244）	-1.687*** （0.193）	-1.758*** （0.178）	-1.620*** （0.203）	-1.621*** （0.220）
Observations	465	465	465	465	465	465	465	465
R-squared	0.707	0.714	0.696	0.695	0.729	0.736	0.719	0.719
个体效应	控制	控制	控制	控制	控制	控制	控制	控制

注：（1）*、**、***分别表示在10%、5%、1%的显著水平上显著；（2）括号内的值为标准误。

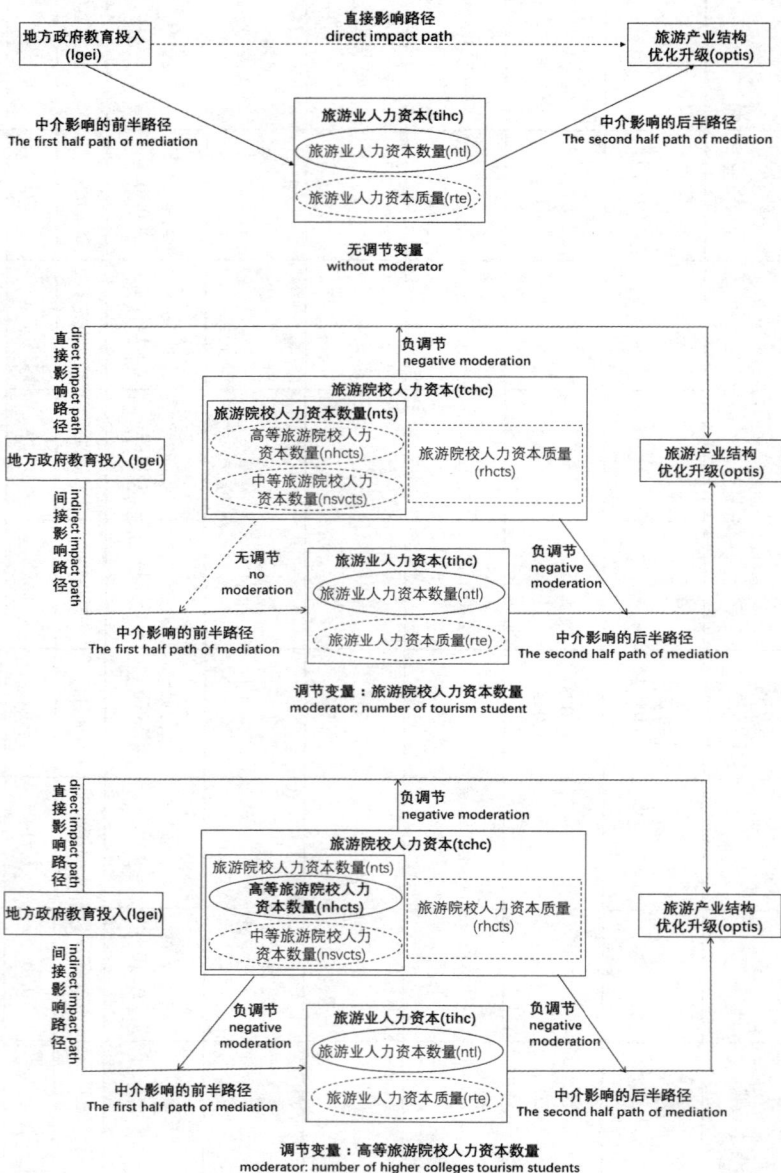

图 8-2　地方政府教育投入对旅游产业结构动态优化的影响机制及其变化（实证识别）

四、研究结论

响应"人才强旅、科教兴旅"战略，增加政府教育投入，促进旅游业人力资本提升和积累，推动旅游产业结构优化升级，是实现中国旅游业持续高质量发展的必然选择。鉴于此，本研究以中国大陆31个省（自治区、直辖市）为研究对象，利用2000—2015年的面板数据，结合我国旅游业发展现状，探究了地方政府教育投入如何通过旅游业人力资本对旅游产业结构动态优化产生影响，并进一步将旅游院校人力资本数量、高等旅游院校人力资本数量、中职旅游院校人力资本数量、旅游院校人力资本质量作为旅游院校人力资本的替代变量，考察在旅游院校人力资本的调节作用之下，地方政府教育投入对旅游产业结构动态优化的影响机制的变化。

本研究表明：第一，总体上，地方政府教育投入对旅游产业结构的动态优化具有显著的积极影响，却受到旅游院校人力资本数量和质量，以及高等旅游院校人力资本数量的负向调节；第二，地方政府教育投入可以促进旅游业人力资本数量的增加，却未能对旅游业人力资本质量提升产生影响，该影响并未因调节变量而改变；第三，在地方政府教育投入对旅游产业结构动态优化的影响机制中，旅游业人力资本数量充当完全中介，旅游业人力资本质量的中介效应不显著，即地方政府教育投入可以通过旅游业人力资本数量的增加来间接推动旅游产业结构动态优化，却不能通过促进旅游业人力资本质量提升来推动旅游产业结构动态优化；第四，调节变量中，旅游院校人力资本数量和高等旅游院校人力资本数量具有调节效应，前者对中介效应过程的后半路径具有负向调节作用，后者对中介效应过程的前、后路径均具有负向调节作用，导致地方政府教育投入对旅游产业结构动态优化的影响机制由单一的间接影响转变为直接和间接影响兼具；第五，调节变量旅游院校人力资本质量和中职旅游院校人力资本数量不具有调节效应，且均未改变原有的影响机制；第六，在各调节变量（中职旅游院校人力资本除外）的调节下，地方政府教育投入对旅游产业结构动态优化的促进作用有所增强，但由于中介效应过程受到负向调节影响，该促进作用力度会逐渐减弱；第七，比较回归系数的大小，不难发现地方政府教育投入对旅游产业结构动态优化的直接影响程度大于间接影响程度。

第9章

地方政府研发投入
与旅游产业结构动态优化

人类历史本质上是一部技术创新推动下的产业革命发展史。特定领域的重大技术创新会促进新兴产业快速成长，带来主导产业的接续更替（马文君和蔡跃洲，2020），导致产业结构发生改变。政府则在科学技术日新月异的快速进步中扮演着重要角色。各国政府均采取了多种措施对研发（research and development，R&D）投入进行资助，如对企业研发活动提供财政资助和税收优惠政策，为科研机构和高校研发活动提供资金。中国政府自20世纪90年代实施科教兴国战略以来，为技术创新提供了巨大支持，研发活动经费支出的同比增速甚至高于同期的GDP增长速度（肖文和林高榜，2014）。与此同时，中国技术水平获得长足提升，农业、工业和服务业在国民经济中的占比发生变化，国家整体产业结构显著改变。在此过程中，旅游业也快速发展，成为国家战略性支柱产业之一。酒店、景区、旅行社等传统旅游业态被新兴技术重塑，以智慧旅游为代表的各种新兴业态蓬勃兴起（夏杰长和肖宇，2019），旅游产业结构不断变迁，对经济发展的综合影响日益加大。因此，地方政府研发投入是影响旅游产业结构动态优化的根本动力之一。

不难推测，政府研发投入、技术水平和旅游产业结构变迁之间可能存在着一定的因果关系，且技术创新或在此因果机制中扮演着重要角色。一方面，地方政府研发投入是政府主导规划下的综合性投入，含有资金、项目和人力等，对产业结构转型具有导向作用，也应对旅游产业结构动态优化具有一定影响；另一方面，地方政府研发投入还可以改善技术创新环境和提高技术创新水平，进而对旅游产业结构产生间接影响。与此同时，地方政府研发资金在工业企业、科研机构、高校上的配置差异，却可能制约着技术创新效率和旅游产业结构转型升级。所以，厘清地方政府研发投入、技术创新和旅游产业结构动态优化之间的因果关系和传递机制，对中国旅游产业提质增效和实现可持续性高质量发展，具有重要的实际意义。

目前学界已经在政府研发投入与产业结构之间的关系上做了有益的研究尝试，但尚未关注地方政府研发投入对旅游产业结构优化升级的影响。然而，现有多数研究主要聚焦在政府研发投入和产业结构（宋凌云和王贤彬，2013；唐清泉和李海威，2011）、技术创新和产业结构（樊琦和韩民春，2011）、政府研发投入与技术创新（安同良等，2009；杨洋等，2015）等两两相关的分析上，偶有研究（郑丽华，2019）分析三者之间的关系。已有研究也很少深入具体的产业层面上探究地方政府研发投入及其流向对某个产业结构优化升级的影响，以及不同时期的技术创新在地方政府研发投入及其三个流向对产业结构优化升级影响中的中介效应，遑论对政府研发投入、技术创新、旅游产业结构优化升级之间的因果关系进行综合性的深入研究。此外，虽然学术界对旅游产业结构的影响因素进行了诸多分析（王兆峰，2009；王云龙，2012；田纪鹏等，2015），但是也忽视了政府研发投入与旅游产业结构之间的关系。那么，地方政府研发投入及其主要流向（工业企业、科研机构、高校）对旅游产业结构动态优化是否具有影响？该影响机制是怎样的？不同阶段技术创新在其中又扮演什么角色？这些问题尚需要深入的理论探索和实证分析。

本研究以解决上述问题为目标导向，逐一梳理既有研究在政府研发投入、技术创新与产业结构等方面的逻辑共识和争议，提出并预判地方政府研发投入、技术创新与旅游产业结构动态优化之间的可能关系。然后，本研究收集和整理了 2000—2015 年中国大陆 31 个省（自治区、直辖市）的旅游业数据，测算了旅游产业结构高级化水平，以其作为地区旅游产业结构动态优化程度的衡量指标。在此基础之上，结合中国大陆 31 个省级政府总研发投入及其流向数据和技术创新数据，建立面板数据模型，实证检验地方政府研发投入及其流向对旅游产业结构动态优化的驱动作用。更进一步地，结合中介效应模型，探讨前、中、后期阶段的技术创新在地方政府研发投入及其流向对旅游产业结构动态优化影响机制中的中介效应，并通过引入地方政府研发总投入进行了稳健性检验。

　　较之于已有的研究成果，本研究可能的研究贡献主要体现在：第一，从选题和研究内容来看，在可知的文献范围内，本研究应是第一篇直接关注地方政府研发投入如何通过技术创新对旅游产业结构动态优化产生影响的文章，有助于弥补既有研究中的这一不足，也拓宽了与政府行为、技术创新和产业结构相关的研究范畴；第二，在分析方法上，本研究不仅进一步综合考虑了核心自变量地方政府研发投入的三个主要流向（工业企业、科研机构和高校），还考虑到了中介变量技术创新的前、中、后期三个阶段，深入剖析不同的交叉情境下的地方政府研发投入、技术创新和旅游产业结构之间的因果关系，为该领域研究提供一种细致且较为翔实的实证分析思路；第三，在研究结论上，本研究的实证研究有助于更好地理解旅游产业结构动态优化如何受到中国地方政府的研发投入及其流向和不同阶段技术创新的影响，为中国旅游产业结构优化升级和旅游产业高质量发展提供了新的理论和政策视角。

一、研究进展与机制分析

（一）政府研发投入与产业结构动态优化

　　政府研发投入是研发投入的重要组成部分，与产业结构动态优化有着密切联系。由于研发活动所产生的技术知识或信息具有公共产品的性质，完全由市场上企业或个人进行投入，容易导致研发活动投入不足。因此，政府必然采取多种措施对研发投入进行资助，如对企业研发活动提供财政资助（如财政补贴、采购产品等）和税收优惠政策，对科研机构和高校研发活动提供资金。政府研发投入不仅包括研发资金投入，还包括项目、人力等方面的投入，必然促使产业结构转型（郑丽华，2019）。

　　然而，学者对二者的关系存在争议。首先，从企业角度来看，一方面，由于资源价格上升和总成本上涨、企业研发投入空间被挤占、资金使用缺乏监管和效率低、投入配置不合理等原因，政府对企业的研发投入可能会抑制产业结构升级（李政和杨思莹，2018；Clausen，2009；姚洋和章奇，2001）；另一方面，政府对企业的研发投入可以分散企业的研发风险，促进企业增加研发投入和积极开展研发活动，进而提高生产要素利用率，推动产业结构的优化升级（宋凌云和王贤彬，2013；杨洋等，2015；Feldman 和 Archibald，2009）。

其次，从高校角度来看，多数学者认同政府对高校的研发投入可以激励高校科研人员不断进行创新，通过技术正向溢出促进产业结构升级（饶凯等，2011），但也有少数学者（朱迎春，2013）持相反观点。再次，从科研机构的角度来看，由于科研机构的研发活动需要高资金投入和高人力资本兼具，来自政府的研发支持与产业结构优化升级之间的关系较为复杂。

鉴于以上分析，本研究认为，地方政府研发投入是政府主导的综合性投入。地方政府为了获得最大的科研收益，必然会规划研发投入总量及其在每个流向上的配置。因此，地方政府研发投入及其流向本身就反映了地方政府对资金、项目和人力等各种要素和资源的配置，必然会对产业之间的技术经济联系和比例关系产生导向作用。此外，地方政府研发投入及其流向对技术创新具有一定影响，导致产业各部门的劳动生产率产生变化，进而引发要素和资源的进一步流动和产业结构的转型升级。

旅游产业作为国民经济的主导产业，其部门比例和劳动生产率自然也会受到地方政府研发投入的影响，进而产生结构变化。而且，旅游产业的重要特征是综合性和广泛性，与农业、工业和其他服务业等各个领域都有着千丝万缕的联系，产业边界不清晰、产业链复杂，各类业务和活动与其他领域相互渗透和协作，其各类要素和资源与其他领域相互流动。可以认为，旅游产业是一个产业链和价值链纵横交错的产业群体，集开放性、多向互动性和效益综合性于一体（徐琳等，2007）。因此，地方政府研发投入及其流向所带来的上述一系列变化，使旅游产业与非旅游产业之间的结构关系发生变化，也必然会传导至旅游产业的内部，对旅游产业结构优化升级产生显著影响。

不过，从地方政府对各个流向的研发投入强度来看，投入流向不同，地方政府研发投入对旅游产业结构动态优化的影响程度不同。而且，该影响应该是滞后性的，即当期旅游产业结构调整应至少来自前一期地方政府研发投入的影响。此外，由于技术创新的中介影响，本研究认为引入中介变量技术创新之后，地方政府研发投入对旅游产业结构的影响会发生改变，但暂不指定该影响的方向，以及该影响是直接性的或间接性的，或二者兼具。可以肯定的是，从技术创新的前期到后期，技术创新的测量方式不一样，地方政府研发投入所带来的政策激励效应会有所不同。

（二）政府研发投入与技术创新

关于政府研发投入对技术创新的影响，目前国内外研究主要聚焦于政府对企业的研发投入及其是否可以促进技术创新。总体上看，大部分学者认为政府研发投入对技术创新有促进作用。政府加大对企业研发活动的投入，不仅可以促进企业研发强度的增加（Garcia 和 Mohnen，2010），给企业进行研发活动提供资金保证，还减轻了企业研发成本以及所面临的风险和损失压力（樊琦和韩民春，2011；Michael 和 Pearce，2009），甚至会促进企业形成"企业抱负"和"企业家精神"（安同良等，2009），有助于企业提高研发效率，提升技术创新水平（宋凌云和王贤彬，2013；杨洋等，2015）。

然而，政府研发投入对企业研发投入可能产生挤出或替代效应（Hall 和 Maffioli，2008），政府研发投入偏好或导致资金使用效率低下（安同良等，2009），以及政府研发投入的绩效和溢出效应估算困难问题（Griliches，1988），政府研发投入对技术创新的提升没有显著作用，甚至为非正向促进作用。有研究（姚洋和章奇，2001）表明，政府在研发方面的努力通常事倍功半，其中公共科研机构的研发支出对企业技术效率的提升没有显著作用。当企业和政策制定者之间存在信息不对称，且用于原始创新的专用性人工资本的价格过于低廉时，原始的创新投入会产生"逆向"的激励作用（安同良等，2009）。

综合对比以上研究争议，本研究认为政府研发投入对技术创新的影响，会因研究区域、研究对象、研究数据、研究方法的不同而不同。鉴于我们的研究区域是中国的省级行政单元，研究对象是宏观性的旅游产业结构，研究变量和数据均为省级层面的，而非某一个微观性的企业、科研机构和高校。所以，在本研究的分析情境下，地方政府研发投入及其各个流向对技术创新的影响是符合普遍规律的。换言之，地方政府研发投入及其各个流向均可能对技术创新具有一定的显著影响，但影响力度存在差异，影响方向也暂不指定。

（三）技术创新与产业结构优化

围绕技术创新和产业结构调整升级，国内外学者进行了丰富的理论和实践研究。普遍共识是技术创新可以提高劳动生产率，促进生产要素在产业部门之间的合理流动，进而引发产业结构的变化，是推动产业结构升级的有效路径（唐清泉和李海威，2011；甘星和刘成昆，2018；唐晓华和景文治，2021）。创新理论的鼻祖 Schumpeter（1912）的"创造性破坏"思想、Utterback 和 Abernathy（1975）的 AU 模型、Romer（1986）的新增长模型、Anderson 和 Tushman（1990）的技术变革循环模型，无不论证了技术创新在产业结构转型升级和动态优化中的促进作用。至于中国技术创新与产业结构的关系，Altenburg 等（2008）认为国家产业创新系统和技术创新系统的发展和完善提高了技术模仿和原始创新能力，推动中国产业结构趋于合理化和高级化；甘星和刘成昆（2018）通过实证发现中国技术创新对产业结构优化产生了积极作用。

技术创新对旅游产业的影响是广泛且深入的，是促进旅游产业结构优化升级的重要力量。Hjalager（2015）梳理了发生在旅游业之外却对旅游业具有显著影响的 100 项创新，包括科学、技术、制度等创新，并认为基础性的技术创新显著影响了旅游业的发展。进一步分析，本研究认同袁尧清（2014）的观点，即技术创新至少可以从三个方面来促进旅游产业结构优化升级。首先，技术创新可以优化旅游供给，为旅游产业结构优化升级提供条件。技术创新不仅可以改造与提升原有的旅游生产技术、工艺、材料和设备，还可以通过优化重组各类要素资源，不断产生新的旅游生产技术、工艺、材料和设备，促使旅游产业技术含量与知识化程度不断提高，进一步增加旅游产品类型、扩大旅游服务范围、提升旅游产品和服务的品质、催生各类旅游新业态。其次，技术创新通过影响人力和资本等旅游生产要素，提高资本利用效率，提升劳动生产率，为旅游产业结构优化升级提供动力。技术创新还可以渗透到旅游产业规划、开发、营销、服务、管理的前端及后端的各个环节，提高旅游产业运行效率。再次，技术创新有助于旅游产业融合发展，为旅游产业结构优化升级提供助力。在一定程度上，技术创新可以加快旅游产业与相关产业之间的生产要素、产品、服务的供需交换，也可以加强旅游产业内部各行业或各部门之间的各类供求连接和交换互动，进而促进旅游产业内外部融合协调发展，推动旅游产业结构演变（杨彦锋，2012）。因此，对于旅游产业结构优化升级而言，技术创新也是不可忽视的积极因素。但在不同的政府研发投入力度和不同时期的技术创新之下，技术创新对旅游产业结构优化升级的影响不同。这也意味着，在地方政府研发投入及其流向对旅游产业结构优化升级的影响过程中，不同时期的技术创新的中介效应有所不同。

二、研究设计

（一）模型设定与估计方法

1. 总体影响检验：地方政府研发投入及其流向与旅游产业结构动态优化

参考现有有关旅游产业结构的研究文献，本研究设定以下静态面板数据固定效应回归模型（9.1）来识别地方政府研发投入及其三个主要流向对旅游产业结构动态优化的总体影响：

$$tsa_{it}=a_0+a_1 lgrdi_{itn}+a_2 X_{it}+f_i+\varepsilon_{it} \qquad (9.1)$$

其中，i 表示第 i 个省（自治区、直辖市），t 表示年份；tsa 为旅游产业结构动态优化程度，是被解释变量；地方政府研发投入（government 研发 investment，grdi）的一阶滞后 $lgrdi$ 是核心解释变量，n 表示地方政府研发投入的第 n 个流向，当 n 为 e（enterprises）、r（research institutes）、u（universities）时，$lgrdi$ 为 $lgrdi_e$、$lgrdi_r$、$lgrdi_u$，分别表示地方政府对工业企业、科研机构、高校的研发投入的一阶滞后量；X_{it} 为其他控制变量，包括交通基础设施（transport infrastructure, tri）、人力资本（human capital，huc）、旅游资源禀赋（tourism resource condition，trc）；f_i 是地区固定效应，ε_{it} 是随机误差；如果回归系数 α_1 表现为统计学显著，表明地方政府研发投入及其三个流向对旅游产业结构动态优化具有总体影响。这是后文进行中介效应检验的前提，否则，应停止中介效应分析（温忠麟等，2004）。

2. 影响机制检验：技术创新中介效应模型分析

基于研究目的，如果通过模型（9.1）发现地方政府研发投入及其流向对中国旅游产业结构动态优化具有显著影响，本研究将执行以下两个步骤，以进一步分析地方政府研发投入对中国旅游产业结构动态优化的影响机制。

第一步，构建模型（9.2），考察地方政府研发投入及其三个流向对各时期的技术创新产出的影响，为建立中介效应模型提供支撑。

$$tio_{itm}=\beta_0+\beta_1 lgrdi_{itn}+\beta_2 X_{it}+f_i+\tau_{it} \qquad (9.2)$$

其中，tio_m（technological innovation output，tio）表示第 m 时期的技术创新，当其为 1、2、3 时，tio_1、tio_2、tio_3 分别为专利申请数量、专利授权数

量、技术市场合同成交额，表示前、中、后期技术创新产出的代理变量。如果回归系数 β_1 表现为统计学显著，可以初步确定技术创新的中介性质，可以为后续中介效应检验提供进一步支撑。如果 β_1 表现为统计学不显著，则需要利用 Sobel 检验，进一步确定技术创新是否可以作为中介变量。其余变量含义同上。

第二步，引入中介变量技术创新，构建中介效应模型（9.3），分析地方政府研发投入及其三个流向对中国旅游产业结构动态优化的作用机制。此时，如果回归系数 γ_1 和 γ_2 均表现为统计学显著，说明地方政府研发投入不仅对旅游产业结构动态优化具有直接影响，还可以通过技术创新对旅游产业结构动态优化产生间接影响，此时技术创新在地方政府研发投入对旅游产业结构动态优化的影响过程中充当部分中介；如果 γ_1 表现为统计学不显著，而 γ_2 表现为统计学显著，表明政府研发投入只有通过技术创新，才能对旅游产业结构动态优化产生影响，此时技术创新在地方政府研发投入对旅游产业结构动态优化的影响过程中充当完全中介；如果 γ_1 表现为统计学显著，而 γ_2 表现为统计学不显著，表明政府研发投入不能通过技术创新以对旅游产业结构动态优化产生影响，此时技术创新在地方政府研发投入对旅游产业结构动态优化的影响过程中不存在中介效应。

$$tsa_{it}=\gamma_0+\gamma_1 lgrdi_{it}+\gamma_2 tio_{itm}+\gamma_3 X_{it}+f_i+v_{it} \tag{9.3}$$

（二）变量选取与衡量指标

1. 因变量

旅游产业结构动态优化是本研究的因变量。其具体含义和测算方法同第 4 章，在此不再赘述。

2. 地方政府研发投入

地方政府研发投入是指地方政府为了促进企业技术创新而给予的人才培养、直接拨款、资金补贴等，整体上包括"人"和"财"两个方面。多数研究（吴金光和胡小梅，2013；肖文和林高榜，2014）只关注政府对研发的直接拨款，或与研发经费投入相关的财政补贴（戴小勇和成力为，2014）和税收减免优惠（贾佳，2017）。综合既有研究，鉴于数据完备性，本研究仅仅考虑政府在研发活动上的人均资金投入。同时，考虑到研发投入对技术创新和产业结构影响的滞后性。本研究选择研发活动经费筹集来源中的政府资金人均值的一阶滞后量作为衡量地方政府研发投入的指标，同时将科研机构、企业和高校研发活动经费筹集中的政府资金人均值的一阶滞后量分别作为地方政府研发投入三个流向的衡量指标。

3. 技术创新

学术界对技术创新的定义大体上有狭义和广义之分。本研究中的技术创新是指广义层面上的技术创新，既涵盖了改进已有技术和开发新技术等狭义层面的技术创新，又包含了技术能够带来的各种进步。技术创新的度量既可以用创新投入（唐未兵等，2014），也可以用创新产出（贾佳，2017；吴金光和胡小梅，2013），甚至可以用综合了创新投入、创新产出和创新成果转化等三个阶段的技术创新强度（陶长琪和彭永樟，2017）。鉴于本研究中政府研发投入是核心自变量，为避免变量之间的交叉混淆问题，我们选择从创新产出的角度衡量技术创新。这也是多数研究采用的方法。

从发明和技术的角度来看，专利与技术创新之间存在密切联系（张亚峰等，2018）。从创新产出的角度度量技术创新的常用指标是专利申请量和专利授权量。这两项指标是比较好的综合性指标，可以反映一个国家或地区的技术的原创性能力，往往被既有研究（Acs 和 Audertshc，1989；吴金光和胡小梅，2013；陈文翔和周明生，2017）所采用。然而，考虑到一项发明专利从开始研发到专利申请需要一段时间（1~3 年），专利申请量仅能表征前期创新产出水平（吴金光和胡小梅，2013），滞后一期的发明专利申请量也成为衡量指标之一（曹坤等，2016）。此外，新产品销售收入往往被用作表征后期技术创新的产出能力（吴金光和胡小梅，2013），也成为既有研究常用的衡量指标（贾佳，2017）。综合以上研究，本研究选择专利申请数量、专利授权数量、技术市场合同成交额的人均值作为衡量各地区前期、中期、后期技术创新水平（tio_1、tio_2、tio_3）的指标。

4. 控制变量

国内研究者对产业结构的关注度较高，将引发产业结构变动的因素归结为基础设施、固定资本投资、科技创新、人力资本、产业集群、资源供给、社会需求、产业政策、对外贸易和外商直接投资等多个方面（张翠菊和张宗益，2015）。鉴于数据的可获得性及避免变量的多重共线性，本研究选取了交通基础设施（transportation infrastructure，tri）、人力资本（human capital，huc）、旅游资源禀赋（tourism resource endowment，tre）等作为控制变量。其中，交通基础设施水平用铁路网密度和公路网密度的平均数衡量；人力资本用全国高中及以上学历就业人口的比例衡量；旅游资源禀赋则采用各地区国家 4A 级和 5A 级旅游景区的数量衡量。

（三）数据来源及处理

本研究搜集了中国大陆 31 个省（自治区、直辖市）从 2000 年到 2015 年的相关变量数据。数据来源于《中国统计年鉴》《中国科技年鉴》《中国教育统计年鉴》《中国旅游统计年鉴》和《中国交通年鉴》等。具体数据的描述性统计如表 9-1 所示。

表9-1　变量含义及描述性统计

变量符号	变量名称	均值	标准差	最小值	最大值
tsa	旅游产业结构动态优化	0.667	0.472	0.021	3.248
$lgrdi$	地方政府研发投入	3.550	6.041	0.029	51.590
$lgrdi_e$	政府对工业企业研发投入	0.379	0.503	0.000	2.869
$lgrdi_r$	政府对科研机构研发投入	2.160	4.541	0.025	40.320
$lgrdi_u$	政府对高校研发投入	0.725	0.982	0.000	7.182
tio_1	前期技术创新	0.068	0.112	0.001	0.720
tio_2	中期技术创新	0.037	0.065	0.000	0.433
tio_3	后期技术创新	0.0406	0.150	0.000	1.591
tri	交通基础设施	0.338	0.279	0.009	3.572
huc	人力资本	25.230	12.430	1	76.090
tre	旅游资源禀赋	41.320	42.160	2	208

三、实证结果分析

考虑到中国地区差异及其对结果的可能性影响，本研究选择固定效应回归（fixed effects，FE）方法。此外，鉴于数据可能存在截面相关性，我们采用稳健性标准进行参数估计。

（一）政府研发投入对旅游产业结构动态优化的总体影响及其异质性

政府研发投入及其流向与旅游产业结构动态优化之间的关系是本研究的核心主题，回归结果一同列示于表 9-2 的（1）~（4）列。表 9-2 中（1）列中的回归结果显示，地方政府研发投入的一阶滞后对旅游产业结构动态优化程度的回归系数显著为正，表明地方政府研发投入可以显著促进旅游产业结构的动态优化。（2）~（4）列的回归结果显示，地方政府对工业企业的研发投入一阶滞后、对科研机构的研发投入一阶滞后、对高校的研发投入一阶滞后均与旅游产业结构动态优化程度存在显著的正相关关系。这再次表明，地方政府研发投入对旅游产业结构动态优化具有积极促进作用。

地方政府研发投入对旅游产业结构动态优化的正向影响，与既有研究（Feldman，2009；宋凌云和王贤彬，2013；杨洋等，2015；饶凯等，2011）中政府研发投入对产业结构动态优化具有促进作用的观点一致，也符合本研究前期的理论预判。至于地方政府研发投入的三个流向对旅游产业结构动态优化的影响存在差异，尤其以地方政府对工业企业的研发投入的影响最为显著，我们认为主要原因在于本研究的研究对象是旅游业，其综合性的属性决定了其与各种产业多有交叉。依靠复杂的产业链，旅游业与工业企业之间存在着直接或间接性的产业溢出。因此，地方政府在工业企业研发活动上的资金投入变化给旅游产业结构带来的影响较为显著。高校的研发活动较为多元化，不仅关注与工业相关的自然科学领域，也关注与服务业相关性更高的人文社科领域，可以给旅游产业结构变化带来显著的影响。而科研机构往往从事较为复杂的研发工作，对资金和人力的需求均较高，一般只有在二者平衡的状态下才有较大的科研溢出（郑丽华，2019），因此对旅游产业结构的总体促进作用较小。

表9-2　地方政府研发投入及其流向对旅游产业结构动态优化的总体影响

变量	（1） tsa	（2） tsa	（3） tsa	（4） tsa
$lgrdi$ 地方政府研发投入	0.027*** （0.005）			
$lgrdi_e$ 政府对工业企业研发投入		0.116** （0.051）		
$lgrdi_r$ 政府对科研机构研发投入			0.035*** （0.007）	

（续表）

变量	（1） tsa	（2） tsa	（3） tsa	（4） tsa
$lgrdi_u$ 政府对高校研发投入				0.138*** （0.030）
tri 交通基础设施	0.251*** （0.078）	0.272*** （0.080）	0.261*** （0.078）	0.237*** （0.079）
huc 人力资本	0.023*** （0.003）	0.026*** （0.003）	0.023*** （0.003）	0.023*** （0.003）
tre 旅游资源禀赋	0.001** （0.001）	0.001 （0.001）	0.002*** （0.001）	0.001* （0.001）
Constant 常数项	−0.132** （0.064）	−0.150** （0.066）	−0.126* （0.064）	−0.132** （0.065）
Observations	465	465	465	465
R−squared	0.509	0.484	0.509	0.502
地区效应	YES	YES	YES	YES

注：（1）*、**、***分别表示在10%、5%、1%的显著水平上显著；（2）括号中为稳健标准误

（二）政府研发投入对旅游产业结构动态优化的影响机制及其异质性

根据研究思路，本研究采用逐步检验方法，依次检验前期、中期和后期技术创新在政府研发投入及其流向影响旅游产业结构动态优化中的中介效应机制。该方法通常包含三步：第一步，检验地方政府研发投入及其流向对旅游产业结构动态优化的总效应（模型9.1）；第二步，检验中介变量技术创新与各核心自变量之间的关系（模型9.2）；第三步，检验地方政府研发投入和技术创新对旅游产业结构动态优化的影响（模型9.3）。其中，第一步的检验结果已经列示于表9-2，回归系数均显著为正，说明地方政府研发投入对旅游产业结构动态优化具有积极的促进作用。本部分主要执行第二步和第三步的检验。

1. 地方政府研发投入及其流向、前期技术创新与旅游产业结构动态优化

地方政府研发投入及其流向对前期技术创新变量专利申请数量（tio_1）的影响，结果列示于表9-3（1）~（4）列。结果显示，无论是地方政府研发总投入，还是地方政府研发投入的三个流向，其回归系数均显著为正，说明地方政府研发投入确实有助于规避前期技术研发所面临的高风险性、高成本性，对前期技术创新产生积极作用，进而产出较多科研专利成果（戴小勇和成力为，

2014）。而且，结果还显示，较之于地方政府在研发投入（科研机构），地方政府研发投入（工业企业和高校）对前期技术创新的影响力度更大，这也进一步解释了上文中为何地方政府研发投入（工业企业和高校）对旅游产业结构动态优化的影响力度更大。

地方政府研发投入、前期技术创新对旅游产业结构动态优化的中介影响，结果列示于表9-3的（5）~（8）列。结果显示，中介变量前期技术创新纳入之后，前期技术创新和地方政府研发投入及三个流向的回归系数均为正，但统计显著性水平有所改变。因此，其中的影响机制也表现不同，具体而言：

从整体上看，地方政府研发投入的回归系数为正却不显著，前期技术创新的回归系数表现显著，说明在技术创新前期阶段，地方政府研发投入可以通过技术创新的完全中介效应促进旅游产业结构动态优化。分流向来看，首先，地方政府研发投入的工业企业流向的回归系数不显著，前期技术创新的回归系数表现显著，说明地方政府研发投入的工业企业流向可以通过技术创新来促进旅游产业结构动态优化，且前期技术创新在该过程中也发挥完全中介效应；其次，地方政府研发投入的科研机构流向的回归系数显著为正，前期技术创新的回归系数表现显著，说明地方政府研发投入的科研机构流向在技术创新前期阶段不仅可以直接促进旅游产业结构动态优化，还可以通过促进技术创新间接促进旅游产业结构动态优化，前期技术创新在此过程中发挥着部分中介效应；最后，地方政府研发投入的高校流向的回归系数显著，但前期技术创新的回归系数均表现为统计学不显著，说明地方政府研发投入的高校流向仅对旅游产业结构动态优化具有直接促进作用，前期技术创新的中介效应不显著。

上述影响机制及其差异或许是由前期技术创新的政策敏感性及工业企业、科研机构、高校的科研成果转化难度所导致。因为衡量前期技术创新的专利申请量是一个政策敏感性指标，自20世纪80年代中期以来一直呈现指数级增长趋势（龙小宁和王俊，2015），所以前期技术创新也具有一定的政策敏感性。伴随地方政府研发投入不断扩增，专利申请量快速增加，技术创新水平不断提升，可以在地方政府研发投入及其工业企业、科研机构流向促进旅游产业结构动态优化中有效发挥完全中介作用。值得注意的是，在地方政府研发投入的高

表9-3 地方政府研发投入及其流向、前期技术创新与旅游产业结构动态优化

变量	(1) tio_l	(2) tio_l	(3) tio_l	(4) tio_l	(5) tsa	(6) tsa	(7) tsa	(8) tsa
$lgrdi$ 地方政府研发投入	0.012*** (0.001)				0.019 (0.012)			
$lgrdi_e$ 地方政府对工业企业的研发投入		0.079*** (0.029)				0.037 (0.137)		
$lgrdi_r$ 地方政府对科研机构的研发投入			0.015*** (0.002)				0.026* (0.014)	
$lgrdi_u$ 地方政府对高校的研发投入				0.082*** (0.009)				0.083* (0.048)
tio_l 前期技术创新					0.613* (0.355)	0.989** (0.403)	0.634* (0.359)	0.675 (0.435)
tri 交通基础设施	0.006 (0.026)	0.010 (0.029)	0.012 (0.032)	-0.009 (0.017)	0.248 (0.234)	0.262 (0.241)	0.254 (0.239)	0.243 (0.235)
huc 人力资本	0.003** (0.001)	0.004** (0.002)	0.003** (0.001)	0.003*** (0.001)	0.021*** (0.004)	0.022*** (0.004)	0.021*** (0.004)	0.021*** (0.004)
tre 旅游资源禀赋	0.001* (0.000)	0.000 (0.000)	0.001** (0.000)	0.000* (0.000)	0.001 (0.001)	0.001 (0.002)	0.001 (0.001)	0.001 (0.001)
Constant	-0.082*** (0.029)	-0.086** (0.040)	-0.081** (0.031)	-0.077*** (0.024)	-0.082 (0.103)	-0.065 (0.104)	-0.075 (0.104)	-0.080 (0.099)
Observations	465	465	465	465	465	465	465	465
R-squared	0.656	0.581	0.635	0.699	0.515	0.504	0.517	0.509
地区效应	YES	YES	YES	YES	YES	YES	YES	YES

注：（1）*、**、***分别表示在10%、5%、1%的显著水平上显著；（2）括号中为稳健标准误

校流向对旅游产业结构动态优化的影响过程中，前期技术创新水平的中介效应不显著，或与高校科研成果转化速度慢、溢出效应较低有关。此外，较之于科研机构和高校，工业企业的研发效率高、研发成果转化快，可及时有效地运用于实践，所以，在前期技术创新阶段，地方政府研发投入的工业企业流向对旅游产业结构的动态优化促进力度整体最高（表9-3）。

2. 地方政府研发投入及其流向、中期技术创新与旅游产业结构动态优化

依据上述分析思路，地方政府研发投入对中期技术创新变量的影响，结果列示于表9-4（1）~（4）列。结果显示，地方政府总研发投入和地方政府在工业企业、科研机构、高校研发活动上的投入均与中期技术创新具有显著的正相关关系。而且，较之于地方政府研发投入（科研机构），地方政府研发投入（工业企业和高校）与中期技术创新的相关度更大，进一步佐证了上文中地方政府研发投入（工业企业和高校）对旅游产业结构的影响力度更大的发现。

地方政府研发投入、中期技术创新对旅游产业结构动态优化的中介影响，结果列示于表9-4的（5）~（8）列。不难发现，中介变量中期技术创新纳入之后，其系数和地方政府研发投入及其三个流向的回归系数均为正，但统计学显著性有所差异。这意味着在中期技术创新阶段，地方政府研发投入及其三个流向对旅游产业结构动态优化的影响机制也存在一定的差异性和复杂性。

从整体上看，地方政府研发投入和中期技术创新的回归系数均不显著，说明地方政府研发投入对旅游产业结构动态优化不具有影响，技术创新也未能发挥中介效应。分流向来看，地方政府研发投入的工业企业流向的回归系数表现为统计学不显著，中期技术创新的回归系数却表现为统计学显著，说明中期技术创新在地方政府研发投入的工业企业流向对旅游产业结构动态优化的影响中发挥着完全中介作用；地方政府研发投入的科研机构流向和高校流向的回归系数均显著为正，中期技术创新的回归系数却不显著，说明二者均可以直接促进旅游产业结构动态优化，却不能通过技术创新而间接促进旅游产业结构动态优化，即中期技术创新的中介效应不显著。

类似于上文分析，我们也从中期技术创新的衡量指标人均专利授权量及地方政府研发投入流向的研发情况中，寻求支撑中期技术创新回归结果的依据。

表9-4 地方政府研发投入及其流向、中期技术创新对旅游产业结构动态优化的影响

变量	(1) tio_2	(2) tio_2	(3) tio_2	(4) tio_2	(5) tsa	(6) tsa	(7) tsa	(8) tsa
$lgrdi$ 地方政府研发投入	0.007*** (0.001)				0.019 (0.011)			
$lgrdi_e$ 地方政府对工业企业的研发投入		0.045** (0.018)				0.040 (0.133)		
$lgrdi_r$ 地方政府对科研机构的研发投入			0.008*** (0.001)				0.026* (0.014)	
$lgrdi_u$ 地方政府对高校的研发投入				0.046*** (0.005)				0.083* (0.045)
tio_2 中期技术创新					1.147 (0.689)	1.666** (0.797)	1.172 (0.698)	1.222 (0.827)
tri 交通基础设施	0.002 (0.016)	0.004 (0.017)	0.005 (0.019)	-0.006 (0.012)	0.249 (0.232)	0.265 (0.242)	0.255 (0.237)	0.245 (0.234)
huc 人力资本	0.002*** (0.001)	0.003** (0.001)	0.002*** (0.001)	0.002*** (0.001)	0.021*** (0.004)	0.022*** (0.004)	0.020*** (0.004)	0.021*** (0.004)
tre 旅游资源禀赋	0.000* (0.000)	0.000 (0.000)	0.000* (0.000)	0.000 (0.000)	0.001 (0.001)	0.001 (0.002)	0.001 (0.001)	0.001 (0.001)
Constant	-0.050*** (0.016)	-0.052** (0.022)	-0.049*** (0.017)	-0.047*** (0.013)	-0.075 (0.102)	-0.064 (0.104)	-0.068 (0.103)	-0.075 (0.099)
Observations	465	465	465	465	465	465	465	465
R-squared	0.602	0.546	0.586	0.644	0.518	0.506	0.520	0.512
地区效应	YES	YES	YES	YES	YES	YES	YES	YES

注：（1）*、**、***分别表示在10%、5%、1%的显著水平上显著；（2）括号中为稳健标准误。

专利授权是专利审查员通过严格审查所有申请授权的专利的实用性、新颖性和创造性而确定的（张亚峰等，2018）。因此，一般意义上，专利授权数量与专利申请数量存在正相关关系，后者决定了前者的大小。但是，专利授权数量一般小于专利申请数量。因此，这也意味着，较之于前期技术创新阶段，在中期技术创新阶段，地方政府研发投入及其三个流向的政策激励效应有所减小，技术创新水平整体下降。对比表 9-3 和表 9-4 中地方政府研发投入及其三个流向对技术创新的影响系数的大小，也可窥见一斑。因此，在该阶段，技术创新的中介效应变得几乎不显著，地方政府研发投入及其工业企业和高校流向均不能通过技术创新促进旅游产业结构动态优化。较之于工业企业，科研机构和高校获取的政府科研资金投入较多，研发资金溢出效应较大，可以对旅游产业结构动态优化发挥直接效应。

3. 地方政府研发投入及其流向、后期技术创新与旅游产业结构动态优化

地方政府研发投入及其流向对后期技术创新变量的影响，结果列示于表 9-5 的（1）~（4）列。结果显示，地方政府研发投入和地方政府在工业企业、科研机构、高校研发活动上的投入的回归系数有所差别，但均显著为正，说明地方政府研发投入及其三个流向均与后期技术创新具有正相关性。

进一步分析地方政府研发投入对旅游产业结构动态优化的中介影响机制，该结果列示于表 9-5 的（5）~（8）列。可以看出，中介变量后期技术创新的系数仅仅在地方政府研发投入的工业企业流向下呈现显著为正，其余均不显著，说明了后期技术创新难以在地方政府研发投入及其三个流向对旅游产业结构动态优化的影响过程中产生中介效应。而地方政府研发投入的工业企业流向之所以可以通过发挥后期技术创新的完全中介作用来促进旅游产业结构动态优化，这与工业企业的高度市场化及其科研成果可以快速转化有较大关系。与此同时，地方政府研发投入及其三个流向的回归系数均不显著，说明政府研发投入的政策激励效应进一步下降①，无法发挥对旅游产业结构的直接促进作用。

---

① 由于后期技术创新的衡量指标单位与前、中期的技术创新的衡量单位有较大差别，所以表 9-5 中地方政府研发投入对后期技术创新的回归系数与前、中期不具有可比性。但根据政策激励效应逐年下降的实际经验，可以判断在后期技术创新阶段，政府资金研发投入的政策激励效应也存在类似规律。

表9-5　地方政府研发投入及其流向、后期技术创新对旅游产业结构动态优化的影响

变量	(1) tio3	(2) tio3	(3) tio3	(4) tio3	(5) tsa	(6) tsa	(7) tsa	(8) tsa
$lgrdi$ 地方政府研发投入	0.029*** (0.005)							
$lgrdi_e$ 地方政府对工业企业的研发投入		0.115*** (0.015)			0.026 (0.030)			
$lgrdi_r$ 地方政府对科研机构的研发投入			0.039*** (0.007)			0.045 (0.160)		
$lgrdi_u$ 地方政府对高校的研发投入				0.156*** (0.044)			0.037 (0.037)	
tio_3 后期技术创新					0.017 (0.622)	0.616*** (0.151)	-0.048 (0.591)	0.089 (0.101)
tri 交通基础设施	-0.023 (0.023)	0.002 (0.024)	-0.013 (0.016)	-0.039 (0.032)	0.252 (0.246)	0.271 (0.263)	0.261 (0.254)	0.320 (0.271)
huc 人力资本	0.003** (0.001)	0.007*** (0.001)	0.003* (0.001)	0.004** (0.001)	0.023*** (0.004)	0.022*** (0.004)	0.023*** (0.004)	0.022*** (0.004)
tre 旅游资源禀赋	-0.001*** (0.000)	-0.001*** (0.000)	-0.001*** (0.000)	-0.001*** (0.000)	0.001 (0.001)	0.002 (0.002)	0.002 (0.001)	0.001 (0.001)
Constant	-0.095** (0.035)	-0.117*** (0.020)	-0.088** (0.033)	-0.096** (0.039)	-0.130 (0.132)	-0.078 (0.113)	-0.130 (0.131)	-0.102 (0.114)
Observations	465	465	465	465	465	465	465	465
R-squared	0.769	0.261	0.785	0.667	0.509	0.501	0.509	0.504
地区效应	YES	YES	YES	YES	YES	YES	YES	YES

注：（1）*、**、***分别表示在10%、5%、1%的显著水平上显著；（2）括号中为稳健标准误。

（三）政府研发投入对旅游产业结构动态优化的影响机制稳健性检验

为进一步检验影响机制的稳健性，本研究将被解释变量替换为地方政府研发投入及其三个流向的总量（total government research and development invest，trgdi）的一阶滞后（ltrgdi）。回归结果如表 9-6 所示。对比表 9-6 与表 9-3、表 9-4、表 9-5，不难发现，核心自变量、中介变量与因变量之间的关系基本一致，说明本研究的上述分析结果具有稳健性。

四、研究结论

地方政府研发投入是促进旅游产业结构动态优化的根本动力之一。地方政府研发投入对旅游产业结构动态优化的影响机制又因其流向和技术创新阶段不同而不同。为此，本研究综合地方政府研发投入的三个流向（工业企业、科研机构、高校）和技术创新的三个阶段（前、中、后期），利用 2000—2015 年中国大陆 31 个省（自治区、直辖市）的面板数据建立中介效应模型，致力于揭示地方政府研发投入及其流向如何通过不同阶段的技术创新以促进旅游产业结构动态优化。通过实证发现地方政府研发投入及其流向均对旅游产业结构动态优化具有显著的总体促进作用，但促进机制因前、中、后期技术创新的中介效应不同而不同。

总结发现，在不同的技术创新时期，地方政府研发投入及其流向对旅游产业结构动态优化的作用机制主要表现为：（1）地方政府研发投入仅仅可以通过前期技术创新的完全中介效应来间接促进旅游产业结构动态优化；（2）地方政府研发投入的工业企业流向可以通过前、中、后期技术创新的完全中介效应来间接促进旅游产业结构动态优化；（3）地方政府研发投入的科研机构流向对旅游产业结构动态优化的作用机制较为复杂，在前期技术创新阶段，表现为直接和间接促进作用兼具，却在中期技术创新阶段仅仅表现为直接促进作用，在后期技术创新阶段，直接促进作用和间接促进作用均消失；（4）地方政府研发投入的高校流向在前期技术创新阶段，仅对旅游产业结构动态优化具有直接促进作用，在中期技术创新阶段则可以通过中期技术创新的完全中介效应来间接促进旅游产业结构动态优化，在后期技术创新阶段，直接和间接促进作用均消失。

表9-6　地方政府研发投入及其流向、技术创新与旅游产业结构动态优化（稳健性检验）

变量	前期技术创新				中期技术创新				后期技术创新			
	tsa	tsa	tsa	tsa	tsa	tsa	tsa	tsa	tsa	tsa	tsa	tsa
lgrdi 地方政府研发投入	0.001 (0.001)				0.001 (0.001)				0.002 (0.002)			
lgrdi_e 地方政府对工业企业的研发投入		0.003 (0.010)				0.003 (0.010)				0.003 (0.012)		
lgrdi_r 地方政府对科研机构的研发投入			0.002* (0.001)				0.002* (0.001)				0.003 (0.003)	
lgrdi_u 地方政府对高校的研发投入				0.006* (0.004)				0.006** (0.003)				0.007 (0.007)
tio 技术创新	0.613* (0.355)	0.989** (0.403)	0.634* (0.359)	0.675 (0.435)	1.147 (0.689)	1.666** (0.797)	1.172 (0.698)	1.222*** (0.421)	0.017 (0.622)	0.616*** (0.151)	−0.048 (0.591)	0.320 (0.271)
tri 交通基础设施	0.248 (0.234)	0.262 (0.241)	0.254 (0.239)	0.243 (0.235)	0.249 (0.232)	0.265 (0.242)	0.255 (0.237)	0.245*** (0.078)	0.252 (0.246)	0.271 (0.263)	0.261 (0.254)	0.250 (0.252)
huc 人力资本	0.021*** (0.004)	0.022*** (0.004)	0.021*** (0.004)	0.021*** (0.004)	0.021*** (0.004)	0.022*** (0.004)	0.020*** (0.004)	0.021*** (0.003)	0.023*** (0.004)	0.022*** (0.004)	0.023*** (0.004)	0.022*** (0.004)
tre 旅游资源禀赋	0.001 (0.001)	0.001 (0.002)	0.001 (0.001)	0.001 (0.001)	0.001 (0.001)	0.001 (0.002)	0.001 (0.001)	0.001 (0.001)	0.001 (0.001)	0.002 (0.002)	0.002 (0.001)	0.001 (0.001)
Constant	−0.082 (0.103)	−0.065 (0.104)	−0.075 (0.104)	−0.080 (0.099)	−0.075 (0.102)	−0.064 (0.104)	−0.068 (0.103)	−0.075 (0.067)	−0.130 (0.132)	−0.078 (0.113)	−0.130 (0.131)	−0.102 (0.114)
R-squared	0.515	0.504	0.517	0.509	0.518	0.506	0.520	0.512	0.509	0.501	0.509	0.504
地区效应	YES	YES	YES	YES	YES	YES	YES	YES	YES	YES	YES	YES

注：（1）*、**、***分别表示在10%、5%、1%的显著水平上显著；（2）括号中为稳健标准误。

实践分析篇

第 **10** 章

地方政府行为
与三大传统旅游业态结构动态优化实践

旅游景区、星级饭店和旅行社是组成旅游产业的三大业态。三大业态的发展和变迁，在很大程度上决定了旅游产业整体结构状况和变化。本部分先对旅游景区、星级饭店和旅行社的概念和内涵进行界定，然后分析地方政府在三大业态中的行为表现，最后对三大业态的结构动态优化情况进行分析。由于三大业态的结构动态优化测算所需要的数据获取难度大，本部分只能通过与业态结构相关的数据进行分析。加之，在测算旅游产业结构动态优化程度时主要依据部门占比和劳动生产率，因此，本部分分别从三大业态的数量结构和全员劳动生产率两个方面来反映其各自的结构动态优化情况。本研究认为在各个业态中，高级别的旅游景区、星级饭店、旅行社的占比越高，全员劳动生产率越高，其结构优化程度也可能越高。

一、地方政府与旅游景区结构动态优化

（一）旅游景区的概念及内涵

1. 概念

苏格兰旅游委员会将旅游景区界定为一个长久性的游览目的地，其主要目的是让公众得到消遣的机会，做感兴趣的事情，或受到教育。Middleton（1989）认为，景区是一个指定的、长久性的，由专人管理经营的，为出游者提供享受、消遣、娱乐、受教育机会的地方。McIntosh 等人（1995）把旅游

景区划分为文化景区、自然景区、节庆活动、游憩景区和娱乐景区五大类型。Swarbrooke 和 Page（2012）提出，旅游景区应该是一个独立的单位、一个专门的场所，或者是一个有明确界限的、范围不可太大的区域，其周边交通便利，可以吸引大批的游人在闲暇时来短期游览，景区应该是能够被界定和经营的实体。

在国内，根据 2003 年国家旅游局制定的《旅游景区质量等级的划分与评定》（GB/T 17775—2003）国家标准，旅游景区是以旅游及其相关活动为主要功能或主要功能之一的空间或地域，具有参观游览、休闲度假、康乐健身等功能，具备相应旅游服务设施并提供相应旅游服务的独立管理区，且有统一的经营管理机构和明确的地域范围，包括风景区、文博院馆、寺庙观堂、旅游度假区、自然保护区、主题公园、森林公园、地质公园、游乐园、动物园、植物园及工业、农业、经贸、科教、军事、体育、文化艺术等各类旅游景区。2006年国务院发布的《风景名胜区条例》[①]对风景名胜区进行了界定，提出风景名胜区是指具有观赏、文化或者科学价值，自然景观、人文景观比较集中，环境优美，可供人们游览或者进行科学、文化活动的区域。《中国旅游大辞典》对旅游景区的定义与《旅游景区质量等级的划分与评定》（GB/T 17775—2003）提出的定义一致。而 2013 年颁布的《中华人民共和国旅游法》[②]对旅游景区的定义是为旅游者提供游览服务、有明确的管理界限的场所或者区域。

相关学者辨析了旅游景区和旅游资源的概念与分类。彭德成等（2003）认为旅游景区是一个总称，概指以景观为主要吸引物的旅游活动场所，包括风景名胜区、自然保护区、森林公园、地质公园、文物保护单位等。史晓玲（2003）对比了景区和景区产品的异同，提出景区是一个地理区域的概念，是可以明确划定界线范围的，拥有"对人们具有吸引力的自然存在或是历史文化遗产"的特定区域。郭亚军（2006）将旅游景区定义为具有吸引国内外游客前往游览的明确的区域场所，能够满足游客游览观光、消遣娱乐、康体健身、求知等旅游需求，有统一的管理机构，并提供必要的服务设施的地域空间。阚如良和邓年梅（2008）认为旅游景区是一个范围相对明确、由专人来管理经营的，并能长久地以景点、活动、设施和服务等项目来吸引游客，为游客提供一

[①] https://www.gov.cn/zhengce/content/2008-03/28/content_4029.htm，2020 年 3 月 15 日搜索。

[②] https://zwgk.mct.gov.cn/auto255/201805/t20180510_832126.html，2020 年 3 月 15 日搜索。

种消磨闲暇时间或度假的方式，为游客提供一种快乐、愉悦和审美体验的旅游地理空间。崔凤军和杨娇（2008）对旅游资源、旅游景区、旅游产品等旅游业中的核心概念进行了对比探讨，提出先于旅游而客观地存在着的自然或人文资源（旅游资源）在经过开发建设以后即成为旅游景区，收费后的旅游景区成为旅游产品，旅游景区是旅游产品的一种形式。方世敏和廖珍杰（2008）提出，旅游景区作为旅游目的地的主要旅游客体，其功能是满足旅游者在旅游目的地停留的需要，为旅游者提供所需的观光、度假、休闲等各多项服务。邹统钎（2011）认为，旅游景区是依托旅游吸引物从事旅游休闲经营管理活动的有明确地域范围的区域。

从以上机构或个人对旅游景区的定义来看，大多强调了旅游景区的地理性质、功能性质和管理性质。在地理性质方面，旅游景区是可以"明确划定界线范围的"的"地域范围"，是一个"旅游地理空间"；在功能性质方面，旅游景区"以旅游及其相关活动为主要功能或主要功能之一"，或者具有"参观游览、休闲度假、康乐健身"等功能，"可供人们游览或者进行科学、文化活动"；在管理性质方面，旅游景区是一个有"明确的管理界限"和"统一的经营管理机构"的"独立管理区"，"由专人来管理经营"。

2. 分类

史晓玲（2003）认为我国景区基本上可分为五大类：世界遗产地类，包括世界自然遗产、世界文化遗产和世界自然文化双遗产；风景名胜区类，分为国家级、省级、市县级三个等级；历史文化古城类，专指历史文化遗产较多、价值较高的城市；森林公园类；自然保护区类。张捷雷（2005）从经营角度将我国的景区划分为两类：一类是以保护为主要职责的景区，称为"资源保护型旅游景区"；另一类是专门为吸引旅游者而建造的、以追求经济效益最大化为目的的景区，称为"经济开发型旅游景区"。崔凤军和杨娇（2008）提出旅游景区包括资源依托型旅游产品和资源脱离型旅游产品。2012年《中国旅游大辞典》对旅游景区进行了分类：按目的，可以分为经济开发型旅游景区和资源保护型旅游景区；按内容，可以分为文化古迹类景区、风景名胜类景区、自然风光类景区、红色旅游类景区和生态旅游类景区等。罗浩和冯润（2019）划分了旅游景区的经济类型，认为按其依托的主体旅游吸引物，可分为资源型、准资源型、非资源型；按其要素密集度，可分为旅游资源密集型、资本密集型、劳动密集型等。

3. 特定旅游景区类型的概念

学者对特定的旅游景区类型也进行了丰富的探讨，例如低碳旅游景区、（非）灾害旅游景区、精品旅游景区和资源型景区或其相似概念等。

裴广川（2002）提出，低碳旅游景区的特点是以满足旅游者最低旅游体验效果为前提，以低能耗、低污染、低排放为基础，是硬环境和软环境的综合统一体。吴家灿和李蔚（2013）对灾害旅游景区和非灾害旅游景区进行了界定：在自然灾害直接影响的范围内，因灾而遭到破坏，完全丧失或短期内无法具备游客接待能力的旅游景区，为灾害旅游景区；在自然灾害直接影响的范围内，并未因灾遭到破坏或遭受破坏程度极小，完全具备或短期内即可具备游客接待能力的旅游景区为非灾害旅游景区。王磊等（2014）研究了精品旅游景区，认为精品旅游景区是指在按照《旅游景区质量等级评定与划分》的标准完成景区建设以后，旅游资源具有独特性，旅游管理水平达到国际先进水平，服务质量达到最优，具有品牌标志性的旅游产品，可持续发展能力较强以及经济、生态、社会综合效益最佳的旅游景区。

在资源型景区方面，彭德成（2003）对公共资源类旅游景区进行了定义：公共资源类旅游景区是以自然景观和文物景观等公共资源为依托的自然景观类旅游景区和文物景观类旅游景区。寇敏和马波（2004）认为公共资源类景区是指国家所有的旅游景区，包括各级风景名胜区、森林公园、文物资源等。吴文智（2007）提出，公共资源依托型景区是指经政府审定命名并划定明确范围，以国有资源为主的，具有观赏、文化或者科学价值，自然、人文景观比较集中，环境优美，具有一定旅游条件，供人们游览、休闲或进行科学、文化活动的地域。谢志华等（2007）则认为资源型景区是指以自然风景资源和历史文化资源等禀赋的公共旅游资源为核心吸引物，经过人类适当的开发并具备基本旅游设施的旅游景区，按资源类型可分为自然资源型景区、人文资源型景区和综合资源型景区。

（二）地方政府在旅游景区发展中的行为分析

1. 行为表现

我国旅游业长期实施政府主导型发展战略。与其他参与经济活动的经济组织相比，政府是一个对全体社会成员具有普遍影响力的机构，拥有其他经济组织所不具备的强制力。基于旅游产业的强综合性及关联性，旅游景区的高度唯一性、不可再生性和不可替代性，以及旅游景区市场中的失灵现象，地方政府须介入旅游产业发展的日常管理。2013 年 10 月实施的《中华人民共和国旅游法》第七条规定："县级以上地方人民政府应当加强对旅游工作的组织和领导，明确相关部门或者机构，对本行政区域的旅游业发展和监督管理进行统筹协调。"因此，地方政府在景区的发展中要承担各方面的责任，包括保护旅游资源，保护当地民俗文化，促进文化交流，促进当地经济文化社会生活协调发展，保护旅游者、当地居民和旅游从业人员的权利，维护景区旅游市场秩序以及协调景区各相关职能管理部门工作等，此外，还应在旅游宣传、基础设施建设、制定和实施法律法规等方面有所表现。归纳而言，地方政府在旅游景区发展中的行为表现包括以下几点：政策扶持、法治建设、规划和开发、级别评定、提供公共服务、行政管理。

（1）政策扶持。景区的经营发展离不开资金投入、人力资源、设施建设、宣传营销、合作协调、生态环境等方面的支撑，而这些方面都需要政府发挥积极作用，给予政策支持，为旅游景区的发展提供保障。对于旅游景区的发展，地方政府往往会在土地、资金、人才等方面提供支持，出台一系列税费减免、贷款利率、创建奖励等优惠政策。例如，在资金方面，按旅游景区规模大小分档给予资金补助，鼓励旅游景区发展；在人才保障方面，不断优化相关优惠政策，制定人才培育和引进计划，吸引优秀人才，多层次开发旅游景区人力资源，协同专业院校定向委培、定期培训旅游从业人员等。

地方政府的政策扶持会对旅游景区的发展产生重要影响。以湖南省为例，湖南省相继推出的《关于建设旅游强省的决定》《湖南省人民政府关于促进旅游业改革发展的实施意见》等政策措施带来了良好的成效与示范作用。然而，湖南省各地区的旅游政策差异较大，旅游相关政策倾斜导致部分地区旅游景区发展较快。通过对比湖南省近几年的旅游业政策，不难发现，政府更加侧重张家界、韶山等资源品位度、资源知名度较高的旅游景区，出台了许多促进这些景区发展的政策，而对湖南湘西、湘南地区景区政策倾斜则较少，在一定程度上导致了张家界、韶山等地的旅游景区发展得到提升，而湘西、湘南等地区的旅游景区发展速度较慢，与长沙、张家界等地旅游经济差距加大。

（2）法规建设。在我国旅游业逐步兴起后，国家相继颁布出台了一系列相关的法规和条例，如《旅游饭店星级的划分与评定》《旅行社管理条例》。在旅游景区方面也不例外。温家宝同志于 1999 年在全国城市规划工作会议上指出：风景名胜区集中了大量珍贵的自然和文化遗产，是自然史和文化史的天然博物馆；风景名胜资源是极其珍贵的、不可再生的自然和文化遗产；风景名胜资源属国家所有。鉴于旅游景区的重要性，国家相继颁布了《风景名胜区条例》《自然保护区管理条例》等法规条例。

在国家层面，国家通过制定和监督实施相关法律法规和政策，维护国家作为风景区所有者的利益，并对景区经营权转让所涉及的各方的权利、义务以及责任做出法律上的界定。而风景区所在地的地方政府作为风景区所有者实质性代表，在国家政策法规框架内，行使对风景区公共资源的管辖权和处置权。各地各级旅游主管部门积极加强旅游监管督导，协调各方力量，与旅游景区签订安全责任状，督促旅游景区履行旅游安全的监管职责，并联合各相关部门共同做好旅游发展工作，为促进景区健康持续发展提供了法律保障。目前相关的法律法规和制度建设都较完善，地方政府对属地景区特别是重点景区，出台专门的法案予以确立和保护，在机构设置、管理模式、财政投入等方面都有章可循、有法可依。地方政府提供完善的旅游政策体系保障，对景区保护管理发挥着极为重要的规范指导作用。

（3）规划和开发。规划是景区发展的根本依据。景区要实现可持续发展，需要地方政府在充分考虑当前的实际情况下，因地制宜地制定一个目标明确、组织有序、规划科学的旅游产业规划。各地政府往往成立专门机构来研究与旅游业发展相关的各类规划，以便在不同的发展时期为旅游业的发展提供明确清晰、科学合理的发展思路。地方政府在当地旅游景区的发展过程中，往往确保规划先行、整合开发，依据景区现有的旅游资源、基础设施、生态面貌和旅游市场调研，依托当地旅游资源的特色，明确景区发展定位，充分发挥"管理者"的身份，规划旅游景区的空间格局和具体项目，积极引导旅游景区打造精品项目，进行个性化发展和差异化竞争。同时考虑当地旅游景区整体情况，形成连片发展、整体开发、区域规划、点线面结合的发展格局，根据不同资源的内涵和特征，采取不同模式开发，支持和指导各景区开展规划设计工作，提升景区风貌、体验环境、设施功能。

国内大部分地方政府都编制过相关发展规划。以河北省为例，秦皇岛市政府发布了《秦皇岛市城市总体规划（2008—2020）》《秦皇岛市旅游业发展总体规划（2011—2020）》；山海关区政府发布了《山海关古城旅游发展规划》《山海关历史文化名城保护规划（2010—2020）》；涞水县政府专门成立了涞水县景区资源考察领导小组，着手编制了《旅游资源考察报告》，确立了野三坡六大景区的划分，编制了《野三坡风景名胜区总体规划》并通过了国务院审批。2012年以来，随着景区知名度、美誉度不断提升，游客量的持续增长，景区急需转型升级，因此涞水县政府又先后编制了《野三坡旅游发展总体规划》及相关配套的《拒马河道路沿线景观提升规划设计方案》《野三坡居民风貌整治规划设计》《百里峡景区提档升级方案》等一系列详细规划设计。

（4）级别评定。"国家A级旅游景区"标志牌，是我国一项衡量景区质量的重要标志（黄远水等，2010）。2000年，国家旅游局按照国务院关于"三定方案"职能要求，并根据国家技术监督局1999年发布的《旅游区（点）质量等级的划分与评定》国家标准，在全国范围内组织开展了首批4A级旅游景区（点）评定工作。经过历时35天的首批4A级旅游景区（点）评定工作，全国共有187家旅游景区（点）被国家旅游局批准为首批国家4A级旅游景区（点）。2007年，为筛选出一批质量过硬、具备国际竞争力且具有标杆性的"精品"景区，第一批国家5A级旅游景区设立。目前国内管理水平较高、服务质量较好、资源质量较高、市场知名度和影响较大的旅游景区基本上都涵盖于首批申报的旅游景区中。

以江西省婺源县为例，2001年，婺源县借着全国首批国家A级旅游景区创建之风，创成全国首批3A级旅游景区，并且是全国唯一的一个县域整体为3A级的旅游景区，大力提升了婺源旅游的知名度。截至2015年年底，该县拥有5A级旅游景区1家、4A级旅游景区12家，是我国4A级旅游景区最多的县。婺源县A级旅游景区的成功创建背后离不开当地政府的一系列举措。婺源县政府通过"政府主导、机制创新、市场运作、多元投入、科学定位、整合开发、品牌打造、扩大宣传"的发展思路，成功打造了"婺源模式"。在启动旅游业发展之初，婺源县政府出台了一系列鼓励社会资本参与旅游发展的优惠政策措施，并包装了一系列优良的旅游项目用以招商引资；在婺源发展旅游产业过程中，当地政府提出了"优先发展旅游、培育主导产业"的理念，除了优先考虑人力和财力投入，还出台《加快旅游发展的若干意见》《旅游产业发展总体规划》等指导性文件，建立旅游产业发展管理体制和产业运营机制等；在此基础上，婺源县整合了全县景区资源，组建婺源旅游股份有限公司，推进资源整体优化建设，促进了婺源旅游景区的多方共赢、和谐发展。

（5）提供公共服务。地方政府除了推出政策进行扶持、补助，以及完善规划、做好引导以外，还扮演着"服务者"的角色，积极探索适合当地景区发展的建设模式，提供和完善各种公共服务，科学布局和配套旅游服务设施，不断加强交通路网建设、给排水网络建设、电力电信工程等公共基础设施建设，保障旅游景区发展。

以浙江省为例，湖州市政府在全市设立旅游发展专项资金高达 2.2 亿元，主要用于支持生态环境整治、道路停车场建设、污水处理、垃圾收集、旅游厕所、通信宽带、交通指引标志等基础设施建设。在公共服务运作体系建设上，不断加快旅游交通和自驾车营地体系建设，加快完善智慧旅游体系，建立健全游客服务（咨询）中心体系，着力完善旅游购物、集散换乘、医疗急救、咨询投诉、导游讲解等服务内容。温州市藤桥镇政府也在交通路网建设方面投入巨大，完善了双藤公路、渔藤公路、中央大道、石林环山公路等联村和城乡联网道路，有效提高了游客的可进入性；在 2014 年、2015 年两年里，分别投入 2000 万元和 3800 万元，修建 36 公里农村道路，助力藤桥镇旅游景区的发展；围绕岩雅山风景区开展创建工作，修缮登山游步道、增设景区指路牌、景点路线牌等。石鼓山水厂、500 千伏温西变、天然气工程等基础设施不仅为更多的旅游项目入驻和落地提供了基本条件，也有效改善了当地居民的生活质量和往来游客的体验。

（6）行政管理。在对国家风景名胜区的管理方面，政府具有禁止权和处罚权。如果没有政府的授权，任何企业、团体和个人不能进入风景名胜区进行经营活动，禁止在未经允许的景区内进行砍树、开矿、截流、违建等侵犯资源的活动，以此达到保护资源、保护合法经营的目的。对于违反有关国家风景名胜区法律法规的行为，政府可依法实施严厉处罚。

目前，我国旅游业尚处于恢复发展阶段，社会诚信和一些企业诚信水平有待提高，旅游市场发展不够规范。因此，地方政府在现阶段必须有效监管旅游景区市场，协调景区各相关职能管理部门工作。在旅游景区的监督管理方面，地方政府往往成立专门的机构，具体负责规划设计、调控指导、规范经营、维护秩序等工作，以加强对旅游市场行为的指导、监督和整治，净化旅游市场秩序，形成良性的竞争体系，提升旅游景区整体形象，维护市场的和谐与稳定。

实施政府主导型的管理体制，建立专门机构对风景名胜区进行保护和管理，在这一点上可以借鉴辽宁的"千山模式"。辽宁千山于1997年撤销千山管理局，成立风景名胜区管委会，作为市政府的派出机构，对千山风景名胜区的行政、经济和社会事务行使市级经济权限和区级行政管理权限，负责风景名胜区的规划、保护、利用和管理。为了适应旅游区域经济的发展，管委会下设财政、税务、工商、土地、公安、规划、人事、保卫、农业、宗教、旅游、城监、卫生、监督、票务等十几个行政执法部门，对风景区实行统一管理，并制定千山风景区管理细则，明确管理责任、管理目标和执法程序，取得了良好成效。

2. 案例分析

案例一：河北省山海关旅游景区

山海关旅游景区位于河北省秦皇岛市，素来有"天下第一关"的美誉，并于1961年被国务院公布为全国重点文物保护单位，2001年被列为国家历史文化名城旅游景区，其"老龙头""角山""天下第一关"等六大风景区闻名国内外。2007年5月8日，秦皇岛市山海关景区正式被批准为国家5A级旅游景区。然而，在2015年10月9日，山海关就因"价格欺诈、环境卫生脏乱、设施破损普遍、服务质量下降严重"等问题从国家5A级旅游景区中除名，成为我国首家被摘牌的国家5A级旅游景区。在景区发展乱象背后，地方政府政策扶持缺失、公共服务能力滞后、监管职能机制不规范等问题不容忽视。

摘牌事件后，山海关区政府做了大量工作。

在行政管理方面，成立了旅游工作领导小组，设立景区管委会，变旅游局为旅发委，并实现了景区所有权、管理权和经营权的分离。此外，还设立了"旅游巡回法庭"和"工商旅游分局"，构建了工商、交通、城管等多部门协调联动的综合监管机制，成功举办"全省4A级以上旅游景区监管工作会议"。山海关旅游体制机制改革在全省得到推广，旅游产业发展取得了良好成效。

在旅游市场方面，山海关区政府开展了旅游市场环境整治专项行动，在全区范围内的景区及周边等敏感区域对黑导游、黑车等扰乱市场正常秩序的违法行为进行整治，并开展交通整治专项行动，在交通枢纽周边进行行车、停车等交通秩序的规范管理，大幅提升了旅游服务品质。

在景区基础设施方面，山海关政府积极推进厕所革命，同时以厕所革命为契机，全力加强旅游基础服务设施建设，新建高品质游客中心和智能生态停车场、修缮木栈道和步游路等一批旅游基础设施，不断完善提升景区的服务功能。

在规划发展方面，山海关区政府积极支持景区与华侨城、北京首旅达成战略合作，开展了一系列新业态和新项目。此外，"天下第一关"古城开通了4000米环城墙游线，将古城东西大街打造成古装演绎一条街；在老龙头景区引入了正大美食广场、海权海疆文化展馆、滨海戏水游乐等游客参与性项目；自主研发制作了200多种特色旅游商品，不断丰富旅游景区业态和内涵。

此外，山海关区政府积极打造全域旅游大环境，用全域旅游的思维为山海关旅游景区的发展引航，重点举措包括提升交通通达度和推进重大项目两个方面。在交通方面，一是增开始发动车，投资5亿元新增高架、候车室、拓建广场，建成山海关动车所，实现了高铁动车过夜停靠，新开通了一百多组北上和南下等热点城市的高铁动车始发车次及专列。二是开通海上航线，从山海关到南戴河，覆盖4个区的重点旅游区域，以动感海岸为主题，打造了一条全长约60公里海上观光通道，开启了亲海旅游新模式。三是完善城市路网，投资3亿多元，新建景区连接线11公里，并对旅游路路面进行了沥青铺装，使景区的可进入性大幅增强。同时，全域旅游环境的打造也带动了全区重大项目的推进："山"板块，重点打造五佛山森林公园项目，以"生态、禅宗、康养、体验"为主线，打造集休闲、运动、会议、度假、居住为一体的生态文化旅游综合体；"海"板块，谋划实施潮河古渡项目，建设古渡海鲜广场，实施老龙头景区改造提升，与石河生态旅游南岛、乐岛景区、海上巴士等项目统筹规划，打造动感海岸项目群；"关"板块，以古城为载体，引入新的战略投资者华侨城集团对山海关古城及周边区域实施整体开发，提升山海关旅游承载力，带动全域经济和社会发展。

2018年11月，山海关景区重返国家5A级旅游景区名录。

案例二：湖南省张家界旅游景区

张家界武陵源景区是我国著名的景区，位于湖南省张家界市，其中张家界国家森林公园是我国第一个国家森林公园。1992年，武陵源风景名胜区被列入《世界遗产名录》。

张家界市在发展旅游业之前，地处经济落后的偏僻山区，人民物质生活处于穷困状态。通过大力发展旅游业，张家界市发生了翻天覆地的变化，2005年，张家界全市有20余万人从事旅游行业，全市实现旅游收入达64.35亿元，占全市 GDP 的58.17%。

张家界旅游景区成功的背后离不开地方政府的全面支持。1982年是武陵源成为国家公园并作为景区开发与经营的开始，张家界市政府明确提出了"旅游立市"与"以旅游业为龙头"的指导原则，并在促进景区的经营管理方面做了大量的工作：（1）将原来分属三县的景区统一划归武陵源区管理，为协调景区之间的开发与保护创造了良好条件；（2）通过政府的努力和申请，1992年张家界武陵源景区被联合国教科文组织列入《世界遗产名录》，极大地促进了景区品牌的提升；（3）大力改善景区的大小交通，扩建张家界火车站，修建国家二级机场及一些旅游配套措施；（4）大力引进外资，如允许外资投资经营黄石索道，天子山索道、宝峰湖、黄龙洞等旅游经典项目。

在后续的发展中，随着景区所在地经济迅速增长、旅游经济日趋火爆，景区与城区也面临着越来越多的环境与社会问题，如生态环境恶化、社会风气下降、旅游市场不规范等。张家界核心景区的人口环境容量为1万余人，而其环境容量与游客容量均已突破了这道警戒线。此外，由于武陵源景区在开发建设与服务过程中缺乏严格控制，违章违规建筑不断出现，不仅使景区水土流失，导致河床升高，而且影响了景区的整体形象。在市场经营方面，景区旅游业发展带来的浮躁也影响了人们的价值观，一些商贩在经营中只求短期经济利益，毫无顾忌地向游客出售假冒伪劣产品，甚至强买强卖，这些不正当甚至是违法行为给张家界在游客中的形象造成了非常恶劣的影响。

张家界政府对于景区经营管理中出现的生态问题与社会问题保持着高度的敏感，也一直在探索进一步改善景区经营管理状况、解决景区发展中环境与社会问题的可行途径。在此时期，张家界政府进行的有关景区发展的措施主要有：（1）投入2.4亿元人民币将景区内的违章违规建筑全部拆迁，以保护武陵源这一世界自然遗产；（2）聘请知名高校的权威专家为武陵源景区及张家界市修编发展规划。新制定的发展规划将"保护世界遗产的真实性"放在首位，根据湖南省住建厅的战略部署，计划将武陵源风景区建成"民族化、园林化、精品化"的风景区；（3）改善景区的外围大交通，如长沙至张家界高速公路的通车，极大地方便了自驾车游客的出行；（4）整顿景区旅游市场，出台旅游价格最高最低限额规定以有效遏制旅游市场中的恶性竞争。

目前，在地方政府的各项举措下，张家界旅游景区正逐步迈向健康化、持续化发展。

（三）地方旅游景区结构动态优化实践状况

1. 全国国家 A 级旅游景区数量及空间结构分析

（1）整体状况。我国国家 A 级旅游景区总数较多，增长速度较稳定。如图 10-1 所示，2010 年全国国家 A 级旅游景区共有 4521 家。结合详细数据可知，省域内国家 A 级旅游景区超过 200 家的地区有山东省、江苏省、安徽省、浙江省和河北省，除了安徽省以外均位于东部地区；省域内国家 A 级旅游景区数量分布最少的地区依次为西藏自治区、青海省、宁夏回族自治区、海南省和天津市，多位于西部地区。到 2017 年，全国国家 A 级旅游景区共有 10806 家。详细数据显示，省域内国家 A 级旅游景区超过 400 家的地区有山东省、浙江省、江苏省、安徽省、四川省、辽宁省、广西壮族自治区、陕西省、河南省、黑龙江省和河北省，在中国的四大经济分区里均有分布；省域内国家 A 级旅游景区

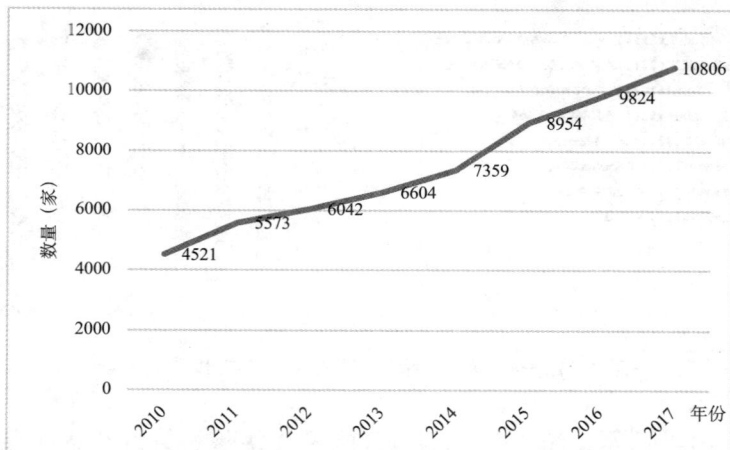

图 10-1　2010—2017 年全国国家 A 级旅游景区数量（家）

数量分布最少的地区依次为海南省、宁夏回族自治区和上海市。2010—2017年的数据显示，在这七年中，除了山东省国家 A 级旅游景区数量增速较快之外，其余省（自治区、直辖市）的增速大多较平稳。山东省、江苏省、安徽省和浙江省这四个地区的国家 A 级旅游景区数量始终显著领先，且以山东省为最多，2017 年山东省国家 A 级旅游景区总数达到了 1173 家，超过了全国总数的十分之一。此外，2010 年全国国家 A 级旅游景区的集中程度较高，多数分布在东部地区，到 2017 年国家 A 级旅游景区呈现较均衡的分布特征，说明在这几年我国的景区得到了较好的开发与发展。

（2）空间结构。如图 10-2 所示，2010 年东部地区国家 A 级旅游景区数量共有 1815 家，占全国国家 A 级旅游景区总数的 40.14%，到 2017 年，东部地区国家 A 级旅游景区数量共有 4036 家，占全国国家 A 级旅游景区总数的 37.35%，尽管占比有所下降，但东部地区的国家 A 级旅游景区总数仍然占了全国总量的三分之一，说明东部地区的旅游业在我国具有举足轻重的地位。具体到每个省份而言：山东省的国家 A 级旅游景区总数始终最多，占比最大；江苏省和浙江省的国家 A 级旅游景区总数也较多；海南省、上海市和天津市国家 A 级旅游景区分布较少，且增长速度较慢；其余省份处于中等状态。总体来看，东部地区的国家 A 级旅游景区数量较多，但分布差异较大。

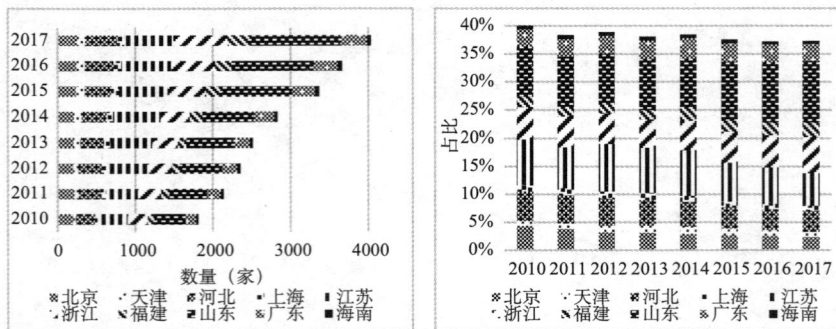

图 10-2　2010—2017 年东部地区国家 A 级旅游景区数量及全国占比

如图 10-3 所示，2010 年中部地区国家 A 级旅游景区数量共有 1022 家，占全国国家 A 级旅游景区总数的 22.61%，到 2017 年，中部地区国家 A 级旅游景区数量共有 2287 家，占全国国家 A 级旅游景区总数的 21.16%，保持较稳定的水平。具体到每个省份而言：安徽省国家 A 级旅游景区数量最多且增速较快；湖北省、河南省和湖南省的国家 A 级旅游景区数量分布较多，但变化幅度不大；江西省的国家 A 级旅游景区数量增长速度较快；山西省的国家 A 级旅游景区数量始终最少，且增长速度较缓慢。总体来看，中部地区的国家 A 级旅游景区数量分布两极分化较明显。

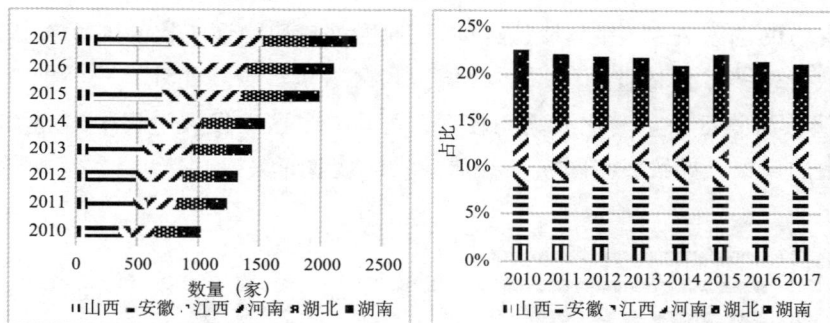

图 10-3　2010—2017 年中部地区国家 A 级旅游景区数量及全国占比

如图 10-4 所示，2010 年西部地区国家 A 级旅游景区数量共有 1231 家，占全国国家 A 级旅游景区总数的 27.23%，到 2017 年，西部地区国家 A 级旅游景区数量共有 3381 家，占全国国家 A 级旅游景区总数的 31.29%，总体占比有所增加。具体到每个省份而言，各个省（自治区、直辖市）的国家 A 级旅游景区数量呈现较均衡的分布特征，且近几年的变化幅度较小，四川省、新疆

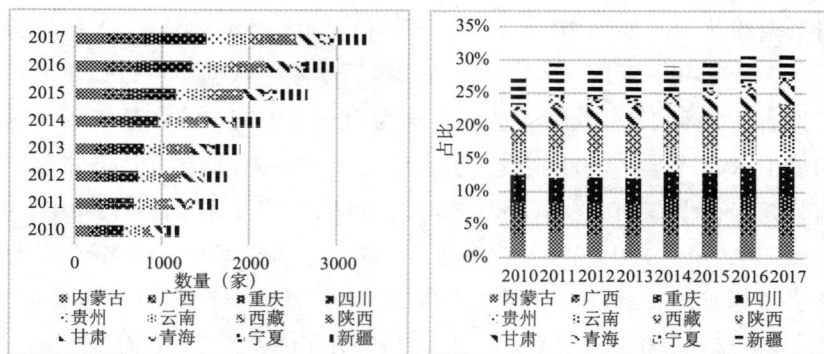

图 10-4　2010—2017 年西部地区国家 A 级旅游景区数量及全国占比

维吾尔自治区、广西壮族自治区、陕西省和内蒙古自治区的国家 A 级旅游景区数量相对较多，青海省、西藏自治区和宁夏回族自治区的国家 A 级旅游景区数量相对较少。总体来看，西部地区的国家 A 级旅游景区数量空间分布差异较小。

如图 10-5 所示，2010 年东北地区国家 A 级旅游景区数量共有 453 家，占全国国家 A 级旅游景区总数的 10.02%，到 2017 年，东北地区国家 A 级旅游景区数量共有 1102 家，占全国国家 A 级旅游景区总数的 10.20%。具体而言，三个省份的国家 A 级旅游景区数量增长速度都较快，辽宁省的国家 A 级旅游景区数量较多，吉林省的国家 A 级旅游景区数量最少。此外，三个省份的国家 A 级旅游景区数量变化波动均较大，可能是景区在发展过程中出现了一些不规范的现象，导致一些国家 A 级旅游景区被取缔。

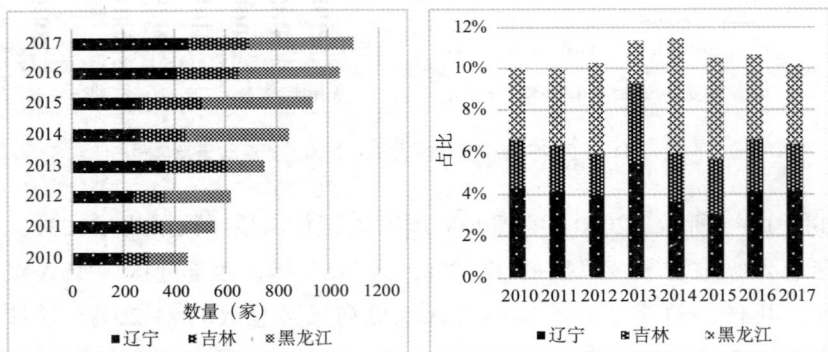

图 10-5　2010—2017 年东北地区国家 A 级旅游景区数量及全国占比

2. 全国各地区国家 4A 和 5A 级旅游景区数量及空间结构分析

（1）整体状况。如图 10-6 所示，我国于 2000 年开始国家 4A 级旅游景区评定工作，首年共评定国家 4A 级旅游景区 188 家。数据显示，数量最多的省份为江苏省，共有 12 家景区入选，其次为山东省、广东省和浙江省，这四个省份均位于东部地区。2000 年后，各省份的国家 4A 级旅游景区数量基本呈现逐步增长趋势，但在 2010 年后波动较大。到 2017 年，我国共评选国家 4A 级旅游景区 3272 家，其中国家 4A 级旅游景区超过 200 家的有山东省和四川省，浙江省、江苏省、安徽省、广西壮族自治区和广东省紧随其后，国家 4A 级旅游景区数量均接近 200 家。国家 4A 级旅游景区分布最少的三个省份为西藏自治区、宁夏回族自治区和海南省，其国家 4A 级旅游景区数量均小于 20 家。

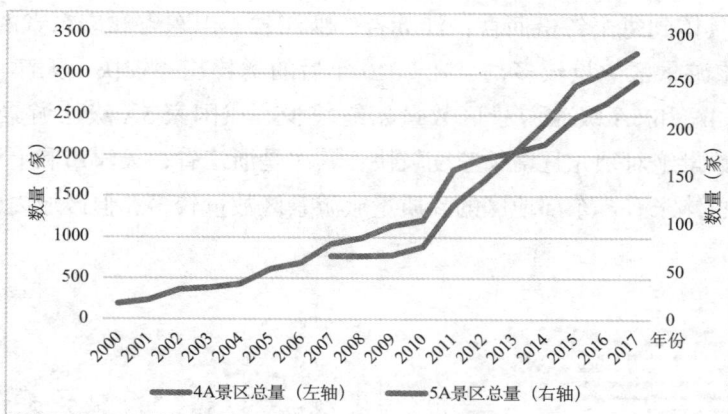

图 10-6　2000—2017 年全国 4A 和 5A 级旅游景区数量（家）

　　我国于 2007 年开始国家 5A 级旅游景区评定工作，首年共评定国家 5A 级旅游景区 66 家，除了西部地区的青海省、西藏自治区和内蒙古自治区以外，其他中国大陆 28 个省（自治区、直辖市）均有不同数量的景区入选国家 5A 级旅游景区名单，数量最多的省份是北京市和江苏省。数据显示，2007 年后，江苏省的国家 5A 级旅游景区数量增长速度处于领先地位，浙江省紧随其后，其余各省份的国家 5A 级旅游景区数量呈现缓慢增长趋势。到 2017 年，我国共评选国家 5A 级旅游景区 250 家，其中江苏省以 23 家国家 5A 级旅游景区数量居首位，此外省域内国家 5A 级旅游景区超过 10 家的省份有浙江省、河南省、广东省、四川省、新疆维吾尔自治区、山东省、安徽省、江西省和湖北省。

　　（2）空间结构。根据 2000—2017 年的数据，从国家 4A 和 5A 级旅游景区数量的空间分布来看，我国高质量旅游景区在空间分布上存在差异，但差异不大。国家 4A 级旅游景区数量位于前列的省份多位于东部地区，国家 5A 级旅游景区数量位于前列的省份在东部、中部和西部分布较均匀。具体到省份而言，江苏省、浙江省、四川省、山东省、广东省和安徽省的高质量旅游景区在数量上存在优势，而西部地区的高品质旅游资源仍有较大的开发潜力。

　　如图 10-7 所示，2000 年东部地区国家 4A 级旅游景区数量共有 82 家，占全国国家 4A 级旅游景区总数的 43.62%，到 2017 年，东部地区国家 4A 和 5A 级旅游景区数量共有 1243 家，占全国国家 4A 和 5A 级旅游景区总数的

35.29%。具体到每个省份而言：江苏省、浙江省、山东省和广东省的国家 4A 和 5A 级旅游景区数量较多，且在 2010 年后的增长趋势较快；天津市和海南省的国家 4A 和 5A 级旅游景区数量始终较少。在国家 5A 级旅游景区方面，江苏省的数量绝对领先且增长速度较快，其次是浙江省；天津市和上海市的数量最少。总体来看，东部地区的高质量旅游景区数量较多，但区域内的省份分布差异较大。

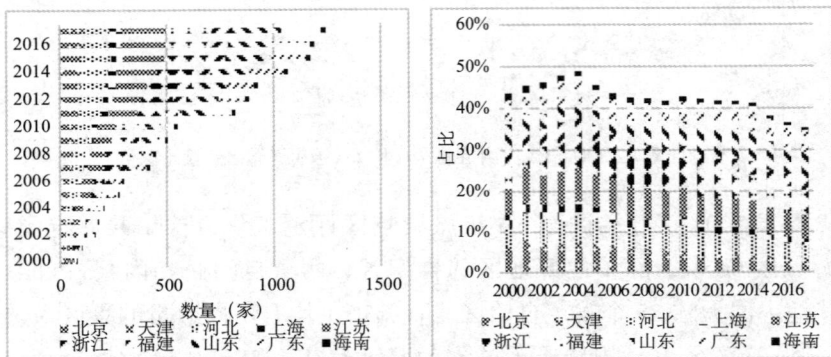

图 10-7　2000—2017 年东部地区国家 4A 和 5A 级旅游景区数量及全国占比

如图 10-8 所示，2000 年中部地区国家 4A 级旅游景区数量共有 34 家，占全国国家 4A 级旅游景区总数的 18.09%，到 2017 年，中部地区国家 4A 和 5A 级旅游景区数量共有 834 家，占全国国家 4A 和 5A 级旅游景区总数的 23.68%，虽然占比有所上升，但总体数量仍然较少。具体到省份而言，目前安徽省的国家 4A 和 5A 级旅游景区数量最多，其余省份的国家 4A 和 5A 级旅游景区数量较均衡。总体来看，中部地区的高质量旅游景区数量较少，区域内的省份分布却比较均衡。

如图 10-9 所示，2000 年西部地区国家 4A 级旅游景区数量共有 57 家，占全国国家 4A 级旅游景区总数的 30.32%，到 2017 年，西部地区国家 4A 和 5A 级旅游景区数量共有 1149 家，占全国国家 4A 和 5A 级旅游景区总数的 32.62%。具体到每个省（自治区、直辖市）而言：四川省和广西壮族自治区的国家 4A 和 5A 级旅游景区数量较多，且数量增长速度较快；西藏自治区、宁夏回族自治区和青海省的国家 4A 和 5A 级旅游景区数量较少，且数量增长速度缓慢；其余省份的数量和增长速度处于中等位置。总体来看，西部地区的高质量旅游景区数量差异较大，呈橄榄形分布。

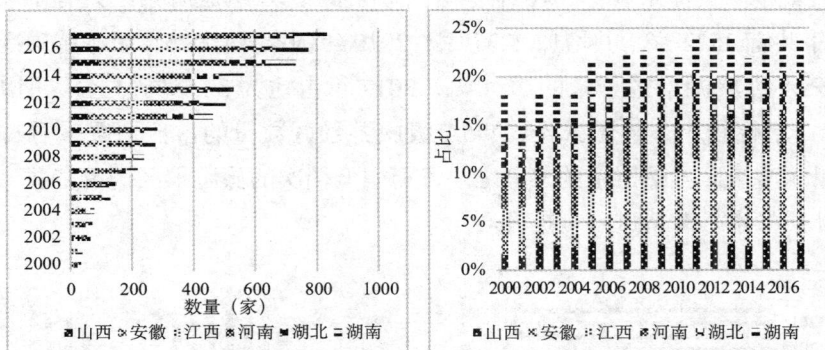

图 10-8　2000—2017 年中部地区国家 4A 和 5A 级旅游景区数量及全国占比

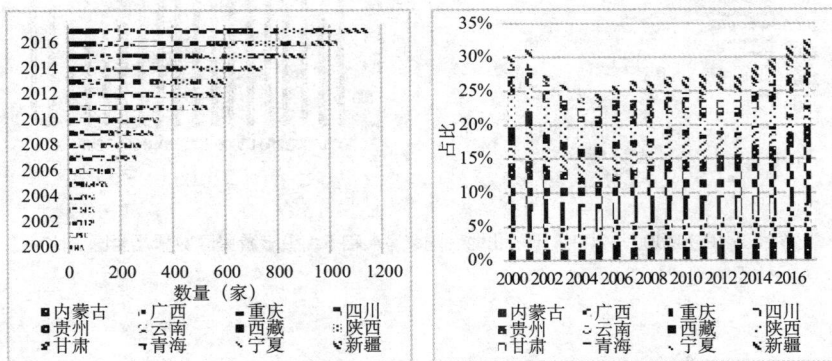

图 10-9　2000—2017 年西部地区国家 4A 和 5A 级旅游景区数量及全国占比

如图 10-10 显示，2000 年东北地区国家 4A 级旅游景区数量共有 15 家，占全国国家 4A 级旅游景区总数的 7.98%，到 2017 年，东北地区国家 4A 和 5A 级旅游景区数量共有 296 家，占全国国家 4A 和 5A 级旅游景区总数的 8.40%，由于只包括三个省份，总体数量占比很少。具体到三个省份而言，在数量方面，辽宁省和黑龙江省的国家 4A 和 5A 级旅游景区数量较多，吉林省的国家 4A 和 5A 级旅游景区数量较少；在增长趋势方面，黑龙江省和吉林省的数量占比波动较小，辽宁省的数量占比波动较大且呈下降趋势。

3. 全国各地区景区行业结构分析

如图 10-11 所示，2010—2017 年，我国国家 4A 和 5A 级旅游景区数量在全国国家 A 级旅游景区总量中的占比基本稳定在 14%~35%，总体占比年际变化幅度较小。具体来看：2010 年全国国家 4A 和 5A 级旅游景区共有 1285 家，2017 年共有 3522 家，共增加 2237 家；2010 年国家 4A 和 5A 级旅游景区占全国国家 A 级旅游景区总量的 28.42%，2017 年占比为 32.59%，七年间增长了4.17%，增幅较小。从国家 4A 和 5A 级旅游景区数量的占比情况来看，我国高质量旅游景区虽然占了约三分之一，但中低档次的旅游景区仍占多数，景区的整体质量水平有待进一步提升。

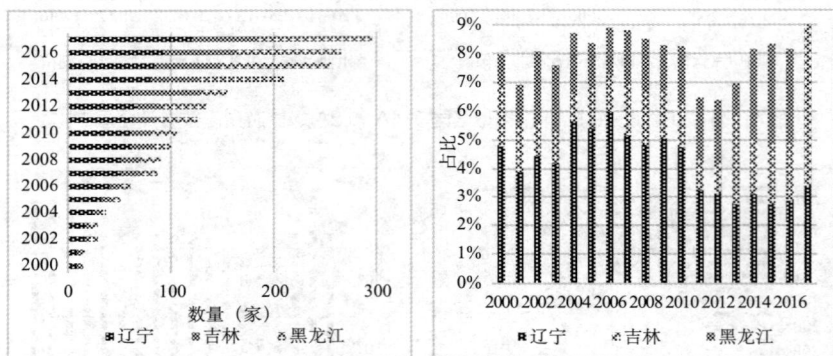

图 10-10　2000—2017 年东北地区国家 4A 和 5A 级旅游景区数量及全国占比

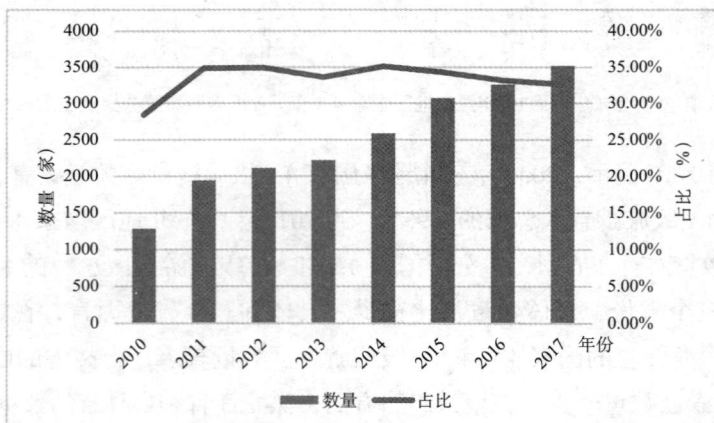

图 10-11　2010—2017 年全国国家 4A 和 5A 级旅游景区数量及行业占比

图 10-12 显示，2010—2017 年，东部地区各省（直辖市）国家 4A 和
5A 级旅游景区数量在该省（直辖市）国家 A 级旅游景区总量中的占比多数
集中在 30%~40%，少数省份的国家 4A 和 5A 级旅游景区数量占比分布在
50%~60%，总体占比年际变化幅度较小。2010 年东部地区的国家 4A 和 5A 级
旅游景区数量共有 550 家，占东部地区国家 A 级旅游景区总数的 30.30%；到
2017 年，东部地区国家 4A 和 5A 级旅游景区数量共有 1243 家，占东部地区
国家 A 级旅游景区总数的 30.80%。具体到每个省（直辖市）而言：广东省和
上海市的国家 4A 和 5A 级旅游景区占比较大，约占该省（直辖市）国家 A 级
旅游景区总数的 54%；山东省的国家 4A 和 5A 级旅游景区数量多，但占该
省国家 A 级旅游景区总量的比例较小；福建省的国家 4A 和 5A 级旅游景区
数量占比下降趋势较明显，其原因是其国家 4A 和 5A 级旅游景区数量的增
长速度低于该省国家 A 级旅游景区总数的增长速度；其他省（直辖市）的
国家 4A 和 5A 级旅游景区占比常年集中在 30%~40%。总体来看，东部地区
的高质量旅游景区占比较大，区域内的省（直辖市）高质量旅游景区占比差异
也较大。

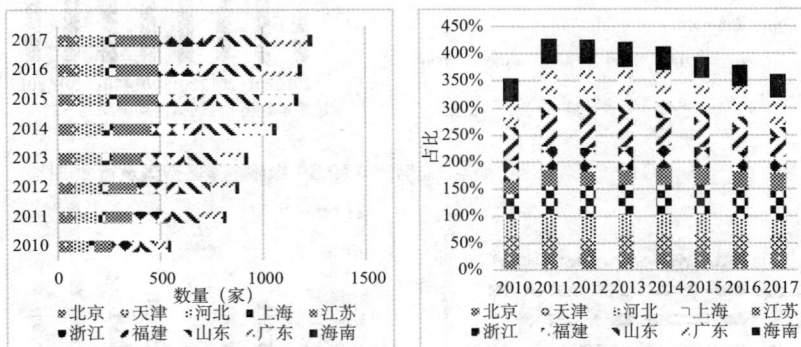

图 10-12 2010—2017 年东部地区国家 4A 和 5A 级旅游景区数量及行业占比

如图 10-13 所示，2010—2017 年，除山西省以外，中部地区各省份国
家 4A 和 5A 级旅游景区数量在该省国家 A 级旅游景区总量中的占比集中在
30%~40%，总体占比年际变化幅度较小。2010 年中部地区的国家 4A 和 5A
级旅游景区数量共有 282 家，占中部地区国家 A 级旅游景区总数的 27.59%；
到 2017 年，中部地区国家 4A 和 5A 级旅游景区数量共有 834 家，占中部地

区国家 A 级旅游景区总数的 36.47%，增长幅度较大。具体到每个省份而言：山西省的国家 4A 和 5A 级旅游景区占比较大，约占该省国家 A 级旅游景区总数的 60%，但年际波动幅度也较大；其他五个省份的国家 4A 和 5A 级旅游景区占该省国家 A 级旅游景区总量的比例都集中在 30%~40%。总体来看，中部地区的高质量旅游景区占比较大，区域内的各省高质量旅游景区占比差异较小。

如图 10-14 所示，2010—2017 年，西部地区各省（自治区、直辖市）国家 4A 和 5A 级旅游景区数量在该省（自治区、直辖市）国家 A 级旅游景区总量中的占比多数集中在 20%~40%，总体占比年际变化幅度较小。2010 年西部地区的国家 4A 和 5A 级旅游景区数量共有 347 家，占西部地区国家 A 级旅游

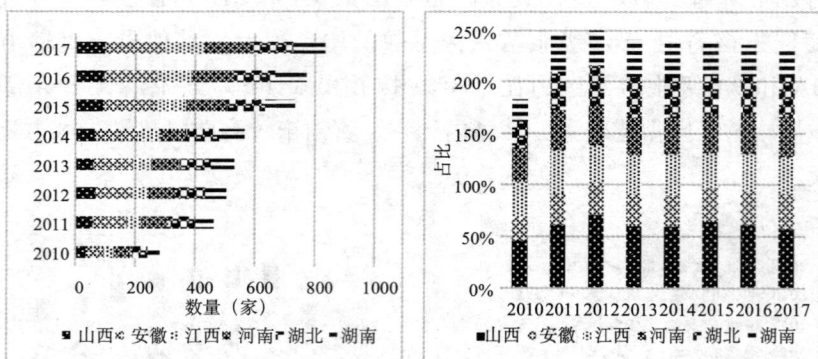

图 10-13　2010—2017 年中部地区国家 4A 和 5A 级旅游景区数量及行业占比

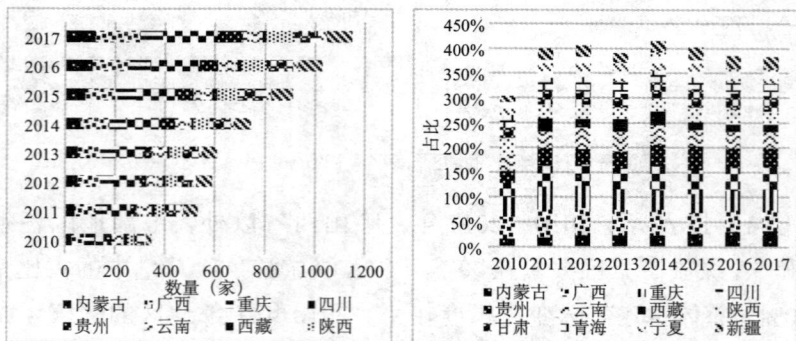

图 10-14　2010—2017 年西部地区国家 4A 和 5A 级旅游景区数量及占比

景区总数的 28.19%；到 2017 年，西部地区国家 4A 和 5A 级旅游景区数量共有 1149 家，占西部地区国家 A 级旅游景区总数的 33.98%。具体到每个省（自治区、直辖市）而言：广西壮族自治区和重庆市的国家 4A 和 5A 级旅游景区占比较大，在该市（区）国家 A 级旅游景区总数的占比多大于于 40%；四川省和贵州省的国家 4A 和 5A 级旅游景区占比上升幅度较大；西藏自治区的国家 4A 和 5A 级旅游景区在该地区国家 A 级旅游景区总数中占比较小但年际波动幅度较大；其他西部地区的各省（自治区）国家 4A 和 5A 级旅游景区占比处于中间位置。总体来看，西部地区的高质量旅游景区占比较大，区域内的各省（自治区、直辖市）高质量旅游景区占比差异也较大。

如图 10-15 所示，2010—2017 年，东北地区各省国家 4A 和 5A 级旅游景区数量在该省国家 A 级旅游景区总量中的占比集中在 15%~30%，总体占比年际变化幅度较小。2010 年东北地区的国家 4A 和 5A 级旅游景区数量共有 106 家，占东北地区国家 A 级旅游景区总数的 23.40%；到 2017 年，东北地区国家 4A 和 5A 级旅游景区数量共有 296 家，占东北地区国家 A 级旅游景区总数的 26.86%。具体到三个省份而言：辽宁省的国家 4A 和 5A 级旅游景区数量占该省国家 A 级旅游景区总量的比例相对较大，但年际波动幅度也较大；吉林省和黑龙江省的国家 4A 和 5A 级旅游景区占比较小，但基本呈现逐年增长的趋势。总体来看，东北地区的高质量旅游景区占比较小，区域内的各省高质量旅游景区占比差异也较小。

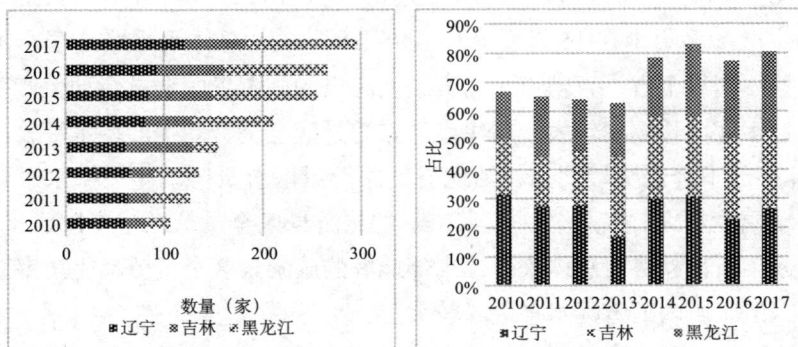

图 10-15 2010—2017 年东北地区国家 4A 和 5A 级旅游景区数量及占比

4. 全员生产率分析

在旅游景区全员劳动生产率（万元／人）方面，如图 10-16 所示，根据 2011—2016 年的数据，我国旅游景区的全员劳动生产率呈现平稳增长趋势，且 2015—2016 年的增长幅度较大。具体来看，2011 年全国旅游景区全员劳动生产率为 17.48 万元／人，2016 年全国旅游景区全员劳动生产率为 29.8 万元／人，5 年间共增长了 12.32 万元／人，年均增长幅度为 14.1%。总体而言，我国旅游景区的全员劳动生产率处于较高水平，年际增长态势较平稳，意味着旅游景区业态结构动态优化程度也稳定趋高。

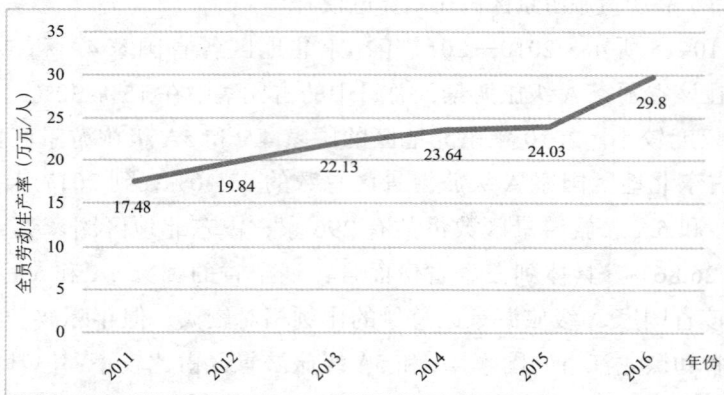

图 10-16　2011—2016 年中国旅游景区全员劳动生产率

如图 10-17 所示，2011—2016 年东部地区各省（直辖市）的旅游景区全员劳动生产率多集中在 15 万元／人～40 万元／人，总体水平略高于全国平均水平。具体到每个省（直辖市）而言：上海市的旅游景区全员劳动生产率水平较高，且年度增长幅度较大；天津市的旅游景区全员劳动生产率水平较高，但从 2014 年起下降趋势较明显；河北省的旅游景区全员劳动生产率水平较低且年际波动幅度较大；其他省（直辖市）的旅游景区全员劳动生产率水平居中，基本呈逐年增长趋势。总体来看，东部地区的旅游景区全员劳动生产率总体水平较高，但区域内的省际水平差异较大。

如图 10-18 所示，2011—2016 年，中部地区各省份的旅游景区全员劳动生产率分布在 10 万元／人～35 万元／人，具体到每个省份而言：安徽省和江西省的旅游景区全员劳动生产率水平较高，但近几年下降趋势较明显；湖南省

的旅游景区全员劳动生产率水平呈波动上升趋势；河南省和湖北省的旅游
景区全员劳动生产率水平居中，呈稳定增长趋势；山西省的旅游景区全员劳
动生产率水平较低且总体增长幅度较缓慢。总体来看，中部地区的旅游景区
全员劳动生产率总体水平居中，区域内各省份的旅游景区全员劳动生产率水平
差异较大。

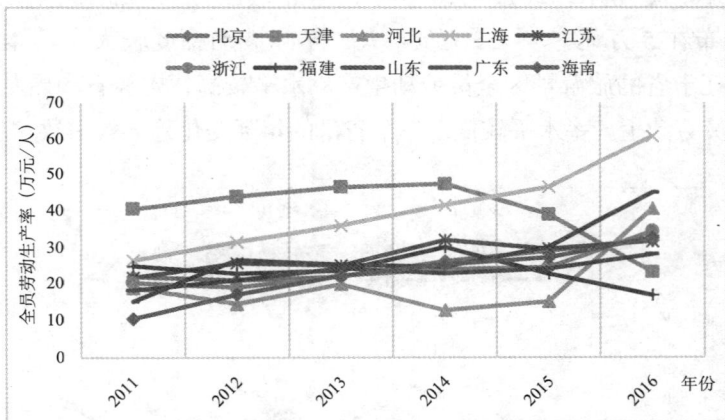

图 10-17　2010—2016 年东部地区旅游景区全员劳动生产率

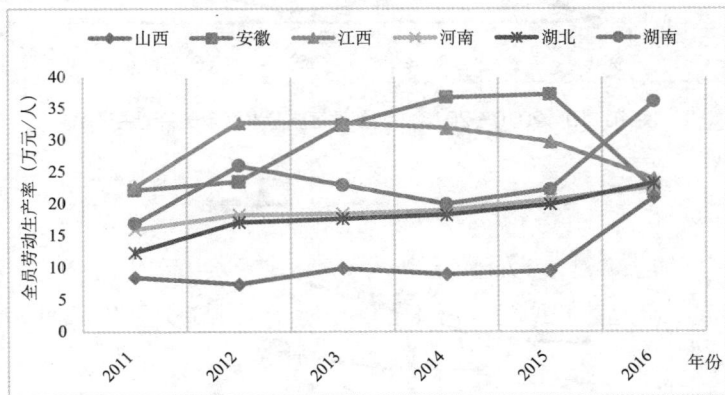

图 10-18　2011—2016 年中部地区旅游景区全员劳动生产率

　　图 10-19 显示，2011—2016 年西部地区各省（自治区、直辖市）的旅游
景区全员劳动生产率多数小于 20 万元 / 人，总体水平较低于全国平均水平。
具体到每个省（自治区、直辖市）而言：四川省的旅游景区全员劳动生产率水

平较高，且年度增长幅度较大；新疆维吾尔自治区和广西壮族自治区的旅游景区全员劳动生产率水平年际波动幅度较大；青海省的旅游景区全员劳动生产率水平较低；其他省（自治区、直辖市）的旅游景区全员劳动生产率水平居中，年间增长速度较缓慢。总体来看，西部地区的旅游景区全员劳动生产率总体水平较低，区域内的各省（自治区、直辖市）旅游景区全员劳动生产率水平差异较小。

如图 10-20 所示，2011—2016 年，东北地区各省的旅游景区全员劳动生产率分布在 5 万元 / 人 ~25 万元 / 人，年际波动幅度较大。具体到三个省份而言：辽宁省的旅游景区全员劳动生产率水平较高；吉林省和黑龙江省的旅游景区全员劳动生产率水平较低；三个省份的年际变化趋势较一致。总体来看，

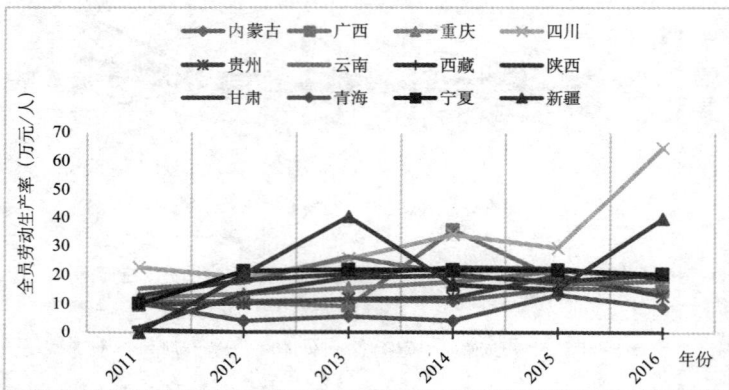

图 10-19　2010—2016 年西部地区旅游景区全员劳动生产率

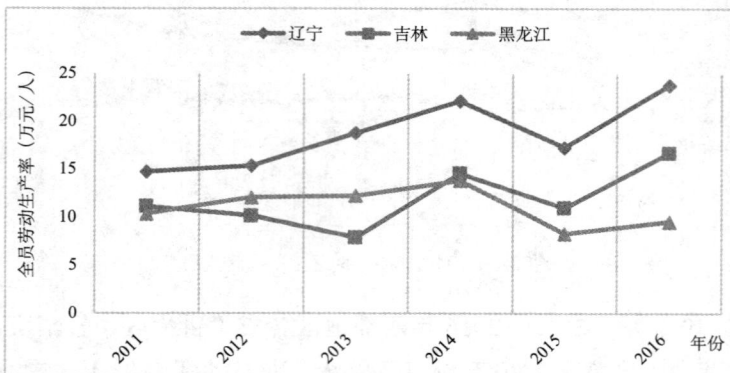

图 10-20　2011—2016 年东北地区旅游景区全员劳动生产率

东北地区的旅游景区全员劳动生产率总体水平较低，区域内各省的旅游景区全员劳动生产率水平差异较小。

二、地方政府与星级饭店业结构动态优化

（一）星级饭店的概念及内涵

1. 饭店

饭店最早起源于欧洲的家庭旅馆，我国习惯上把饭店称为宾馆、酒店、旅馆、旅社、旅舍以及招待所等，是指为旅客提供较短居住时间的住宿场所，同时也会提供相应的餐饮、购物、娱乐、度假及商务活动等服务，其中住宿是饭店最基本和最主要的服务功能。总的来说，饭店需要具备三个条件：第一，必须是借助有形的建筑物和一定的设施设备的综合性经济实体；第二，为客人提供以住宿为核心服务的综合服务；第三，获得合理的利润（张晶，2015）。

2. 星级饭店

饭店等级是指饭店的整体豪华程度、内外观环境氛围、设施设备级别、管理服务水平等方面所反映出来的标准和档次。星级饭店是根据星级制这一当今国际上较为普遍的对旅馆、酒店的分级方式，将酒店根据其饭店等级分级评定为星级饭店的统称（陈辰等，2010）。1988年，国家旅游局正式推出《旅游涉外饭店星级的划分与评定》，将饭店分成了五个星级，即一星级、二星级、三星级、四星级、五星级（含白金五星级），星级越高表明饭店的层次越高，同时还规定了星级饭店的评定范围、评定的组织和权限以及评定依据。

3. 星级饭店的内涵

星级饭店是一个国家或地区服务业的名片，同时也是现代旅游业的重要载体，具备服务性、涉外性、商业性、综合性等特征（杨乐，2015）。我国从1988年制定并实施旅游饭店星级标准评定制度以来，该评定制度共经历了1993年、1997年、2003年、2010年4次修订，简称"四标时代"。为了更好地契合饭店业的发展需要，2011年，我国修订了《旅游饭店星级的划分与评定》（GB/T 14308—2010），首次提出有限服务饭店（一星级、二星级、三星级）和全面服务饭店（四星级、五星级、白金五星级）的概念（《旅游饭店星级的划分与评定释义》编写组，2010）。后来，又有研究将一星至五星级饭

店归纳为适用型饭店、经济型饭店、中档饭店、高档饭店和豪华饭店（刘伟，2021）。目前我国学术界对于星级饭店的研究主要集中在饭店的经济效应、饭店品牌提升、饭店内部管理、饭店的人力资源及组织结构优化等方面。

（二）地方政府在星级饭店发展中的行为分析

1. 地方政府行为与星级饭店发展

市场通常不能有效地协调饭店的局部利益和社会整体利益之间的关系。在市场经济条件下，星级饭店拥有过多自我经营和自我发展的权利，饭店经营者追求自身利益的最大化则会影响社会其他成员，乃至社会整体利益。在这种情况下，适度的政府干预便可纠正市场机制的问题和缺点。只有在政府的引导下，有效结合政策和法律法规等工具，协调多种市场主体之间的利益关系，才能够保证饭店业持续健康地稳步发展。

学者们对我国旅游业发展中的政府行为进行了深入探究，发现政府直接管理旅游市场的职能在不断加强。Zhang 等（1999）分析了中国政府的政策和角色，发现中国政府在不同的历史时期担当了经营者、规制者、投资刺激者、宣传者、协调者和教育者等角色。匡林（2001）在分析经合组织旅游委员会的观点时指出：政府参与旅游业主要分为启动、发展和成熟三个阶段，政府分别担当先驱催化剂、规划服务者、协调中介等三个角色。本部分将主要聚焦于地方政府在星级饭店发展中的政策扶持、法治建设、规划开发、级别评定、行政管理五个主要行为。

（1）政策扶持。政策扶持是指政府通过制定特定产业的进入、定价、融资以及信息发布等政策对主体行为进行有效调整，以避免出现竞争主体过多或过少而引起过度竞争或竞争不足的现象。随着我国经济体制的改革，政府对企业的组织结构进行了全面改革，现代化企业组织结构的创新和引进提高了我国星级饭店业的整体运营效率。地方政府还运用财政激励手段加大支持星级饭店业发展。政府的财政激励是一种较为通行的政策支持方式，指政府运用金融、税收、补贴等优惠政策诱导或使得某些资源变得更加昂贵或者更便宜（张一博，2011；周均悦，2001）。

星级旅游饭店的发展必须有配套的政策支持。在实际发展中，地方政府应加大政策扶持力度，明确星级饭店在社会经济发展中的定位，完善产业导向政策、产业宏观政策、产业市场政策、产业布局政策、产业配套政策、产业投入政策、产业技术政策和产业保障政策，形成促进当地星级饭店业发展的财政、税收、金融等在内的较为完备的产业政策体系（白金英，2012）。如在税收方面，实行减税或者免税、税利返还等政策。在融资方面，实行包括低息、无息、贴息等资助性信贷优惠，以及资产抵押类金融信贷政策，鼓励和引导多元投资扶持星级饭店业发展，逐步形成政府投入和社会投入相结合的多渠道、多元化的星级旅游饭店业投入机制。

（2）法治建设。地方政府的法治建设是指旅游行政机构必须不断地强化立法职能，根据市场及星级酒店业的发展变化而持续完善相关法律和政策法规。法治建设可以为星级饭店业的运营管理提供强制性的保障。通过有关法规条文，政府的意见可以获得明确的表达，可以依法要求或禁止某些特定行为，并保持高度的一致性和连续性。地方政府的政策法规主要包括各种行政规章、行政法规、规范性文件以及标准等，目的是确定有效的规则，以规范相关主体的行为。例如，地方政府可以制定合理的定价机制，建立饭店市场管理条例，明确星级饭店行业监管体系和相关职能。

总体来说，地方政府进行星级饭店业法治建设时应着重解决这样几个问题：完善星级饭店业市场管理条例，促进和维护公平竞争；保证星级饭店业监管主体的法律地位，明确其职能和权利；确定星级饭店经营主体应具备的资格，并规定其权利和应尽的义务；建立一套完善的监察、仲裁制度，规范星级饭店的经营行为；制定星级饭店业突发事件应急处理机制，形成风险预警机制。

（3）规划与开发。星级饭店的规划和开发受多种条件限制，需要综合考虑基础设施状况、交通便利性、区域投资、时间的垄断性等因素，还要着重考虑资金的利润率和投资风险问题（王济华，2011）。星级饭店行业的固定资产投资相对其他行业而言较为巨大，投资者如果没有经过充分的市场调查，就进行盲目投资建设，容易导致饭店的功能布局与星级标准不匹配，造成饭店效益低下、改造成本巨大，从而形成资源浪费。加之，市场机制本身存在诸多弊端，地方政府对星级饭店业的规划和开发便显得尤其重要。

地方政府对星级饭店业的规划和开发行为主要体现在：地方政府往往根据市场及时代大背景的变化，与时俱进地为各个阶段的星级饭店业制定科学合理的发展战略目标和发展规划，动态调节星级饭店业的供需平衡，助力星级饭店业的有序健康发展（杨武，2016）。地方政府主管部门往往根据所在地区星级饭店的发展情况和行业前景，以及国内国际旅游市场需求的发展态势，对该地区的星级饭店业进行统一的规划，明确本地所需的星级饭店类型、规模和数量，完善星级饭店的准入制度，对星级饭店进行前瞻性的指导和规制，从而减少非理性和投资行为造成的效率低下、资源浪费的现象。对于所在地区的星级饭店业发展的长远规划和近期控制性规划，地方政府一般会组织相关高校、科研所和企业界等多领域的专家参加论证和编制，从而保证星级饭店业等级结构、产品结构、空间结构等与所在城市发展相协调，合理处理短期需求和长远发展之间的关系。

（4）级别评定。作为饭店业权威的评判标准，星级饭店的级别评定是星级饭店业规范发展的重要依据。强化和提升星级饭店级别评定标准的执行力，有助于规范星级饭店自身建设，促进星级饭店业的积极健康发展。政府在星级饭店的级别评定方面的行为主要体现在评定标准的制定、落实和监督等三个方面。在星级饭店的标准制定方面，主要是由地方政府牵头，联合业界、学界和消费界共同参与讨论、分析及制定。在标准的落实方面，政府主要起到推行标准实施的作用，如发布相关文件确保评定流程和标准层层落实，保证星级评定标准的实施达到理想的效果。在标准的监督方面，政府可以发挥强硬的职能作用，严格并持续监督星级饭店后续工作。

（5）行政管理。旅游行政管理是指旅游行政管理系统各部门、各层级、各成员之间经过合适的组合，形成的一定形式的责权分工关系。由于机构设置不同，行政管理发挥的作用和产生的效能也不同。旅游行政管理的最终目标是发挥各组织机构功能，使旅游资源得到有效合理的配置，以最小的投入获得最大的旅游综合效益。地方政府主要从引导、支持、监管等三个层面干预和介入星级饭店业的发展。

引导层面：加强信息引导，建立星级饭店业信息发布和共享系统。在面对星级饭店市场信息不对称的情况下，地方政府可以依托当地旅游饭店协会，建立星级饭店资讯网、微信公众号等，加强星级饭店业信息发布和共享，及时准确地引导星级饭店业的投资商、经营管理商的投资和经营决策科学化。

支持层面：加强星级饭店市场管理，建设服务型人力资源支持体系。通过建立合理高效的组织机构体系，配备相应的人员，明确职责、权利和任务，协调组织机构体系有效地调配各类资源；鼓励引进优秀的饭店管理人才，为当地星级饭店的管理和营销带来新的生机与活力；同时加强从业人员培训，定期对星级饭店从业人员进行安全知识、服务意识、法律法规的培训。

监管层面：在正向激励管理的基础之上，政府还对星级饭店业加强监管，建立惩戒规制体系。监管机制主要是指地方行政机关对星级饭店业市场各参与者之间的行为进行控制，通过行政手段纠正和减少阻碍星级饭店市场运作的因素及破坏饭店业有序发展的行为，保障星级饭店业稳步发展（姜国华，2010）。此外，地方政府还可以开通畅通有效的顾客投诉渠道，以有效地发现导致顾客不满意或扰乱市场秩序的星级饭店，监督星级饭店市场不诚信的经营行为，维护市场诚信机制和消费者权益。

2. 案例分析：福建省泉州市

近年来，从中央到地方，政府相继出台了与饭店产业相关的政策、法规及标准，对饭店业的发展有着重要影响。如 2015 年中央经济工作会议提出"供给侧改革"的思想，各地饭店业根据供给侧改革的思维，顺应消费者对饭店业品质化、个性化、信息化与智能化的需求，积极调整供给结构，提升品质。2016 年，国家税务总局正式实施"营改增"减税政策，取消服务业营业税税种，改征增值税。营改增之后，酒店税负有所降低，无形中会增加酒店的经济效益，加之酒店在支出各项成本费用时产生的进项税额能够抵扣，使酒店能够有足够的资金增加投资，进一步促进了现金流动，从而实现良性循环发展。

泉州市星级酒店业发展起步较晚，1998 年之前，全市的星级酒店还不足10 家。第 1 家公安部门批准的涉外酒店是金泉酒店（20 世纪 80 年代开业，后归属华侨大厦附属楼），第 1 家国家三星级饭店是 1995 年开业的泉州酒店。随着社会经济的快速发展，特别是"98 中国国内旅游交易会"在泉州顺利举办，以及 2000 年创建"中国优秀旅游城市"成功后，泉州市的酒店业开始进入快速发展期。2000 年泉州酒店成为泉州市第 1 家四星级饭店；2001 年晋江爱乐假日酒店成为第 1 家县级市的四星级饭店，也是全省县级第 1 家四星级酒店；2004 年泉州酒店改造升级为泉州市第 1 家五星级饭店，成为泉州市酒店业进入高速发展期的一个标志。2004—2006 年三星级酒店发展迅速，增长了21 家；2007—2009 年四星级饭店发展迅速，增长了 18 家；2010—2011 年五星级酒店发展迅速，增长了 6 家。截至 2012 年年底，泉州星级饭店数量达到 100 家（同时期厦门市星级饭店 82 家，福州市星级饭店 77 家），其中，五星级 9 家，四星级 33 家，三星级 54 家，二星级 4 家。

自 2013 年开始，各地星级酒店发展纷纷进入调整期。由于全球经济增速放缓、市场萎缩、竞争加剧等原因，部分星级饭店出现设施设备老化严重、维修保养欠缺、服务质量下滑等不符合星级标准的现象，业主也不愿再继续投入提升改造，导致一批星级酒店被摘星甚至停业、倒闭，而新开业的一些高端酒店也不再热衷于申请评定星级。至 2018 年 10 月，泉州市星级酒店总数下降为 78 家（同期厦门市星级酒店 64 家，福州市星级酒店 44 家），其中，五星级 13 家，四星级 34 家，三星级 31 家。而且，目前泉州市星级饭店发展呈现出行业主管部门缺失、营收提升空间有限、成本税费高、低价竞争、供需不匹配、创新不足、政府扶持力度弱、已批未建项目多、行业平均薪酬偏低、特色业态发展受限等一系列问题。

泉州市委、市政府高度重视泉州旅游产业发展，遵循"亮点在古城，厚度在山海，空间在生态连绵带"的全域旅游发展思路，以打响"海丝泉州"旅游品牌和申报世界文化遗产为两大抓手，不断出台政策措施，丰富供给和完善配套，促进旅游投资与消费，为酒店产业取得新成效和新突破提供了新契机。未来泉州市委、市政府可能对星级饭店发展做出以下行为干涉。

（1）出台两项政策。一是饭店业扶持政策。牵头拟制全市饭店服务业的扶持政策。参照《泉州市人民政府办公室关于印发加快海丝新城酒店服务业发展优惠政策的通知》和厦门市集美区等部分地区的先进做法，初步制定和出台"加快泉州市酒店服务业发展优惠政策"，对符合认定条件的新建、改（扩）建的四、五星级标准的高档酒店、文化主题酒店、精品度假酒店等，从土地、财税、贷款贴息、质量等级评定、宣传营销、用水、用电、用气、经营绩效等方面，给予相关奖励。

二是民宿业发展指导意见。制定针对民宿行业的指导意见，对民宿的概念内涵、开办条件、经营要求、管理机制、审批程序等方面进行明确规定，特别是在审批条件上应有别于传统意义上的酒店、旅馆，从而为民宿经营在消防、卫生、环保等合法性上提供制度保障，奠定民宿产业规范发展的基础。为将来想要涉足民宿产业的投资人提供明确的准入门槛。

（2）做好三个"一批"。存量改造一批：共 10 家饭店，具体名单如图
10-21 所示。

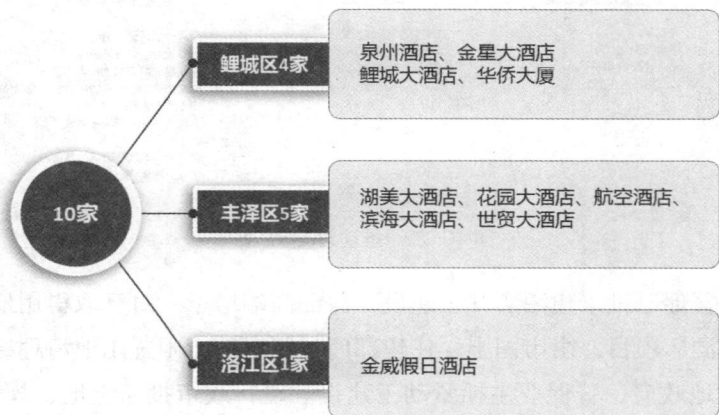

图 10-21　改造提升饭店名单

依托现有酒店，加强政策扶持，推动改建扩建，升级配套，提升品质，扩
大高端酒店占比。具体而言：

一是支持现有酒店的改建提升，做好存量调整①。出台财政补贴政策，按
照酒店改建提升的实际投资额度确定补贴额度、贷款贴息额度，扶持现有酒店
改建和扩建，增加客房数量和床位数量，提高酒店整体品质。对于施行新建或
改建（扩建）高档酒店的现有酒店，在建筑噪声排污费、用水用电用气价格等
方面给予优惠，并依据客房总量和年入住率对绩效突出的酒店经营管理团队给
予奖励。

二是鼓励星级评定和国际化，扩大高星级/高端酒店占比。对经旅游主管
部门新评定的五星级、四星级饭店和经过改造提升成为五星级、四星级饭店，
五星级饭店中的国际化高端饭店，以及获评为绿色饭店的酒店分别按照一定准
则给予一定额度的奖励或广告费补助。

推动建设一批：共 24 家饭店，具体如图 10-22 所示。针对现有存量项
目，强化服务保障，加大推进力度，力促早建成、早投用。具体而言：

① 全国住宿业固定资产投资完成额增速不断下滑，2016 年首次出现负增长，表明存量整合时代逐步来临。

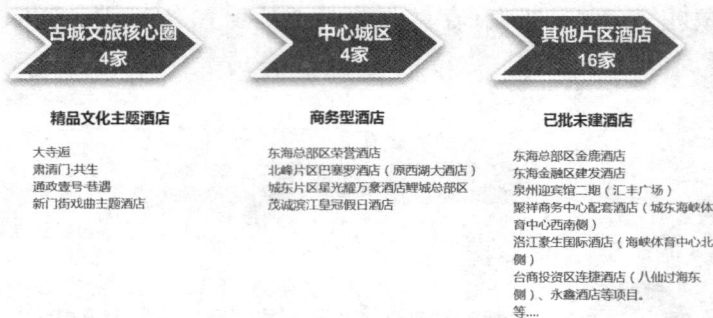

图 10-22　推动建设饭店名单

一是督促已批未建酒店开工建设，保证高端增量。对已取得用地、目前尚未动工的酒店项目，由市国土、住建部门运用房地产闲置用地清理结果，会同各辖区属地政府，督促业主抓紧动工建设。在行政审批、土地、规划、税费、财政补贴、相关配套等方面给予保障，力促已批项目中的国际高端酒店开工建设，保证高端酒店增量。

二是督促已批在建酒店加快进度，保障建成投用。对已取得用地、目前在建的酒店项目，由中心城区各属地政府牵头进行摸排，逐一分析项目推进中存在的困难和问题并采取有效措施帮助解决，督促业主加快建设进度，力促早建成、早投用。对在政策优惠期内建成投用并符合政策扶持条件的同样给予政策优惠。

三是引导已建成但尚未运营的酒店进行高端化运营。对已经建成但尚未投入运营的酒店项目，泉州市和各辖区两级经信委、旅游局、外事办等部门主动帮助业主招引高档酒店品牌进行合作，在优惠期内享受新建高档酒店项目的相关优惠条件；业主自营并符合新建高档酒店项目的政策扶持条件的，视同新建高档酒店项目，同等享受新建高档酒店项目的各项优惠条件。

招商引进一批：继续大力推进招大引强战略，积极引进国内外高端酒店集团和国际品牌酒店管理公司，提升全市酒店业整体水平。引进一批（约3家），加大招商引资力度，（目前有意向进驻并前来考察过的国际品牌酒店管理公司有：喜达屋国际酒店集团、雅高集团、香格里拉酒店集团）。具体而言：

一是发挥行业协会作用。充分发挥市旅游协会饭店专委会的作用，了解中心城区现有酒店业主引进国际品牌酒店管理公司的合作意愿，鼓励进一步盘活存量，提升档次。

二是走访国际品牌管理公司。积极走访已进驻泉州市的国际品牌酒店管理公司，了解各集团公司的发展战略和规划，引荐、推动符合条件的投资业主与国际酒店品牌管理公司进行有效对接，实现以商引商，共同发展。

三是密切联系相关单位。密切联系市发改委、商务局、外事侨务办、贸促会等单位，将一些条件成熟的酒店类项目，通过商务会展、海外侨亲等途径，向全球大力招商，以期引进更多的外资企业和国际品牌酒店管理公司进驻。

四是联系专业招商公司。密切联系部分高端酒店专业招商公司，比如为泉州市完成中心城区酒店业专项规划的"仲量联行"等，实现项目业主和运营管理的精准对接。

五是加大中心城区招商力度。提请市政府对中心城区引进国际品牌酒店管理公司管理的酒店项目给予一定奖励，进一步加大招商引资力度，助推泉州市旅游酒店业转型升级。

（3）扩大留宿客源。一是强化营销，吸引客源。加大广告投放数量和质量，积极组织旅游推介，支持和指导酒店进行品牌营销，吸引客源来泉。

二是增强休闲旅游吸引力，提高过夜客人数量。借深化"五个一工程"的发展机遇，切实整合旅游资源，推进旅游项目深度开发，设计出针对不同细分市场的特色旅游线路产品，吸引游客在泉州市过夜住宿。

三是加大对相关业态的奖励，扩大酒店的留宿客源。根据旅行团组团规模、逗留天数和在泉州市的消费情况，给予旅行社一定额度的奖励；根据会展公司组展规模、办会规模、举办天数和消费状况，给予会展公司一定额度的奖励。

四是培养酒店专业人才，提高客户忠诚度。联合酒店行业、政府、高校、社会研究机构，定期举办酒店行业人才培训班，提升酒店专业人才素质，保障酒店服务质量，提高客户满意度和忠诚度。

五是重视明星经济效应。充分利用泉州市地处海峡西岸的优越位置，紧跟新一代消费群体的追星诉求，举办港澳台明星和内地演唱会，形成客源短期集聚效应。

（4）鼓励行业创新。一是鼓励酒店创新产品和服务。定期组织专家对酒店产品与服务状况进行评比，对于立足泉州地域环境和文化特色，设计和开发出符合现代消费者个性化需求的产品与服务的饭店给予嘉奖和重点推介。

二是支持酒店管理模式创新。支持饭店引入第三方专业化酒店管理团队，对新引进专业化管理团队的饭店，连续经营管理两年以上的，地方税收增幅连续两年达到当年度地方税收平均增幅的，对酒店给予一次性奖励。

三是指导饭店创新商业模式。牵头建设酒店行业智慧化平台，培育一批"互联网＋酒店"领军企业，引导饭店利用网络新媒体平台和大数据进行精准营销，实现酒店产品和服务的网络化和智能化，在饭店预订系统、服务管理系统再到人事管理、采购、仓储管理系统、安全管理系统等都形成网络化、虚拟化的管理。

四是引导中端酒店转型连锁化经营模式。鼓励中端饭店向中端精品饭店转型，支持其借鉴和加入国内外著名经济型饭店连锁经营，提高管理效率。

（5）引导均衡发展。一是优化酒店层次结构。重点培育星级饭店，鼓励星级评定，提高高端饭店（四星级和五星级饭店）的数量。加大引进国际化酒店的力度，增加高端饭店中的国际化品牌饭店的数量。规范中、低档饭店，淘汰一批服务质量、设施设备不达标的星级饭店。

二是扶持特色业态发展。鼓励、扶持和规范精品酒店、特色主题酒店、民宿和汽车露营地等特色业态发展，扩大其数量和规模。同时吸引社会资本，加大对特色业态集中区周边交通、便民设施、生活设施、景观绿地等基础设施的资金投入力度，完善基础配套设施，提高综合服务能力。

三是优化酒店空间布局。依据泉州市旅游业"十三五"规划、土地利用总体规划、城乡建设规划，优化全市各个辖区的星级饭店和民宿等特色业态布局。

四是引导辖区协调发展。根据各个辖区的实际发展情况，适当引导各辖区立足地区优势和机遇，定位酒店业发展特色、规模、档次和目标，改善经营状况，实现协调发展。

五是合理配置酒店资源，改善特殊时期供给状况。对春节、五一、十一等常规假日期间和明星演唱会、大型赛事、会议展会等特殊活动期间的客源住宿，设立包含旅发委、旅行社、饭店、活动主办方等在内的特殊时期协调委员会，对全市饭店客房和床位进行弹性调配，改善供给。

（6）制定行业规范。一是出台和施行星级饭店竞争规范准则。出台和实施星级旅游饭店的价格竞争规则，解决不正当价格竞争的问题，避免以低房价作为主要竞争手段。积极制定和实施非价格外的企业竞争规则，包括星级旅游饭店的准入政策、服务质量的竞争政策、服务创新的激励政策等，规范行业内的竞争，使其有序进行。

二是制定新兴业态的行业建设标准和经营规范。对于新兴业态，及时出台行业法规条例、建设标准、服务规范、经营办法等，对业态的概念、经营场地、建筑面积、客房数量以及经营中涉及的消防安全、卫生安全等进行指导和规范，并明确管理过程中各相关部门的职责以及办证程序，各部门在各自职责范围内，各司其职、各负其责。符合要求的业态在申请办理相关证照后，授予相关品牌，并纳入泉州旅游新兴业态库，分级统一管理引导避免不公平竞争。

（7）生成一系列课题。一是国际化人才培养。根据泉州市酒店业发展现状，探索研究具有国际英语沟通能力的饭店管理人员、服务人员和会务人员的培养途径和支持机制。

二是饭店行业减费减负。深入调研泉州市酒店业的税费状况及构成，切实研究出一套饭店行业减税降费减负办法。

三是饭店行业大数据整理。借助普查机会和先进技术，对酒店行业各种经营数据、客户数据、员工数据和营销数据等进行收集和整理。

四是高端品牌引进可行性。研究世界著名酒店集团及其品牌现状、经营模式现状、适合泉州的高端品牌以及如何引入。

五是饭店精准扶持政策。研究出台泉州市饭店业的精准扶持政策，对扶持类型、扶持方式和扶持效果进行深入分析。

六是饭店行业规范标准建设。针对各种特色业态，研究编制和及时出台行业法规条例、建设标准、服务规范、经营办法等。

七是饭店产业跨界融合。围绕"饭店＋互联网/大数据/人工智能等"，研究建设智慧饭店；围绕"饭店＋文化"，分析具有地域特色的闽南风情酒店如何打造方式；围绕"酒店＋农林牧渔"，探究休闲民宿、森林人家、素食酒店等特色业态的创新路径；围绕"饭店＋会展/体育/演艺"，深入探索会展体育、演艺等大型活动对酒店的影响机制以及饭店业的可持续发展途径。

（8）健全保障措施。一是成立饭店发展小组。由市政府和各辖区政府牵头成立由国土、住建、财政局、税务局、统计局、卫健委、体育、会展、外事、旅发委、公安等部门以及高校、科研机构、行业协会组成的推动酒店发展小组。

二是加大资金扶持力度。设立和扩大泉州市饭店发展专项资金规模，加大对高品质星级饭店和特色饭店建设的资金支持力度。鼓励和倡导各区县政府、开发区管委会针对辖区内新建高品质星级饭店和特色饭店出台相应补贴及改造提升奖励政策。加大对旅行社和会展服务公司的奖励力度。加强饭店课题研究经费和人才培养经费支持。加大市场推广和市场管理投入。

三是减轻饭店经营负担。严格执行用电、用气、用水、用热与工业同价政策，最大限度减轻饭店的经营负担。新闻出版、广电、移动、联通、电信等单位要完善配套设施，积极提供信号接入服务，进一步降低使用费率。

四是出台饭店专项规划。通过合理科学的规划指导、有效有序的稳步实施，推动泉州饭店业成为泉州市未来发展的支撑性基础产业，带动泉州旅游发展转型的引领性先导产业，推动现代服务业加快融合的综合性优势产业和支持人民群众生活不断改善的示范性民生产业。

（三）地方星级饭店结构动态优化实践状况

近年来，国内星级饭店行业发展迅速，在数量上和效益上都有了较大的提高。本研究在对国内外相关文献整理的基础上，收集整理《中国统计年鉴》和《中国旅游统计年鉴》中的相关数据，以 2000—2017 年中国星级饭店为研究对象，以省域为单位，分析这十八年间中国星级饭店的数量、投入、经济效益等行业特征。

1. 全国星级饭店数量及空间结构分析

（1）整体状况。根据《中国旅游统计年鉴》数据，截至 2017 年年底，全国共有星级饭店 9566 家，比 2000 年增长 3537 家。如图 10-23 所示，2000—2017 年，中国星级饭店总量呈现出中小幅度起伏的变化趋势，其中 2009 年与 2015 年为主要变化的时间节点。2000—2009 年，我国星级饭店总量总体上呈现出较快增长趋势，截至 2009 年年底已达到 14237 家，为这十八年期间中国星级饭店总量最大值。其背后的主要原因在于 2001 年中国加入

WTO、北京成功申请 2008 年奥运会主办权，以及 2002 年上海获得 2010 世博会的主办权。随着中国国际地位的不断提高，中国星级饭店业投资市场日益活跃，迎来了长达 10 年的发展狂潮。2009—2015 年，中国星级饭店业由发展期进入到调整与转型期，星级饭店总量呈现出整体缓慢下降趋势。其中 2009—2010 年与 2015—2016 年，星级饭店总数呈现出"断崖式"的下降，这主要和星级饭店供需矛盾、"三公消费"限制、政府会议采购的标准限制等因素有关。

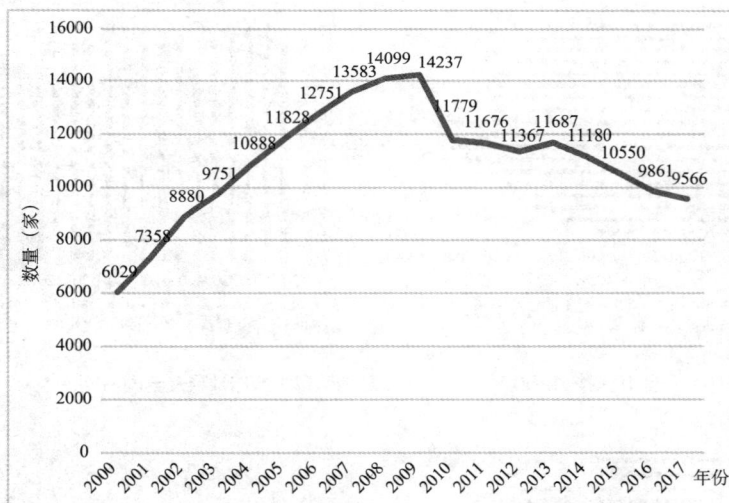

图 10-23　2000—2017 年中国星级饭店总量

（2）空间结构。我国星级饭店多集中在广东省、北京市、上海市、江苏省、浙江省、山东省等经济较为发达的东部地区。2000 年中国星级饭店总数超过 500 家的省份仅有广东省；2009 年，中国星级饭店总数超过 500 家的省份已经发展为 11 个，其中浙江省与广东省的星级酒店数量甚至超过 1000 家。根据图 10-24 的数据，对比 2000 年与 2017 年东部地区各省份的星级饭店的增长数量，大部分省份都呈现出不同幅度的增长，其中山东省的星级饭店总量增长最多，为 381 家；个别省份的星级饭店总量呈现减少趋势，如广东省 2017 年星级饭店总量比 2000 年减少 39 家，上海市则减少 25 家。

　　如图 10-25 所示，2000—2017 年，我国中部地区星级饭店的总体数量呈现先增长后下降的趋势，并在 2009 年达到最大值，为 2871 家。2000 年我国中部地区的星级饭店总量为 1208 家，占全国星级饭店的 20.04%；2017 年我国中部地区星级饭店的总量为 1897 家，占全国星级饭店总量的 19.83%。近年来，河南省星级饭店的总量最多且占比增长最快，主要原因在于河南省地处中原地带，四通八达，便利的交通条件促进了其经济的快速发展。2017 年，湖北省和山西省的星级酒店占比较之于 2000 年的占比有所下降，但下降幅度较小。

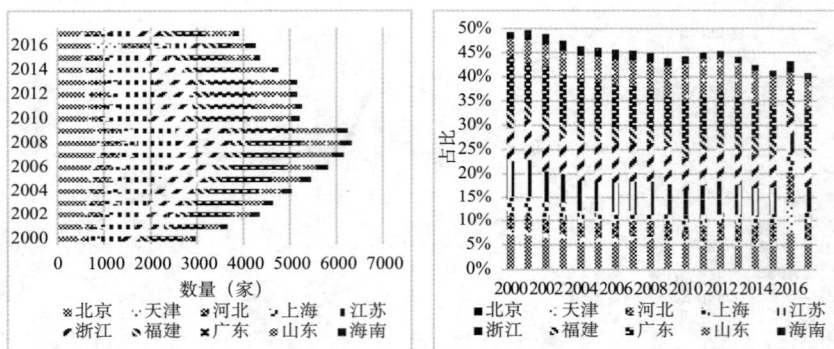

图 10-24　2000—2017 年东部地区星级饭店数量及全国占比

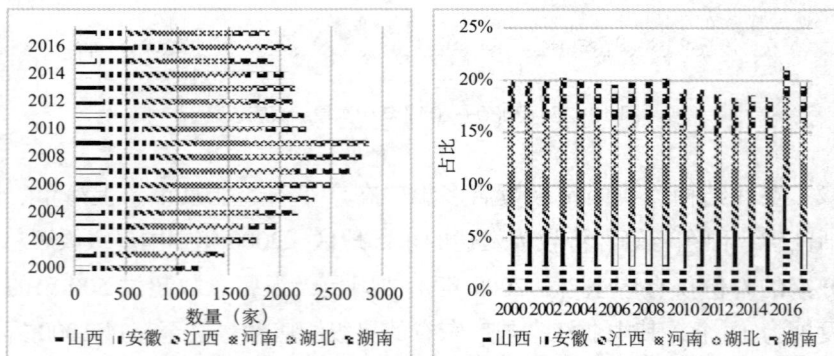

图 10-25　2000—2017 年中部地区星级饭店数量及全国占比

如图 10-26 所示，我国西部地区星级饭店的总量和占比在 2000—2017 年期间总体上呈现出曲折发展的变化趋势。但较之于 2000 年，2017 年西部星级饭店的总量和占比均有显著增长。2000 年我国西部地区星级饭店的总量为

1328 家，占全国星级饭店总量的 22.03%；2017 年，我国西部地区星级饭店的总量为 3125 家，占比 32.67%。具体来说，甘肃省、青海省、内蒙古自治区、陕西省、贵州省等省份的星级饭店数量在 18 年间都有了较为明显的增长。值得注意的是，较之于 2000 年，2017 年云南省的星级饭店数量和占比均有小幅下降，但云南省始终是西部地区内拥有星级饭店数量最多、占比最高的省份。

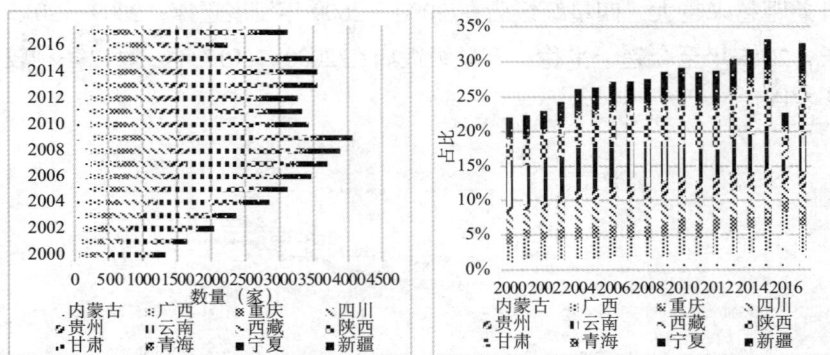

图 10-26　2000—2017 年西部地区星级饭店数量及全国占比

　　我国东北地区的省份较少，2000 年东北地区的星级饭店总量共 524 家，占全国星级饭店总量的 8.69%；2017 年东北地区的星级饭店总量共 638 家，占全国星级饭店总量的 6.67%。如图 10-27 所示，辽宁省在东北三省中星级饭店的数量和占比最高，三个省份均在 2016 年达到了 2000—2017 年占比的最大值。但是，可能由于"三公消费"限制，政府会议采购的标准限制等原因，

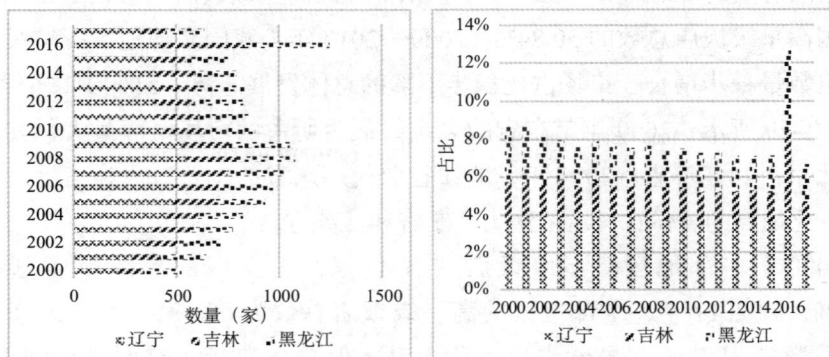

图 10-27　2000—2017 年东北部地区星级饭店数量及全国占比

三个省份均在 2017 年出现星级饭店数量和占比的断崖式下降。

2. 全国高星级饭店数量分析和空间结构

（1）整体状况。如图 10-28 所示，2017 年中国高星级饭店总量为 3228 家，比 2000 年增长 2759 家，总体向稳步增长的趋势发展，但四星级和五星级饭店的发展态势有所差异。具体表现为四星级饭店数量总体大于五星级饭店数量，且差距越来越大。四星级饭店在 2000—2009 年发展迅速，2009—2015 年稳步增长，2015 年至今趋于平稳。五星级饭店在 2000—2017 年一直以一种较为平稳的状态增长。

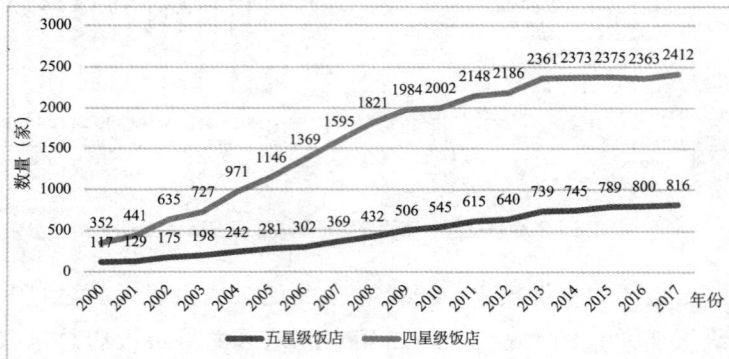

图 10-28　2000—2017 年全国高星级饭店数量（家）

（2）空间结构。2000 年东部地区高星级饭店数量共有 314 家，占全国高星级饭店总数的 66.95%，到 2017 年，东部地区高星级饭店数量共有 1641 家，占全国高星级饭店总数的 50.84%。2000—2017 年，我国东部地区高星级饭店呈现出数量稳步增长、市场占比稳步下降的总体发展态势。具体到每个省份，如图 10-29 所示，2000 年广东省的高星级饭店所占的市场份额最大，其后依次为北京市和江苏省。2017 年，浙江省取代广东省的位置，成为高星级饭店市场占比最高的省份，其后依次为广东省和江苏省。

2000 年中部地区高星级饭店共有 47 家，占全国高星级饭店总数的 10.02%，到 2017 年，中部地区的高星级饭店总数为 606 家，占全国高星级饭店总数的 18.77%。虽然占比有所上升，但总体数量相对而言仍然较少。具体到省份，如图 10-30 所示，2000 年，湖北省和湖南省的高星级饭店数量较多，占比也较高；2017 年，安徽省成为中部地区高星级饭店占比最大的省份，其次为江西省。

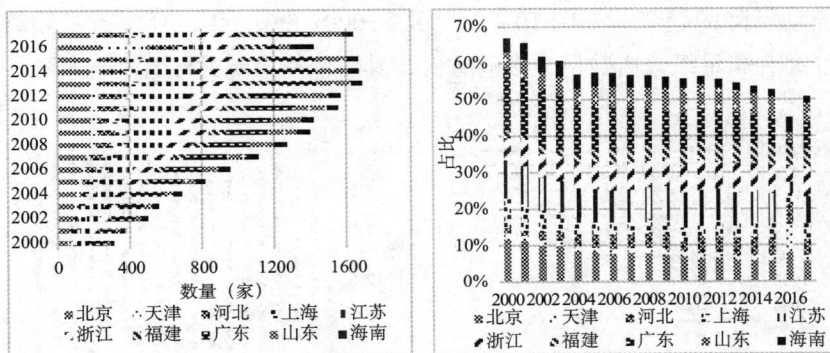

图 10-29　2000—2017 年东部地区高星级饭店数量及全国占比

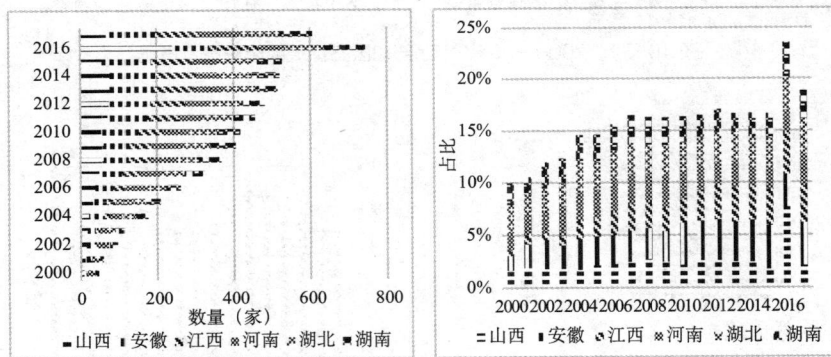

图 10-30　2000—2017 年中部地区高星级饭店数量及占比

2000 年西部地区高星级饭店共 79 家，占全国高星级饭店总数的 16.84%，到 2017 年，西部地区的高星级饭店总数共有 796 家，占全国高星级饭店总数的 24.66%。虽然西部地区高星级饭店的占比和数量都有所上升，但各个省份的数量和比值都较小，且省份之间的差距趋于平缓。具体到省份，如图 10-31 所示，2000 年，西藏自治区是西部地区高星级饭店数量最多的省份。2017 年，贵州省取代西藏自治区的地位，成为西部地区高星级饭店数量最多的省份，其后依次为广西壮族自治区和西藏自治区。

2000 年东北地区高星级饭店共有 37 家，占全国高星级饭店总数的 7.89%，到 2017 年，东北地区的高星级饭店总数共有 184 家，占全国高星级饭店总数的 5.7%。我国东北地区的高星级饭店总体上呈现着数量稳步增长、占比波动下降的趋势。如图 10-32 所示，2000—2017 年，辽宁省是始终为东北地区拥有高星级饭店数量最多的省份，其后依次为黑龙江省和吉林省。

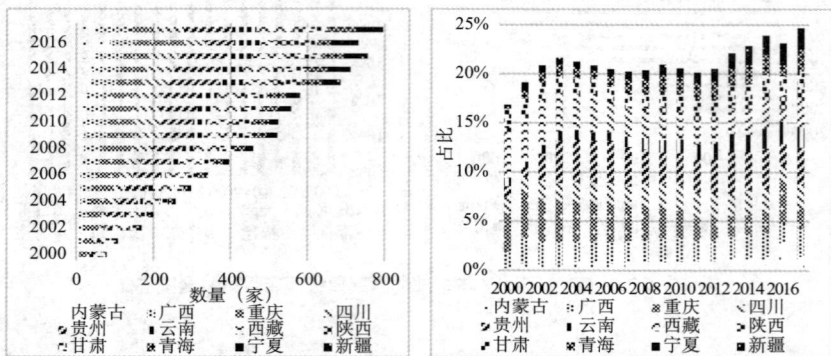

图 10-31　2000—2017 年西部地区高星级饭店数量及占比

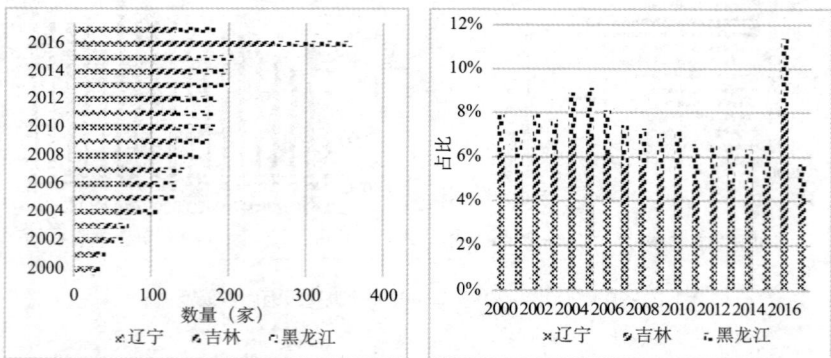

图 10-32　2000—2017 年东北地区高星级饭店数量及占比

3. 全国星级饭店行业结构分析

如图 10-33 所示，在 2000—2017 年，我国高星级饭店呈现出数量稳步增长、占比迅速增长的发展趋势。具体来看，我国 2000 年高星级饭店总数为 469 家，2017 年为 3228 家，共增长 2759 家；我国 2000 年高星级饭店仅占全国星级饭店总量的 7.78%，2017 年我国高星级饭店占全国星级饭店总量的

33.74%，共增长 25.96%，说明随着经济和市场的发展，人们对高星级饭店的需求逐年增强，高星级饭店的市场供给量也随之增长。

如图 10-34 所示，2000—2017 年，我国东部地区各省（直辖市）高星级饭店数量在该省（直辖市）星级饭店总量中的占比呈现出起伏式飞速增长的趋势。具体表现为 2000—2015 年稳步增长，2015—2016 年断崖式下降，2016 年至今逐渐回升的变化趋势。2000 年，我国东部地区各个省份的高星级饭店的行业占比多集中在 5%~20%；2017 年，我国东部地区各个省份的高星级饭店行业占比增长到 30%~60%。其中，2000 年，海南省的高星级饭店行业占比最大，为 21.95%，其后依次为上海市、北京市；2017 年，上海市成为高星级饭店行业占比最大的地区，其后依次为天津市、福建省。

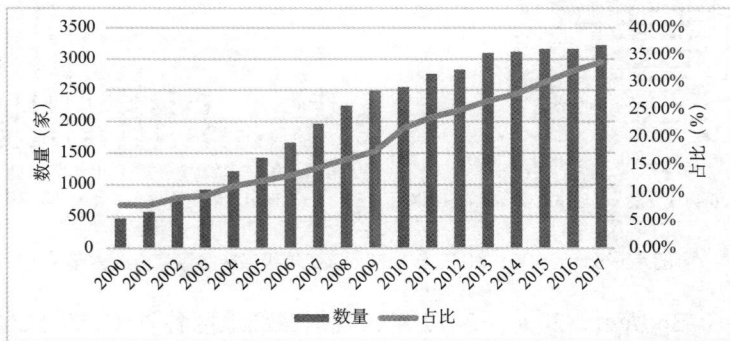

图 10-33　2000—2017 年全国高星级饭店数量及行业占比

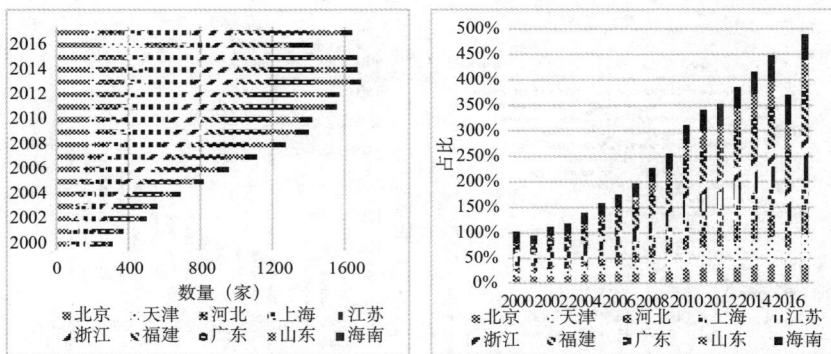

图 10-34　2000—2017 年东部地区高星级饭店数量及行业占比

　　如图 10-35 所示，2000—2017 年，我国中部地区各省高星级饭店数量在该省星级饭店总量中的占比呈现稳步增长的变化趋势。2000 年，我国中部地区各个省份的高星级饭店的占比多集中在 1%~5%，彼此之间的差距较小。2017 年，我国中部地区各个省份的高星级饭店占比增长到 23%~44%，但彼此之间的差距拉大。其中，2000 年，山西省的高星级饭店行业占比最大，为 5.44%，其后依次为湖南省、湖北省；2017 年，安徽省成为高星级饭店行业占比最大的地区，占比 43.54%，其后依次为江西省、山西省。

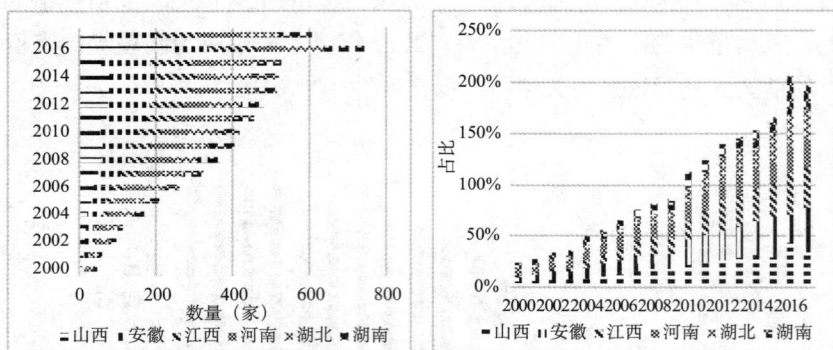

图 10-35　2000—2017 年中部地区高星级饭店数量及行业占比

　　如图 10-36 所示，2000—2017 年，我国西部地区各省（自治区、直辖市）的高星级饭店数量在该省（自治区、直辖市）的星级饭店总量中的占比呈现出曲折增长的变化趋势。2000 年，我国西部地区各个省份的高星级饭店的行业

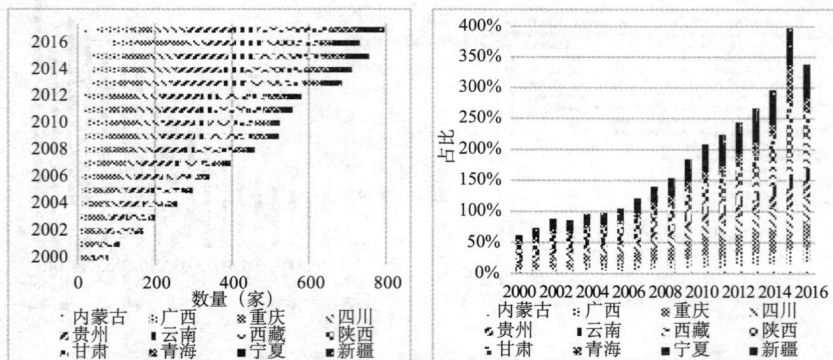

图 10-36　2000—2017 年西部地区高星级饭店数量及占比

占比多集中在 0%~10%，占比较小；2017 年，我国西部地区各个省份的高星级饭店占比增长到 18%~48%，但彼此差距拉大。其中，2000 年，重庆市的高星级饭店的行业占比最大，为 9.09%，其后依次为陕西省、西藏自治区，宁夏回族自治区没有高星级饭店；2017 年，西藏自治区成为西部地区高星级饭店行业占比最大的省份，占比 47.14%，其后依次为重庆市、四川省。

如图 10-37 所示，2000—2017 年，我国东北地区各省高星级饭店数量在该省星级饭店总量中的占比呈现迅速增长的变化趋势。2000 年，东北地区各省的高星级饭店的行业占比集中在 4%~11%，彼此差距较大；2017 年，我国东北地区各省的高星级饭店占比增长到 28%~31%，行业占比显著提高，且彼此之间差距缩小。其中，2000 年，辽宁省的高星级饭店行业占比最大，为 10.19%，其后依次为吉林省、黑龙江省；2017 年，吉林省成为东北地区高星级饭店行业占比最大的地区，占比 30.43%，其后依次为辽宁省、黑龙江省。

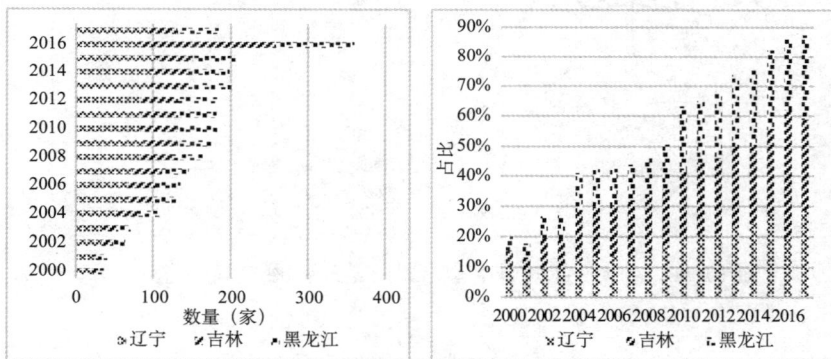

图 10-37　2000—2017 年东北地区高星级饭店数量及占比

4. 星级饭店全员劳动生产率

如图 10-38 所示，2000—2015 年中国星级饭店的全员劳动生产率整体呈上升趋势。其中，2003—2004 年与 2009—2011 年这两个时间段的全员劳动生产率增长较为迅速。其中，在 2014 年达到了这十六年间星级饭店全员劳动生产率的最大值，为 15.8 万元 / 人；2000 年，星级饭店全员劳动生产率为这十六年间最小值，为 7.11 万元 / 人。

如图 10-39 所示，我国东部地区各省（直辖市）的星级饭店的全员劳动生产率总体呈现曲折增长的态势。其中，上海市的星级饭店的全员劳动生产率的波动最为明显，且东部地区的各个省份之间的差距逐年扩大。2000年，上海市、北京市、浙江省分别为我国东部地区星级饭店全员劳动生产率较高的省份，分别为10.89万元/人、9.94万元/人、9.43万元/人，这主要和这些省份较高的经济发展水平和科技水平有关。2015年，上海市和北京市依旧是东部地区星级饭店全员劳动生产率最高的省份，海南省受政策与经济发展水平的影响，星级饭店全员劳动生产率位居东部地区第三位。

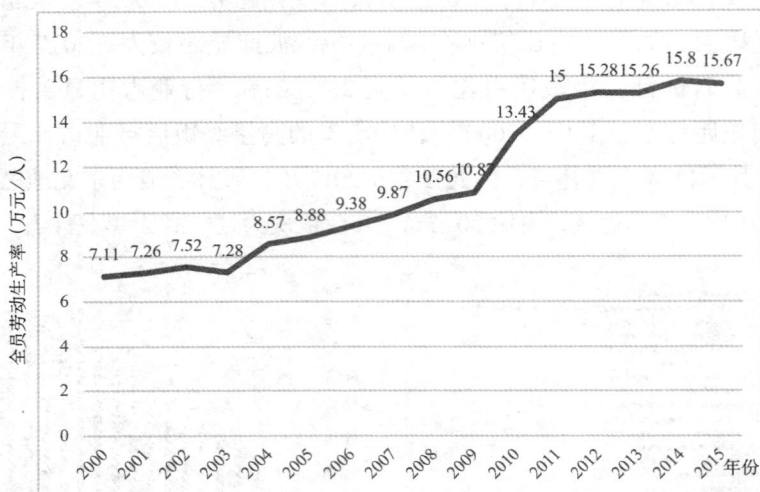

图 10-38　2000—2015 年中国星级饭店全员劳动生产率（万元/人）

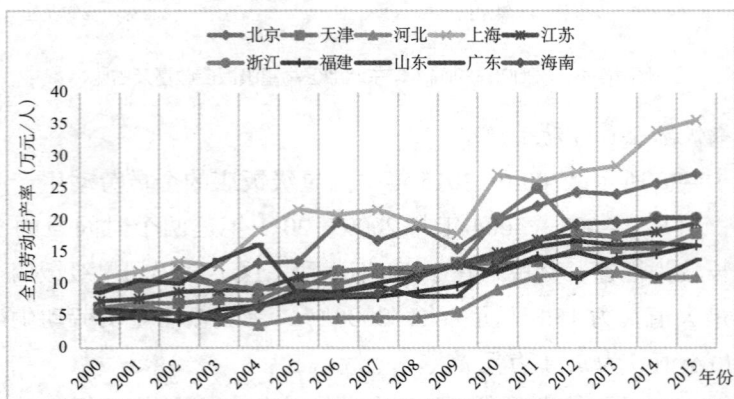

图 10-39　2000—2015 年东部地区星级饭店全员劳动生产率（万元/人）

如图 10-40 所示，我国中部地区各省的星级饭店全员劳动生产率总体呈现曲折增长的变化趋势。2000 年，湖南省是中部地区星级饭店全员劳动生产率最高的省份，为 10.16 万元 / 人，显著高于中部地区其他省份，其他省份之间的全员劳动生产率差距也较大。2015 年，湖南省依旧是中部地区星级饭店劳动生产率最高的省份，为 12.77 万元 / 人，其次是安徽省，为 11.77 万元 / 人。

如图 10-41 所示，2000—2015 年，我国西部地区各省（自治区、直辖市）的星级饭店劳动生产率呈现出曲折发展的变化趋势，且各省（自治区、直辖

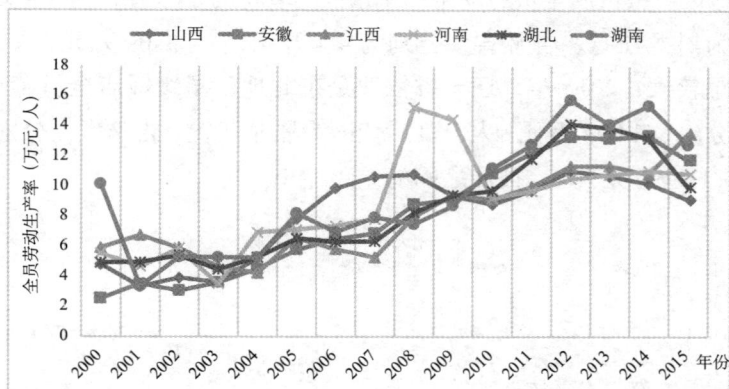

图 10-40　2000—2015 年中部地区星级饭店全员劳动生产率

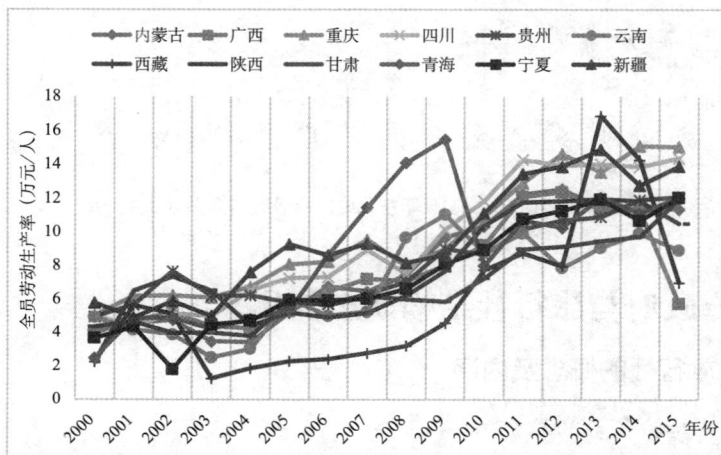

图 10-41　2000—2015 年西部地区星级饭店全员劳动生产率

市）之间的差距逐年增大。2000 年，新疆维吾尔自治区、重庆市、四川省为西部地区中星级饭店全员劳动生产率较高的省份，但数值较小，分别为 5.79 万元／人、5.04 万元／人、5 万元／人；2015 年，重庆市成为中部地区星级饭店全员劳动生产率较高的省份，其后依次为四川省、新疆维吾尔自治区，分别为 15.06 万元／人、14.39 万元／人、13.91 万元／人。

如图 10-42 所示，2000—2015 年，我国东北地区三省的星级饭店全员劳动生产率总体上呈现出平稳增长的态势，且彼此之间的差距逐年缩小。2000 年，我国东北地区星级饭店全员劳动生产率最高的省份为辽宁省，为 7.8 万元／人，其后依次为黑龙江省、吉林省，分别为 4.4 万元／人、2.09 万元／人，但彼此之间的差距较大；2015 年，辽宁省依旧是东北地区星级饭店全员劳动生产率最高的省份，为 14.54 万元／人，其后依旧为黑龙江省、吉林省，分别为 14.36 万元／人、11.9 万元／人，彼此之间的差距缩小。

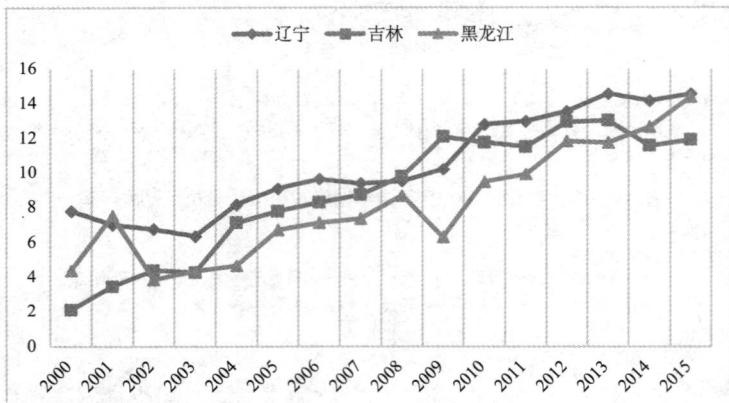

图 10-42　2000—2015 年东北地区星级饭店全员劳动生产率

三、地方政府与旅行社结构动态优化

（一）旅行社的概念及内涵

1. 国外对旅行社的界定

在发达国家里，旅行社从一开始就是企业的特殊形态，是属于旅游企业的一种类型。世界旅游组织（World Tourism Organization，WTO）对旅行社是这样定义的：旅行社是指"零售代理机构向公众提供关于可能旅行、居住和相关服务，包括服务酬金和条件的信息。旅行组织者、制作商、批发商在旅游需求提出以前，以组织交通运输、预订不同方式的住宿和提出所有其他服务为旅行和旅居做准备"的行业机构（朱斌，2004）。由于发达国家的经济发展快，人们的生活水平达到了一定程度，对旅游活动这种较高层次的需求产生得早，所以旅游行业发展得早，从而形成了垂直分工体系的运作体系。该体系由旅游批发商（Tour Wholesaler）、旅游经营商（Tour Operator）、旅游零售商（Tour Retailer）三者构成。前两者一般不直接面向公众销售旅游相关产品，而是通过旅游零售商进行销售。这种分工体系使旅行社在旅游产品的生产、销售过程中分为三个层次，也自然而然地形成了大、中、小旅行社的规模化、专业化、网络化特点（杜江和戴斌，2000）。

2. 中国对旅行社的界定

中国对旅行社的定义经历了一个演化过程。由于特殊的国情，我国旅行社的发展与西方国家不同。在中华人民共和国成立时，我国经济发展缓慢，旅游业作为第三产业起步较晚。为了能够争取到更多的外汇资金，同时也为了发展国际交流，我国先通过政府组织发展国际旅游，尤其是入境旅游。直至改革开放后，我国经济迅速发展，人们的生活水平得到提高，继而产生了旅游需求和动机，国内旅游才逐渐发展起来。自然而然地，我国的旅行社经历了"事业单位—行政部门—企业"的演化过程（栗超，2012）。

我国《旅行社管理条例》指出：旅行社是指以营利为目的，从事旅游业务的企业。其中旅游业务是指为旅游者代办出境、入境和签证手续，招徕、接待旅游者，为旅游者安排食宿等有偿服务的经营活动。旅行社的营运项目通常包括了各种交通运输票券（如机票、巴士票与船票）、套装行程、旅行保险、旅行书籍等的销售，以及国际旅行所需的证照（如护照、签证）的咨询代办（潘伟，2010）。在2000年以后，国家旅游局不再具体管理旅行社的事务，交由当地旅游局管理，且在此之后我国的旅行社分为国内社和国际社，形成了我国旅行社业的水平分工体系（杜江和戴斌，2000）。

3. 传统旅行社与在线旅行社

旅游活动以人们的空间移动为前提，旅游服务为空间移动的旅行者提供从信息整合、行程安排到旅行目的地期间的餐饮、住宿、交通、游览、购物、娱乐和休闲体验等方面的协助。其中，旅行社则是联系旅游各个环节的纽带，是旅游产品的提供者。信息化时代的到来使旅行社不再局限于传统旅行社（Travel Agent），在线旅行社（Online Travel Agent）也得到发展。传统旅行社是包价游产品的制定者和销售者，以线下方式向旅行者提供服务，通过对旅游的预先安排，提供交通、住宿和其他旅游服务等，并以统一价格销售给游客旅游产品。传统旅行社通过一系列的市场调研，可以根据不同客户的需求制定出相应的包价游产品，进而选择合适的旅游服务提供商（杜菲，2015）。如今，伴随着信息化时代的到来，集合了大量网络信息技术优势和传统旅行社专业服务能力的在线旅行社也逐渐在旅游供应链中占据了重要位置。在线旅行社通过互联网技术、通信技术等为旅游消费者提供在线实时的旅游服务，包括在线咨询、预订、支付、评论、投诉、会员管理等旅行服务。

（二）地方政府在旅行社发展中的行为分析

1. 地方政府行为与旅行社发展

中国旅游业的起步源于国家主导下的创收外汇需要，发展旅行社则主要基于外事接待工作的政治效果。改革开放后，我国政府才开始重视旅行社行业的经济效益。在此背景下，政府在旅行社业发展中扮演的角色经历了三个阶段：政府完全取代市场、政府培育市场以及政府开放市场。

（1）1949—1984 年，政府主要扮演"直接经营者"角色取代市场。中华人民共和国成立后，发展旅游和开办旅行社的主要目的是树立国际形象，进行良好的国际接待工作。所以，政府在旅行社业中扮演的是"直接经营者"角色。1949 年 11 月 19 日，我国建立了第一家旅行社——厦门华侨服务社，之后相继成立了两个旅行社系统——中国国际旅行社总社及其分社、华侨旅行社总社及其分社，均为直属政府的行政或事业单位。总社负责从国外引进客源，分社负责当地的接待工作。1978 年后，由于改革开放的巨变，旅行社业也经历了市场化导向的发展。中共中央发布"关于加强旅游工作"的决定，大力发展入境旅游。1982 年，中国旅行游览事业管理局正式与国旅社分开，形成了独立的、政企分开的规制机构（王红，2012），但是政府依然以计划经济的思维方式直接管理着三大旅行社的微观运营。由于政府实施鼓励旅游产业发展的方针，且在 1983 年加入了世界旅游组织，我国旅游业得到发展，旅行社的接待人数逐年增多。所以，在这一阶段，我国旅行社业由政府主导，基本实现了"外交影响"与"经济效益"。

这一时期的地方政府主要配合中央政府对外国游客进行接待服务，使他们更好地了解和支持中国，以扩大我国的对外影响。

（2）1985—2002年，政府主要扮演调控者、管制人和规则制定者培育市场。在1985年以前，我国旅行社行业处于三大社垄断经营的阶段，旅游业处于起步阶段，除需要国家财力和人力上的支持外，还需要政府扮演调控者来对市场进行培育和维护。1985年，我国出台《旅行社管理条例》，放宽旅行社市场的准入，中央和地方均可开办旅行社，凡是经过批准开办的一类社均有外联权，打破了三大社的垄断经营格局，同时政府对旅行社实施三类分法，主导形成旅行社行业垂直分工体系（秦雅林，2002）。1986年，国务院出台《关于深化企业改革，增强企业活力的决定》，在国有旅行社经营中出现了各种形式的承包与租赁经营。在放宽市场准入的同时，政府同时扮演着管制人的角色，也要对旅行社进行检察，对不合格的旅行社进行查处，实施质量保证金制度。在此期间，地方政府配合中央政府，落实政策和制度，如旅行社年检制度（1991）、旅行社质量保证金制度（1995）以及旅行社经理资格认证制度（2001）。尤其当旅行社质量保证金制度在实施的过程中遇到了各种阻力，地方政府严格按照国家规定，严格执行相关政策，为我国旅行社行业的规范发展做出了贡献。在旅游发展的过程中，公共管理最基本的服务职能就是为旅游业的良性发展提供制度性服务。由于经济环境总在不断变化，地方政府也会结合地方的具体情况，适当进行制度创新，以促进旅行社业的发展。

（3）2003年至今，政府主要扮演公益人与规制者角色开放市场。经过了40多年的改革开放，我国的经济得到了快速发展，我国的旅游产业也迎来了蓬勃发展时期，入境、国内、出境三大市场协同发展，旅行社企业的数量不断增加，我国旅行社市场也不断完善。但是，在发展过程中，旅行社业也遇到了一些问题，比如"低价"竞争问题、"非典"类的重大公共卫生安全事件。因此，政府需要扮演公益人与规制者的角色。

在"非典"期间，为了帮助旅行社企业渡过危机，国家旅游局和财政部研究决定暂时退还旅行社部分质量保证金，给予旅行社企业财政支持，有效地缓解了旅行社的发展危机。除中央政府出台对旅行社的补救措施外，各级地方政府也根据实际情况实施了对旅行社的救助方案，对于经营困难的旅行社给予专项基金补贴，必要时给予信贷支持。

2009年5月1日，我国正式实施了新版的《旅行社条例》（下文简称《条例》）。新版《条例》取消了国际旅行社和国内旅行社的区别，不再区分国内旅游业务和入境旅游业务的准入条件。而经营注册入境旅游业务所需注册资本的最低限额也由150万元人民币降至30万元人民币，大大减轻了旅行社的负担。新版《条例》在旅行社的质量保证金制度上也做了重大的修改。经营国内旅游业务和入境旅游业务的旅行社的质量保证金只需要20万元（过去要求60万元），而经营出境旅游业务的旅行社应当增存质量保证金120万元。另外，旅行社连续3年没有因为侵害旅游者合法权益受到行政机关罚款以上处罚的，可将旅行社的质量保证金减少50%，同时明确规定质量保证金的利息属于旅行社所有。这一规定可使很多旅行社更加严格要求自身经营，以减少需要交纳的保证金（王磊和赵朝阳，2007），从而引导整个行业良性发展。

在降低了旅游行业准入门槛的同时，旅行社的设立和旅行社分社的设立所需的条件和办理手续也得到了简化。《条例》规定，旅行社设立仅需要满足3个条件，不再要求旅行社年接待旅游者达到10万人次以上，不需要审批。分社的设立由之前的审批制变成了备案制，即旅行社分社的设立不受地域限制（王磊和赵朝阳，2007）。旅行社的设立难度明显低于常规公司的注册条件，这有助于旅行社行业的合法经营和市场化发展，减少部门承包、个人挂靠、门市部企业化等诸多混乱的经营模式。

从《条例》的名称上看，虽然与之前的《旅行社管理条例》相比，没有了"管理"二字，实际上却对游客合法权益受到侵害时的维权与监管进行了明确的规定，增强了法律责任、监督处罚的力度，以及旅行社行业守法经营的自我约束。《条例》对组团社接待服务、旅游合同、导游领队等提出了更高、更具体的要求，也做出了严格的规定。对于旅行社的监督检查，《旅行社管理条例》对旅行社的监督检查条款比较简单，并且只局限于旅游行政主管部门的例行检查。而《条例》明确了旅游、工商、价格、商务、外汇等有关部门应当依法加强对旅行社的监督管理（王红和颜淑蓉，2011）。

开放市场的同时，中央政府和地方政府面临着更严峻的监管考验。市场竞争下旅行社行业会有一些不正当竞争的情况，比如"零负团费"、虚假宣传、买团卖团、商业贿赂与强制消费等，需要地方政府加强对旅行社业的监督、调查、执法和整改。

综上所述，地方政府在旅行社业发展中的行为可分为：制定法令法规、政策扶持、行政推动、信息沟通、服务监管等。

2. 案例分析

案例一：桂林市政府对旅行社的监督管理行为

桂林市成为我国优秀的旅游城市，与桂林市政府有力地保障旅游服务质量和维护旅游市场秩序的行为密切相关。在我国，桂林市旅游产业起步较早。20世纪 90 年代，桂林市旅游产业因为缺乏行业管理出现了市场混乱的情况，例如旅行社使用价格战、回扣战等不良竞争手段来竞争客源市场，导致服务质量下降，连带导游行业的服务质量也一并下滑。为了维护旅游市场正常秩序，桂林市成立了全国第一家旅游市场监察管理机构——桂林市旅游监察所，旅游监察所为桂林市旅游服务质量的保障和市场监管提供了平台。旅游监察所发挥网络技术与计算机技术的优势，监督旅游团队服务，在车站码头、景区、购物点等公共场所安装摄像头进行电子监控。此外，桂林市政府还引入了行业协会协同旅游监察所协调旅行社企业间的关系，维护旅游市场的稳定。为了进一步引导旅行社企业进行良性竞争，桂林市还建立了旅游市场诚信监督系统，监督旅行社企业对外发布的网络信息。桂林市政府对旅行社业进行监督管理后，对管理体制也进行了一定改革和创新，使桂林市旅行社业乃至旅游产业得到了良性且迅速的发展（莫晓琼，2018）。

案例二：上海市旅行社名牌化建设

自我国第一家旅行社诞生在上海市，旅行社在上海已经有近百年的发展历史了。改革开放之前，上海旅行社业发展缓慢，但为了满足对外接待工作的需要，实现了初步发展。改革开放后，在政策的指引下，上海旅行社行业从行政化管理向企业化管理转变，旅行社数量和从业人员不断增加，直至规模庞大。全国知名的大旅行社集团绝大多数聚集在上海，专业化运营的新型旅行社不断涌现，中、小型旅行社也在上海市不断发展。在 2005 年，上海市旅游委会同市技监局联合开创了服务名牌评选——上海旅游服务名牌，这是我国首次在旅游行业里倡导和推进名牌化战略，也是上海市推进旅行社业结构优化的措施。

2009 年 12 月 1 日，国务院颁布《关于加快发展旅游业的意见》，提出了"把旅游业培育成为国民经济战略性支柱产业和人民群众更加满意的现代服务业"的战略目标。为了实现这一总任务，上海市必须完成旅游业发展方式的大转变，旅行社名牌化建设显得尤为必要。因为这一举措不仅要解决旅行社产品同质化严重、缺乏创新的问题，推动旅游产品多样化发展，还要提升旅游服务质量和水平，促进旅游业可持续发展（贾国庆，2011）。

围绕旅行社名牌建设，原上海市旅游局采取疏堵结合、正本清源的有力措施，加强整顿旅游市场，曝光整治投诉率高的旅行社，从根本上培育市场的诚信服务和质量品牌，提升了旅行社的综合竞争力，取得了良好的社会效益和经济效益。

（三）地方旅行社结构动态优化实践状况

1. 数量结构状况

如图 10-43 所示，2000 年，全国共有 8993 家旅行社，到 2017 年年底，全国旅行社数量已经达到 29717 家。总体上看，我国旅行社数量逐年增加，增长速度较稳定。其中，山东省、江苏省、广东省以及浙江省旅行社数量明显高于其他省份且增长明显。这四个省份均为东部沿海经济发达地区，山东省旅行社总体规模较大，广东省自 2009 年后增幅明显。西藏自治区、宁夏回族自治区、青海省和贵州省旅行社数量较少且增长趋势平缓，几乎没有什么明显的涨幅，这四个省份均为西部欠发达地区。河南省、海南省、新疆维吾尔自治区和四川省出现了较为明显的上下波动态势，尤其是 2016—2017 年绝大部分省份的旅行社数量均在增加，而河南省、海南省和新疆维吾尔自治区的旅行社数量则在减少。

如图 10-44 所示，从东部地区国际旅行社数量及占比情况看，2000 年东部地区国际旅行社数量共有 662 家，占全国国际旅行社总数的 52.21%；到 2008 年，东部地区国际旅行社数量共有 979 家，占全国国际旅行社总数的 49.70%。虽然占比有所下降，但东部地区仍然位居四大地区之首。2004 年以前，广东省国际旅行社数量在全国排名第一，而后被北京市反超，且北京市的国际旅行社数量直至 2008 年都呈现显著增长的态势（2008 年后不区分国际国内旅行社，故本部分的数据只分析到 2008 年）。东部地区各省份国际旅行社数

第三篇 实践分析篇

量总体呈上升趋势，但是大部分省份增长缓慢。

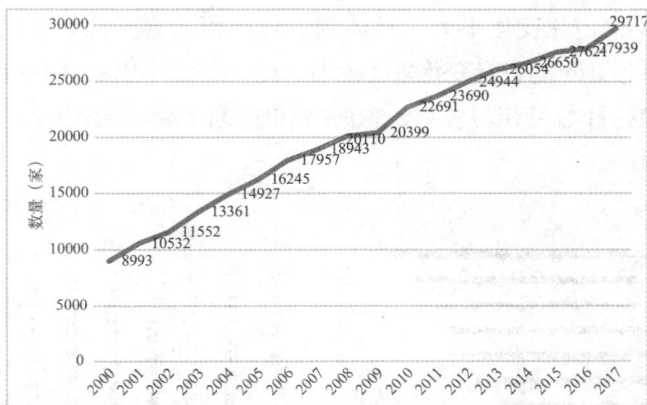

图 10-43　2000—2017 年中国旅行社总量

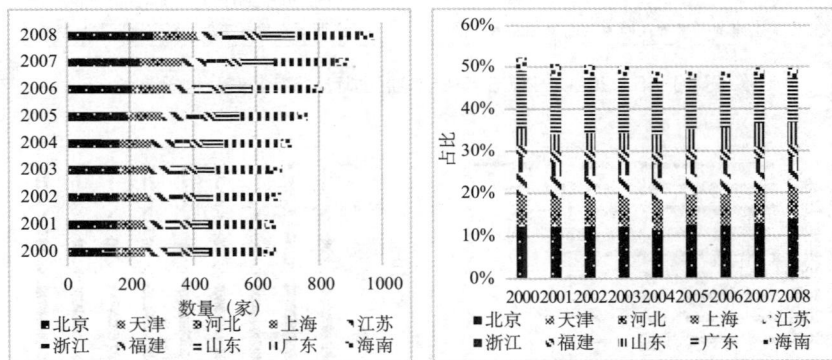

图 10-44　2000—2008 年东部地区国际旅行社数量及全国占比

　　如图 10-45 所示，2000 年中部地区国际旅行社数量共有 156 家，占全国国际旅行社总数的 12.3%；到 2008 年，中部地区国际旅行社数量增长至 278 家，占全国国际旅行社总数的 14.11%。具体到每个省份，河南省、安徽省和山西省在 2003 年后出现占比下降的情况，湖南省的国际旅行社数量增长速度较快，江西省的国际旅行社数量变化幅度不明显。总体来看，中部地区的国际旅行社数量变化幅度不大，省际分布较为均匀。

　　根据图 10-46 所示，2000 年西部地区国际旅行社数量共有 315 家，占全

231

国国际旅行社总数的 24.84%；到 2008 年，西部地区国际旅行社数量共有 492 家，占全国国际旅行社总数的 24.97%。总体上，西部地区国际旅行社数量增加较多，但占比变化不大。具体到省际层面，旅行社数量呈现较均衡的分布特征，且近几年的数量变化幅度较小。其中，四川省、云南省和广西壮族自治区的国际旅行社数量相对较多，青海省和宁夏回族自治区的国际旅行社数量相对较少。

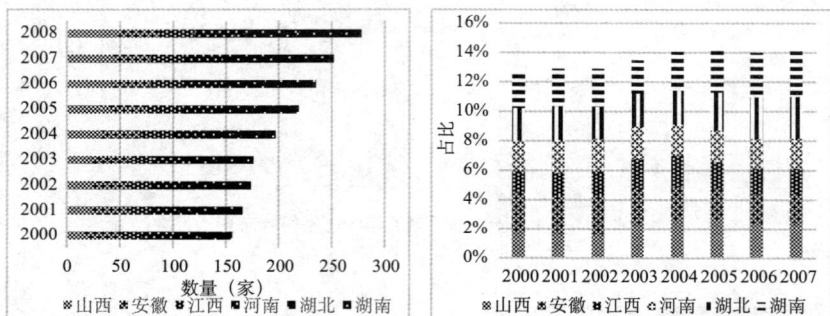

图 10-45　2000—2008 年中部地区国际旅行社数量及全国占比

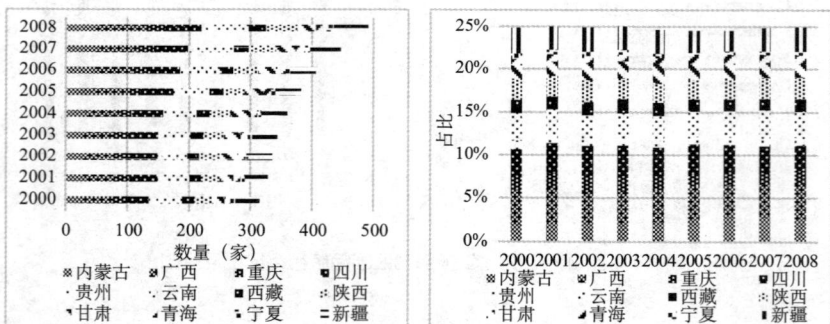

图 10-46　2000—2008 年西部地区国际旅行社数量及全国占比

如图 10-47 所示，2000 年东北地区国际旅行社数量共有 135 家，占全国国际旅行社总数的 10.65%；到 2008 年，在东北地区国际旅行社数量共有 221 家，占全国国际旅行社总数的 11.22%。在东北地区的三个省份中，辽宁省增长速度较快，吉林省的国际旅行社数量最少，但总体来说东三省的国际旅行社数量的增长速度均较为平缓。

如图 10-48 所示，从东部地区国内旅行社数量及占比情况看，2000 年东部地区国内旅行社数量共有 3679 家，占全国国内旅行社总数的 47.62%；到 2008 年东部地区国内旅行社数量增至 8519 家。在该阶段，东部地区大部分省份的国内旅行社数量多且增速显著，但其区域内的省际差异较大。其中，山东省、江苏省和浙江省国内旅行社数量排在全国前三，海南省在东部地区所拥有的国内旅行社数量最少。从 2009—2017 年东部地区国内旅行社数量及占比情况看，2009 年，东部地区国内旅行社数量共有 9709 家，占全国国内旅行社总数的 47.6%；2017 年，东部地区国内旅行社数量增至 15054 家，占全国国内旅行社总数的 50.66%。总体来说，东部地区是我国国内旅行社数量最多的地区，其中，广东省国内旅行社数量增长最快、占比不断增加，江苏省和浙江省次之，海南省和天津市的数量较少，其余省份数量较为相近。

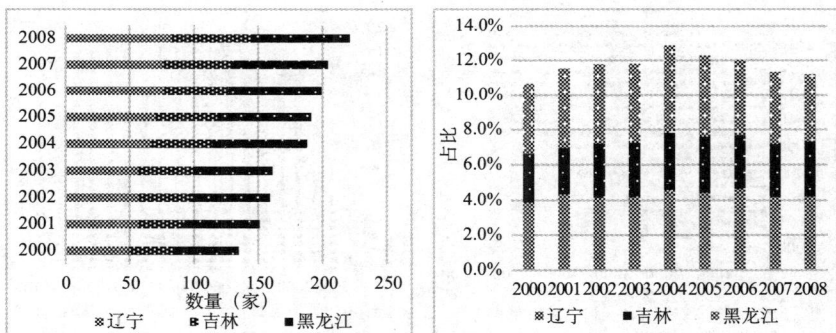

图 10-47　2000—2008 年东北地区国际旅行社数量及全国占比

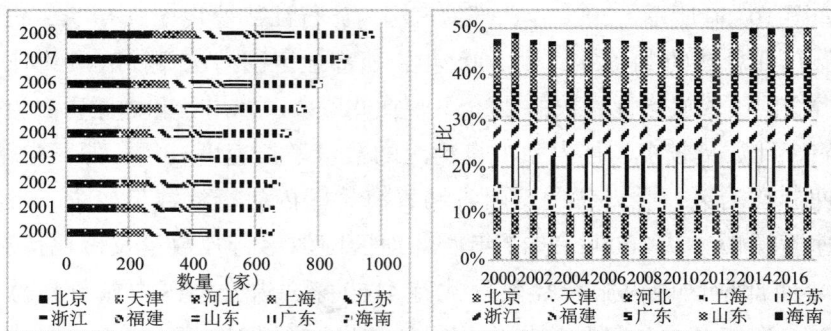

图 10-48　2000—2017 年东部地区国内旅行社数量及全国占比

如图 10-49 所示，从中部地区国内旅行社数量及占比情况看，2000 年中部地区国内旅行社数量共有 1568 家，占全国国内旅行社总数的 20.3%；到 2008 年中部地区国内旅行社数量增至 4185 家，占全国国内旅行社总数的 23.07%。在该阶段，地区占比有所上升但总体数量仍然不多，其中，河南省国内旅行社数量最多，其余省份的数量较少却较均衡。从 2009—2017 年中部地区国内旅行社数量及占比情况看，2009 年中部地区国内旅行社数量共有 4566 家，占全国国内旅行社总数的 22.38%；2017 年，中部地区国内旅行社数量增至 5585 家，占全国国内旅行社总数的 18.79%。在这一阶段，中部地区国内旅行社数量占全国旅行社总量的比重有所下降，且每个省份的占比都呈现波动下降趋势。总体上，河南省、湖北省和安徽省的国内旅行社数量较多，山西省、江西省和湖南省数量较少但彼此差距较小。

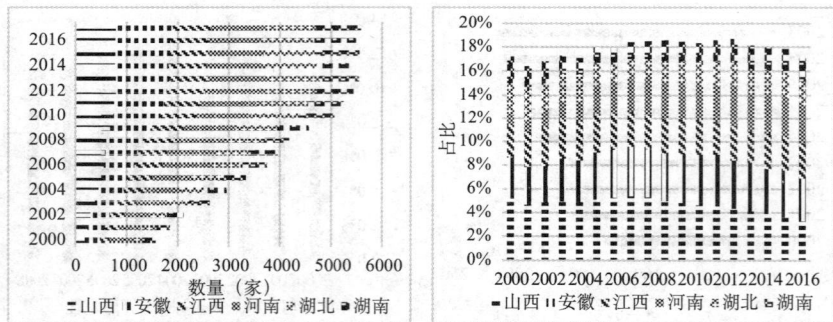

图 10-49　2000—2017 年中部地区国内旅行社数量及全国占比

如图 10-50 所示，2000 年西部地区国内旅行社数量共有 1670 家，占全国国内旅行社总数的 21.62%；到 2008 年，西部地区国内旅行社数量共有 3637 家，占全国国内旅行社总数的 20.05%。在此阶段，四川省和内蒙古自治区的国内旅行社数量较多，且内蒙古自治区的数量增长速度较快；西藏自治区、宁夏回族自治区、甘肃省、贵州省和青海省国内旅行社数量较少，且数量增长速度缓慢。从 2009—2017 年西部地区国内旅行社数量及占比情况看，2009 年西部地区国内旅行社数量共有 4160 家，占全国国内旅行社总数的 20.39%；2017 年，中部地区国内旅行社数量增至 6436 家，占全国国内旅行社总数的 21.66%。具体到每个省份而言：内蒙古自治区和云南省的国内旅行社数量最多，且数量增长速度较快；西藏自治区、宁夏回族自治区和青海省的国内旅行社数量较少，且数量增长速度缓慢；其余省份的数量及其增速居中。总体来看，西部地区的国内旅行社数量的省际差异较大，且数量增长较为缓慢。

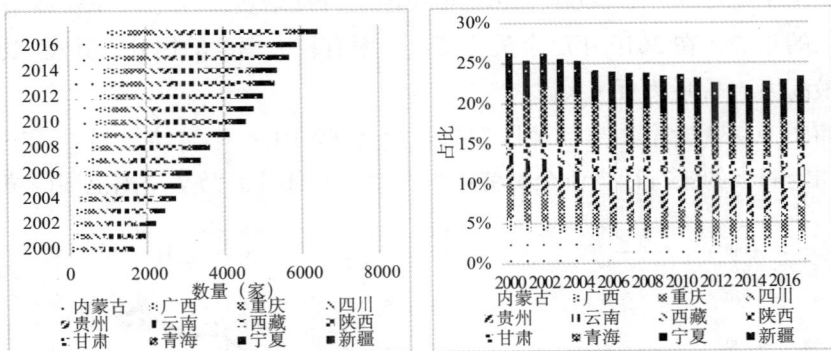

图 10-50　2000—2017 年西部地区国内旅行社数量及占比

如图 10-51 所示，2000 年东北地区国内旅行社数量共有 808 家，占全国国内旅行社总数的 10.46%；到 2008 年，东北地区国内旅行社数量共有 1799 家，占全国总数的 9.92%。在东北三省中，辽宁省的国内旅行社数量最多，且在全国的占比也不低；吉林省和黑龙江省的数量较少，且黑龙江省的数量增速较低、占比逐渐下降。2009 年东北地区国内旅行社数量共有 1964 家，占全国国内旅行社总数的 9.63%；2017 年，东北地区国内旅行社数量增至 2642 家，

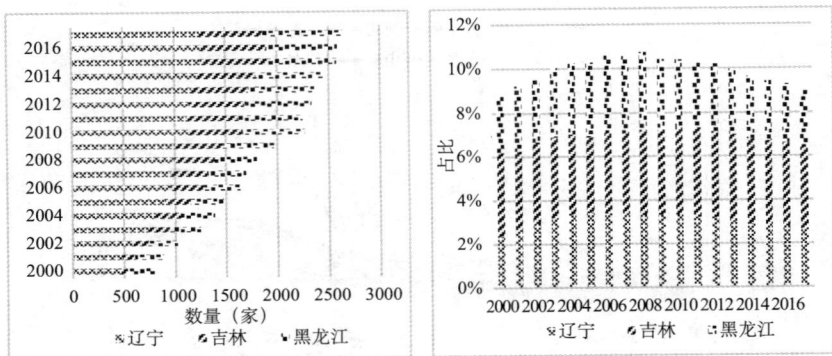

图 10-51　2000—2017 年东北地区国内旅行社数量及全国占比

占全国国内旅行社总数的 8.89%。具体到三个省份而言，在数量方面，辽宁省国内旅行社数量最多，吉林省和黑龙江省数量相近，在增长趋势方面，三个省份数量波动较小。

2. 全员劳动生产率

如图 10-52 所示，2000—2015 年我国旅行社全员劳动生产率整体呈现逐步增长的趋势，在 2010 年后全员劳动生产率有较大幅度的提升，并在 2014 年出现最高值 118.06 万元 / 人。

如图 10-53 所示，东部地区旅行社全员劳动生产率整体较高。其中，北京市和上海市的旅行社行业全员劳动生产率在东部地区乃至全国范围内位居前

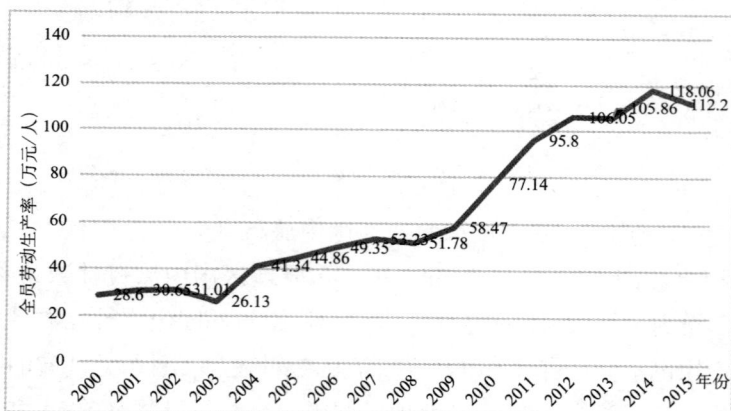

图 10-52　2000—2015 年全国旅行社全员劳动生产率

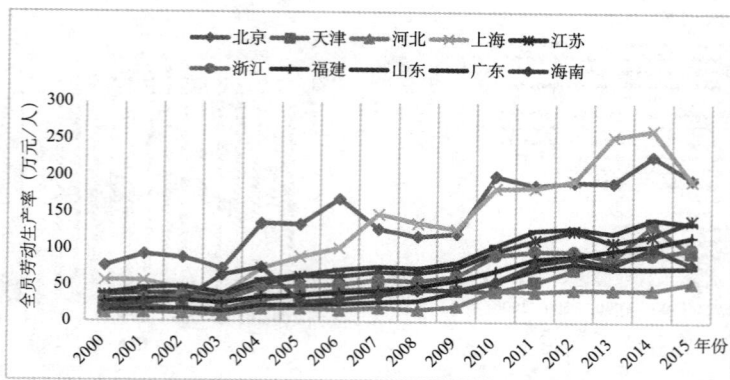

图 10-53　2000—2015 年东部地区旅行社全员劳动生产率

列。上海市在 2014 年全员劳动生产率达到 263.8 万元 / 人，表明其劳动力要素的投入产出效率高，行业发展良好。广东省和江苏省紧随其后，河北省的旅行社全员劳动生产率在东部地区内最低。

如图 10-54 所示，我国中部地区旅行社全员劳动生产率整体数值较低，但也处于逐步增长的趋势。其中，湖南省旅行社全员劳动生产率年际变化幅度较大，其他中部地区省份走势较为平缓，但整体也呈现逐步增长的趋势。

如图 10-55 所示，我国西部地区旅行社全员劳动生产率相对全国来说较低，其中重庆市年均增长幅度较大，其他西部地区省份的年际变化幅度较小。

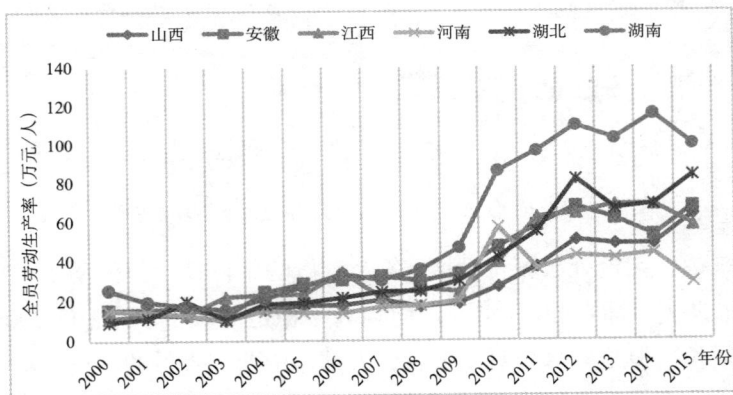

图 10-54 2000—2015 年中部地区旅行社全员劳动生产率

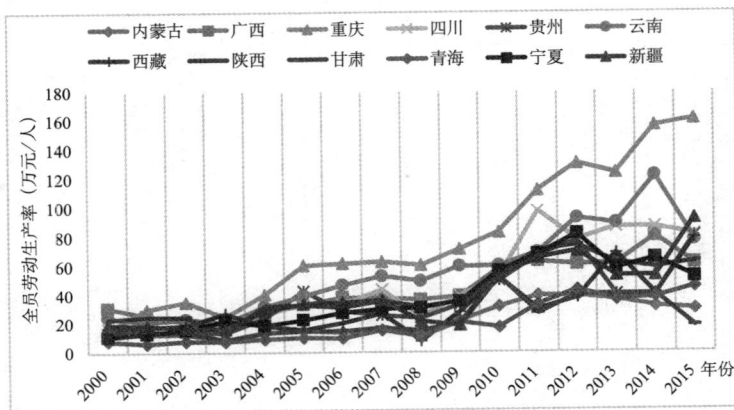

图 10-55 2000—2015 年西部地区旅行社全员劳动生产率

图 10–56 显示，与中西部地区的大部分省份类似，除了辽宁省旅行社全员劳动生产率处于领先地位，吉林省和黑龙江省的旅行社全员劳动生产率较低（图 10–56）。

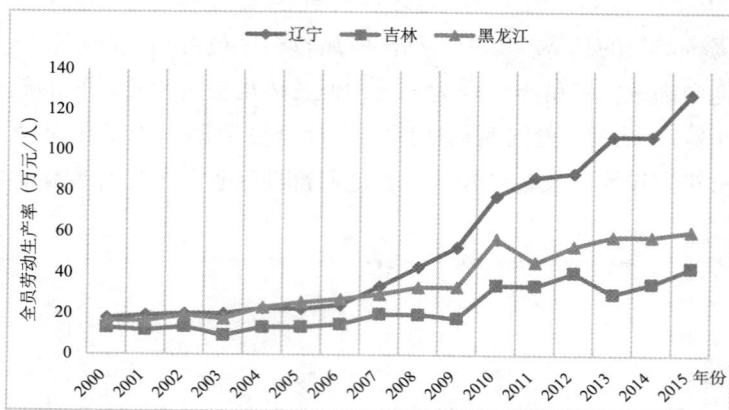

图 10-56　2000—2015 年东北地区旅行社全员劳动生产率

总的来说，无论处于哪个地区，各个省份的旅行社全员劳动生产率都呈现类似的增长态势，即在 2008 年及以前均处于稳定的较低水平，自 2009 年开始出现明显增长。但是，综合对比来看，大部分中西部省份的全员劳动生产率偏低，应当进行行业结构优化，行业组织管理优化，提高员工的工作效率。

第11章

地方政府行为
与旅游新业态结构动态优化实践

互联网、大数据、云计算、人工智能等信息和数字技术的快速革新和进步，改变了旅游者的期望和需求，也为旅游业带来了新的商业机会。旅游企业和旅游目的地的管理者为满足旅游市场的需求，不仅利用这些技术改革完善服务，创新旅游产品，也创造了更多的旅游新业态。这些旅游新业态的数量和占比影响着旅游产业结构的动态优化，关系着旅游业的发展和未来，对于满足旅游者需求、提高竞争力以及实现可持续旅游发展都至关重要。因此，本研究在本章重点探讨中国旅游业中的乡村旅游、工业旅游、文化旅游、体育旅游、康养旅游、智慧旅游等典型的新型业态的概念内涵和发展现状，并辅之以案例，分析地方政府在这些新型业态中的行为表现及其促进旅游新业态结构动态优化的成效。受限于定量数据和资料的获取，本部分主要进行定性分析。分析的前提假设是地方政府越重视引导旅游新业态的发展，越可能有助于改善旅游新业态的发展状况和促进新业态结构的优化升级，进而利于中国旅游产业结构的动态优化。

一、旅游新业态的概念界定

（一）业态

综合各类文献发现，"业态"一词是中国汉语中的一个词语。在英文中，与"业态"一词相近的表达或概念是"business format"，起源于19世纪末和20世纪初的美国。当时，工业化和城市化进程发展迅速，商业活动多样化。

商人和经济学家开始研究不同行业和商业模式之间的差异，以更好地理解市场和消费者行为。在20世纪初，"业态"一词主要从经营场所也就是零售店铺的角度去定义，指百货商店、超市、餐饮等传统零售业店铺的营业形态（铃木安昭，1980）。第二次世界大战后，日本的零售业经历了一个优胜劣汰、整合分化的快速发展过程，"业态"的经营含义凸显，是经营方式与方法的一致性，是具有相同经营方式、技术和方法的零售机构的集合。在20世纪中叶，商业进一步多样化，业态的概念也扩展到金融、娱乐和旅游等领域，指可以满足消费者需求和购买习惯的各种业态（日本零售业协会）。21世纪以来，伴随着互联网的普及、电子商务的崛起、数字技术的革新，线上线下融合、跨界合作和个性化消费的需求不断增加，业态概念愈加丰富，在全球流行和演化，包括了在线零售、社交媒体、共享经济等新兴业态，可持续性和创新性特征鲜明。

中国市场改革开放的初期（1978年以后），"业态"一词传入中国，以国有商店和集体商店等零售业为主。到20世纪90年代，随着市场改革的不断深化，中国的零售业不断多元化和国际化，"零售业态"一词被广泛使用。国家国内贸易局在1998年出台了《零售业态分类规范意见（试行）》，将零售业态定义为零售企业形成的可以满足不同消费需求的经营形态，并依据选址、规模、目标顾客、店堂设施、商品结构、服务功能、经营方式等标准将零售业态分为多种类型。该定义比较贴切地定义了"业态"的内涵，明确了业态的三个特征：面向消费者需求的服务性质、要素组合的创新性质、经营形态的表现形式。21世纪以来，中国与全球技术进步和业态演化的趋势一致，而且伴随着城市化进程的加速、经济的高速增长、人们消费水平的提高，中国也出现了无人零售店、智能支付、人工智能客服等各类高端的、创新的、线上线下新型业态。本部分借鉴该定义，进一步分析旅游新业态及相关内容。

（二）旅游业态

整体上看，国外学者在学术研究中不直接用"旅游业态"的表达，习惯于间接地使用旅游行业分类的方式将旅游业态及相关的行业分为酒店、度假村、民宿、青年旅舍、露营地等住宿行业；餐厅、咖啡馆、快餐店、美食街等各种餐饮行业；自然景点、历史文化遗址、博物馆、动物园、主题公园等各种旅游景区；航空、铁路、汽车租赁、邮轮等交通和运输服务行业；夜生活场所、娱乐活动、购物中心、体育赛事等旅游娱乐行业；导游服务、旅行社、旅游策划、语言翻译、保险等提供辅助服务的旅游服务业态；温泉度假村、瑜伽和健身中心、水疗和按摩院等健康休闲行业；徒步旅行、滑雪、潜水、漂流、登山等户外冒险旅游；文化节庆、音乐会、戏剧、工艺品市场、民俗村落等文化旅游体验行业。综合国外各类研究，"旅游业态"是指旅游行业内的各种不同的商业和服务形式或模式，包括了为旅游者提供各种旅游体验和服务的各种机构、企业和组织，通常反映旅游市场的多样性和不同的需求。

　　与"业态"一词类似，"旅游业态"的提法几乎是中国的原创，是"在中国旅游研究和旅游业实际工作中对零售业态概念的移植和嫁接，是中国旅游业界对业态概念的创新和发展"（田里等，2016）。在早期研究中，旅游业态萌芽于学者们对中国旅游业发展中的新变化和新趋势的关注。例如，刘菲（2000）就分时度假系统这一旅游新业态的发展历程与前景等问题做了梳理分析；梁锡儒（2001）认为，科普旅游这一旅游新业态值得研究和关注。从中国知网（CNKI）的检索情况来看，旅游业态的相关研究也是从近10年才开始发力（图11-1），研究内容与方向也越来越丰富（图11-2）。

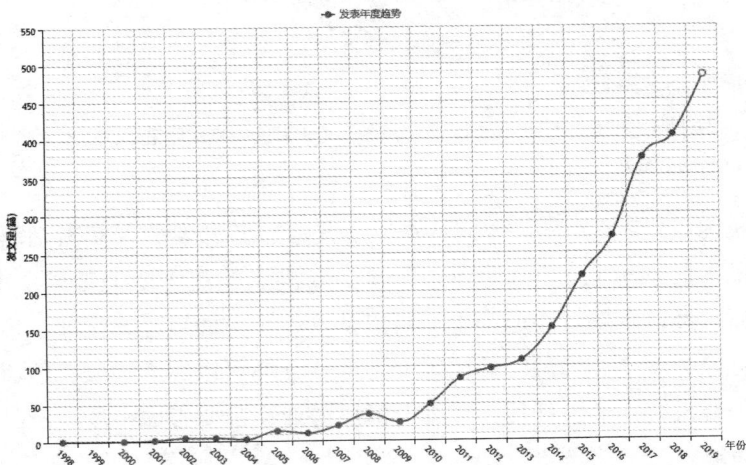

图 11-1　CNKI 以"业态"+"旅游"为主题的中文文献数量情况

数据来源：CNKI文献库。

　　在层次逻辑上，杨玲玲和魏小安（2009）认为"旅游业态"专指经营形态，属于经济学的范畴，是旅游产业和旅游行业之下的一个层级概念。本研究认为，和零售业或流通领域相比，在旅游研究中提及"业态"一词，相同的是，它是一个介于产业和企业之间的层级概念，而不同的是，它兼具了"生产"和"销售"两大方面的内容，这主要是由旅游所具有的独特性所决定的。和零售业相比，旅游有着生产和消费同时性的特征，旅游业既包括了旅游产品的销售，又包括了旅游产品的生产。因此，从"业态"到"旅游业态"，其内容变得更加丰富，也变得更加有指向性，至少要包含产品和经营两个方面的内涵。

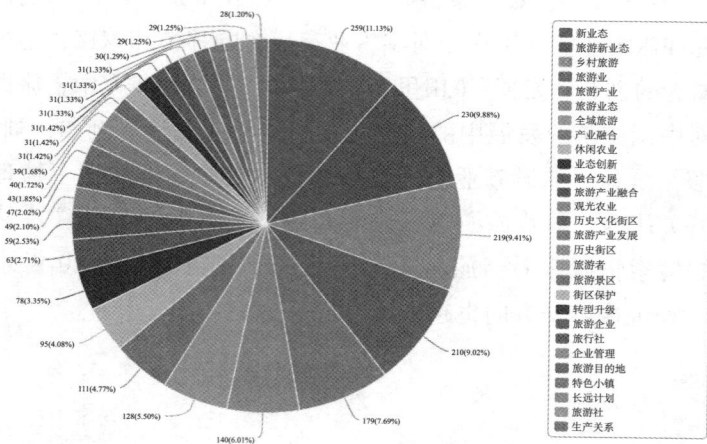

图 11-2　CNKI 以"业态"+"旅游"为主题的中文文献主题分布项情况

数据来源：CNKI文献库。

在我国，"旅游业态"一词从本质上是应旅游开发的现实需求而提出并推广应用的，相对来说，"旅游业态"至少要重点关注三个关键词：市场导向、产品创新、经营创新。在分类上，可以从这三个方面展开，例如，市场导向的主题下可分为观光、度假、休闲等业态形式，亦可以继续细分。但需注意，三个方面是有机统一的，任何一种细分的旅游业态都要考虑市场、产品以及对应的营销策略。

按照上述内涵逻辑进行分析，旅游业态在分类上还具有两个明显特征：

一是层级性，旅游业态有大业态和细分的小业态之分，并在一定区域内的旅游产业发展中形成具有地方特色的业态体系。

二是动态性，在不同的发展阶段，市场上存在的旅游业态有所不同，原有的主流旅游业态可能不再适应大众旅游者的消费需求，原有的非主流旅游业态也可能会随着经济、社会和文化的不断发展而受到越来越多的普通消费者青睐。

总之，"旅游业态"越来越成为旅游业界所使用的重要用语，相对来说，旅游者更多地关注旅游产品本身，而旅游业界更多关注"旅游业态"发展所带来的发展效果和综合效益。

（三）旅游新业态

1. 概念

正是因为旅游业态在分类上具有动态性的特征，所以旅游业态存在新旧之说，即"旅游新业态"在时间上和发展阶段上是一个相对概念。当某一类旅游业态处在生命周期理论 S 形曲线的前端，那么它就是这一发展阶段的"旅游新业态"，当其发展到生命周期理论 S 形曲线的末端时，它就成为一种旧的业态，而其他分类的业态就可能成为新的旅游业态。

这也印证了前面的判断，旅游业态多在旅游开发研究与实践中广泛使用，旅游业界也在不断地研究旅游产业发展进程中出现的旅游新业态，分析其市场效果、营销策略及其综合效益。

旅游业界关注的"旅游业态"内容多与"新业态"直接相关。从知网的发文主题来看，"新业态"直接发文量占到"旅游业态"发文量的 21.01%，如图 11-2 所示。但纵观其他文章主题，如全域旅游、产业融合、业态创新、特色小镇等均和旅游业态所带来的创新发展直接相关。可以说，"旅游新业态"是"旅游业态"研究中的核心问题，代表了旅游产业的创新方向。因此，研究旅游新业态问题，把握旅游产业创新发展趋势，深入分析地方政府在旅游新业态发展中的行为表现及对旅游产业结构变迁带来的影响，对于发现、分析并解决旅游产业结构动态优化中存在的问题，有着至关重要的意义。

如上文分析，"旅游新业态"是一个相对概念，因此，对旅游新业态进行分类可以有很多的角度。杨玲玲和魏小安（2009）将旅游新业态分为经营型、产品型、市场型三种类型。田里等（2016）总结了许多分类角度：（1）按照业态的构成内涵可分为产品型旅游新业态、经营型旅游新业态和综合型旅游新业态。例如，旅行社面向少部分重点客户推出的细分旅游产品被称为产品型新业态，而旅行社推出的新的销售渠道或营销方式，则被称为经营型新业态，并将兼具二者特征的新业态称为综合型新业态；（2）按照新业态的产生来源：可分为技术型新业态、政策性新业态、管理型新业态和市场型新业态等类型。在我国传统旅游业发展累积到一定程度时，出现了一系列的创新活动或现象。例如，在线预订业务曾经被称为技术型新业态，而免税店购物则被称为政策型新业态，一些以旅游资源为核心开发起来的旅游综合体被称为管理型新业态，一些小众的偏专业的旅游户外活动则被认为是市场型新业态等。张俊等（2017）从产业融合的角度将旅游新业态分为衍生重组型、交叉融合型、跨界渗透型三种类型。

2. 成因

创新是旅游业态在旅游产业发展的特定阶段所呈现出的核心特征。基于这一核心特征，本研究认为，从业态创新的形成原因入手，研究旅游新业态的类型划分，更具有重要的现实意义。需要注意的是，业态创新的形成原因也具有特定阶段的特征，随着市场状况和旅游产业自身的不断演进，业态创新的形成原因也在发生变化。因此，从这个角度讨论旅游新业态的分类也应该充分考虑时代性。

经过研究讨论，在面向"十四五"的现阶段，影响我国旅游新业态形成的主要因素可分为四个方面：

一是技术进步因素。当前，互联网、大数据的数字化发展趋势明显，以移动支付为代表的数字化应用已经触及诸多产业领域，旅游产业在这方面的应用主要集中在智慧旅游对旅游体验的改善和在线旅游企业的创新活动中。

二是产业融合趋势。基于旅游消费的综合性特征，旅游产业从生成之初就没有停止和相关联产业的互动与融合，在文旅融合为先导的今天，我国旅游业面临的融合发展趋势更加明显。

三是市场特征变动。这里所提到的市场特征是一个综合概念，既包括了经济发展引起的市场消费能力变动，又包括了人口结构、生活文化变化引起的旅游偏好变动。当前我国经济、社会、文化、人口等方面又呈现出新的发展面貌，由此决定的市场总体状况也在发生着改变。从这个角度研究旅游新业态的形成问题，有助于促进旅游产业内的供给侧结构性改革，更好地实现旅游高质量发展。

　　四是经营管理创新。本研究认为，不同于实物产品为主的零售行业，在旅游产业研究中提及业态创新，不能只考虑经营手段与营业形态这些内容，要多重视整体的经营与管理创新，方能符合旅游服务产品的本质。因此，由经营管理引发的旅游业态创新问题值得关注。

　　3. 主要类型

　　依据上述影响因素分析，本研究重点分析以下四种旅游新业态类型，即技术驱动型旅游新业态、产业融合型旅游新业态、市场导向型旅游新业态、经营创新型旅游新业态。当然，这四种旅游新业态的类型并不是孤立存在的，相反，它们彼此之间都存在着互为促进互为影响的有机联系。但这并不能否定研究类型划分的意义，侧重点不同，有助于在旅游开发与规划中寻找突破点和着力点。

　　（1）技术驱动型旅游新业态。技术驱动型旅游新业态，是现代科学技术在旅游产业当中的创新应用所形成的新业态。在数字化革命浪潮迅猛发展的今天，互联网、大数据、移动支付等技术给旅游产业的创新活动带来了深刻的变革，在其影响下，人们的旅游休闲体验活动变得越来越便捷、越来越丰富，由此引发的业态创新也正在改变着旅游产业的体系架构。

　　综合来看，在这些新技术新应用的影响下，旅游业态的创新发展主要表现在智慧旅游的发展与繁荣上。而智慧旅游已经触及旅游业相关的所有领域，并形成了智慧酒店、智慧旅行社、智慧景区、智慧城市休闲、智慧交通等诸多旅游新业态。值得强调的是，在技术驱动的影响下，原来不属于传统旅游行业的在线服务企业，也加入了"大旅游""大休闲"的服务行列。例如，美团、京东等生活服务类企业通过整合其丰富的供需大数据资源，也已经将业务拓展到了旅游休闲所覆盖的食、住、行、游、购、娱等诸多领域，并在积极做出完善，在传统的在线旅游企业市场中赢得了较好的市场份额的同时，还提升了旅游休闲消费的体验和便利度。

　　从发展现状来看，技术进步型旅游新业态取得了很好的发展，但也要看到技术型旅游服务企业所面临的激烈竞争格局，这一类型的旅游新业态所面临的服务更新、市场进入等问题要比传统业态更加活跃，机遇与风险并存。

　　（2）产业融合型旅游新业态。产业融合型旅游新业态，是指旅游产业和其他相关联产业以及旅游产业内部的融合互动所引发的边缘性新业态，这符合产业边界愈发模糊的融合发展趋势。旅游产业融合的提法已经存在一段时间，并不是最新的概念与现象，但由"旅游+"所引发的新业态也在不断发展和变化，这种趋势在任何一个发展阶段都值得拿来讨论和分析。

随着旅游开发的不断深入，"旅游+"也在表现形式上呈现出许多新变化，有些产业融合引发的创新业态，也在萌发许多新的小型创新业态。例如，这些年乡村旅游开发已经突破原有的资源依赖，甚至只要存在较好的生态环境，就可以创新出许多体验型的优秀旅游产品。其中，以乡村特色民宿最为典型，且乡村民宿本身也在内容与形式上不断丰富与升级。民宿业务已经成为住宿预订平台上的独立板块，甚至出现了专门做短租民宿的专业服务企业。

总之，产业融合型旅游新业态是建立在产业融合与互动的基础上的不断创新的业态形式，既包括了融合出的新产品、新服务，也包括了与之配套的新营销、新管理。

（3）市场导向型旅游新业态。市场导向型旅游新业态，是指为了对接旅游消费市场出现的新需求、新偏好而形成的新业态。之所以单独列出该种类型，也是因为旅游产业范围内的各种业态创新最终还是要回归市场，需要用旅游休闲消费市场来检验其发展前景和可持续性。

随着我国旅游市场的不断发展壮大，一个清晰的旅游市场结构体系基本形成，也出现了许多与之对应的专题研究成果和旅游新业态。

但仍然有两个基本判断需要重视和反思：一是观光游览市场和休闲度假市场的结构问题。从目前来看，很难判断出二者谁占据市场需求的主流，这与我国庞大的人口基数和收入差距直接相关，而且二者本没有严格的界限，因此，市场导向下的旅游新业态需要更加深入和有针对性的细分，精细化的市场导向型创新应该成为旅游新业态的重要发展方向，也应成为旅游业界的重点任务之一；二是从未来人口结构的变动趋势及其表现出的消费特征看，亲子市场和养老市场两大细分市场在相当长一段时间需要业界重点关注，强调前者是因为其巨大的经济开发价值，这与我国家庭的消费支出习惯直接相关，而强调后者是因为其巨大的群体结构占比，这与我国的人口老龄化趋势直接相关。当然，市场已经普遍关注到这两大重要细分市场，全国许多地方也都在对应上马许多旅游休闲项目，但如何客观地对接实际市场，产生良好的综合效益，避免资源浪费与恶性竞争，是这两个市场引发的旅游新业态研究更应关注的重要命题。

（4）经营创新型旅游新业态。经营创新型旅游新业态，是指在旅游产品的开发、营销过程中，所出现的新的组织架构、新经营方法、新投资模式、新营销策略、新销售渠道或平台等一系列新做法的统称，而这些成功创新最终赢得了市场的肯定，在行业内得到了推广与升级。

在经营管理上的业态创新，其覆盖面比较广，可以是精细化专业化的旅游休闲服务业态，例如，马蜂窝以特色旅游攻略为核心开拓业务，最终以差异化战略做出了经营方向的创新；也可以是成功的产品和营销组合，例如，近些年比较流行的影视旅游营销案例，都是向旅游目的地注入收视率高、评价好的经典影视作品和综艺娱乐节目，以此来吸引人们的关注，诱发人们的旅游动机，最终打开了旅游市场的局面；还可以是一体化的资源整合，例如，一些地方为了培育龙头企业而成立了地方旅游集团，以此来打包区域内的旅游产品与服务，实现整体营销，强化品牌建设。

当然，旅游新业态的分类可以有很多角度和标准，并不一定追求统一。本研究重点列举的这四类，是旅游业态创新当中比较典型的类型。当具体到某一新业态时，它可能兼具上述多种类型的特征。

二、中国旅游新业态的发展背景

（一）产业地位不断提升

全球旅游业自第二次世界大战后经历了从传统经营起步到全面崛起的过程，从最初的团队包价旅游为主到开始注重个性化的组织方式，再到涌现出诸多新型业态。中国旅游业自改革开放之后也经历了同样的发展演变过程。可以说，无论是在世界层面，还是在国内层面，旅游产业的地位都在不断提升。特别是进入 21 世纪后，旅游产业在许多国家的国民经济体系中都占据着重要的位置，成为增加收入和就业的重要途径之一。

在中国，政府在不同时期对旅游产业的政策定位不同（表 11-1），也根据国内的实际情况，分别对三大旅游市场制定了不同的发展战略（表 11-2），使旅游产业的地位不断提升。可以看出，随着我国旅游产业取得的成绩越来越好，政府对旅游产业的政策定位也越来越高，产业与政策之间有着良性的互动。

发展到今天，我国已经成为世界上最大的国内旅游市场、第一大国际旅游消费国和第四大旅游目的地国家。我国旅游产业在整体上已经实现了"量"的积累,正处在旅游产业演进的"探索期"和"参与期",亟须进一步深化和调整。与经济社会发展的主要矛盾一样,当前旅游业发展的主要矛盾也发生了转变:一方面,从整体上看,旅游需求变化趋势明显,多样化的需求结构已经形成;另一方面,旅游产业发展的不平衡和不充分问题仍然突出。因此,我国旅游产业发展亟须优化升级,构建多元化的现代旅游产业体系成为未来一段时期内我国旅游产业转型升级的重点内容。在这种大的产业发展背景之下,研究旅游新业态的发展问题,有助于从供需两端总结创新经验,探寻创新对策,对我国现代旅游产业体系的构建和旅游产业结构优化升级有着至关重要的意义。

表11-1 不同时期我国对旅游产业的政策定位

时间	定位内容
1949年	外交旅游
1978年	旅游事业
1986年	旅游业
1992年	第三产业中加快发展的重点产业
1998年	国民经济新的增长点
2009年	国民经济的战略性支柱产业和人民群众更加满意的现代服务业
2016年	"五大幸福产业"之首

资料来源:本研究综合整理。

表11-2 我国不同时期的三大旅游市场发展战略对比

时间	三大旅游市场发展战略
改革开放初期	以接待入境旅游为主,国内旅游"不宣传、不提倡、不鼓励"
1994年	国内旅游调整为"积极发展"战略
1997年	大力发展入境旅游,积极发展国内旅游,适度发展出境旅游
2005年	大力发展入境旅游,全面提升国内旅游,规范发展出境旅游
2006年	全面发展国内旅游,积极发展入境旅游,规范发展出境旅游
2011年	全面发展国内旅游,积极发展入境旅游,有序发展出境旅游
2016年	大力提振入境旅游,有序发展出境旅游,迎接大众旅游新时代

资料来源:本研究综合整理。

（二）整体旅游需求特征变化明显

现阶段，我国人民大众的物质生活水平不断提升，国内游客的整体需求特征变化比较突出，重点体现在以下三个方面：

一是在出游规模和出游频率上屡创新高。2017年，国内旅游人数50.01亿人次，比上年同期增长12.8%，其中，城镇居民36.77亿人次，增长15.1%，农村居民13.24亿人次，增长6.8%，我国人均出游次数已达到3.7次。

二是出游方式与交通工具的选择更加自主。我国自助游的比例在2016年就已经超过85%，而自驾游占比超过60%，在行程安排上更加讲究自主。

三是旅游吸引物偏好更加灵活。一方面非景点景区同样成为旅游者体验的热门内容，像江、浙、沪这样的发达地区，非景点景区旅游人数占到65%以上；另一方面游客对产品和服务的要求也在变高，在内容上更加求"新"，在体验上更讲究深度、休闲和品质。

可以说，中国已经进入全民旅游和自助旅游的新时代，人民日益增长且不断变化的旅游休闲需求对产业供给端提出了更高的要求。当然，需要强调的是，由于入境旅游存在天然的消费门槛，入境旅游者的整体需求特征变动不明显。旅游市场是一个结构性动态性的大系统，可根据地理因素、人口统计、社会经济、心理和行为模式等因素进行不同的市场细分，每个细分市场的变动情况存在差异。本研究在这里提到的旅游需求变动是整体需求变动特征，是基于当前的整体变化趋势来讲的。正是这种明显的需求变动，催生了旅游业态的创新，为旅游新业态的层出不穷提供了动力和方向。

（三）技术应用日新月异

当今世界，科技迅猛发展，互联网、云计算、移动通信等技术的应用以及以共享创新模式为代表的理念创新造就了一批批"新四大发明"，正在改变着人们的生产生活方式。旅游产业也正在进行着一场影响深远的技术变革，传统的旅游要素间的关系因为技术的进步正在发生着变化，具体来看，至少包含以下四个方面的表现：

1. 新技术让现代旅游资源评价方式更加灵活

当今的旅游信息以微博、微信等自媒体传播的方式实现了多角度、多层面、多形式的快捷分享，这些信息传播方式的深刻变革影响着当代旅游者的需求趋势，人们的需求偏好正在发生着根本性的改变。相应地，旅游吸引物的类型和内容也不能再完全按照传统的普查范式进行评价，一些没被传统观点认可的非传统旅游资源经过新技术载体和平台的加工与传播，可能会变成流行甚至热门的新旅游资源。在信息技术快速变革的今天，现代旅游者心目中的旅游资源的类型、形式和内容都快速发生着变化，传统资源评价方式需要更加弹性地适应这种变革。

2. 新技术给现代旅游企业经营带来了机遇和挑战

在线旅游服务的兴起让旅游者的旅游休闲内容和方式有了更大的自主权，传统旅游产业存在的供需信息不对称情况正在消失。一方面，传统旅游企业原有的一些经营业务受到挑战，经营内容和方式受到影响。例如，旅行社的许多传统旅游线路正在被普及的自由行所取代，旅行社不得不在服务内容和服务对象上重新定位；在线预订越来越成为酒店的主要客源途径，在线的点评使得性价比信息更加透明，酒店行业的竞争格局正在发生着变化；旅游规划行业的新技术使用与项目创意不断推陈出新，规划的项目生命周期需要重新评估等。另一方面，新技术的不断进步与开发思想的不断创新让产业边界逐渐模糊，旅游产业融合发展催生出了不少旅游新业态，受到市场的广泛欢迎。

3. 新技术改变了现代旅游者的活动空间和范围

高铁、智能手机的普及增强了出行计划和信息查询的便捷度和自由度，让旅游者心理距离感不断减小。一方面，在客源地与旅游地之间，实际距离对旅游活动产生的影响不断弱化；另一方面，在旅游目的地期间，旅游者的活动范围也在不断扩大，传统旅游区的边界逐渐模糊，旅游者追求异地文化体验的需求越来越大，获得信息的能力越来越强。

4. 新技术为现代旅游管理与公共服务提供了提升空间

一方面，旅游管理部门在管理方式和公共服务水平上有了新举措，如信息咨询、投诉建议、安全应急处理等平台的建设与完善等；另一方面，旅游者活动空间的泛化，使城市管理也需要考虑旅游功能，因新技术应用引发的智慧城市运营和管理创新正在推广。

总之，这些新技术对旅游业的改变都在为旅游新业态的产生创造条件与机会，业态创新发展到科技迅猛发展的新阶段或多或少都需要新技术应用的助力与支撑。

（四）产业边界越发模糊

人们发现并研究产业融合始于人们对高新技术应用的关注。新技术的应用使得很多边界清晰的产业之间发生了渗透和联系，这种技术上的重合逐渐扩大，最终生成了很多创新业态。古典经济学认为，只有明确的分工体系才是保证技术进步和提升劳动生产率的前提，而产业融合理论与实践的发展让分工与融合的辩证关系在企业层面和产业层面得以明晰。在产业融合的背景下，企业之间基于自身的经营目标存在非常明晰的分工，但产业间或行业间的交叉、渗透和互动改变了原来的企业竞合关系，融合出很多新业态，创造了更多的产业附加值，这使得产业融合成为现代经济体系发展中的重要趋势（夏杰长等，2010）。

旅游业也在其自身产业演进过程中慢慢表现出了产业融合的发展态势，最早表现为以不同产业的名字作为定语的各种旅游产品，如农业旅游产品、工业旅游产品、文化旅游产品等。尽管我国的旅游产业融合进程还不够成熟，相关的理论研究和实践经验还处于较为初级的发展阶段，但旅游产业融合发展在产业创新、结构优化和竞争力提升等方面所产生的种种积极影响是非常明显的。

在全球产业融合的背景之下，伴随着技术的不断进步和需求的不断变动，现代旅游产业的关联性和综合性获得了越来越大的发挥空间。除了食、住、行、游、购、娱等基本产业要素以外，现代旅游产业正在不断拓展产业要素范围，旅游产业的边界也正在向其他产业延伸，这为旅游产业融合发展理论的不断丰富提供了现实的实践基础。总之，正是旅游产业融合的发展趋势才使得旅游业态创新活动越发活跃，产业边界的模糊区域为旅游新业态的产生提供了丰富的土壤与广阔空间。

（五）市场竞争日趋激烈

随着旅游业的不断发展，旅游市场的竞争也变得日趋激烈，主要表现为三个方面的特征：一是市场上充斥着许多同类型的旅游产品，旅游者的消费选择越来越多，加上信息化技术给旅游者带来了便利的消费决策环境，产品间的可替代性增强；二是低价竞争问题仍然严重，竞争者的增加使得市场上的低价低质产品很多，早些年的"零负团"费情况虽然已经得到改善，但价格战仍然不同程度地存在；三是差异化发展的趋势将会成为主流，在激烈的竞争环境中，业界已经注意到需要走差异化的路线，需要认真分析每个有价值的细分市场，推出对应的定制化旅游产品与服务。

总之，激烈的市场竞争环境促使业界思考如何创新产品、改善经营管理方式，这在本质上推动了旅游业态的创新发展，促进旅游新业态的产生与繁荣。

三、中国旅游新业态的演变规律

（一）中国旅游业态发展历程

改革开放以后，我国旅游业态经历了从无到有、由小到大、从粗犷到精细的演变过程。魏小安曾将中国旅游业的业态创新分为三个变化阶段：一是 20 世纪 80 年代，那时旅游供给短缺、旅游业刚刚开始起步，增加产品供给、传统经营模式主导的业态特征明显；二是 20 世纪 90 年代，国内旅游逐步兴起，出境游开始起步，市场格局发生变化，旅游业态创新萌芽；三是进入 21 世纪以后，全球一体化发展成为主流，旅游业态创新层出不穷（蔡红和李平生，2013）。

从单一旅游新业态的发展规律来看，旅游新业态还呈现出生命周期的发展规律以及其他一些演进趋势。此处所提到的旅游新业态生命周期规律主要针对的是产品创新所形成的旅游新业态，部分可复制的经营行为所引发的业态创新也符合这一规律。产品生命周期理论已经成为众所周知的经典规律，其核心观点是新产品投入市场之后将遵循"导入、成长、成熟、衰退"的变化规律。同样，对于某一具体的旅游新业态来说，其演变规律也遵循这一发展时间变动趋势，持这种观点的研究有很多。

在导入期，某一旅游新业态符合旅游消费者的猎奇心理，一般只有小部分消费群体，处在萌芽状态，仍然在积蓄发展和壮大力量。

在成长期，该种旅游新业态逐渐得到市场的接受和业界的承认，开始迅速发展，市场规模急剧扩大，模仿者逐渐参与进来，竞争日趋激烈，相应的政策也开始慢慢完善。

在成熟期，该旅游新业态已经逐渐成形，市场规模逐步稳定，但增长率逐渐放缓，留在市场内的相关企业大多已经占据了一席之地，相应的政策已经相当完善，该业态发展也已非常规范。

在衰退期（或更替期），由于外部环境变化、内部创新不足等综合原因的出现，市场规模开始萎缩，相关企业的利润空间开始被压缩，这时，该种旅游业态开始老化，已经不再适应市场需求。

当然，随着时间的不断推进，当某种旅游新业态开始老化的时候，除了衰退萎缩外，其还有一些新的选择，那就是在原有的基础上依据既成的条件与环境继续寻求创新空间。这种创新可能来自该业态整体创新，也可能是该业态下的一个细分小业态的创新。这种业态再创新的产生大多离不开前文所分析的那四种因素的影响。通常，这些旅游业态的再创新在发展方向上有着多种可能性，有些甚至呈现相反的变化方向，例如，有些变得更加标准化和专业化，而有些则变得更加个性化和定制化。

（二）中国旅游新业态发展现状

旅游产业发展到今天，取得了不错的成绩，旅游新业态的发展也取得了长足的进步，但从整体来看，仍然存在许多现实问题，主要表现在以下几个方面。

1. 足够重视，但不够务实

尽管旅游新业态的提法时间不长，相关的界定在学术界也有着不同的解读和理解，但都不能否认新业态在旅游产业发展实践中的重要作用与意义。旅游业界也都看到了业态创新所带来的巨大市场价值，对其给予了足够的重视力度。这一点在全国范围内的新一轮旅游规划中表现很多。但在具体的实操过程中，许多地方将一些市场流行、投资很大的新业态项目匆匆上马，的确存在一定的盲目性，缺少客观的可行性分析，在竞争格局上缺乏冷静分析，在市场定位方面则好高骛远，这在一定程度上存在着资源浪费的风险。例如，近些年，随着人口老龄化的趋势越发明显，各地对于养老产业的重视力度很大，这本身是一件好事情，但其背后相关联的房地产价值让很多项目盲目扩张，医养结合、养生养老等主题包装有很多，最终能否对接市场需求和实现预期的综合效益，还有待进一步检验。

2. 规模增大，但质量不足

近些年，在旅游业态方面的创新出现很多，地方政府和旅游企业一旦看到某一新业态的发展前景，就会依照范例进入，加上我国旅游市场消费群体的巨大购买力推动，旅游新业态一旦出现，往往就以惊人的增长速度急剧发展，最终形成相当体量的发展规模。但我们应该看到，这种增长还是比较偏"量"而轻"质"的，产品质量和服务品质等方面仍然有很大的进步空间。同属一类的创新型旅游产品，可能会因为质量的不同而影响旅游体验与口碑，进而影响到该产品的可持续性。因此，旅游业态的创新发展既要注重相应市场的培育及其带来的价值，又要注重精细化设计与管理，弥补质量上的发展不足。

3. 技术领先，但服务滞后

从目前的发展情况看，我国旅游新业态的发展，尤其是技术驱动型新业态的发展，已经处在了较为领先的地位。各种新技术，尤其是移动支付，已经得到广泛的应用，这在一定程度上是值得自豪的。但我们看到硬件优势和建设成绩的同时，也要注重软件建设，行业内仍然缺乏精细化服务的管理精神和管理能力，这对以旅游体验为核心的旅游休闲产品来说，至关重要。例如，我国在线服务平台越来越多，已经可以实现食、住、行、游、购、娱等一系列旅游活动及相关活动的在线技术支持，但如果看使用效果与满意度，就会出现许多不同的评价。实际上，旅游服务品质的创新性提升，也应该是业态创新的重要内涵之一。

4. 市场活跃，但政策制约

面对旅游休闲这一庞大且蕴含巨大潜力的消费市场，相关的市场主体均跃跃欲试地开始了各种探索，都期望通过业态创新来寻求自己的盈利份额，这是我国旅游业态创新最真实的写照。地方政府也看到了旅游业给区域发展带来的种种好处，对发展旅游经济和推动相关项目持积极的态度。梳理地方出台的旅游规划策划和政策文件来看，各地都在积极地为旅游业态创新发展提供力所能及的有利条件与优惠政策，却仍然存在许多政策方面的制约。之所以得出这一判断，直接原因与近些年出现的旅游业态创新案例直接相关。近些年旅游业态创新的萌芽不仅依靠龙头企业的带动，还需要灵活的中小微企业灵活发挥创意。例如，近几年比较受旅游者追捧的民宿业态主要依赖于一些富有创新精神的民宿开发者。但在中小微企业融资难这一问题上，政策的倾斜力度是不够的。除此以外，还有土地政策的规范与完善，管理上的引导与服务等诸多政策性内容值得业界关注。

当然，前面所提到的大多数问题都是从整体上来看的，若使旅游新业态的相关研究更加有意义和可操作，还需要具体问题具体分析。因此，本研究选取了一些有代表性的具体业态，对于产业融合型旅游新业态，重点从"旅游+农业""旅游+工业""旅游+文化""旅游+体育"等角度进行分析；对于技术驱动型旅游新业态，主要分析智慧旅游；对于市场导向型旅游新业态，则以目前深受关注的养老市场为重点，分析康养旅游业态；而经营创新型旅游新业态往往会在其他类型的新业态中有所反映，本研究不再单列。

需要强调的是，本研究主要选择了旅游新业态活跃的重点领域，在研究内容和案例选择上则重点分析该领域所出现的业态创新、地方政府行为情况、业态发展状况，尝试理清楚地方政府行为凭借业态创新所带来的新业态发展状况，进而推测新业态发展状况可能导致的产业结构变化趋势。

四、地方政府行为与乡村旅游结构动态优化实践

（一）乡村旅游的概念和内涵

1996 年，墨西哥召开国际环保会议，提出乡村旅游（Rural Tourism）的概念。最初，有学者认为乡村旅游即为"农业旅游"或"农家乐"，导致乡村旅游类型单一化。随着乡村旅游的蓬勃发展，不断有学者基于不同的角度给出了乡村旅游的概念和内涵。代表性的观点如表 11–3 所示。

表11–3 乡村旅游概念

作者（年份）	观点
Lane和Bramwell（1994）	乡村旅游是一个多层面的旅游活动，包括基于农业的假日旅游以及特殊兴趣的自然旅游、生态旅游、假日旅游、文化与传统和一些区域性的民俗旅游活动。
Dernoi（1991）	乡村旅游是发生在与土地密切相关的经济活动，基本上是农业活动的、存在永久居民的城市地域的旅游活动。
吴必虎（2001）	乡村旅游就是发生在乡村和自然环境中的旅游活动的总和。
刘德谦（2006）	乡村旅游就是以乡村地域以及农事相关的风土、风物、风俗、风景组合而成的乡村风情为吸引物，吸引游客前往休息、观光体验以及学习等的旅游活动。

资料来源：文献整理。

《农业农村部关于开展休闲农业和乡村旅游升级行动的通知》（农加发〔2018〕3号）中指出，休闲农业和乡村旅游是农业、旅游、文化"三位一体"，生产、生活、生态同步改善，农村一、二、三产业深度融合的新产业、新业态和新模式。休闲农业和乡村旅游把自然、民族文化和农耕文化融入传统的旅游文化当中，丰富了旅游业的内涵，它是以农业、农村和农民为背景，利用农业资源、农业景观和农村环境，以农林牧副渔生产和农村文化生活为依托，以休闲农庄、观光园区、市民农园等为载体，以增进人们对农业、农村的体验为目的，具有生产、生活、生态"三位一体"功能性和一、二、三产业融合特征的新型旅游业态。

（二）中国乡村旅游发展的政策红利

自2010年以来，关于发展乡村旅游的政策层出不穷，政策红利叠加效应明显（见表11-4）。从级别上来看，国家对乡村旅游的重视程度空前提高，政策工具也更加灵活多样，不仅兼顾了乡村旅游产业各种要素，还综合运用强制性工具、资源性工具和混合性工具，强调乡村旅游的个性化和特色化特征。

表11-4　乡村旅游政策一览表

年份	事件
2010年	中央一号文件《中共中央 国务院关于加大统筹城乡发展力度进一步夯实农业农村发展基础的若干意见》明确提出：积极发展休闲农业、乡村旅游、森林旅游和农村服务业，拓展农村非农业就业空间。 农业部、国家旅游局印发的《农业部、国家旅游局关于开展全国休闲农业与乡村旅游示范县和全国休闲农业示范点创建活动的意见》也明确提出：为加快乡村旅游发展，推进农业功能拓展、农业结构调整，进一步探索休闲农业与乡村旅游发展规律，加快培育一批生态环境优、产业优势大、发展势头好、示范带动能力强的全国休闲农业与乡村旅游示范县，以引领全国休闲农业与乡村旅游持续健康发展。
2012年	党的十八大提出努力建成美丽中国的号召，为乡村旅游的发展提供了新的契机。
2014年	国务院出台的《关于促进旅游业改革发展的若干意见》，强调要大力发展乡村旅游，依托当地区位条件、资源特色和市场需求，挖掘文化内涵，发挥生态优势，突出დ村特点，开发一批形式多样、特色鲜明的乡村旅游产品。推动乡村旅游与新型城镇化有机结合，合理利用民族村寨、古村古镇，发展有历史记忆、地域特色、民族特点的旅游小镇，建设一批特色景观旅游名镇名村。

（续表）

年份	事件
2015年	中央1号文件《中共中央 国务院关于加大改革创新力度加快农业现代化建设的若干意见》提出，推进农村一、二、三产业融合发展，积极开发农业多种功能，挖掘乡村生态休闲、旅游观光、文化教育价值。扶持建设一批具有历史、地域、民族特点的特色景观旅游村镇，打造形式多样、特色鲜明的乡村旅游休闲产品。加大对乡村旅游休闲基础设施建设的投入，增强线上线下营销能力，提高管理水平和服务质量。研究制定促进乡村旅游休闲发展的用地、财政、金融等扶持政策，落实税收优惠政策。
2016年	中央1号文件《中共中央 国务院关于落实发展新理念，加快农业现代化实现全面健康目标的若干意见》再次提出：大力发展乡村旅游。 在国务院印发的《全国农业现代化规划（2016—2020）》中提出，要依托农村青山绿水、田园风光、乡土文化等资源，大力发展生态休闲农业，拓展农业多种功能，推进农村一、二、三产业融合发展。 《农业部等14部门关于大力发展休闲农业的指导意见》中指明：要实施乡村旅游提升工程，扶持建设一批休闲农业聚集村、休闲农业园、休闲农业合作社。鼓励开发休闲农庄、乡村酒店、特色民宿、户外运动等乡村休闲度假产品，探索农业主题公园、农业嘉年华、特色小镇、渔人码头等模式。
2017年	《农业部办公厅关于推动落实乡村旅游发展政策的通知》中明确要求：要大力发展乡村旅游，推进农业与旅游、教育、文化、健康养老等产业深度融合。
2018年	中央1号文件《中共中央 国务院关于实施乡村振兴战略的意见》中明确提出：扶持小农户发展生态农业、设施农业、体验农业和定制农业，提高产品档次和附加值，拓展增收空间。《农业农村部关于开展休闲农业和乡村旅游升级行动的通知》中提出，创新推动乡村旅游品牌体系建设，全国上下联动、精心组织乡村旅游大会、美丽乡村休闲旅游行等主题活动，分时分类向社会发布推介精品景点线路。鼓励各地因地制宜培育农业嘉年华、休闲农业特色村镇、农事节庆、星级农（林、牧、渔）家乐等形式多样、富有特色的品牌。
2019年	《中共中央 国务院关于坚持农业农村优先发展做好"三农"工作的若干意见》中再次提出：充分发挥乡村资源、生态和文化优势，发展适应城乡居民需要的休闲旅游、餐饮民宿、文化体验、健康养生、养老服务等产业。 《中共中央 国务院关于建立健全城乡融合发展体制机制和政策体系的意见》中再次提出：构建农村一、二、三产业融合发展体系，依托"互联网+"和"双创"推动农业生产经营模式转变，健全乡村旅游、休闲农业、民宿经济、农耕文化体验、健康养老等新业态培育机制。

资料来源：政策文件整理。

（三）中国乡村旅游发展状况

1. 产业规模迅速扩大

随着居民生活水平的提高和城市生活压力的不断增大，乡村休闲旅游这一新的旅游形式被越来越多的城镇居民所青睐，产业规模增长迅速。数据显示

（见图 11-3），2012—2018 年，我国乡村旅游人数年均复合增长率高达 31.2%，已经从 2012 年的 7.2 亿人次增至 2018 年的 30 亿人次；乡村旅游营业收入增长迅速（见图 11-4），2013 年、2015 年、2016 年和 2018 年的增长速度均达到 30% 以上。文化和旅游部数据显示，2019 年全国乡村旅游共接待游客 30.9 亿人次，占当年国内旅游总人数的 50% 以上（宋瑞和刘倩倩，2024）。随着经济水平的进一步提高，在人民群众对美好生活的向往和回归自然、追求精神享受的内在驱动下，乡村旅游业的发展将会迎来更加美好的未来。

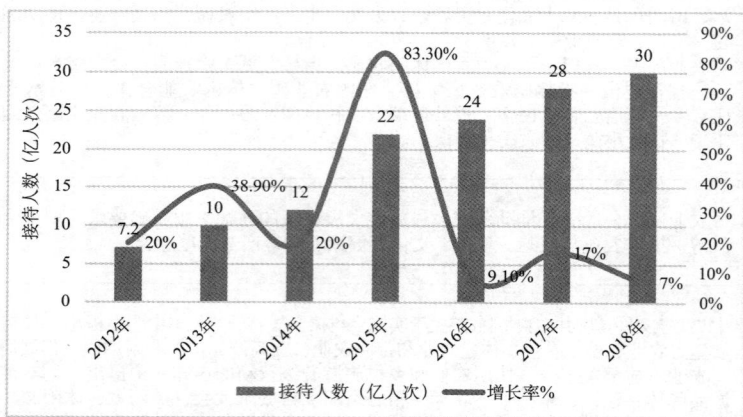

图 11-3　2012—2018 年中国乡村旅游接待人数

资料来源：农业农村部、中商产业研究院。

2. 发展内涵不断丰富

党的十九大报告指出，"我国社会主要矛盾已经转化为人民日益增长的美好生活需要和不平衡不充分的发展之间的矛盾"。"美好生活"不仅包含了大众对乡村特有的生活方式、生产劳作、特色文化等方面的体验性需求，还包括了大众期望通过在乡村游览度假的方式来提高自身的道德修养、审美素养和心理素质的精神性需求。与此同时，乡村休闲旅游的产业内涵不断拓展，由原来单纯的休闲旅游，逐步拓展到文化传承、涵养生态、农业科普等多个方面。因此，地方政府要更加注重开发"好山好水好风光"的农业农村资源，发掘资源潜在价值。在开发理念上，地方政府注意引导农民不仅注重三产融合、创意设计和文化传承，还要注重挖掘农村文化资源，把农业生产、农民生活、农村生

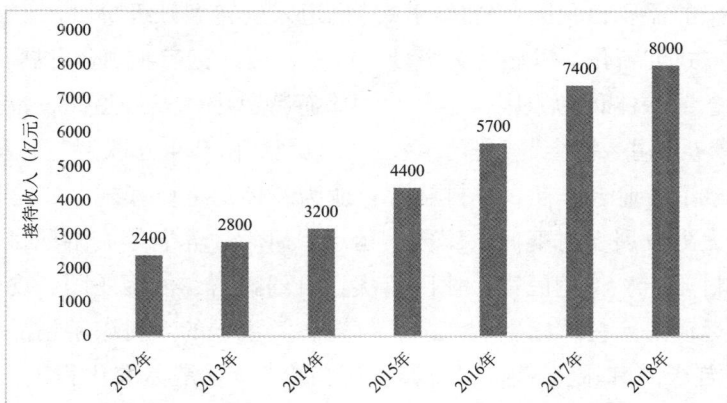

图 11-4　2012—2018 年中国乡村旅游收入统计（亿元）

资料来源：农业农村部、中商产业研究院。

态进行整体性开发，强化设计具有创意性的农业产品、农事景观、环保包装、乡土文化和休闲农业经营场所等，挖掘田园文化，弘扬民俗文化，鼓励开发具有地方特色的休闲农业产品，推进农业与文化、科技、生态、旅游的融合，提升休闲农业的软实力和持续竞争力。

3. 类型模式精彩纷呈

在以一、二、三产业融合发展为抓手，推进乡村振兴的当下，乡村休闲旅游发展受到地方政府的高度重视和大力支持。乡村休闲旅游主要包括乡村旅游和休闲农业两种类型，不仅包括休闲农场、民宿、农家乐、生态采摘、观光农业、科普研学、生活体验、自驾露营、户外运动等传统内容，还涉及森林旅游、康养旅游等生态旅游的若干领域。经过近几年的发展，乡村旅游逐渐呈现出三种比较成熟的模式：第一，集中在城市郊区，以"农家乐"和聚集村为主的休闲旅游，主要提供食宿、游乐、采摘、购物等休闲旅游活动；第二，集中在景区周边，以自然景观、特色风貌和人文环境为主的生态旅游，提供农家饭菜、宿营房屋、农事体验等服务；第三，集中在气候宜人、资源独特、农业生产集中连片的区域，以健康养生为主的休闲旅游，提供食宿、康养、保健等服务。

4. 发展方式转型升级

进入高质量发展时代以来，为了满足城市居民节假日休闲娱乐、返璞归真和怀旧思想的需要，我国乡村休闲旅游也迈入到转型升级阶段。主要体现在：一是发展方式创新化。以旅游为统领，以一、二、三产业融合发展和"生产、生活、生态"一体化为原则，走集约型旅游特色小镇发展道路，推广"村集体＋农户""公司＋协会""公司＋农户"以及"协会＋互联网"的发展模式，尝试乡村旅游专业合作社、乡村旅游企业为主体的运营模式。二是产品业态多元化。大力发展乡村度假、康体、运动、研学、养老等旅游项目，有规划地开发乡村旅店、特色民宿、休闲节庆、自驾露营、休闲庄园、现代农业庄园、户外运动等乡村休闲度假产品，打造各类主题的乡村旅游精品线路，推动乡村旅游产品和服务趋向"商养学闲情奇"。三是标准化程度日益提高。2018 年，国家发展改革委、文化和旅游部等十三部门印发了《促进乡村旅游发展提质升级行动方案（2018—2020 年）》并明确提出"要建立健全住宿餐饮等乡村旅游产品和服务标准，规范民宿、农家乐等乡村旅游服务标准，完善乡村旅游基础设施的服务配套标准和健全标准强化乡村旅游市场监管"。2019 年 7 月 19 日，文化和旅游部正式发布《旅游民宿基本要求与评价》，标志着我国乡村旅游正式进入转型升级的高质量发展阶段。四是文旅融合不断深化。乡村文化是乡村休闲旅游转型升级的灵魂所在。一方面，乡村旅游产品的开发重视吸纳当地乡村民俗、民族风情、乡土文化、民间节庆等文化符号和文化元素；另一方面，乡村文化也为乡村旅游的业态多元化和产品创新化提供了有力支撑。

5. 综合效益显著提高

乡村休闲旅游注重保护传承农耕文化，通过将文化符号、文化元素注入农业，打造出独具特色的乡村休闲旅游主题文化，还提高了农产品附加值。这将有利于优化我国农产品品种和品质、增强农业的供给活力、增加农业经营性收入和农民的财产性收入。如今的乡村旅游，在深度体验和分享农村生活方式的基础上，利用资本、文创、技术和人才等新动能，开发出田园综合体、旅游小镇、康养基地、精品观光线路。当代的乡村旅游，产业链条日趋完善，融合了互联网推广、现代农业、民宿、特色餐饮、文化创意、康养和物流配送等产业环节，有效促进了乡村道路和移动互联网等基础设施的建设，使得乡村公共服务体系不断完善，乡村治理水平持续提升。在人才、资金、管理、信息等要素加速向农村回流的带动下，乡村休闲旅游的综合效益显著提高。

（三）案例分析——江苏省苏州市政府行为与乡村旅游发展

苏州是著名的"鱼米之乡"，具有发展农业旅游和乡村旅游的许多优势条件。苏州市乡村旅游分布区域大致占市域面积的75%，其中水域面积占到42.5%，乡村旅游资源大致占全市旅游资源的80%（马悦纳，2015）。为了促进乡村旅游的快速发展，苏州市政府积极出台相关法规、政策和标准，加大资金扶持和基建力度，加强宣传和推广，持续编制乡村旅游发展规划，成为全国乡村旅游发展典型和模范。近年来，苏州市乡村旅游发展中的地方政府行为表现如表11-5所示。

表11-5 苏州市乡村旅游发展中的政府行为

行为	表现
出台政策规范	苏州市政府管理部门相继出台了一系列乡村旅游管理办法和标准，对乡村旅游发展和管理做出了明确的规范，促进乡村旅游可持续健康发展。2007年苏州市政府第79次常务会议讨论通过并颁布实施江苏省第一部乡村旅游建设的管理办法——《苏州市乡村旅游区（点）管理办法》。之后相继出台了《苏州乡村旅游区（点）评定标准》《苏州市农家乐管理办法》《苏州市乡村旅游民宿等级评定标准》《关于促进苏州市乡村旅游民宿规范发展的指导意见》等一系列细化标准，引领乡村旅游民宿业健康有序规范发展。
加大资金扶持	政府大力投入资金以扶持乡村旅游发展。首先，苏州市政府坚持积极申请江苏省乡村旅游专项资金，对乡村旅游点的基础设施建设进行资金补充；其次，苏州市出台和印发针对乡村旅游发展的资金扶持政策文件，结合乡村振兴战略实施，设立专项资金，引导和鼓励有条件的村、点大力发展乡村民宿（农家乐），对符合条件的乡村民宿（农家乐）经营户、集И村进行资金奖励，如2018年落实市、区财政奖励政策，为新创建的单位提供不同星级的不同补贴（五星级市级财政每家20万元、四星级每家10万元），还每年为4~6家分别争取省级引导资金30万~50万元。
加强市场宣传	针对苏州乡村旅游自然禀赋和建设成果，进行整体包装策划，向社会发布"姑苏城外"苏州乡村旅游特色品牌，全面启动"姑苏城外·十二家"品牌目的地村落打造工作。组织集中暗访、专家会诊、专题研究、品牌管理、搭建载体、研讨论坛等具体工作大力推进，做实"姑苏十二家"，打响"姑苏城外"。农办、旅游等部门组织开展农旅融合精品线路推广工作、苏州市十大乡村旅游精品民宿评选和第八届中国（苏州）房车露营大会，以宣传营销来扩大苏州乡村旅游品牌影响力和美誉度。
加大基建力度	围绕乡村旅游发展，苏州市在乡村基础设施上的投入不断扩大，收效显著。目前，乡村旅游区（点）道路通达率达100%，公交通达率90%，100%乡村旅游点通水、通电，90%乡村旅游点铺设了污水管，重点村、特色村生活污水治理率达到100%，行政村生活垃圾分类覆盖率超过98%。此外，所有乡村旅游区点均设置游客中心和医务室。实现了乡村旅游区域功能布局科学化、基础设施城市化、公共交通便利化的目标。

（续表）

行为	表现
编制发展规划	乡村旅游发展，规划先行。自"十一五"以来，苏州市先后编制了"十一五""十二五""十三五"等三个时期的旅游规划。在此期间，苏州市政府还出台了《苏州市乡村旅游发展总体规划》（2008—2020），明确了苏州市乡村旅游发展的总体定位、发展目标、战略思路、形象定位、空间布局、市场营销及措施。近年来，全市着重规划领导和集聚发展，重点建设以吴中、吴江、高新区三大区域的环太湖乡村旅游集聚区；以张家港、太仓和常熟沿江地带为主体的"江海文化"为主题的乡村旅游集聚区；以吴江、吴中为主体的江南水乡古镇古村为主题的乡村旅游集聚区。
注重部门联动	有计划、有步骤、有重点地将相关部门工作向乡村旅游提质升级倾斜，农办部门组织的美丽乡村建设、住建部门组织的特色名村名镇和特色田园乡村建设、农委组织的休闲农业发展、环保部门组织的水美乡村建设和旅游部门组织的旅游风情小镇、乡村旅游示范区建设等通盘考虑、重点培育、总体运行，在全面提升"三农"发展水平和综合能力的同时，优化、拓展、丰富旅游功能，实现乡村旅游品质提升。

资料来源：根据文献资料和调研资料整理。

2018年年末苏州市各区星级农家乐分布如表11-6所示。

表11-6　2018年年末苏州市各区星级农家乐分布（家）

区	总数	五星级	四星级	三星级	二星级	一星级
全市	86	12	8	44	18	4
吴江区	9	3	1	5	0	0
吴中区	33	1	4	13	12	3
相城区	13	0	1	12	0	0
高新区	8	1	0	3	4	0
张家港	4	3	0	1	0	0
常熟市	10	2	1	5	1	1
太仓市	4	1	1	2	0	0
昆山市	5	1	0	3	1	0

资料来源：《苏州市2018年旅游业发展报告》。

借助于苏州市政府的推动，苏州市乡村旅游发展走出了以旅助农、以旅兴农、以旅富农的乡村产业融合发展之路。截至2018年年底，全市建成省级乡村旅游区86家（五星级12家、四星级8家，三星级44家），打造出了一批精品乡村旅游度假目的地。开发乡村旅游精品线路 40 多条；吴中区成为省乡村旅游综合发展试验区、省乡村旅游创新发展示范区；乡村旅游接待游客约占全市总接待游客的 45%，直接带动当地农民就业达 36.3 万人，在促进苏州市农村产业结构调整、美丽乡村建设、农民就业致富等方面发挥了积极的作用。

五、地方政府行为与工业旅游结构动态优化

（一）工业旅游的概念和内涵

国外早期的工业旅游从参观工厂活动演变而来，后来随着发达国家的逆工业化潮流，很多工业遗产被作为有价值的资源进行保护和开发。国际工业遗产保护协会《下塔吉尔宪章》认为，工业遗产是指具有历史价值、技术价值、社会意义、建筑或科研价值的工业文化遗存（Alfrey 和 Putnam，1992）。

Soyez（1986）认为工业遗产旅游是一种新的旅游形式，源自工业考古、工业遗产的保护。在广义上，工业遗产旅游可以是一种文化遗产旅游（Yale，1991）。如果从旅游需求视角定义工业旅游，国内学者阎友兵和裴泽生（1997）认为，工业旅游是指人们通过有组织地参观工业、手工业、服务业、科技等各类企业，了解相关产品的生产制作过程，并能以低于市场价的价格购买厂家产品的旅游活动。姚宏（1999）认为工业旅游是一种专项旅游，以现有的工厂、企业、公司及在建工程等工业场所作为旅游客体。戴道平（2002）从供给角度提出，工业旅游是一种专项旅游活动，以工业企业的建筑环境、设备设施、生产或工艺流程、企业文化与管理为主要旅游吸引物，满足游客的求知、求新、求奇等旅游需求，从而实现企业经营目标。学者们的研究视角不同，对工业旅游的定义不同（石培华，2021）。我们认为，利用工业及其相关产业的吸引物，把工业与现代旅游业有机结合起来的集知识、休闲、体验于一体的旅游活动就是工业旅游，包括工业遗产游和现代工业企业观光体验游。

（二）国内外工业旅游发展状况

1. 国外工业旅游发展

工业旅游发源于欧洲。20 世纪 50 年代，法国雪铁龙汽车公司率先开展工

厂参观活动。随后，类似活动在多家工厂企业开展，成为当时企业的一种流行活动。后来，有些工厂开始对前来参观的游客收取费用，并提供相应的旅游服务，逐渐演变成"工业旅游"。随后 30 年里，伴随着全球经济发展形势的变化，发达国家不少工业企业纷纷倒闭，20 世纪 90 年代，英国较早看到工业旅游的潜力，开始进行一系列的工业旅游活动，引发了世界范围的工业旅游浪潮。此后，欧美工业旅游规模不断扩大，涉及多个行业。工业旅游在发达国家得到快速发展，为很多工业企业提供了转型方向，一些大企业也在掀起的工业旅游浪潮中分得了一杯羹，通过自己的品牌吸引了大量游客，使企业和产品名声大噪。德国鲁尔工业区就是国外成功发展工业旅游的杰出代表。

国外工业旅游强调特色、因地制宜，出现多种开发模式，例如博物馆模式、景观公园模式，以及融入购物旅游或会展旅游的开发模式。大多以矿区、重工业区等为基础进行工业旅游开发，注重对工业遗存的保护，也尽量适当地加入互动、体验元素和项目，以拉近工业（科技）与游客的距离。

2. 国内工业旅游发展

较之于国外，我国工业旅游起步较晚，直至 20 世纪末才有少数工业企业出于营销目的推出一些参观项目。1999 年，为了扩大产品宣传，海尔集团先后创立了海尔工业园和海尔科技馆，将生产线向公众开放，吸引了不少游客前来参观游览。海尔集团成为我国最早开展工业旅游的企业。此后，我国在借鉴国外成功经验的同时，发挥产业特色，使工业旅游迅速发展起来，出现了一批具有示范效应、引导效应的工业旅游项目。上海首钢、青岛啤酒、吉林中国一汽就是其中的代表企业。与此同时，国家也给予了极大的政策支持和鼓励。2001 年，国家正式提出"开展工业旅游"；2006 年《无锡建议》的通过，表明我国的工业遗产保护得到重视，进入了实践阶段；2016 年《全国工业旅游发展纲要》的发布，使工业旅游进入发展的黄金时期；2019 年 7 月，全国工业旅游联盟成立；同年 10 月，第三届中国工业旅游产业发展联合大会举行。政府相继出台指导性文件，相关行业组织随之成立，我国工业旅游发展获得了良好的政策环境和有力保障。

整体上看，我国工业旅游发展在地域和行业上呈现不同的特点。工业旅游点的地区分布差异与我国工业发展的地区差异基本一致。据《全国工农业旅游示范点》文件显示，截至 2018 年，我国有工业旅游示范点 108 个，分布在 28

个省（自治区、直辖市）；工业示范点数量最多的是浙江省（11个），排名第二的是河南省（10个），然后是东北老工业基地，辽宁省和吉林省分别有9个和8个，广东省、山东省、河北省、安徽省各有6个，以上8省的示范点合计62个，占全国总量的一半以上。工业旅游发展较快的地区主要分布在中部和东部，西部由于工业发展相对落后，工业旅游示范区上榜数量较少。从行业分布来看，旅游资源分布不平衡，工业旅游示范区主要集中于食品业、加工制造业、能源业等传统行业，且以行业中的"领头羊"为主（如首钢总公司、蒙牛集团、青岛啤酒集团、泸州老窖集团等），高科技工业的比重较小。

　　总体而言，国内工业旅游具有以下发展特征。

　　（1）具有较明显的地域性。工业旅游的发展在地区分布上与工业布局基本一致，如我国浙江省、辽吉东北老工业区、河南省等传统工业区的工业旅游发展势头强劲，在全国评选的示范区中，所占席位各达8个以上，远多于西部地区工业旅游示范区数量。工业旅游发展具有较强的区域性特征，工业旅游发展多集中于东部和中部地区，西部地区的工业遗存较少。此外，工业旅游集中的地区交通比较便利。我国多数工业企业建在市区或中小城镇区域，交通设施较为齐全，在开展工业旅游上具备区位优势，不像其他旅游产品或者项目在开发时需要投资新建或者扩建基础设施。区位优势为工业旅游的发展奠定了基础，如上海首钢集团位于上海浦东新区浦东大道，从上海火车站到首钢集团，只需要乘坐地铁约四十分钟，方便快捷。

　　（2）品牌企业领先发展。从全国首批确定的工业旅游示范区来看，开展工业旅游的行业包括酿酒、汽车、电器、钢铁、航空、食品等多种行业，其中青啤、杏花村汾酒、茅台、一汽、海尔、首钢、伊利等行业的品牌巨头企业率先发展工业旅游。它们作为本行业的领先者，不仅在生产规模、产品的市场占有率、经济效益等方面强于其他品牌，也在企业文化、产品价值及社会影响力等方面领先于其他企业，这也是其发展工业旅游的优势所在。海尔、大众等品牌企业注重对工业旅游的规划，吸引游客进入他们的展示厅和车间参观体验，展示其先进的生产技术、制造工艺和后勤管理等，增强了消费者对品牌的认可度和信任度。这些品牌企业在发展过程也有一定的管理经验，对工业旅游的发展有较大的示范带动作用。

　　（3）游客以学生和当地或邻近居民为主。工业旅游的游客构成以学生和当地或邻近地区居民为主。学生群体以学习参观为主,中小学生多是由学校组织开展研学工业游,旨在丰富学生的知识面或培养学生的爱国主义精神,增强学生对工业的认知。高校则基于"产学研"相结合,借助工业旅游开展户外教学实践活动,以增强大学生理论联系实际的意识和实践技能。而前来旅游的游客多来自国内,且以当地游客为主。国外游客主要选择参观当地最有特色、有代表性的名胜景点,只有少数以专业调研为目的的游客才会选择工业旅游。当地或临近的学生和居民在时间和地理位置上比较合适或便利,会更积极参加工业旅游活动。

(三)案例分析——山东省烟台市政府行为与工业旅游发展

烟台既是山海相映、风光旖旎的旅游城市,又是山东省内名副其实的工业大市,是民族工业的发祥地之一,是世界闻名的"黄金之乡"。烟台市工业企业众多,既有以有着"亿万年的亚洲第一金山"之美誉的玲珑金矿田为核心的一大批黄金工业企业,又有张裕、北极星、三环锁等百年老字号的国际化品牌企业,还有欣和、喜旺、鲁花、龙大等一批民生企业,以及中集来福士、山东核电、山东航天等现代科技领军企业。显而易见,烟台拥有着丰厚的工业遗产,招远黄金溜槽堆石砌灶冶炼技艺是国家非物质文化遗产,张裕酒文化博物馆地下大酒窖是国家级工业遗址,北极星钟表文化博物馆是省级工业遗址。烟台积极发挥资源优势,在规划、政策、资金、营销等方面积极推进旅游与工业融合发展(如表11-7所示)。

烟台工业旅游发展迅速,成效显著。2017年,张裕葡萄酒文化旅游区入选国家旅游局公布的首批"国家工业旅游示范基地"名单。山东核电科技馆、张裕旅游总公司、招远金翅岭金矿入选山东省首批工业旅游示范基地名单,入选数量居全省第一。目前,全市有国家级工业旅游示范基地1个、国家级工业旅游示范点6个,省级工业旅游示范基地3个,省级工业旅游示范点17个。2016年,烟台各类工业旅游点接待海内外游客611.7万人次,实现旅游消费总额67.8亿元。其中,以黄金文化著称的招远市接待黄金体验和购物游客378.3万人次;张裕葡萄酒文化旅游区接待游客99.4万人次,旅游综合收入达1.8亿元。

表11-7 烟台市政府在工业旅游发展中的行为

行为	表现
合理规划	烟台市把发展工业旅游作为旅游业发展的新领域和旅游业转型升级的新动能，逐步确立了以葡萄酒旅游、黄金文化旅游为主，造船、核电、食品、丝绸、汽车为辅的工业旅游产品体系，形成了市区至蓬莱葡萄酒体验带和招远黄金文化旅游区、高新区研学科普旅游区、龙口南山度假区、莱阳海阳栖霞食品工业体验区"一带四区"的工业旅游发展格局。
政策引导	烟台市于2016年出台《烟台市人民政府关于加快发展全域旅游的实施意见》，强调了工业旅游的重要性，鼓励发展"制造—展销—体验"于一体的工业旅游产品，倡导工业旅游既"严肃生动"又"趣味活泼"的发展理念，辅导挖掘张裕葡萄酒、北极星钟表、三环锁等百年老字号的品牌故事。
资金支持	葡萄酒旅游方面，烟台先后投入27亿元建设了张裕卡斯特酒庄、蓬莱君顶酒庄等39个葡萄酒庄，投资60亿元的开发区张裕国际葡萄酒城、投资16亿元的莱山铺拉谷酒庄集群、投资12亿元的栖霞台湾农民创业园酒庄集群等22个酒庄项目在建，推进蓬莱拉菲酒庄等在建酒庄项目建设，形成了国内最大规模的酒庄集群。 具有数千年黄金文化传承的招远市投资19.8亿元建设了国内首个实景场景式的黄金博物馆、国内最大的淘金小镇和旅游商贸一体的黄金珠宝首饰城。
营销推广	凭借东方葡萄酒海岸、仙境海岸的养生文化和具有2000多年黄金开采历史的招远黄金文化等特色文化，依托"烟台十大休闲葡萄酒庄"、老字号工业品牌博物馆等工业旅游载体，举办葡萄酒大讲堂、自酿酒大赛、招远小镇淘金等主题活动，与"烟台人游烟台"等特惠日活动相结合，与烟台研学旅游课题相结合，提升游客的参与度。 推出仙境海岸美酒品鉴之旅、淘金小镇采金之旅、核电航天科普之旅、欣和美味观心之旅等工业旅游专项线路；张裕酒城+磁山温泉"品酒泡汤之旅"、招远黄金博物馆+金都温泉"黄金体验温泉养生之旅"、栖霞楚留河酒庄+牟氏庄园"品鉴民俗体验之旅"等50余条养生线路。

资料来源：调研和文献资料整理。

六、地方政府行为与文化旅游结构动态优化

文旅融合逐步成为中国旅游业发展的重要趋势。文旅融合对于统筹文化旅游事业、推动文化旅游发展、深入开发文化旅游资源具有进步意义，对于提升国家文化软实力、彰显文化自信、实现中华民族伟大复兴具有前瞻意义。本部分将选取研学旅游、影视旅游和红色旅游三类新型旅游形式作为文化旅游的典型案例，重点描述地方政府行为与其动态优化情况。

（一）文化旅游的概念和内涵

徐菊凤（2005）提出，在西方研究的情境中，文化旅游概念有广义、狭义、中义之分。广义的"文化旅游"包含旅游的各个方面，旅游者从中可以

了解和认识他人的历史和遗产、当代生活和思想（McIntosh，1986）。狭义的"文化旅游"则强调了人们的文化性动机，指人们出于文化动机而进行的空间移动，诸如研究性旅行、文化旅行、表演艺术、研究自然、参观历史遗迹、民俗和艺术、节日、宗教朝圣和其他文化事件旅行等。虽然该概念具备了理论性界定与技术性界定的特征，但依然不够规范（Richards，1996）。中义的文化旅游指人们为获得新的信息与体验来满足他们文化需求，离开自己的日常居住地，趋向文化景观的移动。该定义较为符合国际理论研究做法。

国内学者对文化旅游也进行了一番研究和探索。魏小安在《旅游文化与文化旅游》中对文化旅游进行了分析，但并未确切地给出文化旅游的概念（徐菊凤，2005）。此后，国内学者基于不同视角对文化旅游概念的探讨日益增多和深入。朱桃杏和陆林（2005）提出，文化旅游是一种全新的旅游形式，知识含量非常高，在广义上是指一种特别兴趣旅游，寻求和参与全新或更深的文化体验，与一般的旅游活动区别甚微；在狭义上则是指一种正在人类记忆中消失的生产场景、生活方式或地方特色，比如旧式的房子、马或者牛拉的车和犁、自家的纺织物、手工艺品。综合对比，本研究认同这一定义。

（二）中国文化旅游发展状况及特征

研学旅游被提到国家德育高度，受到前所未有的重视。在教育领域，中国每年对教育的投入资金已经连续五年超过 GDP 的 4%。数据显示，2017 年，中国 GDP 已经高达 80 万亿元，国家对教育的投入则超过了 3.2 万亿元。加之，中国家庭每年教育总支出约 1 万亿元到 1.5 万亿元。因此，中国教育市场大约 5 万亿元，其中，与研学教育相关的投资主要包括：国家会拨款到各个教育局和学校，学校和教育局有责任和有义务在每个学期里，给学生提供小学三天、初中五天、高中七天的出校、出市、出省的研学教育。保守估计，研学旅游市场规模未来可能会发展到 2000 亿元左右。

影视旅游市场规模持续扩大，影视基地数量持续增长。我国影视旅游集中在影视城内部及周边地区。我国影视城大部分集中在东部沿海地区，长三角、珠三角、环渤海地区都已分别建有多座影视城，其中，仅浙江省就有横店影视城、象山影视城、杭嘉湖古镇系列、宁绍古迹等众多影视基地。环渤海与东南沿海区域内影视基地数量约占全国总量的 55%。安徽、湖南、河南等中部地区的影视基地建设正在加速。

红色旅游项目受到关注，千亿市场即将井喷。根据相关数据，全国参加红色旅游人数由 2004 年的 1.4 亿人次增至 2016 年的 11.47 亿人次，年均增长超过 16%。2015—2017 年，中国红色旅游综合收入达 9295 亿元。截至 2018 年上半年，中国红色旅游重点城市及经典红色景区共实现旅游收入 2524.98 亿元，同比增长 5.73%。2019 年，全国红色旅游接待人数已超 14 亿人次，红色旅游的收入也超过 4000 亿元。2020 年以来，受新冠疫情的影响，红色旅游接待人数和收入均有所下滑，2020 年全国全年参与红色旅游的游客仅约 1 亿人次。2021 年，旅游市场迎来了持续复苏。2023 年，全国红色旅游接待游客数量达到了 2.83 亿人次，同比增长 11.1%。

以研学旅游、影视旅游和红色旅游为代表文化旅游已经成为旅游产业新业态。我国经济的快速发展以及居民生活水平的提高使得中国的文化旅游已从传统"走马观花"式的观光游向以文化为主题导向的"文化深度游""文化体验游"转变，游客对文化深度体验的需求越来越强烈。文化旅游发展呈现出以下特征：

1. 体验性

现代文化旅游的一个显著特点就是体验性。现代文化旅游更关注为游客提供参与性和亲历性活动，以文化作为旅游吸引点，在旅游产品中融入情感性、差异性、参与性、本真性特点。例如，研学旅游中的徽墨、雕刻、剪纸等项目使游客真实体验到传统文化的魅力，培养了中小学生的动手能力。再比如，西递村、宏村等文化旅游景点举行夜间灯光秀，一方面展示了当地的秀美山水，另一方面宣传了独具特色的徽州文化。文化旅游项目越来越重视使用文化表征方法揭示旅游资源的文化内涵，提高旅游产品和旅游活动的文化含量，使游客通过旅游活动获得开阔眼界、增长知识，增强文化精神等各种体验。

"体验"正在成为文化旅游产品的核心竞争力。充分挖掘文化内容精髓是旅游体验基础，用创新的理念展现出产品与众不同的特色，打破人们日常生活审美常规，全方位地让观众领略到新奇感受。旅游中的文化体验满足了个体追求放松休闲、知识汲取、深度体验的个性化需求，让人们进入另一个短暂脱离现实生活束缚的空间维度，极大地引发了观众想要亲身参与体验的兴趣。体验式的文化旅游不仅为游客提供了美景、美食，也为游客制造了身临其境的快乐。文化旅游不仅仅是娱乐的过程，更是丰富知识、终身学习的过程。

2. 传承性

旅游的社会功能、文化功能逐渐彰显，其中，多元形式的文化旅游不仅成为促进经济增长的重要手段，而且成为传承中华优秀文化、弘扬社会主义核心价值观、提升国民素质、促进社会进步的重要渠道。旅游所连接的市场群体和产业基础，可为文化的保护、传承和发展提供重要平台，促进文化的交流、增值和创新，旅游的文化传承效应越来越突出。

文化旅游的传承性不仅在传播、宣传中华优秀文化方面有所体现，还体现在文化活化方面。以红色旅游为例，随着历史的久远，一些红色遗产正在渐渐被遗忘和破坏，特别是在城市建设、乡村改造以及自然环境的变迁中，一些红色遗产濒临消失。红色旅游为这些濒临灭绝的红色遗产带来活化的机会，能够及时复原红色遗产，将原本遗忘在历史中的红色基因挖掘出来，重新展示在世人面前。

总体上，研学旅游已经成为传承和保护民俗文化、非物质文化遗产的重要途径；影视旅游已经成为宣传中华文明、传播历史文化的重要载体；红色旅游已经成为国民接受爱国主义教育和革命传统教育的大课堂。

3. 品牌化

品牌化是旅游目的地在建设与发展过程中的必由之路，由旅游产品向旅游品牌转型是文化旅游发展的更高层次需求。目前的文化旅游产品已经呈现品牌化态势。例如，安徽省重点打造徽州卫文化研学旅游品牌，将黄山地区、新安江流域正在开发和即将开发的特色旅游项目都纳入徽州文化旅游规划，把研学旅游、影视旅游和红色旅游为代表的文化旅游将作为旅游品牌的重要组成部分进行全力打造。

文化旅游的品牌化发展主要包括两个方向：个性化品牌和区域化品牌。个别品牌的独特性可以满足游客个性化需求；区域品牌发展可以改变以景区景点为主的旅游产品初级发展阶段，产生大合唱一样的整体效果，以综合旅游目的地服务满足游客多方需求。各地要实施文化旅游品牌引领战略，引导文化旅游产品开展品牌化经营，对列入国家重点名录的文化旅游项目在行业政策、项目审批、信息服务和市场开拓等方面给予重点扶持，要给予一批以资本为纽带的文化旅游企业必要的政策扶持，支持其向集团化和品牌化方向发展，引导和支持优秀旅游城市规划建设旅游文化名街、名镇，推进文化旅游示范县建设，打造文化旅游特色产业聚集区。

（三）案例分析 1——安徽省政府行为与徽州研学旅游发展

本部分主要介绍以徽州文化为代表的研学旅游的红色旅游的基本情况及其发展过程中的政府行为表现。

研学旅行是指以研究性、探究性学习为目的的专项旅行，以学生为主体，以发展学生能力为目标，在内容上超越了传统教材、课堂和学校的局限，是具有探究性、实践性的综合实践活动课程。2013 年 2 月，国务院办公厅印发《国民旅游休闲纲要（2013—2020 年）》，提出要"逐步推行中小学生研学"。2014 年 8 月，国务院发布《关于促进旅游业改革发展的若干意见》（国发〔2014〕31 号），再次提出要"积极开展研学旅行"。2015 年 8 月，国务院办公厅发布《关于进一步促进旅游投资和消费的若干意见》，提出要"支持研学旅行发展，把研学旅行纳入学生综合素质教育范畴"。2016 年 1 月，国家旅游局公布首批 10 个"中国研学旅游目的地"和 20 家"全国研学旅游示范基地"，强调将青少年研学旅游培育成为各地旅游发展创新的增长点。2016 年底，教育部、发改委、旅游局等 11 个部门联合发布《关于推进中小学生研学旅行的意见》，从落实立德树人教育任务的战略新高度，把研学旅行纳入学校教育教学计划。

徽州文化是安徽省着力打造的重点研学项目。目前，安徽省内的徽州文化集中在黄山市及周边地区。为加强徽州文化生态保护实验区建设，安徽省推进实施"六个一批"①，突破传统文化遗产单向保护思路，实施跨区域、整体性保护模式，不断完善物质文化遗产（文物）及其资源保护、人文精神财富保护，有序推进重点项目建设，在实验区内形成全民共建良好文化生态局面。在此过程中，安徽省政府主要践行了以下行为（见表 11-8）。

2015 年，安徽省旅游局命名了三批"安徽省研学旅行基地"，其中黄山市有黄山、唐模、徽州古城、西递共 4 处。2017 年以来，教育部授予黄山、西递、呈坎、杨业功纪念馆两批 4 处"全国中小学生研学实践教育基地"。黄山

---

① "六个一批"是指设立一批非遗生产展示销售区，形成一批非遗知名品牌，挖掘一批非遗传统技艺，打造一批非遗传习基地，培养一批非遗传承人才，开展一批非遗宣传交流活动。

市围绕研学旅行的特点挖掘和整合徽州文化资源，形成了三大徽州文化研学核心产品：一是依托儒家文化主流思想，以西递、宏村、古徽州文化旅游区等为主体的徽州文化研学游系列产品；二是依托活态长存的徽州非遗文化，以文房四宝、徽州雕刻、徽菜为主体的徽州非遗研学游、乡村体验研学游系列产品；三是依托陶行知"知行合一"教育思想，以徽州研学导师为主体的"寓教于游，寓教于情，寓教于乐，寓教于心"系列产品。2016 年，安徽省旅游局共发布 7 条安徽研学旅行推荐线路，黄山市有 5 处景点分列 2 条推荐线路，黄山、翡翠谷、唐模古村入选"赏天下名山品徽韵，觅地质公园获新知"线路；胡开文墨厂、屯溪老街与宣城市敬亭山、宣纸文化园一起被列入"探访文房四宝故里，传承笔墨纸砚文明"线路。2018 年，黄山市多条研学旅行线路入选"研修安徽"十佳精品线路。

徽州文化研学旅行逐渐受到省内外中小学生的欢迎。近年来，大量外省市中小学校、民间教育机构、旅行社组织青少年来黄山市进行研学，最长达三个月，短的也有近一周。2018 年，黄山市已接待北京市、上海市、天津市、江苏省、陕西省等地研学旅行团 1500 个，共计 65 万人次。作为黄山市的旅游新业态，研学旅行呈现出良好的发展态势。

表11-8　研学旅行中的地方政府行为（以徽州文化为例）

行为	表现
建立管理保障机制	坚持"非物质文化遗产保护与物质文化遗产保护相结合、文化生态保护与自然生态保护相结合、整体保护与重点保护相结合"原则，出台《安徽省非物质文化遗产条例》，构建政府主导、社会参与、市场运作的文化遗产保护利用机制。制定新区域发展总体战略，不单纯以GDP为指标，综合考核黄山市、宣城市等实验区所在地科学发展情况、生态保护状况。加大地方配套资金的投入力度，在充分利用中央资金支持的同时，设立徽州文化生态保护实验区建设专项经费，各级财政先后投入约5亿元实施徽州古建筑保护等工程，整治、修复。
抢救文化濒危项目	健全国家级、省级、市级、县级四级非遗代表性项目名录和代表性传承人体系，启动实验区内濒危项目抢救工程，实施传承人口述史记录工程。通过文字、录像等方式记录非遗项目和传承人的基本信息、技艺特点、传承活动，并建立传承档案。举办非遗法及非遗条例培训班，增强传承人权利和义务意识。
开展活动，强化文化保护与利用	开展"百村千幢"古民居保护利用工作，修复古民居、古祠堂、古戏台等建筑，保护徽州四雕、徽州楹联匾额等一系列代表性的徽州技艺，形成"幢幢有故事、村村有文化"的古村落文化风景线，促进流散外地的文物回归实验区，带动徽州古民居营造技艺队伍兴起。

（续表）

行为	表现
注重集群发展，营造文化传承氛围	扶持建立博物馆（博览园）集群，逐渐形成以民间非遗博物馆为主，包括专题博物馆和非遗展示中心的多形式保护格局。利用大型文化活动、国内外文化交流、传统节日等平台，通过专题展示、实物展览、活态展演等多种方式，积极推介徽州文化生态保护实验区建设成果，营造尊重传承人、保护传承人的社会氛围，提升地域文化影响力。
科学规划，推进建设	推进综合性传习中心整体建设，以屯溪区黎阳老街、徽州区潜口、黄山区甘棠—仙源、歙县徽州府衙等8个相对密集、文化生态较好的非遗项目综合性传习中心为抓手，系统开展非遗项目建设活动。通过区域业态合理搭配，建成可观赏、可感受、可学习、可消费、可体验的文化旅游综合体，设立非遗展示传习室和非遗展示广场，规划设计传承人陈列馆，将非遗作品转化为旅游工艺品，促进文化和旅游的有机结合，推动非遗文化广泛传播。2016年4月，徽州文化生态保护实验区通过国家级文化生态实验区评估；2016年11月，故宫博物院驻安徽黄山市徽派传统工艺工作站成立；2017年1月，故宫博物院驻安徽黄山市徽派传统工艺工作站、故宫学院徽州分院、故宫博物院博士后工作站揭牌。

资料来源：调研资料整理。

（四）案例分析2——浙江省政府行为与横店影视旅游发展

影视旅游是以影视拍摄、制作的全过程及与影视相关的事物为吸引物的旅游活动。学界对影视旅游的定义包含广义和狭义两类，广义的影视旅游的对象可以是人造景观，也可以是自然景观，可以是名山大川，也可以是人文古迹，只要与影视相关的可供游客游览、观摩、欣赏的事物，都可以成为影视旅游资源。狭义的影视旅游主要指影视城、影视主题乐园提供的游览娱乐活动及相关服务。

横店影视城是中国影视产业的先行者，位于浙江省金华市东阳横店镇，距离东阳市中心18公里，距杭州市、温州市各180公里，处于江、浙、沪、闽、赣四小时交通旅游经济圈内，总面积30多平方公里，其核心景区面积20多平方公里。目前，横店影视城已成为全球规模最大的影视拍摄基地，是中国唯一的"国家级影视产业实验区"，被美国《好莱坞》杂志称为"中国好莱坞"，是全球规模最大、国内配套服务较为完善和产业链相对完整的龙头影视基地。

横店影视城还是集影视、旅游、度假、休闲、观光为一体的大型综合性旅游区，以其厚重的文化底蕴和独特的历史场景而被评为国家5A级旅游景区。作为中国影视旅游的领头羊，横店影视城在带动浙江地区旅游产业发展和影视娱乐行业发展中做出了巨大贡献。截至2016年年底，已有超过1800部中外影视作品在此拍摄，约占全国古装剧产量的三分之二以上，接待剧组305个，2016年旅游人数1782万人次，2017年超过1800万人次，已超过故宫、西塘、峨眉山等旅游名胜景区，成为国内影视旅游行业最具标杆性的影视旅游基地。横店影视城的相关配套招待设施相对完善。截至2017年，横店影视城的宾馆房间数冲破86万间，个体工商户4400多户，在业人员高达10200人。

横店影视旅游业的快速发展与地方政府的积极推动和引导密切相关。浙江省政府在政策法规、运营管理、基础设施建设等方面对横店影视城及旅游业务发展提供了诸多支持（见表11-9）。

表11-9　影视旅游中的地方政府行为（以横店影视城为例）

行为	表现
出台优惠政策	伴随文化产业发展上升到国家战略，浙江省也出台相关政策，为横店影视实验区提供发展机遇。2012年7月，浙江省委、省政府出台《关于设立浙江省横店影视文化产业实验区提升影视文化产业发展水平的意见》等系列政策，标志着横店影视产业实验区发展上升为省级战略，区内企业在一定条件之下，获得专项资金支持、财政政策倾斜、税率降低、出口退税、营业税免征多项财税优惠政策。
协同管理与放权	浙江省委、省政府在2012年出台的《关于设立浙江省横店影视文化产业实验区提升影视文化产业发展水平的意见》中，对发展横店文化产业实验区的管理体制，做出了明确的规定：在组织领导层面上，省级层面设立省横店影视文化产业实验区工作协调小组。协调小组统筹负责实验区重大问题的综合协调，各成员单位要结合自身职能，加大对实验区建设和影视文化产业发展的指导和支持力度，优先支持实验区内企业发展和项目实施。在管理体制层面上，实验区设立管委会，作为东阳市政府派出机构，同时简政放权，理顺管理体制，提高行政效能。
制定战略规划	浙江省委、省政府在2012年出台的《关于设立浙江省横店影视文化产业实验区提升影视文化产业发展水平的意见》中对横店文化产业实验区的发展导向做出了规划：一是要加快推进影视产业转型发展；二是要积极发展影视相关文化业态，强化影视产业与相关文化产业的联动发展，充分发挥影视产业辐射带动作用，以及积极发展影视文化旅游业，依托横店影视城景区，创新影视旅游产品，提升旅游服务水平；三是要支持其他文化产业竞相发展。
培育产品需求	浙江省从文化、经济和政策各个方面积极促进影视基地产品需求市场的形成。从2002年起浙江省广电局就大胆变通，允许没有上级业务主管部门挂靠的影视企业直接挂靠省局，而国家要求的300万元注册资本也被放宽到"分三年到位"。这种对体制性瓶颈的突破，直接推动了影视产业的大发展以及众多民营影视机构的涌现。浙江省也成为电视剧年产量最多的省份。正是这种影视产品生产繁荣的市场带动了影视基地产品的旅游需求。
基础设施建设	横店影视产业实验区的发展和腾飞，基础设施是根本也是瓶颈。伴随着横店影视基地向横店文化影视产业实验区的升级，2012年5月，东阳市委、市政府大力推动横店开展文化体制改革试点，在向浙江省政府提交的《关于设立横店文化产业综合新区的请示》中，分别对税收、土地、金融、产业与行政管理提出了相关的政策申请，对于配套设施提出"建议加快横店通用机场建设，并将横店列入城际快轨建设范围，将横店影视旅游专线建设及交通路标设置列入省级重点建设项目"。

资料来源：文献资料整理。

（五）案例分析3——江西省井冈山政府行为与红色旅游发展

"红色旅游"是建立在红色旅游资源基础上的一种新型主题旅游形式，红色旅游市场是红色旅游资源与旅游市场紧密结合的产物，是中国旅游市场的重要组成部分。从 2004 年下半年开始，红色旅游热席卷全国。2019 年恰逢中华人民共和国成立 70 周年，盛大的国庆阅兵仪式和庆祝活动，更是激发了人民群众的出游热情和对代表中华悠久历史、灿烂文明、民族精神、国家富强等文化吸引物的向往，红色旅游开始引领假日旅游市场，逐渐成为假日旅游的主旋律之一。

井冈山位于江西省西南部，湘、赣两省交界的罗霄山脉中段，井冈山风景名胜区是 1982 年国务院公布的第一批国家级重点风景名胜区。1991 年又被评为中国旅游胜地四十佳之一，同时还是全国百家爱国主义教育示范基地和全国十佳优秀社会教育基地。井冈山风景名胜区较好地保存了井冈山斗争时期革命旧址遗迹 29 处，其中 10 处被列为全国重点文物保护单位，是从事爱国主义教育、学习革命传统的理想之地。作为中国革命的摇篮、井冈山精神的发祥地，井冈山现有保存完好的革命旧址遗迹达到 100 多处，其中有 21 处被列为国家重点文物保护单位，被誉为一座没有围墙的博物馆。

井冈山红色旅游的发展史是一部由政府主导的经典史，江西省和井冈山政府的扶持和主导作用促进其迅速发展，因此，二者具有密不可分的关系。通过梳理，发现江西省和井冈山政府在红色旅游发展中的行为主要表现在编制发展规划、制定法律法规、理顺管理体制、提升景区品质、创新红色旅游产品等方面（见表 11-10）。

表11-10　红色旅游中的地方政府行为（以井冈山红色旅游为例）

行为	表现
编制发展规划	2005以来，当地政府先后修编《井冈山风景名胜区总体规划》及城区支路、湖泊、绿地、环境卫生和污水处理等工程规划，建设了一批环境整洁、景观生态、村风文明的特色旅游文化村、生态村。近几年来，当地政府按照"科学规划、统一管理、严格保护、系统利用"的原则，对景区环境实施一系列"绿化、美化、亮化"提升工程，重建了井冈山革命博物馆新馆，改造了北山烈士陵园工程，修缮了茨坪旧居，对周边农贸市场进行了综合改造，对街道房屋立面、口面进行统一规划，设计，打造特色街区。同时，通过积极招商引资，建成了景泰、景园、星期、中泰来等四星级及以上酒店，旅游综合接待能力和档次得到显著提升。
制定法律法规	地方政府积极协调推进《江西省井冈山风景名胜区条例》立法起草和申报工作，并于2012年10月 1 日起正式施行。井冈山风景名胜区条例的出台，对于加强井冈山风景名胜区的管理，以及有效保护、合理利用红色旅游资源发挥了重要作用。

（续表）

行为	表现
理顺管理体制	近年来，为了形成职责明确、管理集中、利益共享的管理体制，当地政府将原井冈山市与原宁冈县合并组建新的井冈山市，扩大了红色旅游资源规模，丰富了红色旅游文化内涵，摆脱了行政区划对红色景区统一开发管理的干扰；打造了茨坪至茅坪至厦坪的环形旅游线，提高了游客在井冈山停留时间，促进了游客二次消费。2005年，当地政府成立了井冈山管理局，全面负责井冈山旅游、接待和资源保护工作；成立了井冈山旅游环境综合执法大队，有效地推进环境整治和景区综合执法工作。
提升景区品质	为了提升红色景区的档次和品位，当地政府加大了旧址旧居保护力度，在对旧居旧址"修旧如旧"的基础上，实施革命历史的情景再现，模拟历史场景、生产劳动场景，改变过去对旧址旧居的那种呆板、静态的陈列方式，激发了游客的参与性和互动性，让游客有一种身临其境的感觉，达到寓教于游、寓教于乐的目的。同时，聘请当地人员穿红军服装扮红军战士在旧居门口前站岗，穿戴客家服饰在旧居内模仿群众为红军编草鞋、纳鞋底，请铁匠架起炉灶在旧居内现场表演打铁等，让游客在轻松、休闲的参观中感受深刻的历史音符。
创新红色旅游产品	近年来，井冈山当地政府适时提出了"展示井冈特色，打造红色旅游品牌"的发展思路，将红、绿交相辉映的旅游资源重新组合，创新红色旅游产品，精心设计了"寻根之旅""缅怀之旅""会师之旅""党建之旅"等10多条旅游精品线路，推出了以吃一顿红军餐、走一趟红军路、读一本红军书、听一堂革命传统教育课、唱一首红军歌、扫一次红军烈士墓为主要内容的"六个一"工程，吸引了五湖四海的游客纷至沓来。井冈山还策划举办了"中国红色之旅万里行""中国红歌会""中国（井冈山）红色旅游博览会""中国井冈山红色旅游文化节""永远的激情——井冈山红色旅游高峰论坛"等一系列大型活动，取得了巨大的成功，确定了井冈山在全国红色旅游中的龙头地位。

资料来源：文献资料整理。

七、地方政府行为与体育旅游结构动态优化

（一）体育旅游的概念和内涵

体育旅游最早可追溯到欧洲地区以高山运动和滑雪运动为代表的休闲活动。发展至今，体育旅游内涵和业态覆盖范围不断扩大，无论学界还是业界对体育旅游也有了较为统一的认知。体育旅游是指人们离开居住地一段时间、以体育为基础的旅行，且该过程中的体育具有特定的规则、与体能有关的竞争及娱乐的本质（Hinch 和 Higham，2001）。

Gibson（1998）认为体育旅游可分为三种类型：一是主动式体育旅游，即游客在旅行过程中参与体育运动，如参加山地徒步、滑雪等活动；二是事件体育旅游，即游客到异地旅行去观赏体育赛事，如观看奥运会、足球比赛等；三是怀旧体育旅游，即游客参观与体育相关的吸引物，如名人堂、体育博物馆或

著名的体育馆。从国内外业态发展来看，体育旅游作为体育与旅游融合的产物，赢得了越来越多人的青睐，也为地方发展带来了新的驱动力，不同类型的体育旅游市场均呈现出蓬勃的发展态势。

（二）中国体育旅游发展状况及特征

1. 市场规模不断扩大，活动形式日趋多元

随着全球体育旅游发展渐成体系，体育旅游市场规模不断扩大，参与人数不断增加。根据世界旅游组织的统计，2010—2015 年，全球体育旅游市场规模从 1180 亿美元增至 2052 亿美元，每年以 15% 的速度持续增长[①]，是旅游产业中增长最快的细分市场。其中以奥运会、世界杯为代表的大型体育赛事对体育旅游的发展起到了重大的推动作用。据相关测算，自 1984 年第 23 届奥运会在美国洛杉矶举办，共接待了 23 万人次的入境游客以来，各届奥运会东道主地区接待入境游客的人数总体上呈现出上升趋势。2016 年奥运期间，巴西里约热内卢共接待 41 万人次入境游客，旅馆入住率 94%[②]。除体育赛事外，其他类型的体育旅游活动也呈现出多元化发展态势，如分布于多个地区的体育名人堂和博物馆吸引了众多游客前往，体育公园和大型体育旅游度假区 / 综合体建设方兴未艾，探险、独木舟、滑雪等户外休闲活动和高尔夫、网球等健身康体活动覆盖人群越来越广。市场规模的不断扩大和产品供给的不断丰富必将为体育旅游的提质扩容和未来可持续发展奠定良好的基础。

2. 消费潜力不断释放，购买力持续性增长

随着现代旅游观念的转变，人们对参与体验式旅游的需求日益增加。体育旅游作为体育与旅游交叉融合的一种产业形态，具有极强的综合带动性。受益于各国和地区优异的发展环境，体育旅游市场主体不断发展壮大，市场活力持续增强，产品供给不断优化。在此背景下，体育旅游消费潜力得以不断释放，各国经济从体育旅游发展中获益良多。2018 年，体育旅游活动为西班牙带来 14.15 亿欧元的收入，比 2017 年增加 12.6%[③]。根据美国旅游卫星账户的统计，2017 年，美国观赏型体育旅游和参与型体育旅游的实际总产出分别为 34.9 亿

[①] 经济日报：https://paper.ce.cn/jjrb/html/2016-08/07/content_308169.html.

[②] 人民网：https://sports.people.com.cn/n1/2016/0825/c14820-28663769.html.

[③] 华奥星空：https://www.sports.cn/hykx/2019/0529/238669.html.

美元和 99.15 亿美元[①]。再如中国，2017 年，国家体育总局联合国家旅游局共同推出了 15 条 "十一黄金周体育旅游精品线路"，黄金周期间共接待游客 730 万人次，实现旅游收入 31 亿元，同比分别增长 23.79% 和 21.10%，增速高于一般旅游线路[②]。在未来部分地区旅游增速放缓的态势下，体育旅游将通过提升消费活力、增加人均消费为地区旅游业发展带来新的动能。

3. 赛事引领渐成特色，地方品牌日益突出

近年来，以欧冠、英超为代表的区域性体育赛事的关注度不断提高，网球、冰雪、游泳等赛事的受众人群范围持续扩大。以运动赛事为切入点发展体育旅游不仅可以吸引大量的外来游客，还可以带动当地居民的参与，培育和加快体育文化传播。与此同时，可以通过门票、赞助、版权、广告、商务等各项收入带动地方经济发展。在此背景下，举办运动赛事成为多地发展体育旅游的重要突破口，赛事 IP 日渐成为各地争夺的焦点。以定向赛事为例，瑞典五日赛（O-Ringen）和芬兰 24 小时昼夜接力赛（Jukola relay）不仅发展成为该领域赛事的代表，更是通过吸引全球游客的参与，极大地提升了举办地的知名度。从世界看，美国打造了诸多高知名度的赛事品牌，2019 福布斯 Fab40 全球最具价值体育赛事品牌排名前五位的分别是超级碗、夏季奥运会、美国全国大学体育协会篮球联赛四强赛、国际足联世界杯、美国大学橄榄球季后赛，其中三项位于美国。赛事品牌推动美国体育旅游发展的效果显著，2016 年与美国体育赛事相关的游客支出为 104.7 亿美元，比 2012 年增长 26.1%[③]。

4. 国内发展日趋壮大，政策支持效果显著

中国体育旅游虽然起步较晚，在旅游市场中的占比较低，但发展迅速，高于全球体育旅游市场的平均增长速度，国家的一系列政策也对体育旅游发展形成了有力的支持。总体来看，近几年出台的部分体育行政法规和旅游行政法规中均涉及体育旅游的内容，政策倾向由最初的鼓励体育与旅游协同发展，向后期的促进体育与旅游深度融合和产业链延伸扩展转变。在利好政策的驱动下，中国体育旅游发展日趋壮大，2018 年体育旅游市场规模是 2013 年的近 2 倍之

---

① 美国经济分析局：https://apps.bea.gov/scb/2018/06-june/0618-us-travel-tourism-satellite-account.html.

② 体育旅游火热背后还需规划引导, https://sd.sina.cn/news/2017-10-31/detail-ifynhhaz0093948.d.html, 搜索日期：2021.3.15.

③ 搜狐网：https://www.sohu.com/a/343120708_505619?spm=smpc.author.fd-d.13.1573698651109knCl8C1.

多 [①]。以中国专项运动赛事为例，2017 年，全国各地共组织开展 2000 多次冰雪旅游活动，举办马拉松运动规模赛事 1102 场 [②]。从具体业态发展来看，除一系列传统体育活动与旅游活动的结合外，冰雪旅游、山地户外旅游、低空运动旅游、水上运动旅游、自驾车露营旅游正在成为拉动各地发展的重要引擎。着眼于未来，在积极发挥供给侧与需求侧的共同作用下，我国体育旅游将取得更快发展。

（三）案例分析——北京市政府行为与马拉松赛事旅游发展

近年来，马拉松比赛以其参与人数众多、影响力大的优势，成为中外诸多城市重点打造的一项重点赛事。客观而言，马拉松比赛可以吸引全球各地的人群参与其中，为地方旅游业发展带来巨大的联动效益。2019 年 11 月 3 日，北京天安门广场前，3 万名跑者随着鸣枪声响开始起跑。自 1981 年举办第一届起，北京马拉松已经历过 38 年的发展，国内外影响力不断提升，大众参与热情持续高涨，其已发展成为中国马拉松最热门的赛事之一。从参赛人员情况看，2015—2018 年，参与人数基本维持在 3 万人左右，而从近两年的报名人数来看，2017 年共有 98687 人完成报名，2018 年则突破 10 万人，达到 111793 人（见表 11–11）。此外，从参与人员年龄构成来看，2015—2018 年平均年龄均维持在 36~40 岁。从参与人员客源地来看，1982 年共有 19 个国家和地区的人员参与其中，截至 2018 年则吸引了来自 40 多个国家和地区的人员。

北京市政府利用马拉松赛事的契机，通过线路设计、文化传播和主体合作，有效促进了北京市马拉松赛事旅游的发展。首先，在线路设计和文化传播上，北京市政府将马拉松的起点定为天安门广场，将终点定为奥林匹克公园景观大道中心区庆典广场，比赛路线沿途经过东城、西城、海淀、朝阳四个区。为参与者沿途观赏地方自然和人文景观提供了便利，同时也打开了向外展示中华文化的一个重要窗口，增强了参与者对北京、对中华文化的认知。如 2019 年北京马拉松，为庆祝中华人民共和国成立 70 周年，主办方在起跑仪式上增设了 56 个民族代表与全场 3 万名选手共唱国歌的环节，赛道沿途的官方加油站主题为"礼赞 70 周年"，向中外展示了中华人民共和国发展取得的伟大成

---

① 体育资讯网：https://www.sportinfo.net.cn/Index.aspx.
② 中国旅游新闻网：https://www.ctnews.com.cn/art/2018/11/22/art_113_29021.html.

就。从赛事传播效果看，北京马拉松媒体传播覆盖 60 多个国家和地区，其赛事直播更为国内外体育文化交流、北京城市品牌推广提供了良好契机。其次，北京市政府与赛事其他主体建立了稳定的合作关系，注重上下游联动发展的产业链建设，这为该项赛事带来极大的商业价值，也为赛事旅游的发展奠定了良好的根基。

表11-11　2015—2018年北京马拉松参赛人员情况

		2015年	2016年	2017年	2018年
报名人数（人）		—	—	98687	111793
参与人数（通过起点人数）（人）		29773	30302	29700	29115
完赛人数（人）		26294	28957	28365	28235
平均年龄	男	40	37	39	39
	女	39	36	38	37

资料来源：根据北京马拉松赛事官方网站数据整理。

八、地方政府行为与康养旅游结构动态优化

健康高寿历来是人类极力求索的目标。伴随着全体国民对康体保健与延龄增寿的重视，寻求缓解生活压力、改善身体机能、维持身心健康的生活理念和休闲模式，日渐成为旅游学界探讨的热点话题。旅游活动作为乐龄益养的重要途径，其对旅游者身心健康状况的改善以及生活质量的提升作用显著，同时也进一步加速了康养旅游模式催生和演进。康养旅游作为旅游休闲度假的高级阶段，兼具"旅游"与"康养"两大显性特征，日渐成为广受全龄段游客青睐的新兴专项旅游产品。

（一）康养旅游的概念与特征

学术界对康养旅游的概念内涵认知尚不统一，经常混杂使用"康养旅游、健康旅游、保健旅游、养生旅游、医疗旅游"等概念，且对这些概念的内涵和外延说法不一、争议较大（周功梅等，2021）。康养旅游是旅游设施或目的地在提供常规的旅游舒适物之外，改进医疗保健设施和服务以吸引游客的有意行

为；这些医疗保健服务包括医学诊断、特殊食疗、针刺疗法、草本疗法、针对多种疾病的特殊医学治疗等（Goodrich，1993）。Goeldner（1989）指出康养旅游的特征之一体现为游客最重要的旅游动机是健康因素，这点得到许多学者的认同（Kaspar，1996；Hall，2003）。Kaspar（1996）认为康养旅游是人们为了促进、稳定和恢复健康，离开首要或永久工作和居住的地方而去其他地方使用健康服务的所有关系和现象的总和。Sheldon 和 Bushell（2009）进一步认为，康养旅游是旅行的一个整体模式，集身体健康、美丽、长寿、觉悟和精神意识的加强以及与社区、环境之间的联系等需求为一体。

国内学者对康养旅游的研究主要是在健康旅游和养老旅游的语义环境下展开的，它反映了旅游消费主体通过旅游方式既实现追求健康，又能延年益寿的美好愿望。其中，李后强等（2015）在其著作《生态康养论》中提到，康是最终目的，养是主要手段。任宣羽（2016）强调康养旅游主要依赖优渥的区域物候条件，游客以旅游的方式获得身心健康、达到幸福的专项度假旅游。杨亚萍和黄静波（2019）基于旅游学视角比较全面地概括了康养旅游的定义，即康养旅游是"依托优越的生态益养环境，以协调身体、心智和精神的自然和谐为导向，连续栖居时间不超过一年的休闲养生、康体度假、生态疗养、养老保健等系列专项旅游活动的总称"。

总体来说，康养旅游具有"异地性、暂时性和综合性"三大特征。首先，"异地性"就是旅游消费者必须离开长期居住地到其他地区体验养生、养老生活。近年来，形成的候鸟式养老、异地养老等养老方式就是强调它的"异地性"。其次，"暂时性"是指旅游消费者到一个陌生地区养老养生的短暂停留，而不是长期居住。最后，"综合性"是指康养旅游是一个跨越第一、二、三产业的综合性产业。康养旅游的综合性也可以理解为产业的关联性。根据满足旅游养老者需求的直接相关程度划分，将康养产业划分为核心产业、相关产业和衍生产业三个层次：核心产业是直接满足旅游养老者食、住、行、游、娱、用、医、教等需求的产业，包括老年餐饮业、老年房地产业、旅游交通服务业、景区景点业、娱乐业、日常生活用品业、医疗与养生业、教育文化业等；相关产业是与旅游养老核心产业具有消费互补性的产业，包括食品生产与加工业、老年用品制造业、旅游咨询服务业、家政服务业、信息咨询服务业、劳务服务业、公共服务业及其他特殊产业等；衍生产业是旅游养老相关产业的先行产业和后续产业，包括原材料供给行业、保险业、金融业、建筑业、政务服务等。康养旅游的核心产业、相关产业和衍生产业环环相扣、相辅相成，共同构成完整的旅游养老产业体系。

（二）国内康养旅游发展现状和模式

1. 发展现状

早在 2009 年，国务院发布的《关于加快发展旅游业的意见》中就提出强化大旅游和综合性产业观念，大力推进旅游与相关行业和产业的融合发展。2013 年国务院发布的《关于加快养老服务业的若干意见》强调，在资金、用地等方面给予支持，意在把服务几亿老年人的"夕阳红"事业打造成"朝阳产业"。更加有力的是，2014 年 8 月国务院颁布的《关于促进旅游业改革发展的若干意见》指出："大力发展老年旅游。结合养老服务业、健康服务业发展，积极开发多层次、多样化的老年人休闲养生度假产品。"2015 年、2016 年、2017 年这三年，国务院、文化部、国家旅游局等相关政府部门更是密集出台扶持措施，仅 2017 年中央层面出台的养老政策就达七项之多。这些政策吸引着大量资本对旅游和养老服务设施进行投资。随着投资规划集聚效应的产生，该领域将会吸引更多的资金、技术和人才融入，从而推动旅游养老持续发展。

此外，伴随人口结构转型、经济发展水平提高，以及人们对健康生活的重视，"大健康"产业正快速迈入新一轮的增长。作为把旅游业和"大健康"产业结合的康养旅游，拥有着良好的市场环境，是发展空间巨大的蓝海市场。《中国康养旅游的发展与趋势报告》显示，2016 年至 2020 年，康养旅游市场规模年复合增长率约为 20%，其中 2020 年的市场规模为 1000 亿元左右。然而，国内康养旅游行业的发展仍处于初级阶段，产品供给不充分。一方面，健康养老型旅游产品供给不足，目前市场上尚没有一款为健康养老量身打造的产品，康养总体服务内容与其他旅游产品基本一致；另一方面，康养旅游产业链尚未整合，相关行业基本是各自为战，缺乏便捷的一站式健康养老服务。

2. 发展模式

康养旅游作为健康与旅游产业融合发展的新业态，其成功的关键是以市场需求为导向，各自识别自己的优势和核心，打破条块壁垒，从而整合优化而成涵盖两大产业核心价值活动的新价值链，提供新产品、新服务、新体验。健康和旅游两大产业高度关联，共用大量的公共资源和产业资源，融合形式众多、类型多样。总体来看，主要归纳为"旅游资源养老化、养老机构互动、旅游与养老养生大融合"三种融合发展模式。

旅游资源养老化模式是指旅游产业将其产业价值链延伸到养老产业，赋予旅游资源以养老功能。作为旅游产业的空间载体，旅游资源的功能主要来自环境。在不同区位条件和资源条件下融合发展起来的模式所具有的特征、服务项目、目标人群有很大差异。旅游资源养老化模式的代表性项目之一就是在景区中植入养老设施与服务，如云南的"卧云仙居"依托卧云山风景区，浙江的联众公司依托天目山、莫干山、千岛湖等景区开发的"城仙居"品牌乡村老年公寓。其目标人群是季节性移居养老群体，本质是老年度假养生游。旅游资源养老化模式的另一个代表性项目是在环境优美、气候适宜的地方吸引养老产业进入。比较成熟的如四川生态农家养老基地——红顶农庄、广西"巴马"康养旅游基地，该类型本质上是乡村休闲游。

养老机构互动的融合发展模式主要是养老机构将其服务延伸到旅游产业，赋予养老机构以旅游服务功能。该模式的主要推动者是政府。国内最早的案例是大连市政府牵头成立的异地养老服务中心。其服务内容是帮助老人挑选在大连市及全国各地的养老院，偏重于老年旅游服务，目前已开展"大连市至海南""日本至大连"的互动养老。该模式的优势在于：政府发挥极大作用，充分利用网络平台，养老机构进入有严格标准，养老服务质量有保证；其劣势在于：受制于旅游设施和养老设施的匹配度，可选择的范围比较小，养老机构在提供旅游服务方面不如具有成熟经验的旅游企业做得好。

旅游、养老和养生大融合的发展模式是通过产业活动重组的方式实现三者的融合。该模式的最终目标是打造新的产业价值链。它的运作需要基于信息技术建立一个统一的交换平台，统一营销，以会员制或较为合理的团购价格向老年消费者出售，满足老年群体及所有健康养生旅游消费者的团购需求。这种模式的优势在于提高现有旅游健康养老资源的利用率，并能以较低的价格满足老人需求，一旦成熟，规模效益大。但它需要多方参与、整合过程长、花费人力物力大。目前这种模式尚未实现，但未来随着产业融合、互联网大数据的广泛应用和社会保障体系的不断完善，在"旅游资源养老化"和"养老机构互动"充分发展的过程中，会加速这一模式的建立和完善。

（三）案例分析——广西贺州市政府行为与康养旅游发展

广西贺州市先后成为世界长寿市、广西东融先行示范区，并入选国家级医养结合试点单位、国家全域旅游示范区创建单位。目前，全市有国家 4A 级旅游景区 13 家、国家 3A 级旅游景区 15 家、国家（自治区）生态旅游示范区 6 个、星级旅游饭店 25 家、广西旅游度假区 1 个、自治区文化产业示范园区（基地）6 个、星级乡村旅游区（农家乐）58 家。近年来，贺州市依托生态、区位和长寿品牌等特色，以全域旅游示范区创建为平台，以培育文旅产业集群为抓手，瞄准大湾区庞大的消费市场，大力推动文旅和康养产业融合提升，着力打造粤港澳大湾区康养基地。从贺州市康养旅游发展实践来看，贺州市政府为推进康养旅游发展，积极践行以下行为（见表 11–12）。

表11–12　康养旅游发展中的地方政府行为（以广西贺州市为例）

行为	表现
战略规划	设立了贺州市康养事业发展中心，出台《贺州市构建大健康实施方案》等一系列文件，为统筹推进贺州市康养产业发展提供了平台支撑。同时，主动对接粤港澳城市群的康养需求，实施"医养康三位一体"工程，建立跨地域政府战略合作，与广州、肇庆、清远、桂林结成"华南五市旅游联盟"，并发挥"长寿"资源优势，积极打造医养结合、长寿养生、旅居养老、休闲娱乐于一体的高端康养示范基地。
示范带动	着力推动黄姚古镇、姑婆山养生养老小镇建设，姑婆山产业区顺峰温泉康养旅游开发项目、姑婆山天沐温泉国际旅游度假区以及"梦里黄姚"文化旅游创意城、黄姚龙门街、温泉足球小镇等一批重大文旅产业项目落地开工。同时，推进黄姚古镇文化和旅游产业示范区建设，成功引进文旅项目9个，投资总额达73亿元，黄姚产业区获得自治区"文化产业示范园区"称号。黄姚古镇景区于2019年顺利通过文化和旅游部景观质量初审并进入创建序列。
品牌营销	连续五年定期举办新媒体群英会暨长寿文化节，2019年7月还成功举办首届世界长寿论坛暨生命科学大会，一批国内外院士、专家亲临贺州，现场发布《联合国邮票·贺州百岁老人风采》，进一步打响了"生态贺州·长寿胜地"品牌。推出"长寿康养旅游钻石线路"和"长寿文化节"，并分别荣获2019年《魅力中国城》年度魅力主题线路和年度魅力文旅品牌节庆。同时，抓好宣传营销，是广西首个布局港澳地区旅游营销中心全覆盖的设区市。
建设项目	坚持以建设广西东融先行示范区为契机，抓好招商引资，尤其是推动文化和大健康项目的落地落实。目前，贺州市大健康产业项目共有91个，在建项目35个，谋划储备重点项目56个。如南乡西溪温泉度假区温泉养生项目受到粤港澳大湾区游客青睐，项目一期建成3年来，年接待游客量从15万人次增长到22万人次。

资料来源：文献资料整理。

九、地方政府行为与智慧旅游和在线旅游结构动态优化

（一）智慧旅游的概念和内涵

智慧旅游可以追溯至 2008 年 IBM 提出的"智慧地球"，以及相继衍生的智慧城市概念。"智慧"这一概念旨在强调智能技术各个方面的广泛应用。比如智慧城市，指把新一代信息技术充分运用在城市中各行业，作为城市信息化的高级形态，实现信息化、工业化与城镇化深度融合，有助于缓解"大城市病"，提高城镇化质量，实现精细化和动态管理。智慧旅游可以概括为，"基于新一代的信息通信技术，为满足游客个性化需求，提供高品质、高满意度服务，而实现旅游资源及社会资源的共享与有效利用的系统化、集约化的管理变革"。也就是说，以信息技术为核心的智能技术是智慧旅游的基础，其决定了智慧旅游发展的高度。

智慧旅游是一种服务业态的变革，其平衡了政府、企业、游客三者之间的产业链，由传统单一化经营向协调性融合发展。智慧旅游的本质是信息技术在旅游业中的应用，是旅游信息化深入开展的结果。一般地，智慧旅游可以理解为 1 个平台、2 个中心、3 类用户和 3 项基本功能。1 个平台是指智慧旅游是个内在的结构性、整合性和层次性的管控平台。2 个中心是指数据中心和用户中心。3 类用户是指公众、企业和政府。3 项功能分别是智慧服务、智慧管理和智慧营销。

智慧旅游新业态是依托智慧城市的基础资源和技术支持来整合和延伸旅游产业链条，并服务旅游市场主客体的各类旅游活动新形式。智慧旅游在旅游产业链上的主要业态应用有：智慧酒店、智慧景区、智慧旅行社、智慧乡村旅游。

智慧旅游也是国家政策关注的重点。2015 年，国家旅游局颁发《关于促进智慧旅游发展的指导意见》，明确指出"到 2020 年，我国智慧旅游服务能力明显提升，智慧管理能力持续增强，大数据挖掘和智慧营销能力明显提高，移动电子商务、旅游大数据系统分析、人工智能技术等在旅游业应用更加广泛，培育若干实力雄厚的以智慧旅游为主营业务的企业，形成系统化的智慧旅游价值链网络。"智慧旅游的发展是全面提升旅游业发展水平、促进旅游业转型升级、提高旅游满意度的重要抓手。

（二）中国智慧旅游的发展现状

2010 年，镇江市率先开展智慧旅游项目建设，开启了中国智慧旅游建设和发展的步伐（付业勤和郑向敏，2013）。2011 年，国家旅游局提出"10 年内拓宽相关软件、平台和工具应用的范围，加强旅游管理、服务和营销过程中的信息化和智能化，完善旅游信息库、旅游资源库，搭建信息共享平台，培育一批发展较为领先的示范企业"的发展战略目标（刘治彦等，2019）。当年，镇江市挂靠国家旅游局的"国家智慧旅游服务中心"，试水研制、开发、试点和推广智慧旅游相关设备、软件和应用模式，为全国智慧旅游建设提供示范。此后，国内各省份和主要旅游城市开始了智慧旅游发展探索。2012 年，北京、武汉、福州、成都、黄山、厦门等 18 个城市入选"首批国家智慧旅游试点城市"；2013 年，广州、天津、杭州、郑州、青岛、长春等 15 个城市入选"第二批国家智慧旅游试点城市"。

在此过程中，江苏省的镇江、苏州、无锡、常州、扬州、南通和南京这 7 个地市结成"智慧旅游联盟"，共同推进大长三角智慧旅游城市群建设；移动通信运营商，携程、淘宝、去哪儿等在线电子商务企业，国航、东航等航空企业也纷纷尝试智慧旅游业务，不断改变自身运营模式、颠覆既有的市场格局（付业勤、郑向敏，2013）。浙江省、福建省、四川省、吉林省、河南省、青海省等 16 个省份出台了相关规划，编制和出台智慧旅游发展计划的城市多达 60 个以上（刘治彦等，2019）。

在国家各项政策的支持下（见表 11-13），国内智慧旅游虽然已经取得了一定进展，大多数国家 4A、5A 级旅游景区都实现了一定程度的旅游信息化，提供了网上信息发布、网上购票、电子导览等信息化的服务，部分景区也对游客数据进行了一些初步的分析应用，在监控客流量、景区安全管理等方面实现了智慧化管理（刘治彦等，2019）。但是不足依然较多，提升空间依然很大。从理论上看，智慧旅游的基本理念和内涵依然不清晰，与之相关的研究内容不够广泛和深入，研究方法不够规范，研究技术不够先进，理论研究尚不能支撑实践发展。从实践层面上来看，智慧旅游科技研发和实施技术力量尚待加强，智慧旅游发展规划不足，建设标准和评估体系缺失，各地的智慧旅游建设水平不高，存在盲目跟风和概念炒作之嫌。

表11-13　国家智慧旅游政策一览

发布时间	发布机关及文件编号	文件名称	"智慧旅游"相关关键词
2009年 12月1日	国务院 （国发〔2009〕41号）	《关于加快发展旅游业的意见》	旅游信息化；旅游在线服务；旅游数据中心
2010年 12月1日	国家旅游局	《中国旅游业"十二五"发展规划纲要（征求意见稿）》	旅游产业信息化发展；"旅游强国"
2013年 2月2日	国务院办公厅 （国办发〔2013〕10号）	《国民旅游休闲纲要（2013—2020年）》	旅游服务热线；旅游信息服务体系
2014年 8月9日	国务院 （国发〔2014〕31号）	《关于促进旅游业改革发展的若干意见》	国内国际区域旅游合作机制；旅游交通、信息和服务网络
2015年 7月4日	国务院 （国发〔2015〕40号）	《国务院关于积极推进"互联网"行动的指导意见》	"互联网+"
2016年 12月26日	国务院 （国发〔2016〕70号）	《国务院关于印发"十三五"旅游业发展规划的通知》	产业体系的现代化；旅游信息化工程建设；旅游产业大数据平台；"互联网+旅游"；智慧旅游城市；智慧旅游景区；智慧旅游企业；智慧旅游乡村；旅游电子商务
2018年 3月9日	国务院办公厅 （国办发〔2018〕15号）	《关于促进全域旅游发展的指导意见》	智能化旅游服务系统；智慧旅游服务平台
2019年 8月23日	国务院办公厅 （国办发〔2019〕41号）	《关于进一步激发文化和旅游消费潜力的意见》	数字文旅消费体验

资料来源：文献资料和调研资料整理。

（三）中国智慧旅游的发展特征

1. 技术水平决定业态发展趋势

首先，技术应用更加广泛和深入。之所以出现智慧旅游，是因为其核心驱动力是以信息技术为代表的新技术，且这些新技术得到了很好的发展。在线旅游的快速发展也离不开技术发展，基础网络构建、大数据处理等都是在线旅游发展的重要基础。其次，新技术不断广泛应用。移动信息技术发展也是智慧旅游发展的重要推动力。当前5G技术、人工智能技术和区块链技术的不断发展和突破，势必会对智慧旅游和在线旅游提供新的契机。

2. 管理水平决定业态发展纵深

首先，技术水平并不是业态发展的决定性因素，管理水平决定了业态发展纵深。一方面，在线旅游企业管理水平决定了其发展的市场规模。当信息技术等技术成为行业通用技术时，在线旅游企业的发展更主要是取决于企业的服务管理水平。比如，在线旅游企业产生的信息泄露、投诉反馈服务管理滞后等问题都会影响到其发展的市场规模。另一方面，地方政府旅游管理水平决定了智慧旅游发展的水平。政府作为旅游消费过程中公共服务的提供者、保障者，以及旅游消费的监管者，其服务管理水平对智慧旅游和在线旅游具有重要的影响。其次，服务水准应该是管理的更高层级。旅游的本质是服务，特别是在信息快速传播的当下，服务的声誉对旅游发展至关重要。智慧旅游和在线旅游的发展所累积的声誉对其发展至关重要。因此，智慧旅游的发展并不仅在于先进的技术水平，也在于更高的服务管理理念。而服务理念的提升，不仅在于企业，也在于政府。

3. 系统性发展是智慧旅游和在线旅游的内在需求

首先，智慧旅游发展是产业链的智慧连接。智慧旅游平台化建设的内容最终体现在旅游管理、旅游服务和旅游营销三个方面，在业态上涉及旅游消费者的食、住、行、游、购、娱。而这每一个方面又都嵌入于智慧旅游子平台，业态内部连接和密切配合是智慧旅游产业链发展的重要特征。其次，在线旅游是全方位的旅游体验。在线旅游的核心是促进旅游消费的便利化，凡是阻碍或者影响旅游消费便利化的因素或事件都会成为旅游消费市场的问题对象。旅游消费过程中的在线消费是全方位的、环环相扣的，纵横一体是在线旅游系统性发展的重要特征。再次，旅游是系统性的综合体验。不论是在线旅游还是智慧旅游，都秉承了旅游消费的特征，涉及旅游过程中的各种旅游消费，以及对应的公共服务。公共服务管理是各种旅游消费过程的有机组成部分。智慧旅游和在线旅游与公共服务管理构成系统性发展，反过来，系统性发展是智慧旅游和在线旅游的内在需求。

（四）案例分析——云南省政府行为与智慧旅游发展

改革开放 40 多年来，云南旅游取得了显著进步，却总是困顿于强制购物、欺诈宰客、打骂游客等负面形象。虽然云南省委、省政府以壮士断腕的决心，于 2017 年出台了"宁可不要游客人数、旅游收入等数据的增长，也要整顿好云南旅游市场，提升旅游品质"的旅游市场秩序整顿方案"22 条"和实施"八不准"规定，但云南旅游的破局和发展依然需要更大力度的改革和创新。

　　近两年来，云南省委、省政府大力推进数字云南建设，提出"政府革命 + 科技创新"的核心理念，制订"打造全域智慧旅游"的逐梦计划，以"一部手机游云南"项目为重要抓手，逐一化解旅游市场各种负面问题，改善游客体验，助力旅游产业发展。云南省委、省政府的主要行为如表 11-14 所示。

表11-14　智慧旅游发展中的地方政府行为（以云南省为例）

行为	表现
确定项目	2017年9月，云南省政府与腾讯达成战略合作，确定由腾讯承接"一部手机游云南"项目。为了更好地推进项目建设，阮成发和腾讯董事局主席兼首席执行官马化腾，共同担任项目组组长，从理念顶层设计到路径规划实施，都亲自把关。阮成发每月召开一次领导小组专题会议，既研究工作中遇到的重大问题，又探讨项目建设的关键细节，有力推动项目又好又快成长。从省到县，都成立了项目领导小组，投入了大量人力、物力、财力，实现了各级各类资源要素的统筹调度，形成了上下联动的强大合力。2018年3月1日，"游云南"App上线内测；6月1日上线试运行；10月1日正式上线运行。2019年3月31日，第20次迭代产品（2.9.0版）发布。
重塑诚信	全力重塑诚信旅游体系。诚信，始终被视为智慧旅游的"根"和"魂"。为了维护好"游云南"App线上平台声誉，在领导小组第5次专题会议上，阮成发要求，要建立准入机制，提高准入门槛，把平台声誉的提升、营造、巩固和发展，作为生死线来考虑。迄今，平台上售卖的商品，都是云南地方特色名品，货真价实。
便利购物	着力构建购物退货机制。在全省16个州市和45个旅游重点县建立了61个游客购物退货监理中心，在机场、高铁站、旅游景区等地，建立了32个退货受理点，确保游客退货全程无忧。
完善投诉	重点完善投诉处置平台。改写了以往投诉信息逐级报告、逐级递减的历史，实现了公开、高效处置。从省到州市县，都设立了投诉处置平台，做到三级平台以及涉旅企业对旅游投诉同步响应，大大提高了投诉处置效率。数据显示，99%的投诉做到了24小时内办结，平均办结时间由原来的7天，缩短到现在的6.5小时，极大提升了游客满意度。
创设IP	云南文旅IP。在"一部手机游云南"项目基础上，运用IP思维，汇集腾讯旗下游戏、动漫、影视、音乐等众多内容业务，并调用QQ、小程序等数字化工具，在云南各地开展旅游项目合作，推动云南旅游高质量发展。具体来说，就是要做好"五个一"：创新一个IP形象，建立云南与大众情感的新连接；建设一个数字小镇，塑造数字时代丽江文化新标签；围绕一条旅游环线，开启大滇西旅游环线新体验；打造一条产业链，共建云南旅游产业新生态；输出一种解决方案，打造出全域旅游时代文化与旅游融合发展的"云南样板"。

资料来源：调研资料整理。

　　"一部手机游云南"项目主要包括：一个中心——旅游大数据中心，两个平台——旅游综合服务平台和旅游综合管理平台，以及三类端口——App、公众号、小程序。"一部手机游云南"充分利用了物联网、云计算、大数据、人工智能等技术，帮助云南实现了省、市、县三级旅游机构综合管理，使其在舆情监测与引导、投诉响应，旅游监管，应急管理等方面效率大幅提升，为云南打造了一个智慧、健康、便利的省级全域旅游生态项目，这标志着云南旅游全面迈入数字经济时代，在全国成功树立起数字经济和旅游大数据标杆。

  "一部手机游云南"的模式主要是通过客户端各种实现形式，满足游客旅游体验与各方面保障。这一智慧旅游平台通过游云南 App、微信公众号和微信小程序，全面覆盖游客在云南的游前、游中、游后的各项需求，满足和提升游客吃住行游娱购的需求和体验。同时还加强了诚信体系、投诉平台的建设。"一部手机游云南"为云南省旅游发展带来了显著效益：2019 年一季度，云南省共接待海内外游客 2.06 亿人次，同比增长 18.52%，实现旅游业总收入2635.95 亿元，同比增长 19.08%，为云南旅游实现开门红。同期，全省文化旅游项目完成投资 328.75 亿元，完成年度投资的 27.18%，50 个重大项目完成50.58 亿元，完成率 20.12%。

第四篇

对策分析篇

第12章

政策实效视角下中国旅游产业结构动态优化对策

计量结果显示，旅游产业政策实效与旅游产业结构高级化存在显著的正相关关系，且相关程度高，说明旅游政策实效越高，旅游产业结构动态优化程度越高。所以，地方政府应重视政策制定，立足顶层设计，依据新的时代背景和产业发展环境，继续完善和适时调整旅游政策，加强旅游政策的科学力；应建立政策执行的协同机制，强化旅游政策的协同执行效应，增强旅游政策的执行力；还应强化旅游政策实效，提高旅游政策的生产力，以切实促进旅游产业结构持续性地动态优化。

一、重视政策制定，加强旅游政策科学力

（一）立足顶层设计，指导旅游政策科学制定

在促进旅游产业结构动态优化的过程中，地方政府秉持顶层设计的理念至关重要，有助于增强旅游政策的科学性和合理性。

第一，通过顶层设计理念通盘考虑旅游政策。顶层设计理念有助于地方政府系统性思考，更全面地理解旅游业在地方经济中的作用和地位，将旅游产业纳入整个社会经济体系中，为制定全面、一体化的旅游政策提供基础。

第二，通过顶层设计理念科学配置旅游资源。顶层设计理念能够指导政府合理配置旅游业人力、物力、财力等资源，使旅游业效益最大化，从而推动旅游产业结构的优化和升级。

第三，通过顶层设计理念战略性设计旅游政策。顶层设计理念有利于政府

为旅游业发展提供战略引导，明确旅游业发展方向和目标，设定旅游产业规划、政策框架，推动旅游产业适应市场需求和向更有竞争力的方向发展。

第四，通过顶层设计理念提升旅游政策协同水平。顶层设计理念有助于政府科学地制定旅游业协同发展政策，以整合各方资源和产业链条，形成更有活力和可持续性的旅游产业结构。

第五，通过顶层设计理念保持旅游政策的时效性和平衡性。顶层设计理念有助于地方政府保持政策的灵活性和平衡性，可使旅游政策不断适应社会、经济和技术等多方面因素的变化，实现旅游业与其他产业之间的平衡，促使旅游产业结构更加健康和稳定。

（二）依据发展实际，提升旅游政策可操作性

为了促进旅游产业结构动态优化，地方政府不仅要根据国际、国家和地区宏观经济及旅游产业的实际情况来制定政策，同时需要以市场规律为指导，制定既有长远眼光又注重当前需求的指令性和指导性旅游政策。

第一，加强市场调研和数据分析。深入调研国际、国家和地区的宏观经济和旅游产业发展状况，厘清市场趋势、旅游需求、竞争状况和其他相关因素，比较不同国家或地区的旅游政策，吸取有益的旅游政策经验教训，为旅游政策的合理制定提供科学依据。此外，要注意整合科技创新和数字化手段，充分利用大数据、人工智能等技术，实时精准地判定和预测各类信息，为旅游政策的科学制定和落地实施提供技术力量。

第二，注意多方面利益平衡。旅游政策涉及政府、企业、居民和游客等多利益主体，在政策制定过程中，要积极引入公众参与机制，听取各方利益诉求和发展建议，注意平衡各主体的利益，确保提高政策的可接受性和可操作性，不仅能够促进旅游产业的发展，还能促进社会效益、经济效益、环境效益等多方面的协调协同。

第三，设定明确的长短期旅游政策目标和灵活的政策框架。制定旅游政策时，要考虑到未来 5~10 年甚至更长时间的旅游产业发展目标，短期目标则要满足当前旅游市场的需求，同时在规模、质量、效率、效益等方面给定可以量化的任务目标。同时建立一个能够根据市场需求变化而灵活调整的政策框架，以利于后续政策修订和完善。

第四，引导产业链协同发展。在制定旅游政策的过程中，地方政府需要着重处理好旅游产业的发展过程中的行业支持要点和限制要点。通过综合评估和市场分析，明确重点发展的具有地方特色和竞争力的旅游产业，以及非重点发展的一般旅游产业；注意细化规划旅游产业中交通、住宿、餐饮、娱乐等不同环节的发展，给予明确的差异化政策支持和具体引导，平衡土地、人力、财力等旅游要素存量和增量，促进整个产业链的协同发展。

第五，综合考虑和有效结合地区各类因素。充分考虑和发挥地区的自然和文化资源的独特价值，结合当地的特殊优势，制定旅游政策。重视培养地区专业旅游人才，利用地区数字化和智能化技术，增强旅游产业的创新性和竞争力。深刻理解和注意协调旅游产业的经济带动效应和环保影响效应，制定合适的旅游产业财税支持政策、土地使用政策、研发投入政策、休闲时间安排政策等，确保旅游产业充分利用地区资源，保持结构动态优化，实现高质量发展。

（三）定期监测评估，增强旅游政策的有效性

地方政府在制定旅游政策的同时，也应当通过周期性的政策监测和评估，及时修订和完善旅游政策，调整政策方向，以保证政策的连续性、实用性和时效性。监测评估的主要方式如下：

第一，利用旅游产业监测体系。科学合理的旅游政策往往需要全面了解旅游产业运行状况。因此，地方政府需要建立完善的旅游产业监测体系，收集和分析与旅游产业运行状况相关的游客数量、旅游收入、旅游就业等数据，以及旅游的经济效益、社会效益、环境效益，以获得准确的旅游政策评估效果。

第二，利用旅游专题研究与调查分析。随着经济社会的快速发展和技术创新的复杂更迭，旅游产业发展出现许多新问题和新挑战，需要通过邀请科研机构、高校和行业内专家进行专题研究，为制定新的科学的旅游政策提供思路。

第三，强化地方政府与各方的政策沟通。要建立政府与旅游产业之间的沟通平台，定期召开产业发展座谈会或研讨会，或定期深入走访地方产业，了解旅游产业内部需求，听取旅游产业界的意见和建议，同时也要加强与居民、游客、协会组织等各方的沟通，为政策修订和完善提供实际依据。

第四，引入第三方评估机构进行政策评估。为了避免政府在旅游政策评估

中出现主观偏见，应邀请独立的第三方评估机构对旅游政策进行评估，确保评估的客观性和公正性，确保旅游政策的制定、修订和完善一直沿着正确合理的方向，更好地适应旅游产业的发展变化，保证政府在促进旅游产业结构动态优化方面具有持续的引领和推动作用。

二、建立协同机制，增强旅游政策执行力

（一）综合多种手段，强化旅游政策执行效应

旅游产业的综合性决定了旅游政策执行手段要多样化协同。地方政府不仅要采用经济性的执行手段激发市场主体的积极性，还要兼用行政性的、法律性的、纪律性的执行手段，形成旅游政策的整体效应，推动旅游产业的结构升级。

经济性手段主要包括财政支持、金融支持和奖励支持等。地方政府可以提供财政资金、税收减免或奖励，设立专门发展基金，为旅游产业发展和结构优化提供财政扶持；提供低息贷款、担保等金融支持，鼓励企业进行创新和升级；建设奖励机制，奖励在产业结构优化升级方面表现优异的旅游企业或项目，引发产业结构优化升级的示范效应。

行政性手段主要包括制订产业规划、优化行政审批、宣传和推广等。地方政府应制定科学合理的旅游产业发展规划，明确发展方向、目标和支持政策，引导旅游产业结构优化升级；简化旅游企业的审批流程，提高审批效率，降低市场准入门槛，鼓励新兴旅游业态发展；通过宣传和推广，引导旅游企业增强优化升级意识，关注并积极参与结构升级。

法律性手段主要包括法规制定、法治环境建设和法律责任追究等。地方政府应制定相关法规，规范旅游市场秩序，推动旅游产业结构升级；应加强法治环境建设，保护产权，维护旅游市场秩序，为旅游企业提供有力的法律保障；应对破坏产业结构优化升级的行为，通过法律手段追究责任，维护公平竞争的旅游市场环境。

纪律性手段主要通过行业协会组织、行业标准和规范、行业督导检查等促进旅游政策执行。建立旅游产业协会和相关组织，制定相关行业准则，可以规范会员企业行为，推动产业内部自律和规范。制定旅游行业相关标准和认证体

系，可以提高旅游行业整体服务质量，规范行业内部竞争。建立旅游行业监管体系，加大行业督察力度，及时制止和处罚不合规的经营行为，确保旅游企业和从业人员遵守法规和纪律。此外，也可以在责任追究、行业道德规范、公众监督、奖惩激励等方面加强行业的纪律规范。

（二）协同相关部门，完善旅游政策执行机制

旅游产业涉及部门较多，地方政府应完善旅游政策执行机制，协调各个部门彼此团结合作、相向行动，不仅旅游部门内部协同行动，财政、税务、金融、外贸、物价、工商行政管理、科教等部门也应与旅游部门协同行动，使各项旅游政策执行手段和相应的措施相互配套、相得益彰。

在旅游产业部门内部协同方面，主要应该重视战略协同、产业链协同和信息协同，以促进旅游政策实施。第一，旅游产业内部各个部门应与发展规划部门紧密合作，制定出符合实际发展的整体发展战略，在旅游产业发展的总体目标、重点方向和政策框架上，确保旅游产业内部各个部门统一思想、统一意志、统一行动。第二，旅游产业内部的交通、住宿、餐饮、游览、购物、娱乐等产业链环节应遵循产业政策框架和发展思路，有机发展，协同运作，配合推进旅游政策的逐步落实。第三，旅游产业内部各个部门应加强市场发展动态、消费者需求变化、产业投资态势等信息共享和及时反馈，促进旅游政策的及时调整、完善和更好落实。

在旅游产业部门与其他部门协同方面，主要应该重视协调机制的建立和完善。第一，设立旅游发展委员会，负责协调旅游、财税、金融、规划、环保、教育、文化、物价、工商管理等各相关部门在旅游产业发展中的合作，确保协调机构的综合性、全面性和专业性。第二，设立产业发展协调小组，负责旅游业内外产业链各个环节的协同运作，确保旅游产业链的完备性、顺畅性和高效性。第三，充分利用现代信息技术，建设旅游产业部门与其他部门的数据共享平台，克服协调机制中的"数字鸿沟"，确保旅游产业部门与其他部门协调机制切实落地见效。

（三）建立督查机制，增强旅游政策执行力度

在必要时，地方政府应通过引入和建立协同有序的机构体系和科学有效的

督查机制，促进各利益相关者坚决贯彻业已出台的旅游政策，增强旅游政策执行力度，推动旅游产业结构的动态优化。

第一，设立督查机构。制定和出台地方性法规或政策文件，明确建立旅游发展督查机制的依据，明确旅游督查机构的名称及其职责。在地方旅游发展委员会之下，设立旅游政策督查办公室，负责监督旅游政策的执行情况，及时修正旅游政策执行方向、执行重点和执行力度。组建专业化的旅游督查团队，包括旅游领域专家、政策研究人员和督查专员等，确保机构能够高效运作。

第二，完善督查配套。建立或完善旅游产业信息报告系统，包括旅游产业信息报告系统和旅游政策执行信息管理系统，要求旅游企业和相关部门按规定上传旅游经营相关数据和旅游政策执行信息反馈，实时了解政策实施以来产业的运作情况，及时发现问题并调整政策执行情况。

第三，加强督查汇报。要求旅游发展督查机构定期向旅游发展委员会和地方政府提交旅游产业发展的督查报告，详细汇报主要旅游政策的执行情况、产业链协同发展情况、市场供需运行状况等内容，同时邀请独立的第三方政策评估机构加以审查，为旅游政策的执行力度和效度调整提供决策参考。

第四，强化公众监督。向公众宣传旅游政策，号召公众关注和监督旅游政策的执行情况，并提供公众监督反馈渠道。

三、强化政策实效，提高旅游政策生产力

旅游政策实效是旅游政策生产力的突出表现。提高旅游政策生产力的过程，也是旅游资源和要素得到合理配置和流动的过程，可以促进旅游产业结构动态优化。因此，无论是旅游政策的制定还是实施，均应以强化旅游政策实效为目标，依据旅游政策框架和思路，引导壮大传统旅游市场，培育新兴旅游市场，推进旅游供给侧改革，缓解旅游市场供需矛盾、消费结构和产业结构之间的矛盾，推动旅游产业结构动态优化。

（一）注重因地制宜，壮大传统旅游市场

政策设计和实施须结合地区文化特色，利用政府、企业、社会组织等多方协同力量，挖掘传统旅游资源的底蕴内涵，改造和提升传统旅游产品，拓展旅

游产品线，增强传统旅游市场的吸引力。

第一，注重文化传承和保护。旅游政策应重视保护和恢复历史古迹、传统手艺、文化遗产等文化资源，通过提供财税支持和优惠，将传统手工业、传统艺术、传统节庆等传统文化融入旅游活动，促进文化资源向旅游资源的转化，推动文化与旅游深度融合，使传统旅游市场焕发新的文化魅力和活力。

第二，塑造地方性旅游品牌。旅游政策应注意塑造具有地方特色的旅游品牌，在激烈的传统旅游市场竞争中获得市场号召力。例如近些年出圈的哈尔滨旅游、淄博烧烤、榕江村超等，均以鲜明的地方特色，获得了旅游者的青睐。地方政府可以利用政策支持和引导地方旅游企业进行品牌建设，并积极地进行国内外市场推广。

第三，完善旅游产业的软硬配套设施。旅游政策应重视支持完善传统旅游产业的各种配套，在软性层面支持从业者培训，提高地方旅游服务质量；在硬性层面支持基础设施建设和交通、住宿、餐饮等配套设施建设。此外，要注意促进传统旅游市场的数字化转型和技术创新，将现代科技渗透于软硬配套设施。

（二）支持改革创新，培育新兴旅游市场

伴随旅游市场消费升级，一些新兴的旅游市场不断出现，并由此衍生出各类旅游新业态，对旅游产业结构的优化升级带来显著影响。旅游政策应在发展战略、基础设施建设、营销推广等诸多方面给予创新支持和鼓励。

第一，制定创新发展战略。政府应全面分析旅游业的优势、劣势、机遇和威胁，以及所涉及的利益相关者，制定创新发展战略，清晰描述地区旅游业创新发展的愿景、目标和行动计划，促使旅游产品多样化、特定市场精准化和资源分配合理化，为新兴市场的培育提供战略性支持。

第二，加大基础设施建设。新兴的旅游市场或需要新型基础设施，地方政府应重视评估现有基础设施对新兴旅游市场的制约程度，在旅游政策上侧重于支持建设和完善相关基础设施和配套设施。例如，榕江村超带动当地旅游市场繁荣之后，当地政府较为重视扩充足球场地、提升足球场地的质量，以及建设与村超有关的旅游配套设施。

第三，重视旅游营销推广。在信息媒介丰富多元化的今天，多渠道营销推

广成为新兴旅游市场提升知名度，且为旅游者所熟知的主要路径。旅游政策应对此进行营销推广资金支持，引导公私部门合作，共同制定品牌营销战略和策略，扩大客源规模，支持新兴旅游市场发展。

（三）引导供给改革，促进旅游供需匹配

旅游市场供需平衡是政策目标，也是提升政策实效的直接动力。当下，旅游市场需求水平高，且呈现个性化、多元化的态势，旅游市场供给却尚不能完全满足旅游市场需求。旅游政策应重在提供财政和金融支持，激发私营投资，鼓励可持续改革，确保社区和私营部门发挥积极作用，推动旅游供需匹配。

第一，提供财政资金和服务支持。旅游政策应为旅游市场供给改革提供财政性补贴，组织专业机构进行全面的旅游供给研究和趋势分析，为旅游供给改革提供专业数据和相关资料支持。同时，也应提供各类供给改革评估、咨询和顾问服务，确保旅游供给改革方向和思路的科学性和合理性。

第二，利用金融激励私营投资。众多的中小私营旅游企业是旅游供给的主要组成部分，激发私营企业改革旅游产品和旅游服务供给显得尤为重要。旅游政策应重视提供低息贷款、资本投资奖励等金融激励措施，吸引私营企业进行供给改革投资，创新旅游产品和旅游服务。

第三，鼓励可持续旅游供给改革。在旅游可持续发展的理念之下，旅游政策也应注重旅游供给改革的可持续性，引导旅游产品和旅游服务供给的绿色化、低碳化、环保化发展。例如，可以在政策上提供环保补贴和奖励，鼓励旅游企业提供环保性的旅游产品和服务。同时，也要注意协同社区力量，设立旅游业与社区合作基金，支持社区参与旅游业可持续的供给改革，推动社区和旅游业共同繁荣发展。

第13章

要素投入视角下中国旅游产业结构动态优化对策

从前文的计量结果来看，无论是代表制度要素投入的财政分权，还是影响资本、人力和技术等要素投入的基础设施建设、教育投入、研发投入，都在一定程度上对旅游产业结构动态优化具有积极影响，但也存在一些需要继续改进和提升的方面。为此，本章主要围绕财政分权、基础设施建设、教育投入和研发投入对旅游产业结构动态优化的作用机制，提出完善财政分权体制，推进产业良性集聚；加强基础设施建设，改善宏观发展环境；增加政府教育投入，加强人力资本积累；加大政府研发投入，促进技术持续创新等对策和建议，以进一步促进旅游产业结构动态优化。

一、完善财政分权体制，推进产业良性集聚

（一）改革财税体制，发挥市场对旅游产业结构的积极影响

财政支出分权对旅游产业结构动态优化具有显著的促进作用，财政收入分权却未对旅游产业结构动态优化产生影响。这与目前我国财政分权的不完整和不完善有一定关系。为此，要进一步改革财税体制，提高生产要素配置效率，发挥市场对旅游产业结构动态优化的积极作用。

一方面，创新考核机制和明确财政职能。应引入包含经济增长、社会发展、生态保护等多维度的绩效考核机制，结合财政体制改革，厘清中央和地方政府的财政职能。明确中央和地方政府的事权和人权，建立权责清单，协同授权与监管，促使地方政府更好履行责任，确保政策从中央到地方的一致性，引

导财政资源合理配置，为旅游产业结构动态优化创建良好的财政体制环境。

另一方面，加强地方政府廉洁执行财政职能。建立健全财政管理法规体系，规范资源使用，杜绝滥用公款；同时，要考虑设立地方纪检监察机构、举报制度、电子政务平台和相关信息平台等，形成全面覆盖的财政监察体系，促进政府更加透明、负责、廉洁地履行职责，增强政府信息和决策公开透明度，提升地方政府廉政水平，为充分发挥市场机制减少障碍。

（二）加快要素配置，引导旅游产业集聚进一步集聚和发挥作用

研究表明，纳入旅游产业集聚之后，财政收入分权、财政支出分权和旅游产业集聚均对旅游产业结构动态优化具有促进作用，说明财政分权不仅对旅游产业结构的动态优化具有直接性的积极影响，还可以进一步通过旅游产业集聚对旅游产业结构动态优化产生间接性的积极影响。或许是在财政分权促进旅游产业集聚的过程中，各类要素得到了充分利用。因此，要加快要素市场化配置，促使旅游产业更好地适应市场需求，提高效益和竞争力，从而吸引更多的投资和资源，促进旅游产业进一步集聚发展，将有助于旅游产业结构动态优化。

第一，加快土地资源市场化配置。结合旅游业的市场需求和效益状况，综合运用土地招拍挂、租赁、出让等市场机制，合理配置和规划土地资源，提高土地利用效益，吸引更多旅游投资者进入市场，扩大旅游产业集聚发展空间。

第二，鼓励支持旅游项目投资。通过产业发展基金、财政补贴、税收优惠等财政激励手段，降低旅游企业的经营成本，鼓励投资者在旅游集聚区域进行项目投资和建设。

第三，加强人才的市场化培训。根据市场需求和旅游业发展趋势，与旅游企业和行业协会合作，开展实际操作、实习实训等培训，培养更加符合市场需要的专业人才，提高旅游产业人力资源质量，促进旅游产业人才集聚。

（三）注意过犹不及，避免财政分权和旅游产业集聚中的负面影响

研究发现，伴随着旅游产业集聚程度的提高，财政分权对旅游产业结构动态优化的促进作用会出现递减的情况，这或许是由于财政分权程度加强导致旅游产业过度集聚，带来环境污染、拥挤效应及其他负面问题。因此，在利用财

政分权促进旅游产业集聚过程中，要关注资源环境的容量问题，从而更好地发挥财政分权对旅游产业结构动态优化的促进作用。

第一，严格实施环境容量评估与规划控制。实施严格的环境容量规划控制机制，深入分析和全面评估旅游目的地的自然资源、生态环境和经济社会的环境容量，确保在环境容量范围之内促进旅游产业可持续性集聚。

第二，引导旅游活动合理集聚。实施差异化门票价格机制，制定预约游览制度，同时加强交通基础设施建设，提高交通工具运输效率，有效控制和疏导客流，引导旅游活动合理集聚，保持旅游活动与生态环境容量之间的平衡。

第三，加强社区参与环境治理。建立垃圾处理系统、污水治理设施等，加强与社区的沟通，听取社区居民对旅游产业集聚的意见，引导社区居民积极参与旅游产业集聚中的环境治理，保障旅游产业集聚发展、自然生态保护和当地社区利益有机统一。

二、加强基础设施建设，改善宏观发展环境

（一）做好详细规划，重视基础设施投资效率和边际效益

研究结果显示，大规模的基础设施建设并不必然对旅游产业结构的动态优化产生正向的影响作用。因此，在基础设施水平达到一定程度时，地方政府应避免盲目投资所造成的资源浪费、投资效率下降等问题。

一方面，兼具基础设施投资最优规模和最大效益。地方政府应以基础设施投资最优规模为目标，多步骤地做好项目投资建设的详细规划，经过多方论证后再实施，从而实现基础设施建设效益最大化。在该过程中，地方政府应根据市场需求、地方经济发展和产业链协同情况，精准定位基础设施项目，然后从经济、社会、环境等多方面进行多方论证、可行性研究、风险评估，进而制定投资规模、时间计划、人力资源、技术应用等详细规划。然后，应充分听取各方意见，建立完善的监管和考核机制，确保项目按照规划要求实施。同时，要注重融合技术创新和可持续发展理念，推动基础设施建设智能化、绿色化，确保基础设施项目投资建设的科学性和可行性，实现最大效益。

另一方面，采取基础设施建设差异化策略。地方政府应对不同的基础设施采取不同的建设目标和投资措施，尤其重视交通基础设施和社会性基础设施投

资的方向和政策力度，避免过多资金的集中投资所带来的负面影响。在交通基础设施方面，地方政府应根据旅游产业发展情况，确保基础设施投资合理化，同时加强旅游交通节点和次要干道的适度投资，增强交通便捷性。在社会性基础设施方面，政府应积极引导社会资本参与投资卫生、文化、教育等公共设施建设，实现公共服务全覆盖和品质提升，促进旅游目的地整体吸引力提升。

（二）注重协调联合，促进地区基础设施建设均衡发展

研究结果显示，我国基础设施建设总体水平及各要素水平空间差异较大。因此，基础设施建设应当遵循"均衡协调，联合发展"的发展原则。

第一，协同地区力量共促基础设施建设。首先充分发挥基础设施建设完善的地区的增长极作用，加强其与基础设施建设落后地区之间的联结，通过连锁效应、溢出效应、扩散效应等，实现地区资源要素的有序流动，推动基础设施相对薄弱地区的技术创新、产业升级和经济增长，在不同地区间形成协同效应，进而提高整体基础设施建设水平。

第二，避免地区差距太大和空间极化现象。制定明确的扶持政策，提高对落后地区基础设施建设的财政支持力度和效度，引导资本和劳动要素向落后地区聚集。同时，注重整体均衡规划，促进落后地区经济发展和相关产业繁荣，确保各地区在经济增长和基础设施建设方面取得平衡发展，避免地区间差距太大导致的空间极化现象。

第三，协同多部门共建基础设施。协调交通、能源、通信等各个部门共同参与基础设施建设，结合科学规划和监管机制，杜绝项目重复和冲突现象，合理配置和利用资源，加强要素投入产出耦合质量，提高基础设施建设效益，确保基础设施建设质量和效益相辅相成。

（三）融入信息元素，加快信息基础设施建设步伐

信息基础设施对于旅游产业动态优化具有正向促进作用，提升信息基础设施建设水平，增强旅游产业转型升级的动力。

第一，高度重视信息基础设施的建设价值。制定全面的符合地区整体发展战略的信息基础设施规划，持续强化信息基础设施建设的优先地位。注重信息技术创新研发投资，培养信息基础设施建设专业人才，鼓励和支持信息基础设

施数字化。建立健全信息基础设施网络安全体系，确保信息基础设施稳定运行。

第二，持续跟进和确保项目实施质量。明确信息基础设施建设项目的责任主体及其责任，制订项目实施计划书，设立明确的进度跟踪和考核指标，有序、高效、协调推进信息基础设施项目，确保项目实施质量。

第三，推动信息基础设施建设与旅游产业深度融合。应通过财税激励政策，支持建立全面的信息网络平台和数字化平台，整合旅游及相关信息，为旅游产业发展提供准确的信息支持，支持旅游产业数字化创新，加快旅游产业的更新更迭，提升旅游产业运营效率，实现旅游产业结构的动态优化。

（四）增强接待能力，巩固公共服务和环境基础设施建设

公共服务基础设施和环境基础设施是服务游客的重要载体，是推动旅游产业动态优化的重要因素。公共服务基础设施水平决定了某一地区的游客接待能力、旅游应急能力。环境基础设施是旅游目的地保持高接待水平的重要支撑要素。旅游经济越发达，旅游活动就越频繁，游客流动过程所需的公共服务和环境基础设施支撑要素也就越多。因此，要加大公共服务基础设施和环境基础设施的建设力度，使旅游目的地有足够的承载能力和接待能力。

一方面，扩大基础设施覆盖面。制定全面的公共服务和环境基础设施规划，包括交通、通信、医疗、水电等方面的设施，提升基础设施质量，扩大基础设施覆盖面，确保满足游客日益增长的对高水平服务和舒适环境的需求。

另一方面，加强基础设施建设投入。通过税收激励、融资支持等手段，加强公私合作，积极引导和鼓励民间资本参与旅游目的地的公共服务和环境基础设施建设，提升基础设施建设速度和质量。

三、增加政府教育投入，加强人力资本积累

（一）加强财政支持，鼓励旅游院校教育和院校人力资本积累

研究表明，政府教育投入的提高，对于旅游产业结构动态优化具有重要促进作用。为此，一方面，中国地方政府应继续加强教育投入，在高等院校师资队伍建设、学生培养、学科发展等方面给予充足的财政支持，以满足旅游产业结构动态优化的需要。另一方面，地方政府还要继续鼓励旅游职业院校教育的发

展，为旅游职业院校发展提供师资和资金支持，引导其进行机制改革和创新，以更好地适应职业型、专业型旅游人才培养需求和旅游产业实践发展需要，激发中等职业旅游院校人力资本对旅游产业结构动态优化的积极调节作用。

对旅游高等教育的支持，地方政府应着重做到以下几点：第一，提高财政拨款，支持提高教职工薪酬，改善教职工的工作条件，引进国内外优秀学者和专业人才，优化人才结构；第二，推动实践教学，鼓励高校与旅游产业合作，提供学生实地实习和实践机会，增强学生实际操作能力；第三，支持高校发展在线和远程教育，拓宽教育渠道，使更多学生能够获得高质量的旅游产业相关教育资源；第四，设立奖学金和资助项目，激励学生选择旅游产业相关专业，吸引更多有志于从事旅游产业的学子，提高人才培养的针对性；第四，加强学科交叉，鼓励高校推动旅游产业相关学科与其他学科的融合，培养更具综合素养的旅游产业专业人才。

对旅游职业院校的支持，地方政府也应采取多重措施。第一，设立专项资金，支持旅游职业院校培训师资、建设基础设施、改善实践教学环境、引进优秀教育人才、提高教学水平；第二，引导旅游景区、酒店等旅游企业与旅游职业院校紧密合作，开展实践教学和实习实训项目，通过联合培养方案、实践基地建设等方式，确保学生获得真实的行业经验、锤炼实际操作技能，更好地适应旅游产业的实际需求；第三，建立激励机制，吸引有实践经验的专业人士加入职业教育行业，提高职业教育质量；第四，组织人才需求调查，深入了解旅游产业对各类人才的需求，帮助旅游职业院校更精准地调整专业设置和培养方案，以满足实际用人需求。

（二）实施精准政策，引导院校和行业之间人力资本有效转化

地方政府应重新审视当地旅游教育和旅游行业发展状况，制定和实施合适且准确的政策和措施，引导旅游院校人才从事旅游行业，实现旅游院校人力资本与旅游业人力资本的有效对接和转化。在当地教育投入通过旅游业人力资本促进旅游产业结构动态优化过程中，不仅要改变旅游院校人力资本的负向调节作用，还要使得旅游院校人力资本内化于该影响过程，产生全过程、全路径正向调节，进一步增强地方政府教育投入对旅游产业结构动态优化的促进力度。除了建立校企合作机制之外，地方政府应注重以下措施。

一方面，引导院校专业设置符合产业需求。无论是旅游高等教育学校还是旅游职业院校，在专业设置上都应符合产业需求，并保持一定的先进性。为此，地方政府应对旅游产业发展状况、市场动态及其人才需求进行定期跟踪调查，并引导旅游院校及时灵活地调整专业设置，确保学生毕业后可以迅速融入旅游行业发展。

另一方面，引导旅游专业学生从事旅游行业。地方政府可引导旅游企业和旅游院校为有志于从事旅游行业的学生提供奖学金、实习津贴等激励支持，引导学生从事旅游行业，提高旅游专业人才从事旅游行业的概率。

（三）留住专业人才，实现旅游业人力资本与产业结构动态匹配

地方政府要通过出台和制定当地就业优惠政策，筑巢引凤，吸引高素质的旅游专业人才留在当地，参与当地旅游业发展，实现旅游业高质量人力资本的稳定积累和整体提升，为旅游产业结构动态优化提供长久动力。第一，推出税收优惠政策。对于在当地从事旅游行业工作的人才给予个人所得税减免或抵扣，提高其可支配收入。第二，提供住房和生活福利。设立人才公寓或提供租房补贴或购房优惠政策，同时提供良好的医疗、教育等生活福利，为人才提供便利的居住条件。第三，制定旅游职业培训支持政策。鼓励旅游从业人才在当地进行职业发展，提供专业培训、技能提升课程，适应行业发展的需求。第四，提供旅游创业支持。为有旅游创业意愿的人才提供财政补贴、创业培训、优惠贷款等创业支持，为当地留下旅游创新人才。第五，为旅游专业人才提供一站式服务。建立人才服务平台，提供求职信息发布、职业规划指导、招聘会组织等一站式服务，方便旅游专业人才在当地就业。

此外，地方政府要联合企业为旅游从业人员提供良好的激励机制和培训体系，提高其行业满意度、忠诚度和实践素质，从而实现旅游业人力资本在数量、结构和类型上与旅游产业结构转型升级的动态匹配。第一，建立健全的旅游从业人员激励机制。政企合作制定激励政策，包括绩效奖金、晋升机会、荣誉奖项等，激发从业人员的工作积极性，营造积极的竞争氛围，激发旅游从业人员的自我提升动力。第二，建立行业认证培训体系。政企合作建立行业认证培训体系，为从业人员提供多层次的培训课程，并为其提供明确的职业晋升路径，激发其对行业的长期投入。第三，健全旅游从业人员福利体系。引导旅游

企业健全福利体系，提升工作制度的灵活性和员工的决策参与度，增强旅游从业人员的生活满意度和忠诚度。第四，完善沟通渠道。引导企业建立定期反馈机制，促进从业人员与企业的良好沟通与合作，及时根据从业人员的意见和建议调整激励机制和培训计划，更好地满足其需求。

四、加大政府研发投入，促进技术持续创新

（一）扩大研发投入，把握契机实现旅游产业结构动态优化

总体上，地方政府的研发投入及其流向均对旅游产业结构的动态优化具有积极影响。这说明，无论是从经济高质量发展的总体趋势来看，还是从旅游产业结构转型发展角度来看，地方政府加强研发投入均具有一定的合理性和必要性。随着创新驱动发展战略深入实施，预计未来地方政府对技术创新的投入仍将持续增加，应进一步发挥地方政府研发投入对旅游业的引导带动作用，推动行业研发投入增加，解决行业发展所面临的核心技术问题，推动旅游产业结构持续优化。

第一，设立专项技术研发资金。地方政府应通过政府拨款、奖励措施、设立创新基金等形式设立专项资金，激励企业、高校和研究机构共同参与旅游行业内外的技术研发和科技创新，解决旅游产业创新发展中的核心技术问题，推动旅游产业发展更加智能化和高效化。

第二，引导企业提高研发投入。地方政府通过财政补贴、税收政策、创新奖励等手段，引导企业注重研发投入，尤其鼓励旅游企业进行长期科技研发规划、增加研发投入、建立专业研发团队，开展相关前沿技术研究，提高创新发展水平。

第三，建立产学研合作平台。地方政府应主导建立旅游产业产学研合作平台，进一步促进企业、高等院校和科研机构之间的深度合作，增强产业界和学术界协同创新发展机会，共同探讨和解决旅游产业发展中的技术难题，推动相关技术创新成果向旅游产业高质量发展的转化和应用，促进旅游产业链创新升级。

（二）合理配置资金，实现技术创新产出水平全面持续提升

实证研究结果表明，在不同的技术创新阶段，地方政府研发投入及其流向对旅游产业结构动态优化的作用机制与作用效果是完全不同的。研究发现，到后期技术创新阶段，技术创新在地方政府研发投入及其流向（工业企业除外）促进旅游产业结构动态优化中的中介效应消失。

这一结论对地方政府更好地配置研发投入具有显著的政策含义。在技术研发到产业创新的过程中，"达尔文死海"的存在制约了后期技术研发投入的效应，导致政府后期的技术研发投入低于市场资源配置效率。因此，地方政府要始终注意研发资金的合理配置和有效利用，更加聚焦于高效、高产出的创新项目，推动科技创新与产业发展的深度融合，推动技术创新产出效率的持续提升，通过高效的技术创新投入实现旅游业结构的动态优化。

第一，建立科技创新评估机制。在不同的技术创新阶段，地方政府应建立不同的科技创新评估机制，对科技创新项目的市场应用程度、技术转化率、经济社会效益等进行定量和定性分析，筛选出具有高产出效益的项目，并对其进行持续投入，提高整体研发效益。

第二，建立创新信息共享平台。地方政府应鼓励和推动企业、高校、科研机构等进行开放性合作创新，以研发联盟的形式建立研发创新共享平台，整合并及时发布各个创新主体的研发成果和技术需求信息，提高研发资金配置的透明度，有效匹配科技创新资源，减少"达尔文死海"的存在，提高研发创新效益。

第三，鼓励技术成果有效转化。地方政府可设立技术研发成果转化基金，或为科技研发企业、高校和科研机构提供低息贷款、股权投资等形式的支持，支持科技研发成果的产业化和商业化，促使创新成果快速转化为市场效益，提高创新产出水平。

（三）立足全域旅游，利用外围产业促进旅游产业结构动态优化

地方政府研发投入的工业企业流向在三个技术创新阶段，均可以通过技术创新推动旅游产业结构动态优化。这说明，即使工业企业和旅游产业的性质不同，但借助于产业之间的内在关联性和协同演化性，工业企业研发所带来的技术创新贯穿了旅游产业结构动态优化的全过程。因此，为促进旅游产业结构动

态优化，地方政府不能拘泥于旅游产业，应立足于创新驱动发展战略的视角，打造区域创新体系，加强外围产业技术进步与旅游产业的联动性，形成创新发展的氛围，从而推动旅游产业技术持续提升。

第一，构建区域创新体系。基于创新驱动发展战略框架，地方政府应积极建立创新创业孵化中心、科技园区等区域创新平台体系，给予高科技企业和创新型产业研发经费、税收优惠等支持政策，吸引他们落户并进行技术创新，为旅游产业结构优化升级提供助力。

第二，增强外围产业联动。地方政府应当积极促进交通、通信、农业等外围产业的技术进步与旅游产业高质量发展的紧密联动，加强这些产业与旅游产业链上下游的密切合作，实现技术的传递和共享，为旅游业提供更先进、更智能的技术支持，为旅游产业的技术水平整体提升创造有利条件。

第三，塑造创新发展氛围。地方政府应通过宣传、教育等手段，举办创业大赛、科技峰会等活动，提供创新创业政策咨询服务，激发企业家和科技人员的创新热情，激发全社会的创新活力，形成创新、创业的文化氛围，为旅游产业技术创新和优化升级打下坚实的基础。

（四）针对研发特点，有力促进科研机构和高校的创新产出

地方政府研发投入的科研机构流向和高校流向对旅游产业结构动态优化的作用机制较为复杂。这与科研机构和高校科研任务多元化、科研成果产业化慢、科研政策支持依赖性强等特点有关。因此，地方政府应根据科研机构和高校的特点，有针对性地对科研机构和高校进行研发支持，提高其技术研发的效率，增加其对旅游产业技术进步的创新产出，从而带动旅游产业结构进一步高级化。

第一，个性化研发支持。根据科研机构和高校的研究方向和特点，地方政府应实施个性化研发支持政策，如为科研机构提供更加灵活的经费支持，鼓励高校开展产学研合作，引导科研机构和高校聚焦于技术创新的关键领域，提高研发的精准性和效果。

第二，加强产学研融合。地方政府应通过建立联合实验室、共享研究设施等措施，积极搭建科研机构、高校和旅游企业之间的桥梁，促使科研机构和高校的科研成果更加贴近旅游产业的实际发展需求，实现产学研的深度融合。

第三，强化技术转移机制。地方政府可以通过设立技术转移基地、提供专业咨询服务、加强产业界与学术界沟通等方式，建立健全技术转移机制，推动科研机构和高校的技术成果更好地服务于旅游产业技术进步，进而更好地转化为实际生产力。

第 **14** 章

消费需求视角下中国旅游产业
结构动态优化对策

引导消费需求和改革供给侧是促进旅游产业结构动态优化的一体两面。在消费需求的视角下思考中国旅游产业结构动态优化对策，实质上是如何合理地改革"供给侧"，大力提升市场主体活力，充分利用各类旅游要素，创新发展旅游业态，优化和扩大旅游供给，以更好地激发和满足消费者需求。本章即以此为逻辑起点，从重视旅游创新创业、夯实认知基础、优化各类结构、进行全面改革、发展新业态等方面，提出中国旅游产业结构动态优化对策。

一、重视创新创业，培育和形成旅游市场新主体

培育和形成一批素质高、能力强、具有创新精神的新市场主体是中国旅游产业实现转型升级和提质增效的关键，应在旅游企业核心竞争力、创业创新培育、旅游中介组织发展、体制机制改革等方面加以努力，促进形成旅游市场新主体。

（一）提高核心竞争力，激发旅游企业的潜在活力

积极引导旅游企业以技术能力为核心，充分发挥战略决策、产品设计开发、市场预测和营销以及内部组织协调管理的交互作用，全面提高旅游企业的核心竞争力，激发和释放其潜在活力，助力旅游产业迈向高效创新的发展轨道。

第一，将技术创新能力纳入战略决策核心。如前面章节所述，技术创新对现代旅游企业转型升级起着关键作用。地方政府应通过提供财政补贴、税收优

惠、研发资金等政策扶持和经济支持方式，引导旅游企业在制定发展战略时更加注重技术创新，确保技术创新方向与旅游市场需求相契合。

第二，建立旅游企业技术创新研发支持平台。旅游企业的技术创新远非凭借一己之力完成，需要产业内部各部门、外围产业、科研机构和高校等组织的有力支持和协同创新。因此，地方政府应牵头建立旅游企业创新研发平台，帮助旅游企业与各方建立紧密的合作关系，共享研究资源和人才，帮助旅游企业进行产品设计研发，加速新产品研发周期，提高产品创新水平。

第三，优化旅游企业内部组织协调管理功能。地方政府应为企业提供大数据、人工智能等前沿技术培训和咨询服务，支持旅游企业引入先进的管理信息系统、智能化生产流程等技术手段，帮助旅游企业更好地整合技术与管理，促进数字化转型，实现内外部的协同发展，提升运营效率和管理水平，在市场中更具竞争力。

（二）深化体制改革，促进政府部门和社会中介组织创新发展

深化体制机制改革，促进旅游行政部门由传统管理型向服务型和创新型转变，提高管理和服务效率，为旅游产业发展提供更加优质和高效的支持，为旅游产业结构转型升级创造良好的制度环境。

第一，提高旅游行政审批效率。政府应加快旅游行政审批流程数字化，减少烦琐的审批环节和纸质材料提交，为旅游企业提供更快捷的业务办理服务，提高整体办理效率。

第二，加强部门协同联动机制。政府应加强旅游行政部门内部以及旅游行政部门与其他部门之间的信息共享与协同机制，提高旅游行政部门的工作效率，及时高效解决各类旅游发展问题。

第三，与专业机构建立合作关系。旅游行政部门应加强与旅游行业组织、科研机构、高校等专业机构建立合作关系，快速获取行业前沿信息和专业技术支持，成为服务和引领旅游产业创新发展的智慧支持平台。

第四，提供专业旅游行政服务。政府应鼓励社会资本参与旅游行政服务，引入市场竞争机制，推动建立旅游行政服务中心，加强专业人员培训，一站式地集中办理旅游企业的相关事务，减轻企业负担，提高服务效率和质量。

地方政府还应加强产、学、研合作，支持科研院所、高等院校和以旅游协

会为代表的各种社会中介组织发展，提升其服务旅游企业、旅游行业和旅游市场的综合能力，激发其活力，使其成为旅游产业创新和转型升级的重要推动力量。

第一，增强研究机构的科研成果转化活力。政府应通过设立基金和奖励机制，引导和鼓励科研院所、高等院校与旅游企业开展项目联合申报和深入研究等合作，推动研究机构的旅游科研成果更好地转化为实际旅游生产力，共同推动旅游产业技术创新。

第二，支持高等院校旅游产业人才培养活力。政府可以引导和支持高校与旅游企业在人才培养上的深度合作，鼓励旅游企业参与旅游高等院校的课程设计、实习实训等活动，培养旅游产业真正所需的高素质人才，激发院校人才培养活力。

第三，提升旅游协会的影响力。政府应通过设立专项经费、开展行业研讨会和培训、建立产业信息共享平台等方式，加大对主要旅游协会的支持力度，提升旅游协会的服务水平和行业影响力，使其更好地发挥协调与服务功能。

第四，对社会旅游组织加强监管和评估。政府通过建立绩效考核机制，加强对科研院所、高等院校和旅游协会的监管与评估，促使其更好地履行服务职责，为旅游产业发展提供更具针对性的高质量服务。

（三）加强创业创新，为旅游产业优化升级注入智慧和活力

一方面，要大力培育智慧旅游、乡村旅游、研学旅行、休闲旅游、文化旅游、康体旅游等众创空间、创客基地，重视培养一大批具有视野开阔、理念先进、综合协调能力强等素质的高层次应用型人才，推动旅游业多元创新和全产业链提升。

第一，构建智慧旅游创新发展系统。推动物联网、大数据等新一代信息技术在旅游领域的应用，投资建设智能化旅游服务中心，为游客提供个性化、智慧化、沉浸式的高质量旅游体验，带动相关科技企业的发展，形成智慧旅游创新发展体系。

第二，促进乡村旅游快速发展。乡村旅游是融合农业、文化、旅游的全新模式，政府可通过提供场地、资金、政策支持等方式，支持建设乡村旅游创客

基地，鼓励农村创业者在传统文化、农业产业等方面进行创新实践，带动乡村旅游业的快速崛起。

第三，推动教育与旅游深度融合。政府可与学校、企业进行合作，投资建设研学旅行众创空间，方便学校和旅游企业的资源共享和活动组织，创新研学旅行内容，满足学生多样化的学习需求。

第四，重视休闲旅游和康体旅游。休闲旅游和康体旅游是当代社会健康生活方式的重要组成部分。地方政府可通过建设休闲旅游和康体旅游众创空间，鼓励企业和创客团队在健康、休闲产品和服务方面进行创新，为社会提供更多健康休闲的选择，推动旅游业可持续发展。

第五，加强文旅融合发展。政府应根据不同的文化旅游形式，着力打造相应的文化创新基地，结合数字展馆和虚拟现实技术手段，使游客更深入地了解文化，激发游客对文化旅游的兴趣。

另一方面，要鼓励大众创业、万众创新，建立一些国家或地方性的旅游创业创新平台或组织，吸引更多的人才和资金投入旅游产业，激发创新活力，提高旅游业运行效率，推动旅游产业全面升级。

第一，建立旅游创业创新基金。旅游创业创新的内在风险较大，为了鼓励更多人参与旅游创业创新，政府应为旅游创业创新者提供贷款、风险投资、税收减免等支持，降低旅游创业创新风险。

第二，设立旅游创业创新孵化器。政府应牵头建立旅游创业创新孵化平台，配合政策服务窗口，给旅游创业创新者提供办公场地、技术支持、市场推广、专业指导、政策咨询、法律援助等全方位服务，解决旅游创业创新过程中的实际问题，提高旅游创业创新成功率。

第三，举办高水平的旅游创新创业大赛。政府应注重通过举办国际级或地方高水平的旅游创业创新大赛，以发现和培育更多更优质的旅游创业创新项目，鼓励旅游产业多维度、多层次的创业创新实践。

第四，建立旅游创新与创业信息共享平台。政府可以支持建设旅游创业创新的数字化服务平台，整合旅游产业链上下游的信息资源，快速准确地为创业创新者提供更多市场动态信息，促使其提高创业创新效率。

二、夯实认知基础，引导各类生产要素有效供给

中国旅游业发展所依托的旅游资源、土地、劳动力、资本、技术、制度等要素禀赋及其规模、质量和比例在不同时期是不同的。现如今，宏观经济形势严峻，实体经济与虚拟经济融合发展，以大数据、云计算、物联网为代表的信息技术变革大行其道，中国旅游业如何在源头上有效整合生产要素，增加各类生产要素的有效供给，避免要素过度投入、资源浪费和产能过剩等问题，显得尤为重要。为达到该目标，当务之急是夯实认知基础、厘清要素类型、建立协同机制、积极融入技术，达到精准决策引导。

（一）厘清要素类型，探索其影响因素和有效利用机制

厘清各类要素的类型，探究其影响因素和利用机制，有助于促进地方经济增长和旅游产业高效发展，为旅游产业结构优化升级创造良好的要素环境。

第一，建立健全旅游生产要素分类体系。旅游生产要素复杂多样，既包括旅游资源、劳动、土地、资本等各种旅游生产要素类型，也包括这些要素的交叉衍生类型。因此，政府应成立专门的旅游生产要素研究机构或委托高校进行旅游生产要素的综合研究和深入剖析，从而建立起清晰的旅游生产要素分类框架，有助于全面了解各生产要素的特征、互动关系和影响因素。

第二，全面评估和分析旅游全要素生产率。旅游全要素生产率代表着地区旅游生产要素投入产出效益，也表征着地区旅游经济增长潜力。政府可以委托相关研究机构对地区旅游全要素生产率进行科学的全面评估和深入分析，识别旅游产业发展中的要素贡献、瓶颈和潜在提升空间。

第三，梳理影响旅游全要素生产率的影响因素。政府应深入挖掘和梳理影响旅游全要素生产率的各类影响因素，如环境、技术、企业家精神、组织管理、政府服务、制度等，有助于针对性地出台政策，为旅游产业发展消除障碍因素，并发现新的旅游产业增长点和创新方向，提升旅游产业竞争力。

第四，建立有效引导和充分利用旅游要素的机制。政府应制定旅游产业发展规划，明确各要素的合理配置和利用路径。建立促进各类生产要素协同发展的激励机制，鼓励企业加大对新技术、人才的投入，推动全要素生产率提升。政府还可以加强与企业、研究机构的沟通合作，形成联动机制，推动全要素生

产率的协同提升。

（二）构建协同机制，适应和引领旅游业需求侧的变化

要联动市场规模、公共服务、专业化分工、现代科技、政策法规等"旅游需求侧"影响因素，合理构建出一套传统旅游业态革新、旅游新业态培育及消费结构优化的协同机制，因势利导释放要素活力，促使传统旅游业实现从数量扩张到质量提升的升级，引导市场力量更好地适应和引领旅游需求侧的变化。

第一，联动市场规模。政府应联动式地促进市场规模扩大，通过新媒体营销、活动营销、质量提升等多措并举，吸引游客。同时，鼓励旅游企业提供多元化、创新性的旅游产品和服务，满足不同层次游客的需求，引导市场需求不断升级，进一步促进客源规模的扩大。

第二，联动公共服务。政府应大力提升交通、通信、安全等基础设施建设水平，建立旅游服务中心，整合公共服务资源，提供优质的旅游信息和咨询服务，为游客提供全方位的服务支持，提高游客满意度。

第三，联动专业化分工。政府应制定相关政策，引导旅游企业实行专业化分工，支持不同企业专注于其擅长领域，推动旅游业从传统景区、餐饮、住宿等环节向文化体验、观光工厂、智慧旅游等更多细分领域发展，形成产业链协同发展。

第四，联动现代科技。政府应支持建立智慧旅游平台，引导和鼓励旅游企业应用大数据、人工智能、虚拟现实等数字技术，推动旅游业与现代科技的深度融合，为游客提供个性化、定制化的服务，提升游客的旅游体验，提高旅游产业的数字化水平。

第五，联动政策法规。政府应出台财税、土地、金融等多元政策，引导和鼓励旅游企业进行创新，释放企业家精神，革新传统产品和传统业态，开发新产品，发展新业态。

（三）积极融入科技，推动各类旅游生产要素实现质的提升

要积极融入信息、网络、能源、生物等先进科学技术，促进旅游行业技术进步、人力资本提升、知识增长，推动各类旅游生产要素实现质的提升，促进旅游全要素生产率提高。

第一，加大对科技创新和信息化建设的支持力度。地方政府应设立科技创新专项资金和组织科研团队，加强数字技术、虚拟现实、人工智能等在旅游产业中的创新性应用，提高旅游产品和旅游服务的智能化、智慧化水平。同时，应大力支持和推动旅游大数据平台建设，整合景区、酒店、交通等多方旅游信息，为游客提供个性化决策推荐和服务。鼓励企业采用先进的预订系统、在线支付等技术，提高整体服务效率。

第二，增强人力资本积累和推动先进知识增长。政府应借助大力发展先进科技的良好契机，配合支持科技创新的优惠政策、奖励机制、科研项目等，大力培养旅游行业所需要的高素质人才，促进旅游产业人力资本实现高质量积累。同时，吸引和鼓励更多人才从事旅游科技领域的研究与实践，助力旅游科技领域取得更多成果，实现旅游产业领域的先进知识快速增长，为其他旅游产业要素提供智力支持。

第三，充分发挥新能源技术和生物技术的作用。旅游产业发展虽然对经济发展具有显著的积极影响，但也给生态环境带来了不可避免的负面后果，限制了生产效率的提升。在实际发展中，地方政府应引导企业践行"绿水青山就是金山银山"的经营理念，积极采用新能源技术，在"食、住、行、游、购、娱"等各个环节上减少旅游活动对环境的负面影响。同时，地方政府应鼓励景区采取先进的生物技术，改善生态环境、保护生物多样性。

三、优化各类结构，释放旅游产业内生发展潜力

现阶段，各类旅游结构的不合理是阻碍旅游业转型升级和提质增效的关键问题。因此，地方政府需要融入国内新型城镇化、新型工业化、新型信息化、区域经济一体化、经济国际化的发展实际，立足"大旅游、大市场、大产业、大结构、大整合、大融合、大开发、大就业、大发展"的视角，重视改善和优化旅游业自身的各种结构，释放旅游产业内生发展潜力。

（一）优化市场结构、消费结构和产品结构

入境旅游、国内旅游、出境旅游是三大旅游市场。出入境旅游市场不仅可以增加旅游产业效益，还可以为旅游产业发展营造良好的内外部环境；国内旅

游市场是旅游业的主要组成部分，对于促进旅游产业发展和拉动旅游消费、促进旅游就业具有重要作用。优化三大市场结构，同时引导优化与之相关的游客消费结构和旅游产品结构，促进供需均衡，进而有助于旅游产业发展及其结构优化。

第一，优化入境旅游市场结构及其消费结构和产品结构。地方政府应通过加强宣传推广、举办国际性活动、拓展交流合作等方式，提升地区的国际知名度和吸引力。还应加强与国际航空公司、旅行社等行业的合作，提高入境游客的便利性和舒适度。针对消费结构和产品结构，地方政府应与地方旅游企业形成合力，引导旅游消费升级，不仅提供高端酒店、特色美食、奢华体验等高品质的旅游产品和服务，还应结合当地的历史文化、自然风光、民风民俗等，提供丰富多样的旅游产品和服务，满足不同国家和地区游客的需求。

第二，优化国内旅游市场结构及其消费结构和产品结构。地方政府不仅应加强旅游基础设施建设和景区建设，提升地区旅游硬件品质和特色；还应提高交通、住宿、餐饮、游览、购物、娱乐等配套设施和服务水平，提升游客的旅游体验。针对游客消费结构和产品结构，地方政府应注重差异化发展，结合文化、体验、科技等元素，设计各具特色的旅游线路和活动，提供多样化的旅游产品和服务选择，推动旅游产品创新，满足不同游客群体的需求。

第三，优化出境旅游市场结构及其消费结构和产品结构。地方政府应加强与各个出境旅游目的地的合作，推动出境旅游产品、服务和线路的多样化和优质化，满足出境游客的不同需求，加强旅游安全保障。针对游客消费结构，政府应提倡文明旅游和可持续消费理念，鼓励游客进行文化交流和体验式旅游，促进旅游消费结构品质化、个性化、多样化。

（二）优化投入结构、要素结构和资源结构

旅游产业结构优化与投入结构优化息息相关。优化与业态、基础设施、公共服务体系等相关的投资结构，劳动、土地、资本、旅游资源等要素投入结构，以及与要素提升相关的技术、人力、知识等研发结构，这也就意味着要更有效地配置要素和资源，促进旅游产业向更加多元化、高级化、可持续化的方向发展。

第一，优化旅游投资结构。首先，应加大对旅游基础设施的投资，包括交

通、通信、水利、能源等方面，提高旅游目的地的接待能力和服务水平。其次，要引导更多的投资流入到稳定发展且风险低或风险高却增长潜力大的领域，强化旅游产业可持续发展动力。再次，要注重旅游设施的智能化和信息化建设，提升旅游服务效率和质量。最后，应鼓励和引导私人资本参与旅游投资，促进旅游业多元化发展，降低投资风险。

第二，优化旅游要素投入结构。优化旅游要素投入结构，需要从劳动、土地、资本和旅游资源等多个方面入手。首先，应加强旅游人才培养和技术提升，建立健全的旅游人才培养体系，提高从业人员的专业素质和服务水平。其次，要合理配置土地资源，加强土地利用规划和管理，确保旅游业发展与生态环境保护相协调。再次，要引导资本向旅游业倾斜，支持旅游企业技术创新和产品升级。最后，还应加强对旅游资源的保护和开发利用，充分挖掘旅游资源的潜力，提高旅游资源的利用效率和附加值。

第三，优化旅游研发结构。首先需要加强旅游技术的研发和创新，推动数字化、智能化、智慧化等新技术在旅游业的应用，提高旅游服务水平和管理效率。其次，要加强旅游人才队伍建设，培养具有国际视野、专业素质和创新能力的旅游人才，满足旅游业高质量发展的需求。最后，还应加强旅游知识的传播和交流，建立旅游信息资源共享平台，促进旅游行业的学术研究和经验分享，推动旅游产业转型升级。

（三）优化生态结构、运管结构和人力结构

旅游产业生态结构主要包括旅游企业组织与运营结构、旅游教育结构、旅游人才结构与旅游就业结构。其中，旅游企业组织和运营结构直接影响着旅游运管结构，旅游教育结构、旅游人才结构与旅游就业结构可以统称为旅游业人力结构。这几个方面相互依存、彼此影响，旅游企业组织与运营结构决定了旅游企业和旅游产业效率，旅游教育培养了专业旅游人才，而专业旅游人才与旅游就业则为旅游产业发展提供了劳动力与创新动力。优化这三种结构，将有助于形成良好的旅游产业生态结构，进而有利于旅游产业结构动态优化。

第一，优化旅游企业运管结构。优化旅游企业运营与管理结构，可以增强旅游企业的市场适应性，提升旅游企业的竞争力。首先，地方政府应引导旅游企业认真精简和优化内部机构和流程，减少层级、消除冗余，提高运作和决策

效率。其次，地方政府应支持旅游企业引进先进的信息管理系统和数字化技术，实现业务流程的自动化和智能化，提高服务效率和服务质量。最后，地方政府应鼓励和支持旅游企业与产业链和价值链上的相关企业、中介组织和相关政府部门的合作，实现资源共享和优势互补。

第二，优化旅游教育结构和旅游人才结构。旅游教育与旅游人才的优化是促进产业结构优化升级的关键。一方面，地方政府应重视建立健全旅游教育体系，合理布局旅游高等教育和旅游职业教育的规模和结构，并引导各层级的旅游院校配套相应的专业体系和课程体系，为培养旅游专业人才夯实教育基础。另一方面，地方政府应立足于地方教育结构实际和旅游产业发展实际，引导旅游院校因材施教，使得旅游理论科研人才与行业实践人才配比、旅游高等教育人才与旅游职业教育人才配比、国内旅游人才与国外旅游人才配比、地方旅游人才与外来旅游人才配比合理化。此外，地方政府应会同旅游教育机构、旅游企业等，建立健全人才评价和激励机制，激发人才的创新和积极性，增强高素质旅游人才的数量积累。

第三，优化旅游就业结构。旅游就业结构是指旅游产业的劳动力在旅游产业各部门、各行业、各地区、各领域的分布、构成和联系。优化旅游就业结构有助于实现旅游人力资源合理配置和提高就业质量，也是促进旅游产业结构动态优化的重要动力。地方政府应按照不同的分布方式，厘清旅游就业的部门结构、城乡结构、所有制结构、地区结构、知识结构、性别结构、职业结构、技术结构等，为优化旅游就业结构提供参考。在此基础之上，地方政府应根据旅游就业的各类结构所呈现出来的问题，进行精准施策，定向消除问题，实现各类旅游结构的协同优化。此外，地方政府还应注意宏中微观就业结构的协同优化，为旅游产业结构优化提供助力。

（四）优化宏观结构、中观结构和微观结构

优化宏观（国际、国内）、中观（省际、市际）和微观（县域、乡/镇）等空间尺度的旅游区域结构，可以促进不同国家、地区、城市、县城和乡镇之间的资源共享和合作，延伸旅游产业链和价值链，对旅游产业结构的优化升级产生重要影响。

第一，优化宏观尺度的旅游区域结构。在宏观尺度上，地方政府应主要通

过整体规划和布局国内和国际旅游对旅游区域结构加以优化。在国内旅游方面，地方政府应根据国家级的旅游发展战略和规划，明确本地区的旅游定位和发展重点，建立起覆盖全国各地旅游市场的旅游发展体系，形成一、二、三层级的旅游网络，促进旅游资源和要素在国内旅游产业链上合理配置和流动。在国际旅游方面，地方政府应加强国际旅游合作，根据地方文化和自然资源特色，打造国际知名的旅游目的地，吸引海外游客，推动旅游资源和要素在国际旅游产业链上共享互通，推动旅游业结构可持续优化。

第二，优化中观尺度的旅游区域结构。在中观尺度上，地方政府应通过加强省际和市际的旅游区域协调和合作，促进旅游产业结构优化。首先，要协同相关省份和城市，制订省际和市际的旅游发展规划，明确彼此的旅游资源禀赋、产业优势和互补空间，进而实现跨地区的旅游产业联动和合作。其次，应在市际合作的基础之上，加强中心城市和周边城市之间的旅游合作，形成城市群之间的旅游圈，利用城市群和旅游圈的双重优势，促进旅游产业链的延伸和完善，实现旅游产业结构优化。最后，旅游产业要建立起中观尺度的旅游产业合作平台，为地方政府、企业和机构提供合作交流的平台，促进旅游业的共同发展。

第三，优化微观尺度的旅游区域结构。在微观尺度上，地方政府应制定县域和乡镇旅游发展规划，根据各个县域和乡镇的资源优势和发展定位，整合和开发县域和乡镇的旅游资源。地方政府还应利用乡村振兴的战略契机，加强县域和乡镇乡村旅游发展合作，加强乡村旅游资源集聚和共享，提升乡村旅游的整体吸引力。此外，地方政府要加强建设交通、住宿、餐饮等方面基础设施和公共服务体系，加强旅游专业人才培养和技术支持，为游客提供便捷和高质量的旅游服务。

（五）优化旅游管理、公共管理等治理结构

优化旅游管理、公共管理、旅游法制相关的旅游治理结构，可以推动旅游行业更加规范化和专业化，有助于解决旅游业面临的资源开发与保护、安全管理、市场监管等各种挑战和问题，保障旅游从业者和游客的合法权益，降低经营风险，对旅游产业结构优化有着深远的影响。

第一，建立综合性的旅游治理体系。为了有效管理旅游行业并解决其发展

中的问题，需要建立综合性的旅游治理体系。这一体系应该包括政府、企业、行业协会、社会组织和公众等多方参与的机制。政府在其中扮演着主导和协调的角色，制定相关政策和法规，提供行业监管和公共服务，促进旅游资源的保护和可持续利用。企业应遵守法律法规，诚信经营，同时积极参与社会责任和行业自律活动。行业协会则负责协调行业内部关系，推动行业规范化和标准化发展。社会组织和公众参与则可以提供更广泛的意见和建议，监督旅游行业的发展，保障公众利益。

第二，强化旅游法治建设。加强旅游法治建设是优化旅游治理结构的重要举措之一。首先，地方政府应加强完善旅游法律法规体系，明确旅游行业的发展方向和规范，加强对旅游从业者的监管和约束。其次，地方政府需要加强对游客权益的保护，建立健全旅游消费者权益保护机制，规范旅游市场秩序，提高旅游消费者的满意度和信任度。最后，地方政府应加强旅游法治宣传和教育，提升公众对旅游法律法规的认知和遵守意识，形成全社会共同维护旅游秩序的良好氛围。

第三，推动政府与市场有效互动。优化旅游治理结构需要政府与市场的有效互动。首先，政府应当在制定政策时充分考虑市场主体的需求和利益，激发市场活力，促进旅游产业的健康发展。其次，政府也要加强对市场行为的监管和调控，防止市场垄断和不正当竞争，保护市场公平竞争环境。最后，市场主体则应当遵守法律法规，诚信经营，发挥市场在资源配置中的有效作用，推动旅游产业的创新和升级。政府和市场之间的有效互动有助于形成良性的旅游治理结构，促进旅游业的可持续发展。

四、进行全面改革，多维度调整旅游产业存量

旅游业存量问题表现在旅游资源尚未被利用或闲置、旅游投资泡沫、同质化旅游产品多等方面。对于旅游业存量的调整，地方政府应在技术、人力和资金方面予以支持，科学开发与合理利用中西部地域所蕴藏的宝贵却尚在"沉睡"的旅游资源；还应加快全面改善基础设施、旅游接待设施及相关配套设施，切实提高旅游的可进入性，使得"无人问津"的旅游资源得到充分利用。同时，地方政府还应注意以下方面的改革和完善。

（一）全面深化改革，盘活闲置的旅游产业资源

盘活闲置的旅游产业资源，需要一系列配套的改革措施，涉及管理体制、市场化改革和运营模式等。

第一，建立科学有效的管理体制。旅游产业的综合性强，所涉及的领域复杂多样，需要建立健全的管理体制。因此，地方政府应建立专门的旅游管理机构，负责协调旅游产业的各个环节，加强部门间协同，促进信息共享，实现全局性的管理。与此同时，旅游产业所涉及的各个政府部门应采用现代管理理念，提高管理效率和决策科学性，为更好地促进旅游产业结构优化升级提供坚实基础。

第二，探索引入市场化激励机制。放宽市场准入，鼓励更多社会资本参与旅游产业，建立健全市场竞争机制，促进旅游市场的公平竞争。探索引入市场化导向的激励机制，奖励具有卓越业绩的旅游企业，激发旅游产业活力，促进资源配置优化，推动旅游产业竞争和创新，为旅游产业结构优化创造有利条件。

第三，创新旅游企业运营模式。引入互联网技术，发展在线预订、虚拟体验等新型业态，鼓励旅游企业开展定制化服务，提高产品、项目和服务差异化以及个性化水平，推动旅游企业从传统的经营模式向创新型运营模式转变，为旅游产业结构优化提供现实动力。

（二）倡导理性投资，引导旅游行业资本合理流动

倡导理性投资的理念，时时关注、动态跟踪、合理引导旅游行业资本流向，规范旅游巨头企业之间的大额资本博弈，为小型旅游企业融资创造机会和条件，谨防资本疯狂与热钱泡沫化，可以有效规避旅游产业结构优化升级的潜在风险。

第一，加强信息透明度。地方政府应制定地方旅游行业资本市场透明度和信息披露的标准，要求企业按规定公开财务状况、经营情况、投资计划等信息，降低信息不对称，减少投资风险。地方政府还应根据资本市场法规法制，设立专门的行业监管机构，加强监督旅游市场投资行为，处罚大额资本博弈和违规行为，规范旅游资本市场运作，维护市场公平和透明。

第二，支持小型企业融资。地方政府应通过设立风险补偿基金为金融机构

提供风险保障，鼓励金融机构加大对小型旅游企业的融资支持，提供贷款、担保等金融产品，降低小企业融资成本。此外，地方政府应建立科学合理的旅游投资评估体系，全面评估旅游项目的市场前景、盈利模式、可持续性，引导投资者理性投资，避免盲目跟风和过度投资。

第三，强化企业自律机制。地方政府应引导和鼓励旅游行业协会建立自律机制，制定行业规范和道德准则，引导旅游企业在资本运作过程中遵循行业规范，防范过度竞争和恶性竞争，维护整个行业的稳定。地方政府还应通过媒体、培训等渠道，开展资本市场宣传教育，加强对旅游投资者的宣传和教育，引导旅游投资者树立长期理性投资理念，避免过度追逐短期利润。

（三）创新设计开发，打造新型旅游市场产品

将旅游资源与文化和市场有机结合，创新旅游产品设计和开发，打造出地域文化内涵深厚、主题特色鲜明、适合市场需求变化的新型旅游产品，有助于拓展旅游产业的发展空间，促进旅游市场的多元化和差异化发展，推动整个旅游产业向高品质、高附加值方向发展，有利于产业结构的优化和升级。

第一，深挖本地文化资源。地方政府应深度挖掘和梳理当地的历史、传统、民俗等文化资源，理解其内涵和特色，为旅游产品创新设计提供丰富的文化素材，进而引导和促进旅游业与文化机构、艺术家、科技公司等建立跨界合作机制，丰富旅游产品的数量、类别和特色，促进文化旅游产业发展，为旅游产业结构优化提供机遇。

第二，满足旅游市场需求。地方政府引导旅游产业创新设计和研发旅游产品，应进行市场需求调查，确保产品更好地满足游客的兴趣、偏好和消费水平等信息，提升游客的满意度和忠诚度。此外，地方政府应引导旅游企业关注市场动态，引入新的文化元素、体验方式，持续创新与更新旅游产品，保持产品的新颖性和吸引力，有效匹配快速变化的市场需求。

第三，注重文化传承与体验。地方政府在引导创新旅游产品时，还应注重文化传承与体验。例如，鼓励和支持发展手工艺品、传统美食、文创产品等与本地文化相关的特色产业，提升旅游产品的文化深度和市场吸引力。再如，支持在景区周边或旅游产业集聚区内建设文化体验基地，通过展览、表演、互动等形式和有趣、生动的解说，向游客展示本地文化的独特魅力，增强游客对地

方文化的理解和认同感。

五、发展新业态，加快扩大旅游产业的新增量

根据旅游市场的新需求，寻找旅游业发展的新动力和新业态，开拓旅游业空间，形成新的旅游业运营模式，可以有效地培育和扩增旅游业增量，为旅游产业结构持续优化升级提供有力支撑。

（一）增强技术应用，提供旅游发展提供新动力

伴随 VR、可穿戴设备、物联网、云计算、虚拟界面、人工智能等先进技术的出现和发展，政府应引导和支持这些先进技术在旅游业态、项目、产品和服务等方面的应用，为旅游产业结构优化提供新动力。

第一，推动旅游产业数字化转型。推动旅游产业数字化转型，是促进旅游产业结构优化升级的战略性举措。政府应鼓励和支持旅游企业采用云计算和大数据分析等先进技术优化管理流程、整合资源、精准营销、提高效率，引入虚拟现实（VR）和增强现实（AR）技术进行虚拟导览、历史场景还原、虚拟购物等旅游产品和项目设计，增强游客的参与感，为游客提供沉浸式的体验。

第二，发展智能导游系统。发展智能导游系统，创新旅游体验，提升旅游服务质量，是促进旅游产业结构优化升级的重要举措。借助语音识别、机器学习等人工智能技术，为游客提供详尽的解说，同时根据游客的兴趣和需求进行个性化调整，提升导游服务的质量和效果。另外，可以推广使用智能眼镜、智能手表等可穿戴设备，为游客提供实时信息、导航服务、语音交互等功能，也会极大地提升游客的参与度和体验感。

第三，支持建设智慧景区。景区是三大传统旅游业态之一，建设智慧景区，推动景区的数字化转型，改变传统业态在旅游产业结构中的占比，可以有力地促进旅游产业结构优化升级。地方政府应支持当地景区引入物联网技术，实现景区设备、设施的互联互通，以及景区的智能化监控和管理，从而提高景区的运营效率、安全性和便利性。此外，地方政府还应支持当地景区开发虚拟旅游平台，为游客提供远程体验，借机发展新业态、新项目和新产品。

（二）推进业态融合，培育和发展旅游产业新业态

推进旅游行业内业态之间的自融合，同时促进旅游业与农业、林业、工业、商贸、金融、文化、体育、医药等产业的跨界融合，发展新产业，培育新业态，可以改变传统业态占比较高的旅游产业结构现状，促进旅游产业结构优化。为了推进业态融合，地方政府应着重在以下方面进行努力。

第一，搭建交流与合作平台。建立促进旅游业内外合作交流平台，是促进旅游业态融合的重要举措。地方政府应引导和倡导通过旅游行业协会、旅游创新基地、旅游会议等形式，为旅游业态内外企业和从业者提供交流经验、探讨发展趋势、开展合作项目的平台，促进旅游产业信息流通和资源共享，激发旅游业态创新活力。例如，旅游行业协会可以组织各类专题旅游研讨会和旅游培训活动，为会员提供旅游行业动态和管理经验等方面的信息服务；旅游创新基地可以提供技术支持和资源共享，促进旅游技术创新和相关项目孵化；旅游会议则可以为企业和从业者搭建面对面交流的平台，加强旅游业务合作。

第二，推动跨界创新与合作。推动跨界创新项目是实现产业结构优化的关键举措。政府可以通过设立专项资金来支持实施跨界旅游创新项目，鼓励企业和研究机构提出具有前瞻性和创新性的旅游合作项目，例如旅游与科技、旅游与文化、旅游与农业等。通过联合研发、共享资源等方式推动旅游产业创新，可以有效地促进技术、人才、资金等要素的跨界流动，加速新兴旅游产业的孵化和成长，推动旅游产业结构优化升级。

第三，重视农旅融合与发展文创产业。加强农业、文化与旅游业的融合发展，是旅游产业结构优化的重要动力。在促进农旅融合方面，可以结合当地推进乡村振兴的发展思路，围绕农村、农业、农民、农产品，发展休闲农业、观光农业、乡村民宿、乡村度假等农旅融合发展项目，既促进了农村发展，又发展了乡村旅游新业态，为游客提供了独特的乡村体验。此外，应鼓励文化创意企业或机构与传统旅游业态合作，打造有文化内涵的旅游产品和体验，推动文创旅游产业蓬勃发展，助力旅游产业链条延伸和完善，为旅游业产业结构优化注入新活力。

（三）发展全域旅游，扩大旅游产业发展新空间

借鉴全域旅游发展理念，开辟旅游业发展新区域，延长旅游业产业链，做

实旅游业价值链，丰富旅游产品，塑造新旅游品牌，创新旅游开发和运营模式，可以为旅游产业发展提供更加广阔的发展空间。

第一，制定全域旅游整体规划与开发。地方政府应将整个地域视作旅游发展单元，制定综合性的全域旅游发展规划，突破传统的单一景区开发模式，统筹规划、充分挖掘和合理利用地域内的各类自然、人文、历史资源，实现全域旅游资源和产业的协同发展，提升地区旅游业的整体竞争力。

第二，开发新区域与建设产业集聚区。通过深度调研和评估，在未开发或开发较少的区域确定新的旅游开发区域，进而吸引投资，开发旅游资源，推出新的旅游项目和旅游产品，优化基础设施和旅游接待设施，提升区域旅游业发展总体水平。此外，应根据地区旅游发展实际情况，在适合的区域建设旅游产业集聚区，集中展示各类旅游产品、提供统一的旅游服务和管理，促进旅游企业协同发展。

第三，推动价值链升级与数字化转型。一方面，地方政府应加大文化创意、科技创新投入，支持和引导各种旅游业态提供深度、特色、个性化的旅游产品和服务，提高旅游业附加值，提升旅游业价值链水平。另一方面，地方政府应鼓励和支持旅游业态运用数字技术，建设智慧旅游平台、推广在线预订，推动旅游业的数字化转型，提高游客体验，提升服务效能，为旅游产业结构优化提供创新支持。

参考文献

1.Acemoglu D. Patterns of skill premia[J]. The Review of Economic Studies, 2003, 70（2）: 199-230.

2.Acs Z J. , Audretsch D B. Patents Innovative Activity[J]. 1989, 15（4）: 373-376.

3.Alfrey J, Putnam T. The industrial heritage: Managing resources and uses[M]. London: Routledge. 1992: 79.

4.Altenburg T. , Schmitz H. , Stamm A. Breakthrough ? China's and India's Transition from Production to Innovation[J]. World Development, 2008, 36（2）: 325-344.

5.Anderson, P. and Tushman, M. L. Technological discontinuities and dominant designs: A cyclical model of technological change[J]. Administrative Science Quarterly, 1990, 35（4）: 604-633.

6.Antonelli C. Localized technological change and factor markets: Constraints and inducements to innovation[J]. Structural Change and Economic Dynamics, 2006, 17(2): 224-247.

7.Arellano M, Bover O. Another look at the instrumental variable estimation of error-components models[J]. Journal of econometrics, 1995, 68（1）: 29-51.

8.Bai C E, Liu Q, Lu J, et al. Corporate governance and market valuation in China[J]. Journal of comparative economics, 2004, 32（4）: 599-616.

9.Baldwin R E, Okubo T. Heterogeneous firms, agglomeration and economic geography: spatial selection and sorting[J]. Journal of economic geography, 2006, 6（3）: 323-346.

10.Barro R J, Lee J W. International comparisons of educational attainment[J]. Journal of monetary economics, 1993, 32（3）: 363-394.

11.Becker G S. Human Capital[M]. Chicago: University of Chicago Press, 1964:

16.

12.Blaug M. An introduction to the economics of education[M]. London：Allen Lane，1970：25.

13.Blundell R，Bond S. Initial conditions and moment restrictions in dynamic panel data models[J]. Journal of econometrics，1998，87（1）：115-143.

14.Buhalis D，Zoge M. The strategic impact of the Internet on the tourism industry[M]，Information and communication technologies in tourism 2007. Springer，Vienna，2007：481-492.

15.Buhalis D. Technology in tourism-from information communication technologies to eTourism and smart tourism towards ambient intelligence tourism: a perspective article[J] . Tourism Review，2020，75(1)：267-272.

16.Butler W R. The concept of a tourismarea cycle of evolution：Implications for management of resources[J]. The Canadian Geographe，1980，1（24）：5-12.

17.Carvalho L M C，Sarkar S. Market structures，strategy and innovation in tourism sector[J]. International Journal of Culture，Tourism and Hospitality Research，2014，8（2）：153-172.

18.Ciccone A，Papaioannou E. Human capital，the structure of production，and growth[J]. The Review of Economics and Statistics，2009，91（1）：66-82.

19.Clausen T H. Do subsidies have positive impacts on R&D and innovation activities at the firm level？[J]. Structural change and economic dynamics，2009，20（4）：239-253.

20.Cluster Consortium. The South African Tourism Cluster：Strategy in Action[R]. Unpublished report prepared for the Tourism Clustering Initiative，The Cluster Consortium，Johannesburg，1999.

21.Cole M，Boyne G. So you think you know what local government is？[J]. Local Government Studies，1995，21（2）：191-205.

22.Collins S M，Bosworth B P，Rodrik D. Economic growth in East Asia：accumulation versus assimilation[J]. Brookings papers on economic activity，1996，1996（2）：135-203.

23.Cooper C，Fletcher J，Gilbertand D，et al. Tourism：Principles and Practice[M]. London: Pitman Publishing, 1993: 32.

24.Cooper C, Jackson S. Destination life cycle: The Isle of Man case study[J]. Annals of Tourism Research, 1989, 3 (16): 377-398.

25.Davoodi H, Zou H. Fiscal decentralization and economic growth: A cross-country study[J]. Journal of Urban economics, 1998, 43 (2): 244-257.

26.Démurger S. Infrastructure in China[J]. The Oxford Companion to the Economics of China, 2014: 348-352.

27.Dernoi L A. Prospects of rural tourism: Needs and opportunities[J]. Tourism Recreation Research, 1991, 16 (1): 89-94.

28.Devereux M P, Griffith R, Simpson H. Firm location decisions, regional grants and agglomeration externalities[J]. Journal of public economics, 2007, 91 (3-4): 413-435.

29.Downs A. A theory of bureaucracy[J]. The American Economic Review, 1965: 439-446.

30.Evans M R, Chon K S. Formulating and Evaluating Tou Rism Policy Using Importance-Performance Analysis[J]. Hospitality Education and Research Journal, 1989, 13 (3): 203-213.

31.Feldman D H, Archibald R B. Revealed preferences for car tax cuts: an empirical study of perceived fiscal incidence[J]. Applied Economics, 2009, 41 (12): 1495-1500.

32.Garcia A, Mohnen P A. Impact of government support on 研发 and innovation [R]. UNUMERIT, Maastricht Economic and Social Research and Training Centre on Innovation and Technology, 2010: 67.

33.Gibson, H. J. Sport Tourism: A Critical Analysis of Research, Sport Management Review[J]. 1998, 1 (1): 45–76.

34.Goeldner C, Ritchie J. Tourism: Principles, practices, philosophies (12th Edition) [M]. Hoboke, New Jersey: John Wiley & Sons, 2006: 96.

35.Goeldner C R. Tourism: A vital force for peace[J]. Journal of Travel Research, 1989, 27 (3): 44-46.

36.Goh, Carey. In Corporating the Rough Sets Theory into Travel Demang

Analysis[J]. Tourism Management, 2003: 676-703.

37.Goodrich J N. Socialist Cuba: A study of health tourism[J]. Journal of Travel Research, 1993, 32（1）: 36-41.

38.Griliches Z. Productivity Puzzles and R & D: Another Nonexplanation[J]. 1988, 2（4）: 9-21.

39.Gunn, C A. Turgut Var. Tourism Planning : Basics Concepts Cases（4th ed）[M]. New York: Routledge , 2002: 28.

40.Gunn, C A. Vacations cape: Designing Tourism Region[J]. Austin: Bureau of Business Research, University of Texas, 1972: 229-234.

41.Hall B H, Maffioli A. Evaluating the Impact of Technology Development Funds in Emerging Economies: Evidence from Latin America [J]. European Journal of Development Research, 2008, 20（2）: 172-198.

42.Hall M. Spa and health tourism[J]. Sport and adventure tourism, 2003: 273-292.

43.Hampton M P. Backpacker tourism and economic development[J]. Annals of Tourism Research, 1998, 3（25）: 639-660.

44.Higgins B R. The global structure of the nature tourism industry: ecotourists, tour operators, and local businesses[J]. Journal of Travel Research, 1996, 35（2）: 11-18.

45.Hinch T D & Higham J E S. Sport tourism: a framework for research[J]. International Journal of Tourism Research, 2001, 3（1）: 45-58.

46.Hjalager A M. 100 Innovations That Transformed Tourism[J]. Journal of Travel Research, 2015, 54（1）: 3-21.

47.Holl A. Manufacturing location and impacts of road transport infrastructure: empirical evidence from Spain[J]. Regional science and urban economics, 2004, 34（3）: 341-363.

48.Im K S, Pesaran M H, Shin Y. Testing for unit roots in heterogeneous panels[J]. Journal of econometrics, 2003, 115（1）: 53-74.

49.Jorgenson D W, Ho M S, Samuels J D, et al. Industry Origins of the American Productivity Re-surgence[J]. Economic Systems Research, 2007, 3（19）:

229-252.

50.Julie Jackson. Developing Regional Tourism in China: The Potential for Activating Business Clusters in a Socialist Market Economy[J]. Tourism Management, 2005, (2): 1-12.

51.Kaspar C. Health tourism in the trend[J]. Institute for Tourism and Traffic Economy (EDT.). Yearbook of Swiss Tourism Economy, 1996, 96: 53-61.

52.Kharazian P. Assessment of geo-tourism structure in Bojnoord City sustainable tourism development[J]. European Journal of Sustainable Development, 2015, 4 (2): 175-175.

53.Krugman P. Increasing returns and economic geography[J]. Journal of political economy, 1991, 99 (3): 483-499.

54.Lane B, Bramwell W. Rural tourism and sustainable rural development[M]. Clevedon, Channel View Publications, 1994: 21.

55.Leiper N. Tourist attraction systems [J]. Annals of Tourism Research, 1990, 17 (3): 367-384.

56.Levin A, Lin C F, Chu C S J. Unit root tests in panel data: asymptotic and finite-sample properties[J]. Journal of econometrics, 2002, 108 (1): 1-24.

57.Liu C H, Tzeng G H, Lee M H. Improving tourism policy implementation–The use of hybrid MCDM models[J]. Tourism Management, 2012, 33 (2): 413-426.

58.Liu Z H. Tourism development–a systems analysis[J]. Tourism. The State of The Art, Chichester: John Willey & Son, 1994: 21-30.

59.Mc Kercher B. A chaos approach to tourism[J]. Tourism Management, 1999, 20: 425-434.

60.McIntosh R P. The background of ecology: concept and theory[M]. Cambridge: Cambridge University Press, 1986: 303.

61.McIntosh R W, Goeldner C R, Ritchie J R B. Tourism: principles, practices, philosophies(7th Edition) [M]. John Wiley and Sons, 1995: 173.

62.Meng X, Siriwardana M, Pham T. A CGE assessment of Singapore's tourism policies[J]. Tourism Management, 2013, 34: 25-36.

63.Mercan M, Sezer S. The effect of education expenditure on economic growth: The case of Turkey[J]. Procedia-Social and Behavioral Sciences, 2014, 109: 925-930.

64.Michael S C, Pearce J A. The need for innovation as a rationale for government involvement in entrepreneurship[J]. Entrepreneurship and Regional Development, 2009, 21（3）: 285-302.

65.Middleton V T C. Marketing implications for attractions[J]. Tourism Management, 1989, 10（3）: 229-232.

66.Mill R C, A Morrison. The Tourism System[M]. Englewood Cliffs, N J: Prentice-Hall, 1985: 19.

67.Mitchell L. Research on the Geography of Tourism, Travel: A Handbookfor Managers and Researchers, Ritchie and Goeld（eds）[M]. New York: John Wiley & sons, 1987: 29.

68.Nordin S. Tourism clustering & innovation: Paths to economic growth & development[R]. Sweden: European Tourism Research Institute, Mid-Sweden University, 2003.

69.Oates W E. Searching for Leviathan: An empirical study[J]. The American Economic Review, 1985, 75（4）: 748-757.

70.Paek S. Ownership structure and corporate social responsibility: an empirical examination of firms in the hospitality and tourism industry[D]. Hong Kong Polytechnic University, 2011: 4.

71.Poncet S. A fragmented China: Measure and determinants of Chinese domestic market disintegration[J]. Review of international Economics, 2005, 13（3）: 409-430.

72.Porter M E. The competitive advonioge of notions[J]. Harvard business review, 1990, 73: 91.

73.Prideaux B. Factors affecting bilateral tourism flows[J]. Annals of Tourism Research, 2005, 3（32）: 780-801.

74.Prideaux B. The role of the transport system in destination development[J]. Tourism management, 2000, 1（21）: 53-63.

75.Provenzano D. Power laws and the market structure of tourism industry[J]. Empirical Economics, 2014, 47: 1055-1066.

76.Richards G. Development in European Cultural Tourism[J]. Tourism: The State of the Art. 1994, 366-376.

77.Romer P M. Endogenous technological change[J]. Journal of political Economy, 1990, 98 (5, Part 2): S71-S102.

78.Romer P M. Increasing returns and long-run growth[J]. Journal of political economy, 1986, 94 (5): 1002-1037.

79.Schultz T W. Investment in human capital[J]. The American economic review, 1961: 1-17.

80.Schumpeter, J. A., The Theory Of Economic Development. Cambridge[M], Harvard University Press, 1912: 98.

81.Scott D, Wall G, McBoyle G. The evolution of the climate change issue in the tourism sector[J]. Tourism, recreation and climate change, 2005, 22: 44-60.

82.Sharma S, Durand R M, Gur-Arie O. Identification and analysis of moderator variables[J]. Journal of Marketing Research, 1981, 18 (3): 291-300.

83.Sharpley R. Rural tourism and the challenge of tourism diversification: the case of Cyprus[J]. Tourism management, 2002, 3 (23): 233-244.

84.Sheldon P J, Bushell R. Introduction to wellness and tourism[J]. Wellness and tourism: Mind, body, spirit, place, 2009: 3-18.

85.Sills D L. International encyclopedia of the social sciences[M]. New York: Macmillan, 1968: 64.

86.Soyez D. Industrietourismus (Industrial Tourism) [J]. Erdkunde, 1986: 105-111.

87.Swarbrooke J, Page S J. Development and management of visitor attractions[M]. London: Routledge, 2012: 3-4.

88.Syamsul A, Aimon H, Yulhendri Y. Analysis of Economic Development in North Sumatra Province[C]//2nd Padang International Conference on Education, Economics, Business and Accounting (PICEEBA-2 2018). Atlantis Press, 2019: 900-906.

89.Sylwester K. Income inequality， education expenditures， and growth[J]. Journal of development economics，2000，63（2）：379-398.

90.Utterback J M，Abernathy W J. A dynamic model of process and product innovation[J]. Omega，1975，3（6）：639-656.

91.Venturini F. The Long-run Impact of ICT[J]. Empirical Economics，2009，3（37）：497-515.

92.Weingast，Barry R. China's transition to markets：Market Preserving Federalism, Chinese Style [M]. Stanford：Hoover Institution on War，Revolution and Peace，Stanford University，1995：49.

93.Wunder S. Ecotourism and economic incentives — an empirical approach[J]. Ecological Economics，2000，3（32）：465-479.

94.Xie H，Yang M，Li F. An Empirical Study on the Correlation between Educational Input and Upgrading of Industrial Structure under the Background of Beijing-Tianjin-Hebei Coordinated Development[J]. Educational Sciences：Theory & Practice，2018，18（5）：2519-2526.

95.Yale P. From tourist attractions to heritage tourism[M]. London：ELM publications，1991：3.

96.Young A. The razor's edge：Distortions and incremental reform in the People's Republic of China[J]. The Quarterly Journal of Economics，2000，115（4）：1091-1135.

97.Zhang H Q，Chong K，Ap J. An analysis of tourism policy development in modern China[J]. Tourism management，1999，20（4）：471-485.

98.[美] 阿瑟 . 刘易斯 . 经济增长理论 [M]. 上海：上海人民出版社，1994：520.

99.《旅游饭店星级的规划与评定释义》编写组，旅游饭店星级的划分释义 [M]. 北京：中国旅游出版社，2010：2-3.

100. 安同良，周绍东，皮建才 . 研发补贴对中国企业自主创新的激励效应 [J]. 经济研究，2009，44（10）：87-98+120.

101. 安苑，王珺 . 地方政府财政行为周期性、产业成长与结构失衡——基于产业外部融资依赖 [J]. 财经研究，2014，（11）：29-43.

102. 白金英. 呼和浩特市星级旅游饭店发展中的政府职能研究 [D]. 内蒙古大学，2012.

103. 白重恩，杜颖娟，陶志刚，等. 地方保护主义及产业地区集中度的决定因素和变动趋势 [J]. 经济研究，2004，4（11）：29-40.

104. 薄贵利. 近现代地方政府比较 / 政治体制改革研究丛书 [M]. 北京：光明日报出版社，1988：5.

105. 保继刚，楚义芳. 七篇旅游地理硕士论文评介 [J]. 旅游学刊，1989（1）：62-66.

106. 保继刚. 旅游系统研究——以北京市为例 [D]. 北京大学，1986.

107. 蔡昉，王美艳. 中国人力资本现状管窥——人口红利消失后如何开发增长新源泉 [J]. 人民论坛·学术前沿，2012，（4）：56-65+71.

108. 蔡红、李平生. 北京旅游新业态：理论创新与实践发展 [M]. 北京：中国经济出版社，2013：2-3.

109. 蔡龙，章波，黄贤金，等. 我国城市基础设施现代化水平综合评价研究 [J]. 城市发展研究，2004，（4）：50-54.

110. 蔡庆丰，田霖. 产业政策与企业跨行业并购：市场导向还是政策套利 [J]. 中国工业经济，2019，（1）：81-99.

111. 曹坤，周学仁，王轶. 财政科技支出是否有助于技术创新：一个实证检验 [J]. 经济与管理研究，2016，37（4）：102-108.

112. 曹翔，俞涵. 离境退税政策提高了国际旅游消费吸引力吗？[J]. 旅游学刊，2021，36（1）：41-51.

113. 曹翔，张双龙，余升国. 入境旅游免签政策的游客吸引效应及其异质性 [J]. 人文地理，2021，36（4）：177-184.

114. 陈安泽，卢云亭. 旅游地学概论 [M]. 北京：北京大学出版社，1991：15-21.

115. 陈斌开，张鹏飞，杨汝岱. 政府教育投入、人力资本投资与中国城乡收入差距 [J]. 管理世界，2010，（1）：36-43.

116. 陈辰，李海勇，秦海珍. 饭店星级评定标准发展趋势探究 [J]. 网络财富，2010，（11）：204-206.

117. 陈建军，杨飞. 人力资本异质性与区域产业升级：基于前沿文献的讨

论 [J]. 浙江大学学报（人文社会科学版），2014，（5）：149–160.

118. 陈绍友. 重庆旅游产业集聚发展研究 [J]. 经济地理，2006，26（5）：861–866.

119. 陈淑兰，刘立平，付景保. 河南省旅游产业结构优化升级研究——基于文化创意视角 [J]. 经济地理，2011，（8）：1392–1396.

120. 陈太政，李锋，乔家君. 旅游产业高级化与旅游经济增长关系研究 [J]. 经济地理，2013，（5）：182–187.

121. 陈文翔，周明生. 自主创新、技术引进与产业结构升级——基于外部性视角的省级面板数据的实证分析 [J]. 云南财经大学学报，2017，33（4）：34–44.

122. 陈喜强，邓丽. 政府主导区域一体化战略带动了经济高质量发展吗？——基于产业结构优化视角的考察 [J]. 江西财经大学学报，2019，（1）：43–54.

123. 陈晓东，杨晓霞. 数字经济可以实现产业链的最优强度吗？——基于1987–2017 年中国投入产出表面板数据 [J]. 南京社会科学，2021，（2）：17–26.

124. 楚新正，李艳红，靳万贵. 新疆国际旅游产业结构效益现状及成因分析 [J]. 干旱区资源与环境，2005，（4）：119–123.

125. 褚敏，靳涛. 为什么中国产业结构升级步履迟缓——基于地方政府行为与国有企业垄断双重影响的探究 [J]. 财贸经济，2013，（3）：112–122.

126. 崔凤军，杨娇. 公共资源类旅游景区产品性质界定的再思考——公共经济学视角 [J]. 旅游论坛，2008，（5）：162–165.

127. 崔建勋. 河南省旅游产业结构升级中的创新问题研究 [J]. 管理学刊，2012，（5）：53–57.

128. 崔玉永. 基础设施建设对我国产业结构优化升级的影响研究 [D]. 山东财经大学，2018：43–44.

129. 崔志坤，李菁菁. 财政分权，政府竞争与产业结构升级 [J]. 财政研究，2015，（12）：37–43.

130. 戴斌，乔花芳. 北京市旅游产业结构变迁：理论研究与实证分析 [J]. 江西科技师范学院学报，2005，（2）：1–11.

131. 戴道平. 工业旅游：增强企业活力的一种有益尝试 [J]. 改革与战略，

2002，（10）：26–28.

132. 戴璐，白彩全，梁龙武.中国红色旅游政策实施对网络关注度的空间溢出效应——基于语义分析与空间计量的实证 [J].自然资源学报，2021，36（11）：2778–2796.

133. 戴小勇，成力为.财政补贴政策对企业研发投入的门槛效应 [J].科研管理，2014，35（6）：68–76.

134. 邓创，付蓉.中国财政性教育经费投入对产业结构的非线性影响 [J].教育与经济，2017，（5）：10–19.

135. 邓石军，陈晓霞，张卿.数字政府建设与产业结构升级：来自中国城市的经验证据 [J].中国发展，2022，22（4）：34–42.

136. 邓晓雯.广东省交通基础设施对制造业的空间溢出效应研究 [D].广东财经大学，2016：14.

137. 董辰，孔刘柳.交通基础设施与中国产业结构升级 [J].金融经济，2012，（22）：18–20.

138. 杜菲.酒店与旅行社的竞争与协调 [D].中国科学技术大学，2015：104.

139. 杜江，戴斌.中外旅行社制度环境比较研究 [J].旅游学刊，2000，（1）：22–28.

140. 樊纲.论"基础瓶颈" [J].财经科学，1990，（5）：8–12.

141. 樊琦，韩民春.政府R&D补贴对国家及区域自主创新产出影响绩效研究——基于中国28个省域面板数据的实证分析 [J].管理工程学报，2011，25（3）：183–188.

142. 方慧，赵胜立."一带一路"倡议促进了中国产业结构升级吗？——基于285个城市的双重差分检验 [J].产业经济研究，2021，（1）：29–42.

143. 方世敏，廖珍杰.长株潭旅游景区群落结构优化研究 [J].城市问题，2008，（7）：27–31.

144. 方叶林，黄震方，胡最等.中国大陆入境旅游产业结构时空格局演化及类型划分 [J].经济地理，2016，36（3）：179–185.

145. 方叶林，章尚正.我国旅游产业结构演化的省际比较研究 [J].安徽大学学报（哲学社会科学版），2016，40（3）：149–156.

146. 冯芳芳，蒲勇健 . 我国区域产业结构优化及其影响因素分析——基于分位数回归方法 [J]. 技术经济，2012，31（2）：36–42.

147. 付俊，彭燕，刘彦辉 . 具有未知参数的非线性系统动态优化 [J]. 控制与决策，2023，38（8）：2223–2230.

148. 付业勤，郑向敏 . 我国智慧旅游的发展现状及对策研究 [J]. 开发研究，2013，（4）：62–65.

149. 傅京燕，程芳芳 . "一带一路"倡议对中国沿线省份产业结构升级的影响研究 [J]. 经济经纬，2021，38（3）：66–75.

150. 傅利平，李永辉 . 地方政府官员晋升竞争、个人特征与区域产业结构升级——基于我国地级市面板数据的实证分析 [J]. 经济体制改革，2014，（3）：60–64.

151. 甘晓成，刘亚男，沙亚·巴合提 . 新疆旅游产业结构特征及其优化升级 [J]. 新疆社会科学，2018，（6）：58–63.

152. 甘星，刘成昆 . 区域金融发展、技术创新与产业结构优化——基于深圳市 2001—2016 年数据的实证研究 [J]. 宏观经济研究，2018，（11）：128–138.

153. 干春晖，郑若谷，余典范 . 中国产业结构变迁对经济增长和波动的影响 [J]. 经济研究，2011，46（5）：4–16+31.

154. 高强，李鹏进 . 我国城市基础设施建设投融资现状及对策研究 [J]. 开发研究，2012，（1）：117–122.

155. 高维忠 . 新时期优化我国旅游产业结构的途径探讨 [J]. 经济师，2003，（4）：70–91.

156. 高欣佳，沈慧芬，林伟 . 产业结构与政府行为 [J]. 经济视角（下），2012，（4）：21–23.

157. 葛和平，吴福象 . 数字经济赋能经济高质量发展：理论机制与经验证据 [J]. 南京社会科学，2021，（1）：24–33.

158. 葛军，刘家明 . 广东省国际旅游产业结构与竞争力的偏离份额分析 [J]. 地理科学进展，2011，（6）760–765.

159. 龚唯平，赵今朝 . 协调指数：产业结构优化效果的测度 [J]. 暨南学报（哲学社会科学版），2010，32（2）：50.

160. 龚轶，王铮，顾高翔. 技术创新与产业结构优化——一个基于自主体的模拟 [J]. 科研管理，2015，36（8）：44-51.

161. 郭凯明，潘珊，颜色. 新型基础设施投资与产业结构转型升级 [J]. 中国工业经济，2020，（3）：63-80.

162. 郭来喜. 旅游规划问题初探 [A][J]. 中国科学院地理研究所旅游地理组，旅游地理文集，1982：26-28.

163. 郭为，许珂. 旅游政策、产业发展与就业关系的实证研究 [J]. 北京第二外国语学院学报，2014，36（3）：7-16.

164. 郭栩东，武春友. 外商直接投资与旅游业竞争力的实证分析 [J]. 经济问题探索，2011，（7）：73-77.

165. 郭亚军. 旅游景区管理 [M]. 北京：高等教育出版社，2006：2-5.

166. 郭志鹏. 激励与约束：中国地方政府经济行为研究 [D]. 上海社会科学院博士学位论文，2006：10-12.

167. 国家旅游局. 中国旅游业"十二五"发展规划纲要（征求意见稿2010.12）[EB].http://kecheng.baidu.com/view/495ae0482b160b4e767fcf0e.html，2015.3.11.

168. 韩颖，倪树茜. 我国产业结构调整的影响因素分析 [J]. 经济理论与经济管理，2011，（12）：53-60.

169. 韩永辉，黄亮雄，王贤彬. 产业政策推动地方产业结构升级了吗？——基于发展型地方政府的理论解释与实证检验 [J]. 经济研究，2017，52（8）：33-48.

170. 何大安. 政府产业管制的理性和非理性 [J]. 学术月刊，2006，（5）：81-87.

171. 何大安. 政府产业规制的理性偏好 [J]. 中国工业经济，2010，（6）：46-54.

172. 何勋，全华. 旅游产业结构变动对旅游经济增长和波动的作用机理 [J]. 经济管理，2013，（8）：104-115.

173. 胡鞍钢. 从人口大国到人力资本大国：1980～2000年 [J]. 中国人口科学，2002，（5）：3-12.

174. 胡宗义，鲁耀纯，刘春霞. 我国城市基础设施建设投融资绩效评价——基于三阶段 DEA 模型的实证分析 [J]. 华东经济管理，2014，（1）：85–91.

175. 黄玖立，李坤望. 对外贸易、地方保护和中国的产业布局 [J]. 经济学（季刊），2006，（2）：733–760.

176. 黄倩倩，张福. 政府行为与产业结构失衡——基于 30 个省际面板数据的实证研究 [J]. 武汉商学院学报，2016，30（5）：27–32.

177. 黄先开，魏小安，张凌云. 中国旅游经济结构研究 [M]. 北京：中国经济出版社，2013：393–398.

178. 黄友和. 产业结构趋同的博弈分析及其启示 [J]. 中国流通经济，2000，（2）：43–45.

179. 黄远水，陈钢华，伍弦. 福建省旅游景区空间结构研究——基于国家 3A 级以上旅游景区的统计分析 [J]. 经济地理，2010，30（7）：1195–1199.

180. 冀雁龙，夏青. 数字技术、要素禀赋与旅游产业结构升级 [J]. 经济论坛，2023，（5）：83–96.

181. 贾国庆. 上海旅行社名牌化建设及评价研究 [D]. 华东师范大学，2011：36–37.

182. 贾佳. 财政支持、税收优惠对工业企业技术创新绩效的影响和优化路径 [J]. 工业技术经济，2017，36（11）：133–138.

183. 贾强. 旅游产业集群发展中的政府行为研究 [D]. 西南财经大学，2011：45–50.

184. 贾睿轩. 政府转型与产业结构升级影响机制研究 [D]. 厦门大学，2020：7.

185. 贾鲜. 财政分权、环境规制对中国制造业产业集聚的影响研究 [D]. 昆明理工大学，2019：28–29.

186. 江金波，刘华丰，严敏. 旅游产业结构及其转型升级的科技创新路径研究——以广东省为例 [J]. 重庆大学学报（社会科学版），2014，20（4）：16–24.

187. 江三良，胡安琪. 金融业态深化，财政分权与产业结构升级 -- 基于省级面板数据的分析 [J]. 经济与管理评论，2018，（5）：42–51.

188. 姜国华. 饭店业人力资源市场中的政府行为探析 [J]. 经济研究导刊，

2010,（30）：123–124.

189. 姜红. "双碳"目标驱动下旅游产业结构升级的技术路径与动力机制 [J]. 旅游学刊，2022，37（5）：10–12.

190. 姜泽华，白艳. 产业结构升级的内涵与影响因素分析 [J]. 当代经济研究，2006，（10）：53–56.

191. 揭辉，王成勇. 教育投入、劳动力质量对经济增长的影响效应研究——基于 STR 模型 [J]. 华中师范大学学报（人文社会科学版），2019，58（1）：50–56.

192. 金永生，杜国功. 北京旅游产业化的条件与素质分析——兼论旅游产业结构评价指标 [J]. 北京工业大学学报，1999，（S1）：22–26.

193. 靳涛，陈栋. 政府行为与产业结构失衡——基于转型期区域差异视角的揭示 [J]. 南京大学学报（哲学·人文科学·社会科学），2014，（6）：16–26.

194. 靳希斌. 教育经济学 [M]. 北京：人民教育出版社，1997：116.

195. 阚如良，邓年梅. 新编旅游景区管理 [M]. 天津：南开大学出版社，2008：1–4.

196. 柯善咨，赵曜. 产业结构、城市规模与中国城市生产率 [J]. 经济研究，2014，（4）：76–88.

197. 孔喜梅. 中国产业经济学 70 年：学科发展历程与前景展望 [J]. 经济研究参考，2019（18）：46–60.

198. 寇敏，马波. 中国公共资源类景区管理制度的演进与创新 [J]. 北京第二外国语学院学报，2004，（1）：36–40.

199. 匡林. 集权还是分权：政府发展旅游业的两难境地 [J]. 旅游学刊，2001，16（2）：23–26.

200. 赖明勇，张新，彭水军，包群. 经济增长的源泉：人力资本、研究开发与技术外溢 [J]. 中国社会科学，2005，（2）：32–46+204–205.

201. 蓝庆新，陈超凡. 新型城镇化推动产业结构升级了吗？——基于中国省级面板数据的空间计量研究 [J]. 财经研究，2013，（12）：59–73.

202. 黎美洋. 四川旅游产业结构优化分析 [D]. 西南交通大学，2006：8–9.

203. 李保民，朱飒. 数字贸易对我国产业结构升级的影响——基于 VAR 模型 [J]. 合肥师范学院学报，2020，38（6）：6–11.

204. 李泊溪，刘德顺. 中国基础设施水平与经济增长的区域比较分析 [J]. 管理世界，1995，（2）：106–111.

205. 李常理. 转型时期中国地方政府经济行为研究 [D]. 中共中央党校，2011：13–14.

206. 李锋，陈太政，辛欣. 旅游产业融合与旅游产业结构演化关系研究——以西安旅游产业为例 [J]. 旅游学刊，2013，28（1）：69–76.

207. 李锋，孙根年，付琦. 基于抗周期性角度的笔者国旅游产业政策效用评估研究——以四次旅游产业政策为例 [J]. 经济地理，2013，33（6）：162–169.

208. 李锋，唐晨. 中国旅游产业政策研究：进展、争议与展望 [J]. 北京第二外国语学院学报，2015，37（3）：22–32.

209. 李刚，赵静玮. 辽宁省旅游产业结构分析 [J]. 世界地理研究，2006，（2）：93–99.

210. 李光勤，胡志高，曹建华. 制度变迁与旅游经济增长——基于双重差分方法的"局改委"政策评估 [J]. 旅游学刊，2018，33（1）：13–24.

211. 李后强，廖祖君，蓝定香，第宝锋等. 生态康养论 [M]. 成都：四川人民出版社，2015：1–3.

212. 李慧玲，徐妍. 交通基础设施、产业结构与减贫效应研究——基于面板 VAR 模型 [J]. 技术经济与管理研究，2016，（8）：25–30.

213. 李军杰. 经济转型中的地方政府经济行为变异分析 [J]. 中国工业经济，2005，（1）：39–46.

214. 李坤望，邵文波，王永进. 信息化密度、信息基础设施与企业出口绩效——基于企业异质性的理论与实证分析 [J]. 管理世界，2015，（4）：52–65.

215. 李力行，申广军. 经济开发区、地区比较优势与产业结构调整 [J]. 经济学（季刊），2015，14（3）：885–910.

216. 李如友，黄常州. 中国交通基础设施对区域旅游发展的影响研究——基于门槛回归模型的证据 [J]. 旅游科学，2015，（2）：1–13.

217. 李森，马耀峰，刘智兴，等. 广州旅游产业与城市基础设施协调发展研究 [J]. 河南科学，2013，（10）：1820–1826.

218. 李森，马耀峰，位贺杰，等. 基于突变级数模型的北京旅游产业与基

础设施协调研究 [J]. 干旱区资源与环境，2014，（9）：203-208.

219. 李翔，邓峰. 中国产业结构优化对经济增长的实证分析 [J]. 工业技术经济，2017，36（2）：3-9.

220. 李政，杨思莹. 财政分权、政府创新偏好与区域创新效率 [J]. 管理世界，2018，34（12）：29-42+110+193-194.

221. 李政，杨思莹. 创新强度、产业结构升级与城乡收入差距——基于2007-2013 年省级面板数据的空间杜宾模型分析 [J]. 社会科学研究，2016，（2）：1-7.

222. 李中. 交通基础设施的技术演进对产业结构升级研究 [D]. 东南大学，2015：16-18.

223. 栗超. 我国旅行社行业规制研究——以河南为例 [D]. 西南财经大学，2012：9.

224. 梁来存，刘子兰. 教育投资对我国三次产业影响的实证研究 [J]. 教育与经济，2011，（2）：8-13.

225. 梁树广. 产业结构升级影响因素作用机理研究 [J]. 商业研究，2014，（7）：26-33.

226. 梁锡儒. 科普旅游：一个新业态 [J]. 科协论坛，2001，（12）：24-25.

227. 廖涛. 旅游产业结构优化分析——以四川省为例 [J]. 商场现代化，2005，（30）：218-219.

228. 林春艳，孔凡超. 中国产业结构高度化的空间关联效应分析——基于社会网络分析方法 [J]. 经济学家，2016，（11）：45-53.

229. 林南枝，陶汉军. 旅游经济学 [M]. 天津：南开大学出版社，1994.87-92.

230. 林毅夫，刘志强. 中国的财政分权与经济增长 [J]. 北京大学学报（哲学社会科学版），2000，（4）：5-17.

231. 林毅夫. 基础设施投资魔力 [J]. 资本市场，2014，（8）：9.

232. 林毅夫. 新结构经济学 [M]. 北京：北京大学出版社，2012：19-24.

233. 林育芳. 论产业结构调整中的政府行为 [J]. 福州大学学报（哲学社会科学版），2004，（2）：14-17+112.

234. 铃木安昭. 零售形态的多样化 [J]. 消费与流通，1980，2（1）：61-66.

235. 刘冰洁，曾嘉悦，赵彦云．旅游产业的政策量化及其影响分析 [J]．经济问题探索，2021，（12）：71-82．

236. 刘成坤，赵昕东．人口老龄化对产业结构升级的溢出效应研究——基于空间动态杜宾模型 [J]．数理统计与管理，2019，38（6）：1062-1079．

237. 刘春济，冯学钢，高静．中国旅游产业结构变迁对旅游经济增长的影响 [J]．旅游学刊，2014，（8）：37-49．

238. 刘春济．我国旅游产业结构优化研究 [M]．天津：南开大学出版社，2015：18-20．

239. 刘德谦．关于乡村旅游，农业旅游与民俗旅游的几点辨析 [J]．旅游学刊，2006，（3）：12-19．

240. 刘菲．旅游饭店新业态——分时度假交换系统 [J]．北京商学院学报，2000，（4）：56-59．

241. 刘红娟，唐珊．生产变量、基础设施和区域产业结构升级——对广东省的实证研究 [J]．战略决策研究，2014，（5）：93-104．

242. 刘佳，安珂珂，刘宁等．区域旅游产业结构优化的影响因素与组态路径——基于面板回归与 fsQCA 的分析 [J]．华侨大学学报（哲学社会科学版），2022，（6）：58-73．

243. 刘佳，安珂珂．山东省旅游产业结构优化的部门贡献与动能分析 [J]．地理与地理信息科学，2019，35（3）：105-111．

244. 刘佳，杜亚楠．沿海地区旅游产业结构优化与经济增长关系 [J]．经济问题探索，2014，（4）：74-80．

245. 刘佳，韩欢乐．我国旅游产业结构研究进展与述评 [J]．青岛科技大学学报（社会科学版），2013，29（3）：50-55．

246. 刘佳，侯佳佳，亓颖．基于 DEMATEL-ANP 模型的中国旅游产业结构优化评价研究 [J]．地理与地理信息科学，2021，37（6）：102-112．

247. 刘佳，李晨，于水仙．沿海地区旅游产业结构多维测度与评价 [J]．商业研究，2015，（5）：173-180．

248. 刘佳，赵金金．中国旅游产业结构与旅游产业集聚空间关联与相互作用的实证研究 [J]．首都经济贸易大学学报，2013，（3）：40-49．

249. 刘建民，胡小梅．财政分权，空间效应与产业结构升级——基于

SDM 模型的经验研究 [J]. 财经理论与实践，2017，38（1）：116–121.

250. 刘强，李泽锦. 教育投入、道路基础设施与劳动生产率 [J]. 现代经济探讨，2021，（4）：8–18.

251. 刘锐. 安徽省旅游产业结构变动效应的 SSM 空间模型分析 [J]. 山西师范大学学报(自然科学版)，2015，29（1）：104–108.

252. 刘瑞明，李林，亢延锟，赵勇. 景点评选、政府公共服务供给与地区旅游经济发展 [J]. 中国工业经济，2018，（2）：118–136.

253. 刘瑞明，毛宇，亢延锟. 制度松绑、市场活力激发与旅游经济发展——来自中国文化体制改革的证据 [J]. 经济研究，2020，55（1）：115–131.

254. 刘瑞明. 晋升激励、产业同构与地方保护：一个基于政治控制权收益的解释 [J]. 南方经济，2007，（6）：61–72.

255. 刘思思. 地方政府行为对区域产业结构趋同的影响分析 [D]. 南京财经大学，2012：13.

256. 刘涛. 基于节能减排的产业结构优化调整研究 [J]. 学术交流，2013（S1）：92–93.

257. 刘伟，张辉，黄泽华. 中国产业结构高度与工业化进程和地区差异的考察 [J]. 经济学动态，2008，（11）：4–8.

258. 刘伟. 酒店管理概论 [M]. 北京：高等教育出版社，2021：11.

259. 刘玉凤，高良谋. 异质性环境规制、地方保护与产业结构升级：空间效应视角 [J]. 中国软科学，2020，（9）：84–99.

260. 刘再起，徐艳飞. 市场化进程中地方政府经济行为模式与产业结构演进 [J]. 经济管理，2014，（9）：12–23.

261. 刘长生，简玉峰，尹华光. 旅游信用、人力资本与旅游产业发展 [J]. 旅游学刊，2009，24（11）：13–20.

262. 刘哲，刘传明. 文明城市对产业结构升级的影响效应研究——来自文明城市评选的准自然实验 [J]. 产业经济研究，2021，（1）：43–55+85.

263. 刘治彦，季俊宇，商波，等. 智慧旅游发展现状和趋势 [J]. 企业经济，2019，38（10）：68–73.

264. 龙小宁，王俊. 中国专利激增的动因及其质量效应 [J]. 世界经济，2015，（6）：115–142.

265. 逯宝峰 . 区域旅游产业结构评价与优化策略 [J]. 企业经济，2013，（12）：120–123.

266. 路江涌，陶志刚 . 我国制造业区域集聚程度决定因素的研究 [J]. 经济学（季刊），2007，6（3）：801–816.

267. 罗浩，冯润 . 论旅游景区、旅游产品、旅游资源及若干相关概念的经济性质 [J]. 旅游学刊，2019，34（11）：116–123.

268. 罗明义 . 关于建立健全笔者国旅游政策的思考 [J]. 旅游学刊，2008，（10）：6–7.

269. 罗明义 . 旅游经济分析：原理·方法·案例 [M]. 昆明：云南大学出版社，2001：228–229.

270. 吕健 . 影子银行推动地方政府债务增长了吗 [J]. 财贸经济，2014，（8）：38–48.

271. 吕雁琴，张婷，陶德金 . 创新驱动、产业融合与旅游产业结构演化——基于新疆旅游产业融合创新的分析 [J]. 价格理论与实践，2019，（12）：174–177.

272. 麻学锋 . 旅游产业结构升级的动力机制与动态演化研究 [J]. 新疆社会科学，2010，（5）：21–26.

273. 马国强 . 中国旅游产业集聚，要素积累与旅游经济增长关系的实证研究 [D]. 兰州大学，2019：53–55.

274. 马青山，何凌云，袁恩宇 . 新兴基础设施建设与城市产业结构升级——基于“宽带中国”试点的准自然实验 [J]. 财经科学，2021，（4）：76–90.

275. 马万里，刘雯 . 地方政府行为变异：一个共时性的分析逻辑——兼论有心理维度的政府行为研究 [J]. 人文杂志，2021，（1）：110–119.

276. 马文君，蔡跃洲 . 新一代信息技术能否成为动力变革的重要支撑？——基于新兴产业分类与企业数据挖掘的实证分析 [J]. 改革，2020，（2）：40–56.

277. 马晓彩 . 我国财政分权体制与产业结构优化升级关系研究 [D]. 厦门大学，2014：6–7.

278. 马勇，李玺 . 旅游规划与开发 [M]. 北京：科学出版社，2004：1–6.

279. 马悦纳 . 苏州乡村旅游政府管理中的问题与对策 [D]. 苏州大学，2015：10-11.

280. 毛建辉，管超 . 环境规制、政府行为与产业结构升级 [J]. 北京理工大学学报：社会科学版，2019，（3）：1-10.

281. 孟铁鑫 . 福建省旅游产业结构的定量分析及其优化研究 [D]. 福建师范大学，2007：14.

282. 孟奕爽，马天琪，周诗雨 . 基于偏离 - 份额分析的国际旅游产业结构优化研究——以广东省为例 [J]. 统计与管理，2022，37（8）：88-94.

283. 莫晓琼 . 桂林市导游自由执业发展中的政府管理体制优化研究 [D]. 广西师范大学，2018：13-14.

284. 聂飞 . 制造业服务化抑或空心化——产业政策的去工业化效应研究 [J]. 经济学家，2020，（5）：46-57.

285. 潘伟 . 我国旅行社新规制体系对旅行社业发展的影响研究 [D]. 中国海洋大学，2010：22-23.

286. 裴广川 . 环境论理学 [M]. 北京：高等教育出版社，2002：17-19.

287. 彭德成，潘肖澎，周梅 . 我国旅游资源和景区研究的十个前沿问题 [J]. 旅游学刊，2003，（6）：54-56.

288. 彭德成 . 中国旅游景区治理模式 [M]. 北京：中国旅游出版社，2003：11.

289. 彭姝 . 政府行为的目标——对政府行为的利益取向分析 [J]. 内蒙古农业大学学报（社会科学版），2005，（4）：307-310.

290. 齐天锋 . 基于旅游政策经济效应评估模型的空间分异研究 [J]. 社会科学家，2020，（12）：38-42.

291. 钱家骏，毛立本 . 要重视国民经济基础结构的研究和改善 [J]. 经济管理，1981，（3）：12-15.

292. 乔晓楠，何自力 . 唯物史观、动态优化与经济增长——兼评马克思主义政治经济学的数学化 [J]. 经济研究，2017，52（8）：17-32.

293. 秦雅林 . 论旅行社发展进程与政府行为 [J]. 经济师，2002，（9）：35-36.

294. 渠海雷，邓琪 . 论技术创新与产业结构升级 [J]. 科学学与科学技术管理，2000，21（2）：16–18.

295. 饶凯，孟宪飞，陈绮，Andrea Piccaluga. 中欧大学专利技术转移比较研究 [J]. 软科学，2011，25（10）：22–26.

296. 任宣羽. 中国旅游发展笔谈——旅游与健康，养生——康养旅游：内涵解析与发展路径 [J]. 旅游学刊，2016，31（11）：1–4.

297. 桑瑞聪，彭飞，康丽丽. 地方政府行为与产业转移——基于企业微观数据的实证研究 [J]. 产业经济研究，2016，（4）：7–17.

298. 沈姗姗，苏勤. 中国旅游政策研究综述 [J]. 资源开发与市场，2008，24（8）：765–768.

299. 沈维平. 中国旅游政策中政策工具的运用及实效性分析 [D]. 东北师范大学，2013：24–25.

300. 生延超，金忠杰，吴昕阳. 中国旅游产业政策有效性实证研究 [J]. 南京财经大学学报，2020，（4）：56–64.

301. 生延超，吴昕阳. 中国旅游产业政策演变及其有效性研究 [J]. 旅游研究，2021，13（2）：1–16.

302. 师萍. 旅游产业结构评价方法初议 [J]. 西北大学学报（哲学社会科学版），1999，（1）：85–88.

303. 施洁，史学贵. 基础设施对工业效率的影响——基于我国东，中，西部地区省际面板数据的经验分析 [J]. 经济问题探索，2012，（6）：47–53.

304. 石培华. 工业旅游发展的中国模式 [M]. 北京：中国旅游出版社，2021：1–2.

305. 时乐乐，赵军. 环境规制、技术创新与产业结构升级 [J]. 科研管理，2018，39（1）：119–125.

306. 史晓玲. 探析景区产品的市场化问题 [J]. 旅游学刊，2003，（6）：60–65.

307. 世界银行. 世界发展报告：为发展提供基础设施 [M]. 北京：中国财政经济出版，1994：10–21.

308. 宋昌耀，贾然，厉新建. 过境免签政策与入境旅游增长——基于 PSM–DID 方法的分析 [J]. 旅游导刊，2018，2（6）：33–46.

309. 宋晨泽，贾敬全. 经济增长与产业结构升级关联性研究 [J]. 长春理工大学学报（社会科学版），2021，34（2）：76-80.

310. 宋建，王静. 环境污染对产业结构变动的传导机制研究：基于国际细分行业全要素生产率视角 [J]. 世界经济研究，2018，（6）：109-122.

311. 宋凌云，王贤彬. 政府补贴与产业结构变动 [J]. 中国工业经济，2013，（4）：94-106.

312. 宋瑞，刘倩倩. 中国式现代化背景下的乡村旅游：功能、短板与优化路径 [J]. 华中师范大学学报（自然科学版），2024，58（1）：36-45.

313. 宋涛. 调整产业结构的理论研究 [J]. 当代经济研究，2002，（11）：11-16.

314. 孙多勇，王银生. 旅游经济系统的发展战略研究 [J]. 系统工程，1990，（2）：66-72.

315. 孙海波，刘忠璐，林秀梅. 人力资本空间分布差异与产业结构升级——兼论对山东省新旧动能转换的启示 [J]. 山东工商学院学报，2018，32（3）：21-33.

316. 孙金年. 政策的价值与时空效应 [J]. 吉林师范大学学报：人文社会科学版，1991，（3）：59-63.

317. 孙盼盼，赖丽君. 地方政府教育投入、旅游业人力资本与旅游产业结构优化升级——基于简单中介效应模型和有调节的中介效应模型的对比检验 [J]. 旅游导刊，2021，5（2）：35-65.

318. 孙盼盼，夏杰长. 地方政府的环境构建行为与旅游产业潜在增长——来自中国省际层面的实证认识 [J]. 财贸经济，2016，（3）：148-161.

319. 孙盼盼，夏杰长. 旅游产业中的地方政府行为：量化探索与空间效应——基于 2001-2012 年中国省际面板数据 [J]. 经济管理，2017，39（6）：147-161.

320. 孙盼盼，夏杰长. 中国省际旅游产业效率：指标构建与实证分析 [J]. 经济与管理研究，2014，（12）：70-79.

321. 孙盼盼，徐金海，夏杰长. 国外旅游政策：一个理论研究述评 [J]. 华侨大学学报：哲学社会科学版，2016，（3）：106-115.

322. 孙盼盼. 供给侧改革视角下的地方政府行为与旅游产业结构优化升级 [J]. 旅游研究，2018，10（6）：5-7.

323. 孙早，徐远华 . 信息基础设施建设能提高中国高技术产业的创新效率吗？——基于 2002—2013 年高技术 17 个细分行业面板数据的经验分析 [J]. 南开经济研究，2018，（2）：72–92.

324. 谭俊涛，张平宇，李静 . 三江平原垦区基础设施建设对区域城镇化的影响 [J]. 地理研究，2014，（3）：501–508.

325. 谭娜，黄伟 . 文化产业集聚政策带动地区旅游经济增长了吗？——来自文创园区评选准自然实验的证据 [J]. 中国软科学，2021，（1）：68–75+135.

326. 谭永生 . 人力资本理论述评及对我们的启示 [J]. 首都经济贸易大学学报，2006，（3）：29–32.

327. 唐辉亮 . 基于产业集群的江西旅游产业转型升级研究 [J]. 老区建设，2015，（20）：21–23.

328. 唐曼，王刚 . 行为模仿：地方政府行为的一个分析框架——基于多案例的研究 [J]. 公共行政评论，2021，14（3）：158–175+200.

329. 唐清泉，李海威 . 我国产业结构转型升级的内在机制研究——基于广东研发投入与产业结构的实证分析 [J]. 中山大学学报（社会科学版），2011，51（5）：191–199.

330. 唐未兵，傅元海，王展祥 . 技术创新、技术引进与经济增长方式转变 [J]. 经济研究，2014，49（7）：31–43.

331. 唐晓华，景文治 . 人工智能赋能下现代柔性生产与制造业智能化升级研究 [J]. 软科学，2021，35（8）：30–38.

332. 唐晓云 . 中国旅游发展政策的历史演进（1949–2013）——一个量化研究的视角 [J]. 旅游学刊，2014，29（8）：15–27.

333. 陶长琪，彭永樟 . 经济集聚下技术创新强度对产业结构升级的空间效应分析 [J]. 产业经济研究，2017，（3）：91–103.

334. 滕新才，王路一 . 人口老龄化影响旅游产业结构的作用机制研究 [J]. 长江师范学院学报，2023，39，（3）：19–27.

335. 田纪鹏，刘少湃，丁烨 . 都市旅游产业结构的影响因素及其作用机制——以上海市为例 [J]. 城市问题，2015，（11）：60–68.

336. 田纪鹏 . 国际大都市旅游产业结构多目标优化模型构建与实证研究——基于优化上海旅游产业结构的视角 [J]. 上海经济研究，2012，（11）：

100–111.

337. 田里，李鹏，杨懿 . 中国旅游新业态发展研究 [M]. 北京：中国旅游出版社，2016：19–30.

338. 童泽林，Kuryn Maryna. 离岛免税购物政策对海南旅游消费的影响研究 [J]. 价格理论与实践，2021，（9）：74–77.

339. 万先进，张素芳 . 对制定我国旅游产业政策的基本构想 [J]. 理论月刊，2001，（10）：77–78.

340. 汪惠萍，章锦河 . 黄山市旅游产业结构评价与优化分析 [J]. 华东经济管理，2007，（1）：12–15.

341. 王保岳 . 中国产业区社会基础设施发展分析 [J]. 当代经济管理，2008，（9）：76–79.

342. 王超 .《新包格夫经济学百科全书》简介 [J]. 西亚非洲，1987，（6）：75.

343. 王成仁 . 博弈与规制：中国风电产业发展中的政府行为研究 [D]. 中国社会科学院研究生院，2011.

344. 王大悟，魏小安 . 新编旅游经济学 [M]. 上海：上海人民出版社，1998：97.

345. 王迪云 . 南岳旅游景观系统分析与调整优化 [J]. 经济地理，2005，25（1）：135–138.

346. 王锋 . 产业结构调整中的政府博弈行为研究 [J]. 云南社会科学，2014，（5）：58–61.

347. 王国平 . 产业升级的三大主体行为结构：政府·企业·消费者 [J]. 学术月刊，2013，（6）：78–85.

348. 王国生 . 转型时期地方政府面临的制度环境及其市场地位分析 [J]. 南京社会科学，1999，（11）：9–14.

349. 王红，颜淑蓉 . 发展方式转型中政府在旅行社行业的作用与影响分析 [J]. 宏观经济研究，2011，（3）：88–95.

350. 王红 . 我国旅游业发展中的政府角色变迁研究 [D]. 东北大学，2012：47.

351. 王慧娴，张辉 . 中国旅游政策评估模型构建与政策变量分析 [J]. 旅游科学，2015，29（5）：1–13.

352. 王济华. 酒店管理模式及政府在我国酒店业发展中的重要性 [J]. 湖北经济学院学报（人文社会科学版），2011，8（2）：46–48.

353. 王金伟. 一级学科建设背景下的旅游管理专业认同——来自高校专业学生视角的实证研究 [J]. 旅游导刊，2018，2（2）：56–74.

354. 王军礼，徐德举. 基础设施投资结构与产业结构模型研究——以北京为例 [J]. 经济问题，2012，（7）：54–57.

355. 王俊杰. 长三角地区产业结构趋同与地方政府行为分析 [D]. 湖南大学，2006：2–3.

356. 王开发. 我国产业结构趋同中的地方政府行为分析 [J]. 浙江社会科学，1997，（3）：43–46.

357. 王凯，何静，甘畅等. 中国旅游产业结构变迁对旅游业碳排放效率的空间溢出效应研究 [J]. 中国软科学，2022，（12）：50–60.

358. 王磊，王晓峰，宋光飞，包珺玮. 精品旅游景区环境评价指标体系研究 [J]. 地域研究与开发，2014，33，（6）：92–96.

359. 王磊，赵朝阳. 我国旅行社业政府职能存在的误区及其转变方向 [J]. 农业科技与信息，2007，（7）：63–64.

360. 王敏，李亚非，马树才. 智慧城市建设是否促进了产业结构升级 [J]. 财经科学，2020，（12）：56–71.

361. 王鹏飞，魏翔，梁留科，等. 时间配置、人力资本与经济增长——基于跨国面板数据的国际经验分析 [J]. 经济问题探索，2020，（6）：167–178.

362. 王善迈. 教育经济学概论 [M]. 北京：北京师范大学出版社，1989：96.

363. 王松涛，郑思齐，冯杰. 公共服务设施可达性及其对新建住房价格的影响——以北京中心城为例 [J]. 地理科学进展，2007，（6）：78–85.

364. 王微，王新爱. 离岛免税政策对旅游消费的影响效应研究——基于海南省的合成控制分析 [J]. 中国商论，2020，（23）：43–45+65.

365. 王文剑，覃成林. 地方政府行为与财政分权增长效应的地区性差异 [J]. 管理世界，2008，（1）：9–21.

366. 王燕武，王俊海. 地方政府行为与地区产业结构趋同的理论及实证分析 [J]. 南开经济研究，2009，（4）：33–49.

367. 王屹，梁平，刘肇军. 人口老龄化对我国产业结构升级的影响效应分析 [J]. 华东经济管理，2018，32（10）：101–108.

368. 王云龙. 区域旅游产业结构基本研究框架构建 [J]. 区域经济评论，2012，（1）：5–10.

369. 王兆峰，杨卫书. 基于演化理论的旅游产业结构升级优化研究 [J]. 社会科学家，2008，（10）：91–95.

370. 王兆峰. 基于产业集群的旅游产业结构升级优化动力机制研究 [J]. 山东社会科学，2011，（10）：161–164.

371. 王兆峰. 基于产业集群的旅游产业结构升级优化研究 [D]. 中南大学，2009：9–11.

372. 王兆峰. 基于灰色关联度的张家界旅游产业结构相关性研究 [J]. 旅游论坛，2012，（6）：56–61.

373. 王兆峰. 旅游产业集群形成条件与识别方法 [J]. 地域研究与开发，2009，28（3）：63–67.

374. 王兆峰. 旅游交通对旅游产业发展影响的实证分析——以张家界为例 [J]. 财经理论与实践，2009，30（4）：112–116.

375. 王兆峰. 湘鄂渝黔边区旅游产业集群竞争力提升研究 [J]. 吉首大学学报（社会科学版），2006，27（2）：122–125.

376. 韦森. 入世的政治—经济学家阿尔伯特·赫希曼的思想之旅 [J]. 复旦学报（社会科学版），2015，57（6）：117–129.

377. 魏礼群. 加快计划和投资体制改革的契机、启示与思路 [J]. 计划经济研究，1993，（9）：1–9.

378. 魏敏. 中国旅游产业区域集聚绩效研究 [M]. 北京：光明日报出版社，2021：21–22.

379. 魏鹏飞. 要素市场扭曲、技术进步与产业结构升级——基于中介效应模型的分析 [J]. 华北金融，2018，（7）：4–9+43.

380. 魏志奇. 罗斯托的增长阶段理论及其对发展中国家转型的启示 [J]. 理论月刊，2014（12）：113–115.

381. 温兴琦. 政府职能，市场机制与旅游产业集群发展 [J]. 旅游论坛，2009，（3）：321–324.

382. 温忠麟，叶宝娟．中介效应分析：方法和模型发展 [J]．心理科学进展，2014，22（5）：731-745.

383. 温忠麟，张雷，侯杰泰，等．中介效应检验程序及其应用 [J]．心理学报，2004，36（5）：614-620.

384. 文东伟，冼国明．中国制造业产业集聚的程度及其演变趋势：1998-2009 年 [J]．世界经济，2014，（3）：3-31.

385. 翁钢民，陈林娜．区域旅行服务、交通区位与旅游经济的空间错位研究 [J]．地理与地理信息科学，2014，30（4）：90-94.

386. 吴必虎．旅游系统：对旅游活动与旅游科学的一种解释 [J]．旅游学刊，1998，（1）：20-24.

387. 吴必虎．区域旅游规划原理 [M]．北京：中国旅游出版社，2001：209.

388. 吴承照，马林志．上海旅游产业结构健康指数及其应用研究 [J]．同济大学学报（社会科学版），2009，（2）：108-113.

389. 吴福象，沈浩平．新型城镇化、基础设施空间溢出与地区产业结构升级——基于长三角城市群 16 个核心城市的实证分析 [J]．财经科学，2013，（7）：89-98.

390. 吴汉洪．美国政府在产业结构调整中的作用 [J]．经济理论与经济管理，2002，（6）：65-69.

391. 吴家灿，李蔚．严重自然灾害后灾害景区对非灾害景区波及效应研究——以汶川大地震后四川境内的景区为例 [J]．旅游学刊，2013，28（3）：12-20.

392. 吴金光，胡小梅．财政支持对区域产业技术创新能力的影响分析——基于 1997-2010 年中国高技术产业数据 [J]．系统工程，2013，31（9）：121-126.

393. 吴巧红．从供需错位看旅游院校人才培养应注意的几个问题 [J]．旅游学刊，2004，（S1）：22-25.

394. 吴涛，李同昇．基于城乡一体化发展的关中地区基础设施建设评价 [J]．地域研究与开发，2011，（4）：71-75.

395. 吴文智．我国公共景区政府规制历程及其问题研究 [J]．旅游学刊，2007，（11）：37-40.

396. 武力超，孙浦阳. 基础设施发展水平对中国城市化进程的影响 [J]. 中国人口资源与环境，2010，20（8）：121-125.

397. 夏杰长，李勇坚，刘奕，霍景东. 迎接服务经济时代来临——中国服务业发展趋势、动力与路径研究 [M]. 北京：经济管理出版社，2010：141.

398. 夏杰长，裴文靖. 政策实效与产业效率损失：基于中国旅游产业的实证研究 [J]. 中国社会科学院研究生院学报，2018，（4）：41-49.

399. 夏杰长，肖宇. 以服务创新推动服务业转型升级 [J]. 北京工业大学学报（社会科学版），2019，19（5）：61-71.

400. 夏平华. 广东省产业结构高级化环境影响模型的建立及实证分析 [J]. 科技管理研究，2008，28（2）：97-101.

401. 肖超，肖挺. 财政分权对我国环境污染的影响——基于产业结构和经济发展水平的视角 [J]. 华东经济管理，2019，33（11）：72-77.

402. 肖文，林高榜. 政府支持、研发管理与技术创新效率——基于中国工业行业的实证分析 [J]. 管理世界，2014，（4）：71-80.

403. 谢朝武. 旅游院校研究生培养定位的现状与改革 [J]. 旅游学刊，2008，（3）：10-11.

404. 谢春山. 旅游产业转型升级的理论研究 [J]. 辽宁师范大学学报（社会科版），2010，33（1）：37-40.

405. 谢双玉，李琳，冯娟，乔花芳. 贫困与非贫困户旅游扶贫政策绩效感知差异研究——以恩施为例 [J]. 旅游学刊，2020，35（2）：80-92.

406. 谢志华，党宁，张歆梅. 中国资源型景区与城市空间关系研究 [J]. 旅游学刊，2007，22（7）：29-33.

407. 胥爱欢. 全要素生产率、政府干预行为与产业结构变迁——理论模型与经验研究 [J]. 金融理论探索，2012，（6）：50-56.

408. 徐菊凤. 旅游文化与文化旅游：理论与实践的若干问题 [J]. 旅游学刊，2005，20（4）：67-72.

409. 徐琳，董锁成，艾华等. 大旅游产业及其发展的影响和效益——以甘肃省为例 [J]. 地理研究，2007，（2）：414-424.

410. 徐秋艳，房胜飞. 高等教育供给结构与产业结构升级的耦合协调性分析 [J]. 统计与决策，2019，35（8）：56-59.

411. 许进龙，潘慧，李瑞红等 . 广西旅游产业"资源—服务—经济"复合系统耦合协调度研究 [J/OL]. 桂林理工大学学报，1-16 [2023-09-30].

412. 薛白 . 基于产业结构优化的经济增长方式转变——作用机理及其测度 [J]. 管理科学，2009，22（5）：112-120.

413. 薛福根，何敏红 . 区域旅游政策的效应评价：理论与实证分析 [J]. 统计与决策，2013，（10）：56-59.

414. 闫颖，张广海，王琼 . 世界遗产地旅游产业结构演进及其对旅游经济的贡献——以山东省曲阜市为例 [J]. 地域研究与开发，2017，36（4）：105-109.

415. 闫颖，周杰 . 世界遗产地旅游产业结构水平与城市化水平评价及关系研究——以曲阜市为例 [J]. 经济与管理评论，2016，（1）：146-153.

416. 阎友兵，裴泽生 . 工业旅游开发漫议 [J]. 社会科学家，1997，（5）：57-60.

417. 杨建芳，龚六堂，张庆华 . 人力资本形成及其对经济增长的影响——一个包含教育和健康投入的内生增长模型及其检验 [J]. 管理世界，2006，（5）：10-18+34+171.

418. 杨克文，李光勤，崔书会 . 是谁动了海南的房价？——国际旅游岛政策对海南房价的影响研究 [J]. 旅游科学，2019，33（3）：64-80.

419. 杨乐 . 旅游饭店业发展的政府规制研究——以南京为例 [D]. 南京农业大学，2015：13.

420. 杨玲玲，魏小安 . 旅游新业态的"新"意探析 [J]. 资源与产业，2009，11（6）：135-138.

421. 杨孟禹，张可云 . 城市基础设施建设与产业结构升级的外部效应 [J]. 现代财经（天津财经大学学报），2015，（3）：3-13.

422. 杨敏 . 青海旅游产业的发展潜力评估 [J]. 统计与决策，2006，（14）：102-104.

423. 杨琴，王兆峰 . 旅游产业结构升级优化技术创新模型的构建——以湖南为例 [J]. 求索，2009，（10）：86-87.

424. 杨青龙，金磊，Jeeseon Hwang. 综合成本变化对中国产业结构升级的影响——基于产业比较优势的中介效应 [J]. 江淮论坛，2020，（5）：65-74.

425. 杨武 . 秦皇岛市星级旅游酒店业发展中的政府职能研究 [D]. 燕山大学，2016：13–17.

426. 杨小云 . 近期中国中央与地方关系研究的若干理论问题 [J]. 湖南师范大学社会科学学报，2002，31（1）：38–45.

427. 杨新军，刘家明 . 论旅游功能系统：市场导向下旅游规划目标分析 [J]. 地理学与国土研究，1998，14（1）：59–62.

428. 杨新军，马晓龙，霍云霈 . 旅游产业部门结构合理性的 SSM 分析——以陕西省为例 [J]. 人文地理，2005，（1）：49–52.

429. 杨秀平，李秋辰，王睿 . 高质量发展下黄河流域旅游产业结构优化研究 [J]. 生态经济，2023，39（4）：129–138.

430. 杨亚萍，黄静波 . 国内康养旅游研究进展回顾与思考 –– 基于 CiteSpace 知识图谱分析 [J]. 湘南学院学报，2019，40（2）：37–44.

431. 杨彦锋 . 互联网技术成为旅游产业融合与新业态的主要驱动因素 [J]. 旅游学刊，2012，27（9）：7–8.

432. 杨洋，魏江，罗来军 . 谁在利用政府补贴进行创新？——所有制和要素市场扭曲的联合调节效应 [J]. 管理世界，2015，（1）：75–86+98+188.

433. 杨勇 . 互联网促进旅游产业动态优化了吗？ [J]. 经济管理，2019，（5）：156–170.

434. 杨志安，李梦涵 . 财政分权影响产业结构的机制与效应——基于中国省级面板数据的实证检验 [J]. 工业技术经济，2019，38（11）：115–122.

435. 姚宏 . 发展中国工业旅游的思考 [J]. 资源开发与市场，1999，15（2）：117–118.

436. 姚洋，章奇 . 中国工业企业技术效率分析 [J]. 经济研究，2001，（10）：13–19+28–95.

437. 姚战琪 . 数字贸易、产业结构升级与出口技术复杂度——基于结构方程模型的多重中介效应 [J]. 改革，2021，（1）：50–64.

438. 姚战琪 . 协同集聚与出口技术复杂度的多重中介效应研究 [J]. 财经问题研究，2021，（4）：37–46.

439. 殷德生，唐海燕 . 中国制造业集聚的决定因素与变动趋势——基于三大经济圈的实证分析 [J]. 世界经济研究，2007，（12）：3–9.

440. 于凌云 . 教育投入比与地区经济增长差异 [J]. 经济研究，2008，43（10）：131-143.

441. 余院宏 . 我国基础设施投入—产出效率与产业结构变迁关系研究 [D]. 安徽工业大学，2017：17.

442. 袁尧清，任佩瑜 . 产业融合域的旅游产业结构升级机制与路径 [J]. 山东社会科学，2016，（1）：119-123.

443. 袁尧清 . 技术进步对旅游产业结构升级作用探讨 [J]. 经济问题探索，2014，（7）：185-190.

444. 张安民 . 中国旅游业政策对旅游经济的影响——基于政策文本的分析 [J]. 黄冈师范学院学报，2018，38（1）：103-109.

445. 张翠菊，张宗益 . 中国省域产业结构升级影响因素的空间计量分析 [J]. 统计研究，2015，32（10）：32-3.

446. 张广海，冯英梅 . 山东半岛蓝色经济区旅游产业结构水平综合评价与测度 [J]. 中国人口 . 资源与环境，2013，（9）：107-113.

447. 张海星，靳伟凤 . 地方政府投资与税收对产业结构趋同化的影响 [J]. 东北财经大学学报，2014，（5）：43-48.

448. 张辉，厉新建 . 旅游经济学原理 [M]. 北京：旅游教育出版社，2004：164-165.

449. 张捷雷 . 对中国景区门票价格制定的思考 [J]. 经济与管理，2005，9（8）：93-97.

450. 张晶 . 浙江省星级饭店经营效率评价及优化研究 [J]. 旅游论坛，2015，8（3）：73-80.

451. 张静一，宋宪萍 . 产业结构调整中的政府行为分析 [J]. 石家庄经济学院学报，2000，（3）：277-281.

452. 张军，高远，傅勇，等 . 中国为什么拥有了良好的基础设施？[J]. 经济研究，2007，（3）：4-19.

453. 张军，吴桂英，张吉鹏 . 中国省际物质资本存量估算：1952—2000[J]. 经济研究，2004，（10）：35-44.

454. 张骏 等 . 旅游新业态发展研究 [M]. 北京：旅游教育出版社，2017：12-51.

455. 张凌云 . 试论有关旅游产业在地区经济发展中地位和产业政策的几个问题 [J].2000,（1）：10-14.

456. 张蕊，李安林，李根 . 我国产业结构升级与经济增长关系研究——基于地区和时间异质性的半参数平滑系数模型 [J]. 经济问题，2019，（5）：19-27.

457. 张璇，袁浩铭，郝芳华 . 财政分权对环保投资效率的影响研究——基于 DEA-Tobit 模型的分析 [J]. 中国环境科学，2018，38（12）：4780-4787.

458. 张勋，王旭，万广华，等 . 交通基础设施促进经济增长的一个综合框架 [J]. 经济研究，2018，（1）：50-64.

459. 张亚峰，刘海波，陈光华，等 . 专利是一个好的创新测量指标吗？[J]. 外国经济与管理，2018，40（6）：3-16.

460. 张艳，李子联，金炜皓 . 高等教育质量影响产业结构升级的机理与证据 [J]. 高等教育研究，2021，42（2）：47-56.

461. 张晏，龚六堂 . 分税制改革、财政分权与中国经济增长 [J]. 经济学（季刊），2005，5（1）：75-108.

462. 张一博 . 中国星级饭店发展历程研究 [J]. 饭店现代化，2011，（7）：62-65.

463. 张莹，王磊 . 地方政府干预与中国区域产业结构趋同——兼论产能过剩的形成原因 [J]. 宏观经济研究，2015，（10）：102-110.

464. 张勇，王慧炯，古明明 . 发展教育是跨越"中等收入陷阱"的关键——通过发展教育和转型来规避"中等收入陷阱"[J]. 教育与经济，2012，（2）：33-37.

465. 张佑印，顾静，黄河清 . 中国区域旅游产业结构变化的空间差异分析 [J]. 经济地理，2012，（4）：155-159.

466. 张跃，刘莉 . 绿色发展背景下长江经济带产业结构优化升级的地区差异及空间收敛性 [J]. 世界地理研究，2021，30（5）：991-1004.

467. 赵爱婷 . 河北省旅游产业结构研究 [D]. 燕山大学，2009：124.

468. 赵春燕，宋晓莹 . 人口老龄化对产业结构升级的双边效应 [J]. 西北人口，2021，42（3）：38-51.

469. 赵丹 . 基础设施的发展对我国城镇化进程的影响研究 [D]. 广东外语外

贸大学，2015：6-7.

470. 赵麦茹，王勇.理解当代地方政府行为：70 年历史演化及其逻辑 [J].商丘师范学院学报，2021，37（1）：54-66.

471. 赵鹏.交通基础设施对区域经济增长的影响 [D].吉林大学，2017：19.

472. 赵爽，李萍.环境规制、政府行为与产业结构演进——基于省级面板数据的经验分析 [J].生态经济，2016，32（10）：36-39.

473. 赵婷，陈钊.比较优势与产业政策效果：区域差异及制度成因 [J].经济学（季刊），2020，19（3）：777-796.

474. 赵兴军.旅游产业结构优化与区域经济增长关系 [J].社会科学家，2018，（11）：68-74.

475. 郑丽华.政府研发投入与产业结构升级研究——基于技术创新中介效应研究 [D].江西财经大学，2019：19-21.

476. 郑培.财政分权与产业结构变动：影响效应与实证检验 [J].发展研究，2014，（3）：7-15.

477. 支宇鹏，黄立群，陈乔.自由贸易试验区建设与地区产业结构转型升级——基于中国 286 个城市面板数据的实证分析 [J].南方经济，2021，（4）：37-54.

478. 钟家雨，柳思维，熊曦.旅游业与城镇化协同发展的区域差异分析 [J].经济地理，2014，34（2）：187-192.

479. 周春波.文化与旅游产业融合对旅游产业结构升级的影响效应 [J].当代经济管理，2018，40，（10）：69-75.

480. 周登宪，孟宪东，许加宏，关健.环境规制视角下产业结构升级的金融支持问题研究——基于山东省 17 地市面板数据的实证分析 [J].金融发展评论，2018（12）：116-129.

481. 周飞舟.政府行为与中国社会发展——社会学的研究发现及范式演变 [J].中国社会科学，2019，（3）：21-38+204-205.

482. 周功梅，宋瑞，刘倩倩.国内外康养旅游研究评述与展望 [J].资源开发与市场，2021，37（1）：119-128.

483. 周光亮.财政分权，地方政府投资和产业结构调整——来自中国的经

验 [J]. 经济问题，2012，（1）：24-26.

484. 周国富，陈菡彬. 产业结构升级对城乡收入差距的门槛效应分析 [J]. 统计研究，2021，38（2）：15-28.

485. 周均悦. 谈政府干预与饭店环境管理 [J]. 能源工程，2001，（4）：62-64.

486. 周美芳，罗芬，钟永德. 湖南旅游产业结构调整与优化思考 [J]. 湘潭师范学院学报（社会科学版），2008，（3）：42-44.

487. 周敏倩. 产业结构变迁升级的政府行为透视 [J]. 东南大学学报（哲学社会科学版），2002，（6）：40-46.

488. 周业安，章泉. 市场化、财政分权和中国经济增长 [J]. 中国人民大学学报，2008，（1）：34-42.

489. 周振华. 产业政策的经济理论系统分析 [M]. 北京：中国人民大学出版社，1991：158-17.

490. 朱斌. 中外旅行社业比较研究 [J]. 企业经济，2004，（2）：139-140.

491. 朱桃杏，陆林. 近10年文化旅游研究进展 –《Tourism Management》，《Annals of Tourism Research》和《旅游学刊》研究评述 [J]. 旅游学刊，2005，20（6）：82-88.

492. 朱迎春. 我国公共支出结构经济增长效应的实证研究 [J]. 经济经纬，2013，（4）：134-138.

493. 庄军，赖华东. 旅游产业集群与旅游孵化器构建设想 [J]. 华中师范大学研究生学报，2004，（1）：131-133.

494. 庄小丽，康传德. 湖北省旅游产业结构分析与优化 [J]. 中国地质大学学报（社会科学版），2006，（6）：50-54.

495. 邹统钎. 旅游景区开发与管理（第3版）[M]. 北京：清华大学出版社，2011：1-3.

496. 左冰，蔡书漫，杨艺等. 旅游产业网络拓扑结构演进与旅游经济增长：阳朔案例 [J]. 旅游学刊，2020，35（6）：25-39.

497. 左冰，谢梅. 离岛免税政策对海南旅游需求与消费影响研究——基于旅行与免税商品联合购买模型 [J]. 旅游科学，2021，35（2）：1-16.

后记 | POSTSCRIPT

2012 年 7 月，我如愿成为中国社会科学院的一名博士研究生，师从财经战略研究院夏杰长研究员。在导师的悉心指导下，我试图在旅游经济研究领域有所突破。2013 年下半年，经过与导师的一番讨论，我将自己的博士论文选题定为"地方政府行为与旅游产业效率"。我在博士论文里详细梳理了旅游产业中的地方政府行为表现，探索了地方政府行为的量化方法及其空间效应、地方政府行为对旅游产业效率的影响机制，以及如何规范地方政府行为以促进旅游产业效率提升等问题。自那时起，我就专注于在宏观层面上探究地方政府行为对旅游经济的影响。

2015 年 7 月，我如期博士毕业，到华侨大学旅游学院从事旅游经济教学和科研工作。在前期研究基础之上，我不断琢磨国家社科基金项目的选题。通过阅读相关领域的大量专著和论文，我发现产业生产率与产业结构密切相关，便开始思考旅游产业结构动态优化的问题，也遂把国家社科基金项目选题定为"地方政府行为对旅游产业结构动态优化的作用机制研究"。很幸运，我以这个选题在 2016 年 8 月获得国家社科基金青年项目的资助。

获得社科基金项目资助后，我就开始按照课题研究方案和进度计划展开研究，历经文献理论研究、数据搜集与数据库建设、旅游产业结构动态优化测度与分析、地方政府行为对旅游产业结构动态优化作用机制的实证分析、地方政府行为对旅游产业结构动态优化的作用机制的实践分析、中国旅游产业结构动态优化的对策研究等六个阶段。经过四年半的努力，基本实现了预期研究目标，获得了较为系统的研究成果，完成约 22.3 万余字研究报告 1 份。在此期间，受课题资助，我指导学生完成硕士学位论文 1 篇，与课题组部分成员先后在《旅游学刊》《宏观经济研究》《经济与管理研究》《山地学报》《学习与探索》等 CSSCI 收录刊物以及《旅游导刊》*China Finance and Economic Review*（ESCI 收录）等刊物上发表相关成果 8 篇（被人大复印报刊资料全文转载 4 篇）。在 2021 年 3 月，该课题顺利结项。

2022 年年底，我与中国旅游出版社签订出版合同，开始了对结项报告的修改和完善工作。经过近 10 个月断断续续的删减、补充、调整等工作，此书以现在的结构和内容呈现给读者。如书名所示，本项研究旨在探索中国地方政府行为对旅游产业结构动态优化的作用机制。围绕这一主题，本项研究在理论层面上系统厘清了地方政府行为对旅游产业结构动态优化的三条可能性路径；在实证层面分别建立了含有旅游政策实效、财政分权、基础设施建设、教育投入、研发投入等地方政府行为的旅游产业结构动态优化模型，深入探索了这些地方政府行为对旅游产业结构动态优化的作用机制；在实践层面上相对全面地阐述了中国传统旅游业态和新兴旅游业态中的地方政府行为，及其与相关业态结构动态优化之间的关系；在政策层面上，依据理论、实证和实践分析，探寻规范地方政府行为、促进旅游产业结构优化升级的可操作性的途径和策略。

回顾本研究成文成书的过程，内心充满了感恩之情。我非常感恩一众师友、同事、学生的大力支持和帮助。我的博导夏杰长教授、硕导李洪波教授，中国社科院的李勇坚教授和倪红福教授在课题选题和撰写上给我指导良多；华侨大学的黄远水教授和李勇泉教授积极创造条件帮助我开展课题研究，侯志强教授不遗余力地发表与课题相关的研究成果，学院诸位领导和其他同事也帮助我做好科研教学与行政兼职之间的平衡；日本亚洲成长研究所的戴二彪教授、南开大学的马晓龙教授、中国旅游研究院的宋子千研究员、清华大学刘生龙教授等一众学者先后通过多种沟通方式给予我非常好的思路启发，学界众多师长同人的学术成果也为本研究提供了坚实的理论基础和方法支撑；师门的王俊、徐金海、肖宇、丰晓旭、王鹏飞、齐飞等博士都为课题贡献了诸多高水平研究成果；福建省文化和旅游厅及泉州市文化和旅游局均提供了大量旅游业态调研和评审机会，为本研究提供了许多研究素材和政策性参考资料；硕士研究生张雪婷、赖丽君、韩紫薇、李子璇在文献收集和整理、数据收集和分析上做了大量工作，黎晓颖、季雪飞、任静和蔡萍多次协助校对文稿。正是大家的通力合作和努力付出，才使得本书得以完成。

做该研究的过程，也是我生养二宝、评副教授、出国访学、疫情期间带着孩子辗转回国的过程。特别感恩我的公婆和我的先生李健为我分担良多，也很欣慰两个孩子的贴心懂事，让我得以推动一系列研究工作。非常感激我那含辛茹苦的妈妈，她几十年如一日地在苏北农村辛勤劳作、乐观向上，躬亲示范地为我诠释了何为"生活以痛吻我，我却报之以歌"的生活态度。新冠疫情肆虐的 2020 年，我和孩子在澳洲一切顺遂，诚挚感谢埃迪斯科文大学黄松山教授、吴明大哥和吴俊伟学长对我们照顾良多，使我们得以安心生活，平安回国。在这几年间，对我寄予厚望的爷爷和我亲爱的外婆相继离世，他们生前的谆谆教诲，让我始终记得在烦琐芜杂中回望自己的研究初心。

回望初心，脑海里萦绕的是中国社会科学院大学里的那座巨大的"责任"石，耳边响起的是在中国社科院大学课堂上不止一次听到的那句"社科学子，为国为民"。屡屡回望，又屡屡倍感中国疆域的广阔性、地域的多样性、政府行为的复杂性、旅游经济的动态性、多源数据获取的高难度性，自己在宏观层面所进行的旅游经济研究与旅游经济实践发展还有一大段距离。也正是因为这一大段距离，近几年，我不断丰富自己的研究方法，尝试整合社会学、人类学、经济学和管理学的研究范式，从微观层面上更加深入地透视地方政府行为对旅游经济可持续发展的影响。令人欣慰的是，自己的努力获得了师长同人的一定认可，在 2022 年获得了中国社科基金一般项目资助，又踏上了新的研究征程，期盼取得更多对国家和社会发展有用的学术成果。

孙盼盼

2023 年 10 月 15 日于泉州学府上城

项目策划：段向民
责任编辑：武　洋
责任印制：钱　戒
封面设计：武爱听

图书在版编目（ＣＩＰ）数据

地方政府行为对旅游产业结构动态优化的作用机制研
究 / 孙盼盼著 . -- 北京：中国旅游出版社，2024.2
　　ISBN 978-7-5032-7293-6

　　Ⅰ . ①地… Ⅱ . ①孙… Ⅲ . ①地方政府—政府行为—
作用—地方旅游业—旅游业发展—研究—中国 Ⅳ .
① F592.7

中国国家版本馆 CIP 数据核字 (2024) 第 052498 号

书　　名：地方政府行为对旅游产业结构动态优化的作用机制研究

作　　者：孙盼盼
出版发行：中国旅游出版社
　　　　　（北京静安东里 6 号　邮编：100028）
　　　　　https://www.cttp.net.cn　E-mail：cttp @ mct.gov.cn
　　　　　营销中心电话：010-57377103，010-57377106
　　　　　读者服务部电话：010-57377107
排　　版：小武工作室
经　　销：全国各地新华书店
印　　刷：北京明恒达印务有限公司
版　　次：2024 年 2 月第 1 版　2024 年 2 月第 1 次印刷
开　　本：720 毫米 ×970 毫米　1/16
印　　张：23.25
字　　数：377 千
定　　价：59.80 元
ＩＳＢＮ　　978-7-5032-7293-6